Hanan Ashrawi

Ich bin in Palästina geboren
Ein persönlicher Bericht

Hanan Ashrawi

Ich bin in Palästina geboren

Ein persönlicher Bericht

Übersetzung aus dem Englischen
Leitung: Michael C. Sternheimer
Übersetzer: Matthias Steffen Laier
Unter Mitwirkung von
Christine Brenner und Angelika Feskorn

Siedler Verlag

Für Emil, Amal und Zeina –
Ehemann und Töchter

Zur Erinnerung an Daud und Wadi'a Mikhail
und Hanna Mikhail (Abu-Omar) –
Eltern und Cousin

Für Muna, Abla, Huda und Nadia –
Schwestern und Freundinnen

Für das palästinensische Volk –
die übrige Familie

Mit Liebe und *amanah*

Vorwort

Am 14. Oktober 1994 wurden Yassir Arafat, Shimon Peres und Yitzhak Rabin für den Friedensnobelpreis nominiert. In den Augen der meisten Menschen hätte man nur schwerlich ein ungleicheres Trio und eine merkwürdigere Kombination finden können. Denn noch vor zwei Jahren wäre eine derartige Entwicklung undenkbar gewesen. In Israel und dem Westen war Arafat als *der* Erz-Terrorist dargestellt worden, während Rabin für die Palästinenser und unsere Freunde der Architekt der brutalen Unterdrückungspolitik der »Eisernen Faust« war. Die Feindschaft zwischen Israel und den Palästinensern war zu einer Selbstverständlichkeit des Lebens geworden, und Gewalt war unser täglich Brot.

Nun ist es nicht einer wundersamen Wandlung zu verdanken, daß diese drei ehemaligen Feinde, die statt Händedruck und Lächeln Kugeln und Bomben ausgetauscht hatten, den Titel »Friedensstifter« erhielten. Es geschah vielmehr auf Initiative eines Komitees norwegischer Männer – einer von ihnen trat später aus Protest zurück.

Das Ringen um den Frieden war langwierig und beschwerlich. Offiziell begann es am 30. Oktober 1991 in der spanischen Hauptstadt Madrid. Doch die Ursprünge und die allmähliche Entwicklung können sich bis zum arabisch-israelischen Krieg vom 5. Juni 1967 zurückverfolgen lassen, als Israel die ägyptische Sinai-Halbinsel, die syrischen Golan-Höhen, die palästinensische Westbank (unter jordanischer Herrschaft) sowie den Gaza-Streifen (unter ägyptischer Kontrolle) besetzte. Eigentlich gehen die Ursprünge des palästinensisch-israelischen Konflikts noch viel weiter zurück, sie sind sogar noch älter als das »Desaster« von 1948 und die Gründung des Staates Israel auf dem größten Teil des Gebiets des historischen Palästina – doch das ist eine zu lange und zu komplizierte Geschichte, die den Rahmen dieses Buches sprengen würde. Angesichts der Folgen des Krieges von 1967 trat der Sicherheitsrat der Vereinten Nationen zusammen und verabschiedete die Resolution 242, die später zur Grundlage des Madrider Friedensprozesses wurde. Sie wiederholte und bekräftigte die Grundsätze der Vereinten

Nationen: Unzulässigkeit des Erwerbs von Gebieten durch Krieg und das Recht aller Staaten, innerhalb sicherer und anerkannter Grenzen zu leben; somit war sie ein Aufruf zu einer gerechten Lösung für das Problem der palästinensischen Flüchtlinge. Ein weiterer Krieg im Jahre 1973 führte zur Resolution 338, die letztendlich 1979 zu dem durch die Amerikaner vermittelten Frieden zwischen Ägypten und Israel und den Abkommen von Camp David führte. In der Zwischenzeit unternahmen einzelne auf beiden Seiten Versuche und Sondierungsvorstöße, um die Chancen für eine Beilegung des Konflikts auf dem Verhandlungswege auszuloten, und in diesem Prozeß verloren viele gute Leute ihr Leben (oder zumindest ihren guten Ruf). Allmählich kam es besonders innerhalb der politischen und intellektuellen Elite der Palästinenser zu neuen Gesprächen, sie wurden häufiger und lieferten schließlich das sprachliche und begriffliche Gerüst für einen eventuellen Frieden.

Die Ereignisse wie der Einmarsch Israels in den Libanon 1982, das Trauma der Massaker in den Flüchtlingslagern Sabra und Shatila, bei denen Hunderte palästinensischer Flüchtlinge kaltblütig von libanesischen Phalangisten vor den Augen (und mit dem geheimen Einverständnis) der israelischen Armee ermordet wurden, sowie die Ausweisung der PLO aus dem Libanon schrieben ein weiteres tragisches Kapitel in der Geschichte unserer Region, während sie sie ironischerweise zugleich dem Frieden ein Stück näher brachten. Die *Intifada*, der Aufstand der Palästinenser, verwandelte Konzept und Praxis des palästinensischen Widerstands von einem bewaffneten Kampf zu einer allgemeinen und weitgehend zivilen Gehorsamsverweigerung. Der Schwerpunkt verlagerte sich von einer Führung im Exil zu einem besetzten Volk, und aus der Rebellion wurde langsam der Aufbau einer Nation.

Die *Intifada* gab der politischen Agenda der Palästinenser den erforderlichen Impuls für die »Friedensoffensive« oder »Friedensinitiative«, wie sie dann genannt wurde. Am 5. November 1988 trat das im Exil gebildete palästinensische Parlament, der palästinensische Nationalrat oder PNC, in Algier zusammen und proklamierte den unabhängigen Staat Palästina; dabei wurde eine Resolution verabschiedet, die tatsächlich die »Zwei-Staaten-Lösung« annahm – was implizit die Anerkennung Israels als einen der beiden Staaten neben dem Staat Palästina bedeutete. Der Weg zu dieser Lösung, so lautete der Vorschlag, sollte über Verhandlungen im Rahmen einer internationalen Konferenz mit Unterstützung der UNO führen. So wurde die »militärische Option« begraben, und die politische Alternative wurde zu einem lebensfähigen und legitimen Unternehmen. Über die ganze Welt verstreut wurden in Anwesenheit verschiedener dritter Parteien eine Reihe von Sondierungsgesprächen geführt, um die Option der Verhandlungen zu »normalisieren« und ihre Aufgabenbereiche festzulegen.

Es gab verschiedene Initiativen für eine Formalisierung der Gespräche. Obwohl sie alle erfolglos waren, trugen sie doch schrittweise zur Klärung der grundsätzlichen Themen und zur Schaffung eines Pools der möglichen Ansätze und Tagesordnungen bei. Im Januar 1991 erschütterte der Golfkrieg die arabische Welt mit der Gewalt eines starken Erdbebens und versetzte sie in einen Zustand politischer, wirtschaftlicher und seelischer Zerrüttung. Der amerikanische Präsident Bush und sein Außenminister Baker beschlossen, diese kollektive Erschütterung für die Neuordnung der Region zu nutzen, und zwar so, daß die Interessen Amerikas (insbesondere das Erdöl) und die Sicherheit seiner Verbündeten (vorwiegend Israel) gewahrt wären. Die Palästinenser als einer der Hauptgründe für die Instabilität der Region müßten beteiligt und die Palästinenserfrage – mit das größte Problem der Araber – in irgendeiner Form gelöst werden. So begann der Madrider Friedensprozeß, der uns zum gegenwärtigen Stand der Dinge brachte und für den unsere führenden Politiker den Friedensnobelpreis erhielten.

Am 13. September 1993 wurde auf dem Rasen vor dem Weißen Haus eine palästinensisch-israelische Grundsatzerklärung unterzeichnet, und der berühmte Händedruck zwischen Yassir Arafat, dem Präsidenten der Palästinenser, und dem israelischen Ministerpräsidenten Yitzhak Rabin signalisierte der Welt einen Neuanfang. Die Vereinbarung war heimlich in der norwegischen Hauptstadt Oslo ausgearbeitet worden, fernab von den Augen der Öffentlichkeit und ohne Wissen der palästinensischen Delegation, die beflissen mit der israelischen Delegation in Washington verhandelt hatte. Ihr folgte das sogenannte »Kairoer Übereinkommen«, eine detaillierte Ausarbeitung zur Umsetzung der Grundsatzerklärung in die Praxis. Ergebnis hiervon war, daß die Führung der PLO in den Gaza-Streifen und in die Stadt Jericho im Westjordanland zurückkehren durfte, und innerhalb der palästinensischen Realität sowie in den Beziehungen zwischen Israel und den Palästinensern entwickelte sich eine ganz neue Dynamik. Eine Phase des Übergangs mit all der Ungewißheit, all dem Schmerz und all der Unbeständigkeit eines Wegs ins Ungewisse hatte begonnen. Dabei wurden Kräfte freigesetzt, die drohten, den Frieden noch zerstörerischer als den Krieg werden zu lassen. Es war auch ein Signal an die arabische Welt, daß weitere separate bilaterale Vereinbarungen zulässig waren und daß eine (vor allem wirtschaftliche) Normalisierung mit Israel beginnen könnte.

Am 26. Oktober 1994 unterzeichneten Jordanien und Israel einen Friedensvertrag. Dies war der erste zwischen Israel und einem arabischen Land seit der Unterzeichnung des Vertrages zwischen Israel und Ägypten. Die Zuschauer erfaßten sehr wohl Symbolik und Kontext des Schauplatzes: Ein Minenfeld im Jordangraben, dem tiefsten Punkt auf der Erdoberfläche, war für die Zeremonie geräumt worden, und ein Sandsturm trieb den Unterzeichnern heißen Sand ins Gesicht, die ohnehin schon unbarmherzig der Hitze und der grellen Sonne ausgesetzt waren. Der einzige Schatten, der über die Unterzeichnung fiel, war das jüngste Selbstmordattentat der Hamas, der Bewegung des Islamischen Widerstands, das genau eine Woche zuvor stattgefunden hatte. Die Bombe war in einem Bus auf der belebtesten Straße von Tel Aviv explodiert und hatte 23 Tote und zahlreiche Verletzte gefordert.

Dieser Bombenanschlag in Tel Aviv am 19. Oktober war die Eskalation einer bereits bedrohlichen Spirale von Gewalt und Vergeltung, wobei unschuldige Zivilisten die politischen/ideologischen Erklärungen der Extremisten auf beiden Seiten mit dem Leben bezahlten. Das eigentliche Ziel war der Friedensprozeß, Menschen waren die unfreiwilligen Opfer.

Am 11. November beging ein junger Palästinenser ein Selbstmordattentat in einer israelischen Siedlung im Gaza-Streifen, bei dem drei israelische Soldaten getötet, sechs weitere Israelis und sechs Palästinenser verwundet wurden. Die palästinensische oppositionelle islamische Organisation Al-Jihad Al-Islami bekannte sich zu dem Attentat und erklärte, der Akt sei eine Antwort auf die Ermordung eines ihrer Führer, Hani Al-Abed, dessen mit einer Sprengladung versehener Wagen neun Tage zuvor in die Luft gejagt worden war. Viele glaubten, daß die israelischen Regierungsstellen auf höchster Ebene für die Ermordung Al-Abeds verantwortlich waren und dies ein Vergeltungsakt für seine Beteiligung an der Ermordung zweier israelischer Soldaten war.

Der Friedensprozeß schien nun eher tiefer in den Morast von Gewalt und Rache zu versinken, als daß er sich um Fortschritte bei Verhandlungen und Versöhnung bemühte. Die Israelis forderten ein Durchgreifen bei den palästinensischen oppositionellen Gruppen, insbesondere bei der Hamas und der Al-Jihad Al-Islami. Um seine eigene Wählerschaft zufriedenzustellen, forderte Rabin von Arafat genau die Schritte und Maßnahmen, die den in den Augen seiner Wählerschaft schwächen würden. Sicherheit, wie sie von den Israelis definiert wurde, bedeutete nach Auffassung der Palästinenser Unterdrückung und Verletzung der Menschenrechte. Eine Linderung der wirtschaftlichen Mißstände und der Not hätte die Übergangsphase erleichtert und das Klima von Ärger und Unzufriedenheit bei den Palästinensern, vor allem im Gaza-Streifen, entschärft. Im Dienste der »Sicherheit« verriegelte Israel seinerseits den Gaza-

Streifen, was die Atmosphäre noch mehr anheizte, den Druck verstärkte und somit zu noch mehr Leid und Gewalt führte.

Am Freitag, den 18. November 1994, machte sich die Gewalt im Gaza-Streifen Luft und führte zum Tod von fünfzehn Palästinensern; über zweihundert wurden verletzt. Zwischen Mitgliedern der islamischen Jihad und der Hamas, dic die Moschee in Gaza nach dem Freitagsgebet verließen, und der palästinensischen Polizei kam es zu Zusammenstößen, die eine Krise nationalen Ausmaßes entfachten und alle Widersprüche in diesem unsicheren Frieden ans Tageslicht brachten. Durch sofortige Versuche, die Gewalt durch Vermittlung einzudämmen, und das Einsetzen gerichtlicher und landesweiter Untersuchungsausschüsse gelang es damals, den Kämpfen zwischen den Palästinensern Einhalt zu gebieten. Doch die Hintergründe für diesen Gewaltausbruch und die notwendigen langfristigen und hilfreichen Maßnahmen verlangten ein solideres und umfassenderes Programm.

Am dringendsten forderten die Palästinenser die Einrichtung der Mechanismen eines nationalen demokratischen Dialogs, damit die verschiedenen politischen Grundsätze und Positionen friedlich und konstruktiv zum Ausdruck gebracht werden können, um so einen neuen nationalen Konsens und ständige Kanäle für Koordinierung und Gespräch zu schaffen. Gleichermaßen dringend erforderlich war eine sorgfältige Neubewertung des Friedensprozesses, und dabei insbesondere der Übereinkommen von Oslo und Kairo, die die Hauptquellen für Streit und innere Reibung zu sein schienen. Diese Übereinkommen hatten PLO und PNA (Palestinian National Authority, Palästinensische Nationale Behörde) in eine ausweglose Situation manövriert und auf direkten Kollisionskurs mit vielen aus ihrem Volk gebracht.

Die Kontrolle der Israelis über die Übergänge, die Sicherheitsvereinbarungen, wirtschaftliche Zwänge, Beschränkungen bei Legislative und Rechtsprechung waren Quellen für die Selbst-Verneinung der Palästinenser und erodierten die Unterstützung für den Friedensprozeß und die PNA noch mehr. Der herablassende und demütigende Ton und die Haltung Israels schürten die Unzufriedenheit der Palästinenser und brachten den Zusammenstoß immer näher. Gleiches galt für das weiterhin praktizierte Festhalten Tausender palästinensischer Häftlinge in israelischen Gefängnissen. Die PNA verlor an Glaubwürdigkeit, und die oppositionellen Kräfte stellten sie als ein Instrument der israelischen Sicherheit und als stellvertretenden Besatzer dar. Die Erklärungen Israels, in denen die palästinensischen Behörden aufgefordert wurden, bei Hamas und Al-Jihad Al-Islami durchzugreifen und zu beweisen, daß sie Wort halten könnten, vertieften die Kluft zwischen den Palästinensern noch. Das Abriegeln des Gaza-Streifens unterminierte die PNA noch stärker und führte zu einer größeren wirtschaftlichen Notlage. Die israelischen Siedlungen weiteten sich aus, die palästinensischen Institutionen in Jerusalem wurden erstickt. Neue israelische Vorschriften ließen ernsthafte Zweifel an den Absichten der israelischen Regierung und an dem Willen der palästinensischen Führung aufkommen, sich dagegen erfolgreich zu wehren.

Unnütze Verzögerungen und Komplikationen behinderten die Verhandlungen, und die palästinensischen Wahlen, denen die Israelis zugestimmt hatten, waren in weite Ferne gerückt, als Israel wiederholt mehr Hindernisse und Vorbedingungen auferlegte. Die Palästinenser, die den Wahlen als einem Mittel zur Grundsteinlegung für eine echte, repräsentative Demokratie in Palästina freudig entgegengesehen hatten, wurden, was den Prozeß anging, immer mehr ernüchtert und ließen ihre Skepsis öffentlich laut werden. In einem Versuch, die Unzufriedenheit der Palästinenser zu nutzen und so die PNA und den Friedensprozeß herauszufordern, vermehrte die Opposition, insbesondere die Islamische Jihad und Hamas, ihre gewalttätigen Angriffe auf israelische Soldaten, Siedler und Zivilisten. Die Polarisierung innerhalb der palästinensischen Bevölkerung wurde immer stärker, und mit der eskalierenden Rhetorik wurde die Atmosphäre immer spannungsgeladener. Darüber hinaus wurde der Friedensvertrag zwischen Jordanien und Israel als eine Schwächung der palästinensischen Seite aufgefaßt und wurde so zur Quelle größeren Mißtrauens und stärkerer Rivalität zwischen den Palästinensern und Jordanien. Themen wie Jerusalem, Flüchtlinge, Wasserrechte, Grenzen und Handel, die bilateral vor irgendeiner Abmachung mit Israel hätten erörtert werden müssen, wurden nun zum Anlaß für Argwohn zwischen Palästinensern und Jordanien.

Die von den Geberländern versprochenen Mittel und Finanzhilfen, welche von der Weltbank verwaltet werden sollten, waren letztendlich nicht mehr als ein Rinnsal, und der ohnehin unannehmbar geringe Lebensstandard im Gaza-Streifen sank noch einmal um die Hälfte. Da Gesetze und Regelungen sowie die erforderlichen Fachkräfte und zuständigen Stellen fehlten, um die wirtschaftliche Entwicklung und das Wiederaufbauprogramm zu lenken und verantwortlich zu steuern, hielten die Geber ihre Mittel zurück, und die Palästinenser mußten den Preis dafür zahlen. Private Investoren zogen sich zurück, zum einen aus Furcht, in diesem instabilen Umfeld Risiken einzugehen, zum anderen aus Protest gegen das, was sie als die unprofessionellen wirtschaftlichen Praktiken und politischen Maßnahmen der palästinensischen Führung ansahen. Für den Aufbau von Institutionen und Systemen brauchte die

Führung Mittel zur Deckung der Anfangs- und der laufenden Kosten und rügte die Geber und den privaten Sektor wegen mangelnden Engagements und Verantwortungsgefühls. Wir standen vor einer weiteren Sackgasse.

Im Innern wackelte das Haus der Palästinenser, und dies nicht nur in politischer und wirtschaftlicher Hinsicht. Die Strukturen für Politik und Sicherheit wurden wichtiger als der Aufbau der Institutionen und die Stärkung der Bürgerrechte. Das Rechtssystem blieb bruchstückhaft und widersprüchlich, die Rechtsprechung unvollkommen. Gleiches galt für die Vorschriften und Arbeitssysteme, die so dringend gebraucht wurden, da sie Kompetenz und Verantwortlichkeit als die verfahrensrechtlichen Anforderungen des Aufbaus einer Nation bieten sollten. Politisches Gönnertum und Ineffizienz schienen vorzuherrschen, was zu einer noch größeren Entfremdung führte. Selbstzensur, Zurückhaltung und bewußter Abstand herrschten in der politischen und intellektuellen Elite vor. Die Leute, die die Regierung aufgrund ihrer Fähigkeiten und Erfahrungen gebraucht hätte, um einen Ausweg aus ihrem Dilemma zu finden, blieben fern.

Angesichts dieses Rückschlags schienen die Zusammenstöße vom 18. November 1994 unausweichlich. Intensität und Ausmaß der Gewalt jedoch versetzten die Palästinenser in einen Schockzustand. Sie waren an den Rand eines Abgrunds gelangt, doch dann wuchs eine gemeinsame Entschlossenheit gegen den kollektiven Selbstmord. Es ging darum, unverzüglich offene und gewalttätige Zusammenstöße zu vermeiden, doch waren für einen echten Korrektur- und Reformprozeß langfristige Strategien und Maßnahmen erforderlich. Der Aufbau und das Regieren einer Nation erforderten eine historische Sichtweise mit einem aktiven Engagement für Mitbestimmung in der Demokratie und der Vertretung auf der Grundlage der Rechtsstaatlichkeit und der Achtung der Menschenrechte.

Jede Seite des unsicheren palästinensisch-israelischen Friedens war von der anderen Seite abhängig geworden, um ihre politische Investition in den Frieden zu rechtfertigen; dennoch schien die Führung jeder Seite gezwungen, die Glaubwürdigkeit der anderen abzustreiten, um im eigenen Lager weiterhin Unterstützung für den Prozeß zu bekommen. Wir hatten die »fatale Nähe« der Besetzung gegen die »verhängnisvolle Umarmung« des Prozesses eingetauscht. Keiner konnte sich ein Scheitern leisten, doch der Preis für den Erfolg drohte zu teuer zu werden. Ohne eine Alternative in Sicht folgten Palästinenser und Israelis verbissen ihrer Verpflichtung zum Frieden auf einem Minenfeld von Gewalt und Schmerz.

Wenn ich in Jerusalem in meinem Büro als Generalbeauftragte der Unabhängigen Palästinensischen Kommission für Bürgerrechte sitze, versuche ich, den Minen auszuweichen. Ich wollte keine Politikerin werden. Ich diene dem Ziel des Aufbaus von Institutionen als einem wesentlichen Bestandteil des Wiederaufbaus einer Nation. Wenn ich auf die Entwicklungen der vergangenen sieben Jahre zurückblicke, fühle ich Verantwortung und Besorgnis. Auf meine eigene bescheidene Weise habe ich sowohl zu den Errungenschaften als auch zu den Mißständen unserer heutigen Lage beigetragen. Weder Schuld noch Stolz, sondern vielmehr ein Gefühl der Verantwortung und der Ehre, bewegen mich dazu, von dieser Seite des Friedens zu erzählen, die die üblichen Geschichtsbücher und Werke der Politikwissenschaften gerne ignorieren – der persönliche Bericht eines Akteurs und die menschliche Dimension eines unpersönlichen Prozesses. Während das Schicksal der Völker und der Verlauf der Weltpolitik in der Regel in Abstraktionen und umfassenden Bewegungen wahrgenommen werden, bleibt etwas darüber zu sagen, wie die Dinge von innen heraus aussehen.

Aus diesem Blickwinkel und mit dieser Nähe kann diese Seite des Friedens vielleicht das unbemerkte Lächeln oder die versteckte Grimasse verraten, die aus dem Ringen um Frieden solch ein zerbrechliches und menschliches Unterfangen machen. Eine Sammlung einzelner Berichte wäre vielleicht der einzige Weg, um die volle Wahrheit der Geschichte als Ganzes zu erfassen. Diese kleine Erzählung kann ein wenig Raum im Bewußtsein derer beanspruchen, die versuchen, durch und über den Großen Frieden hinaus Einsicht in die menschlichen Komponenten des Friedens zu bekommen. Ich habe mir die Freiheit genommen, meine eigene Geschichte als Vehikel zu verwenden, um eine Realität zu vermitteln, die viel größer ist als ich selbst. Die Erzählung ist nicht vom Erzähler zu trennen. Auch kann die erste Person Singular nicht den Plural in der zusammengesetzten Erfahrung einer Nation ersetzen. Das »Ich« kann nicht an die Stelle des »Wir« treten. Gleiches gilt für die menschlichen Zusammenhänge, und gerade darin liegt das Wesentliche.

Hanan Mikhail-Ashrawi
Ramallah
im Dezember 1994

1

Am 5. Juni 1967 saß ich im Studentenwohnheim der Amerikanischen Universität Beirut an meinem Schreibtisch und arbeitete an einer Seminararbeit über *Ulysses* von James Joyce. Meine Schwester Nadia und ich waren als Studentinnen im Libanon, während der Großteil unserer Familie zu Hause auf der Westbank lebte, damals der Teil Palästinas, der immer noch zu Jordanien gehörte. Eine Reihe von Ereignissen, darunter die israelischen Angriffe und die Zuspitzung der Lage mit der Abriegelung des Golfs von Akaba durch Gamal Abd el-Nasser sowie die Ausweisung der UN-Truppen, hatten die gesamte Region in Spannung und Unruhe versetzt. Ich hatte das Radio eingeschaltet, um die Frühnachrichten der BBC zu hören, und erfuhr, daß der Krieg ausgebrochen war. Eine weitere militärische Konfrontation zwischen Arabern und Israel stand bevor. Nadia und ich versuchten unverzüglich, nach Hause zurückzukehren. Doch Flughäfen, Straßen und Grenzen waren geschlossen, und Beirut begann vorsichtig mit allen Vorbereitungen für einen Kriegszustand, ohne sich selbst im Krieg zu befinden. Die nächsten paar Wochen waren eine Serie von Alpträumen, Katastrophen und Sinnlosigkeiten, die meine eigene behütete Welt erschütterten und den Lauf der Geschichte in unserer Region unwiderruflich veränderten.

Fakten waren Mangelware, es existierten ebenso viele Versionen der Wahrheit wie es Zeitungen und Radiosender gab, ebenso viele Gerüchte wie Leute, die Insider-Informationen erhielten und weitergaben. Später an diesem Tag wurde in Beirut aufgrund des Krieges Verdunkelung angeordnet, und wir löschten alle Lichter, strichen alle Fenster schwarz und stiegen in die Luftschutzkeller hinab. Im Kellergeschoß unseres Wohnheims, des Christlichen Zentrums der Universität, befand sich der Speisesaal, und alle Studenten drängten sich hier für einige Tage mit Decken und Transistorradios zusammen. Mehrmals täglich wiederholten sich folgende Meldungen: Die Araber gewannen den Krieg, verloren den Krieg, befreiten Palästina, verloren den Rest von Palästina, fielen in Israel ein und erlebten selbst den Einmarsch der Israelis. Jemand flüsterte mir ins

Ohr, daß das Haus meiner Familie in der Radio-Straße beschossen/bombardiert/zerstört und daß alle/die meisten/einige Mitglieder meiner Familie getötet worden waren. Ebenso grausam wurde dieselbe Nachricht meiner Schwester Nadia zugeflüstert. Mit den gleichen Gedanken oder vielleicht aus Angst, daß allein das Aussprechen des Schreckens diesen Wirklichkeit werden lassen könnte, informierte keine von uns die andere.

Ende der Woche besuchte uns heimlich und in der Dunkelheit Thomas Green, ein amerikanischer Student. Er kam gerade von der amerikanischen Botschaft. »Hört nicht mehr auf all diese Lügen im Radio. Der Krieg ist bereits seit Tagen vorbei«, sagte er uns. »Israel hat die gesamte ägyptische Luftwaffe zerstört, noch bevor die überhaupt aufsteigen konnte.« Unter Schock wandten wir uns gegen den Überbringer dieser Botschaft: »Was ist mit unserer Heimat, unseren Familien? Was geht auf der Westbank vor? Was an den anderen Fronten? Du sagst uns diese schrecklichen Dinge nur, um uns zu demoralisieren.« Er blieb ruhig. »Ihr müßt den Tatsachen ins Auge sehen. Die Araber haben den Krieg verloren. Die Westbank, der Sinai und die Golan-Höhen werden nun von Israel kontrolliert.« Und er ließ uns in unserem Schweigen zurück.

Unter uns waren drei libanesische Brüder aus der Familie Haidar. Der Älteste studierte an der Amerikanischen Universität Beirut Englisch, er war ein Studienkollege und Freund von mir. Der Jüngste war aktives Mitglied in der Widerstandsbewegung, er hatte es fertiggebracht, ein Flugzeug zu entführen und dann zum Unterricht zurückzukehren, als sei nichts gewesen. Es war der Mittlere, der an diesem Tag das Schweigen brach. »Gut!« lachte er. »Das wird das Problem des Hausmädchens lösen. Meine Mutter hat große Schwierigkeiten gehabt, ein Hausmädchen zu finden. Jetzt, mit all den hier gestrandeten palästinensischen Studentinnen, hat sie eine große Auswahl.« Für einen Augenblick erstarrten alle. Dann langte ein guter Freund von mir, Adnan Bader, ein syrischer Student, über den Tisch, ergriff den nächstbesten Gegenstand – eine Zuckerdose – und schleuderte sie nach dem jungen Libanesen. Das Geschoß schien langsam durch die Luft zu fliegen, versprühte überall weiße Zuckerkörnchen und traf dann sein Ziel klatschend mitten ins Gesicht. Seit dieser Zeit kommt mir dieses Bild spontan in den Sinn, wenn ich an diese Tage zurückdenke – Zucker überall, in die Kleider und die Haare rieselnd und auf dem Tisch und über den ganzen Boden verstreut.

Meine Schwester und ich versuchten, uns nützlich zu machen. Zwei Tage lang arbeiteten wir an Tarnnetzen für die libanesische Armee, bevor uns die Sinnlosigkeit dieser Maßnahme klar wurde. Ich besuchte dann Intensivkurse in Erster Hilfe und bemühte mich weiterhin, einen Weg zu finden, um nach Hause zu kommen. Tag für Tag standen meine Schwester und ich vor dem Büro des Roten Kreuzes Schlange, um etwas über den Verbleib unserer Familie zu erfahren. Als wir wieder einmal in einer dieser endlosen Reihen warteten, teilten Nadia und ich uns gegenseitig unser schreckliches Geheimnis mit und gestanden einander, daß wir das Schlimmste befürchteten.

In diesen Stunden, in denen ich da stand, wartete, betete, daß es meiner Familie gutgehen möge, und doch gar nicht wußte, ob sie überhaupt noch am Leben war, begann in mir eine Wandlung. Bis dahin war ich weitgehend gegen den Schmerz abgeschirmt worden, den mein Volk erlitt, nur in kleinen Bissen hatte ich den Schrecken gekostet, der sein täglich Brot war. Das soll nicht heißen, daß ich bis dahin nichts über unsere Geschichte oder unser Erbe gewußt hätte. Ich wußte vom Leid und der Not der Palästinenser; unter anderem hatte mein Vater dafür ein intellektuelles, wenn nicht sogar emotionales Bewußtsein geschaffen. Doch dies hier war anders, es drang bis ins Innerste, und es gab kein Zurück.

Mit unserer nun geteilten Bürde kehrten Nadia und ich ins Studentenwohnheim zurück. Gerade als wir eintrafen, klingelte das Telefon – meine Schwester Muna, die aus Washington anrief. Die Familie sei unverletzt, das Haus sei zwar mit Granaten beschossen worden, aber es sei kein irreparabler Schaden entstanden. Da löste sich unsere Anspannung, wir brachen zusammen und konnten endlich weinen. Jemand verabreichte mir ein Beruhigungsmittel, und ich fiel für vierundzwanzig Stunden in tiefen Schlaf.

Zu Hause hatten meine Eltern und Munas Kinder, Fuad und Samar, die zehn und acht Jahre alt waren, den Sturm überstanden. Nach dem Tod ihres jungen Ehemannes Elias war meine Schwester Muna in die USA gegangen, um dort ein neues Leben anzufangen, während ihre beiden Kinder noch für einige Zeit bei meinen Eltern zurückgeblieben waren. Meine Schwester Abla, ihr Mann Alfred und ihre vier Kinder lebten im ersten Stock unseres Hauses. Alle hatten sich in der dunklen Diele in der Nähe der Küche zusammengedrängt, während das Haus mit Granaten beschossen wurde. Den ersten flüchtigen Eindruck von der Besetzung bekamen sie, als israelische Soldaten an die Tür hämmerten und »whitesheez« verlangten. Abla, die mit dem Akzent Schwierigkeiten hatte und sich über die sonderbaren Wünsche dieses Feindes wunderte, rannte in die Küche und holte einen Teller mit weißem Käse[1]. Jedes palästinensische Haus hat einen Vorrat an diesem selbstgemachten Ziegenmilchkäse, der gekocht und dann in Salzlake gelegt wird. Vielleicht war dies ein Friedensgeschenk, dachte Abla – eine Variante des Brotbrechens. Doch anstelle der erwarteten versöhnlichen Geste zeigten sich die Soldaten immer wütender und brüllten wiederholt »whitesheez«, wobei sie auf das Dach zeigten. Dann fügten sie ihren Forderungen »blue« hinzu, und Abla begriff schließlich, daß sie weiße Tücher[2] und blaue Farbe für eine behelfsmäßige israelische Flagge verlangten, die sie auf dem Dach des Gebäudes gegenüber hissen wollten, welches das Gefängnis und der jordanische Offiziersclub war. Abla fand eine der großen weißen Stoffwindeln ihrer Tochter und trieb etwas Wäschebläue auf. Die Soldaten malten zwei blaue Streifen und einen Davidstern in die Mitte, befestigten ihr Kunstwerk dann an einem Besenstiel und verkündeten so die Besetzung des Platzes auf der anderen Seite der Straße. Die Metamorphose der ersten israelischen Besatzungsflagge in Ramallah ist bis heute ein Familiengeheimnis geblieben.

*

Als ich geboren wurde, gab es den Staat Israel noch nicht. So steht über meiner Geburtsurkunde wie auch über der Heiratsurkunde meiner Eltern das Wort »Palästina«. Doch ich kam rechtzeitig auf die Welt, um im Alter von neunzehn Monaten in meine unschuldige Biographie das Ende des britischen Mandats über Palästina, den Teilungsplan der Vereinten Nationen von 1947 und im Jahre 1948 die Gründung des Staates Israel auf dem größten Teil unseres Gebiets mitaufzunehmen. So hatten die wichtigsten Entwicklungen, die den Rest meines Lebens sowie das Leben einer Nation und die Wirklichkeit der ganzen Region bestimmten, stattgefunden, bevor ich mir überhaupt meiner eigenen Existenz bewußt wurde. Als Militärarzt in der palästinensischen Armee hatte mein Vater, Dr. Daud Mikhail, die Familie in eine Reihe von Städten und Orten in Palästina mitgenommen, von Majdal nach Jerusalem, nach Hebron, Nablus und Tiberias. Nachdem ich am 8. Oktober 1946 in Nablus zur Welt gekommen war, kam ich als Kind so rechtzeitig nach Tiberias, um den jüngsten Ausbruch der jüdisch-palästinensischen Feindseligkeiten und die Massenvertreibung der Palästinenser mitzuerleben, die manchmal als der Exodus von 1948 bezeichnet wird. Das Leben im prä-israelischen Palästina, der Kampf der palästinensischen Rebellen, die Umstände unserer Evakuierung und die Wirklichkeit des vorübergehenden Exils meiner Familie in Amman östlich des Jordans blieben Bruchstücke unvollständiger Erinnerungen, die nach und nach ausgegraben und unter Schmerz und Furcht zusammengetragen werden sollten.

Das Bewußtsein für diese Situation entwickelte ich in Ramallah, der Stadt der Vorfahren meines Vaters. Zwei Teile von Palästina blieben außerhalb Israels, bekannt als Westbank und Gaza-Streifen;

erstere wurde 1951 Jordanien zugesprochen, letzterer wurde ägyptischer Obhut unterstellt. Ramallah lag in der Westbank, und so wuchs ich unter jordanischer Herrschaft auf. Mein Leben war behütet, geschützt durch Privilegien und eine liebevolle Familie, verankert in der Sicherheit meiner Herkunft und in der Anerkennung durch zahlreiche Verwandte und Freunde. Selbst wenn die Wirklichkeit von außen eindrang, so tat sie dies sporadisch und zögernd. Ich weiß noch, daß mein Vater 1956 in Vorahnung des Krieges Arbeiter bestellte, um im Garten einen Bunker graben und einrichten zu lassen. Meine Mutter Wadi'a legte eine Liste der notwendigen Dinge an und bestückte unseren Bunker mit Grundvorräten, darunter Konserven und Kerosinlampen. Beim Angriff der drei Staaten Frankreich, Großbritannien und Israel auf Ägypten und der damit verbundenen Suez-Krise wurde die totale Verdunkelung angeordnet, und wir zogen in unseren Bunker. Der Krieg blieb abstrakt, und der Bunker war ein vorübergehendes Abenteuer. Ob in der Erinnerung meiner Eltern an den Krieg um Palästina oder in meiner kindlichen Erinnerung an den Angriff Großbritanniens, Frankreichs und Israels auf Ägypten – der Krieg war stets ein ferner und undefinierbarer Zustand, die Angelegenheit einer älteren und weiseren Generation.

Das Wort »Palästina« war damals tabu, und ich erinnere mich, wie mein Vater uns sagte, daß wir Palästinenser und keine Jordanier seien, daß wir uns aber hüten sollten, dies laut zu sagen. Es war ungefährlich, das Wort zu Hause zu flüstern und – bei geringer Lautstärke und geschlossenen Fenstern – den Radiosender *Saot al-Arab* (Stimme der Araber) zu hören, der aus Gamal Abd el-Nassers Ägypten sendete. Sogar als Kinder hegten wir düstere politische Geheimnisse und hatten Worte, die man nur flüstern durfte. Erst als mein Vater nach dem Angriff der drei Staaten und der Legalisierung der politischen Parteien durch König Hussein von Jordanien öffentlich Farbe bekannte, begriff ich das Ausmaß der Geheimnisse, die die Erwachsenen gehütet hatten. Anstelle verstohlener Zusammenkünfte und verschlüsselter Botschaften von Besuchern oder verbotener Dokumente, die unter Verschluß gebracht werden mußten, gab es nun bei den Palästinensern öffentliche Aufmärsche und Demonstrationen. Ein paar Männer kamen ins Haus, stellten ein Schild auf und erklärten unser Haus zum Hauptquartier der Nationalen Sozialistischen Partei, die wie alle Parteien bis dahin verboten gewesen war. Mein Vater und seine Freunde schrieben Flugblätter und hielten öffentliche Reden, und wir als ihre Kinder waren von Stolz und Bewunderung erfüllt. Dies änderte sich eines Tages im Jahr 1957, als mein Onkel aus Amman zurückkam, wo er davon Wind bekommen hatte, daß die Jordanier gegen die politischen

Aktivitäten der Palästinenser scharf vorgehen würden. In dem Versuch, unser Haus davor zu schützen, wurden mitten in der Nacht alle Dokumente verbrannt. Am nächsten Tag tauchte eine Gruppe uniformierter Soldaten auf, durchlöcherte das Parteizeichen mit einem Kugelhagel und stellte das ganze Haus auf der Suche nach Dokumenten auf den Kopf. Mein Vater war nirgends zu sehen. Statt dessen sagte mir meine Mutter, daß ich ihn im Gefängnis besuchen könnte. Das Gefängnis ist für Verbrecher, dachte ich, und mein Vater war doch ein ehrlicher und gütiger Mann!

Beschämt und wütend gingen meine Schwester und ich zur Schule. Meine Lehrerin für Landeskunde begann den Unterricht damit, daß sie mich bat, aufzustehen und mich meinen Klassenkameraden zuzuwenden. Dann sprach sie zu uns allen: »In unserer ungerechten Welt müssen nur die Guten und die Tapferen ins politische Gefängnis. Wir sind alle sehr stolz auf Hanans Vater, der gerade verhaftet worden ist. Dies bedeutet nämlich, daß er ein Mann mit Grundsätzen und Mut ist. Kopf hoch, Hanan, denn Gefängnis ist eine Ehre, die nur denen zuteil wird, die sie verdienen.« Dann klatschte sie in die Hände, und der Rest der Klasse fiel ein. Mit hocherhobenem Kopf ging ich an meinen Platz zurück, während mir die Tränen über die Wangen liefen.

Die Besuche im Gefängnis wurden zu etwas Aufregendem, etwas, worauf ich mich freute, wofür ich mich hübsch machte und mich mit einem Haarband schmückte. Gefängnis wurde zu einem Grundmotiv in meinem Leben, das dessen Abschnitte mit unheimlicher Hartnäckigkeit miteinander verband.

Meine Schule in Ramallah gehörte den Quäkern. Es war die Mädchenschule der Freunde, und natürlich gab es auch als Gegenstück die Jungenschule der Freunde. Es war eine Familientradition – meine Eltern, Schwestern, Töchter, Neffen und Nichten sind alle auf diese Schule gegangen. Sie wurde Mitte des 19. Jahrhunderts eingerichtet, die Schüler waren eine gemischte Gruppe aus Moslems und Christen, aber wir wußten nicht, wer was war, und das war auch kein Thema. Erst später wurde ich mir meines Christentums und seiner Bedeutung für meine Identität als Palästinenserin bewußt. Ich hatte von meiner Mutter das tiefe Gefühl geerbt, daß die Völker im Westen sich das Christentum angeeignet hatten und so taten, als wäre es ihre eigene Religion.

Meine libanesische Mutter ist ihr ganzes Leben lang sehr fromm gewesen. Ich erinnere mich noch daran, wie ich etwa elf oder zwölf war und einige Missionare zu uns nach Hause kamen. Meine Mutter sagte zu ihnen: »Ihr hättet nicht herkommen müssen. Wir brauchen keine Missionare, die den langen Weg aus den USA nach Palästina kommen. Wir sind diejenigen, die das Christentum direkt in

Kultur und Geschichte erfahren. Jesus ist hier geboren«, erinnerte sie sie, »hier ganz in der Nähe.«

Meine Großmutter mütterlicherseits war auf eigene Art eine Missionarin, sie zog stets umher und verkündete das Evangelium, und mein Großvater war Geistlicher der Episkopalkirche. Mein Vater, ebenfalls (ursprünglich griechisch-orthodoxer) Christ, wurde in einem weniger religiösen Umfeld erzogen als seine Frau. Ich weiß noch, wie er meine Mutter regelmäßig zur Kirche fuhr und dann wieder abholte, sie aber selten in den Gottesdienst begleitete.

Eines Tages standen mein Vater und ich auf dem nach Westen zeigenden Balkon in dem Haus, das er in der Radio-Straße gebaut hatte, und in der Ferne konnten wir die glitzernden Lichter von Jaffa und Tel Aviv entlang der Küste sehen. Wie in einem Selbstgespräch äußerte er, daß Israel eines Tages den Rest von Palästina einnehmen würde und daß »die Araber nicht bereit sind und auch dann nicht bereit sein werden«. Ich war erschrocken. Israel war für mich eine unvorstellbare Verirrung irgendwo da draußen, während die Araber eine große Nation mit vielen Armeen und Regierungen waren, die geschworen hatten, Palästina für uns zu befreien. Die meisten Palästinenser lebten in der Hoffnung auf die Einlösung dieses Versprechens. Doch es tauchten in der politischen Realität der Palästinenser zwei Richtungen auf. Die Palästinensische Befreiungsbewegung (PNLM), Fatah, formierte sich langsam unter den Studenten und jungen Berufstätigen im Exil (in den Golfstaaten und Ägypten), während die Organisation für die Befreiung Palästinas, PLO, in Palästina gegründet und 1964 offiziell ausgerufen wurde. Als ich während meines letzten Jahres auf der High School meinen Eintritt in die Universität vorbereitete, bemerkte ich, wie immer mehr Besucher ohne viel Aufhebens oder Aufsehen in unser Haus kamen. Später erfuhr ich, daß hier Beratungen über die Gründung der PLO stattgefunden hatten und mein Vater an Anwerbung und Ermittlungen beteiligt gewesen war.

Der Wechsel von der Mädchenschule der Freunde zur Amerikanischen Universität in Beirut war mein Übergang ins Erwachsenenleben, und ich lebte nun in einer anderen Wirklichkeit. In meinem Herzen nahm ich die Erinnerungen daran mit, wie meine Mutter Blumen im Garten pflückte und zu prächtigen Blumensträußen arrangierte, die unser Haus in ein Fest von Farben und Düften verwandelten. Auch die Bilder von Picknicks der Familie, von Spielen und Späßen und von einer besonderen Hochachtung vor Worten. In diesem Zauberkreis herrschte eine eigene Ordnung, die durch sehr viel Liebe von der Außenwelt abgeschirmt worden war. Anfangs wollte ich Medizin studieren, doch es gelang meiner Mutter, mich davon abzubringen: »Es gibt nur zwei Arten von Ärzten.

Die guten, die selbstlos und hingebungsvoll sind wie dein Vater und deshalb nie eine Nacht durchschlafen oder eine ganze Mahlzeit mit ihrer Familie essen können, oder die schlechten, für die die Medizin eine gute Verdienstquelle und einen Acht-Stunden-Tag bedeutet. Wie ich dich kenne, würdest du zu den ersteren gehören und könntest nicht selbst über dein Leben bestimmen. Deine Berufung würde dich aufzehren.« So gab ich die Medizin auf und belegte zuerst Physik und dann Anglistik. An der Physik reizte mich die Abstraktion, die Anglistik wählte ich wegen ihrer humanistischen Grundlagen. Aus heutiger Sicht war der Rat meiner Mutter in puncto Medizin angesichts der alles verzehrenden Berufung, der ich folgte, pure Ironie.

*

Nach dem Krieg von 1967 war die »Palästinenser-Frage« – ob wir unser Land oder zumindest einen Teil davon jemals wiederbekommen würden – zu einem persönlichen Thema geworden. Mit der Besetzung der Westbank und des Gaza-Streifens hatte sie buchstäblich unser Haus getroffen. Sie war nicht länger das Erbe meiner Eltern oder ein abstrakter geschichtlicher oder politischer Begriff. Sie wurde zu meiner Aufgabe und meiner Verantwortung. Über Nacht war ich im »Exil« gelandet, und der Großteil meiner Familie blieb weiterhin unter der Besatzung. Der dringende Wunsch, nach Hause zurückzukehren, wurde meine stärkste Motivation. Die Zeit des Widerstands hatte neue Dringlichkeit und einen frischen Impuls erhalten. So begann ein folgenschwerer Übergang in meinem Leben, in dem Aktivismus eine Schlüsselrolle spielte. Ich wurde in die aufkommende palästinensische Revolution verwickelt. Als der erste Schock über die israelische Besatzung langsam nachließ, regte sich überall in der ganzen Region Widerstand, und aus den Rekrutierungsbemühungen gingen die Gruppen der Organisationen des bewaffneten Kampfes – vorwiegend der Fatah – hervor. Die Schlacht von Karameh (einer der ersten militärischen Zusammenstöße zwischen dem palästinensischen Widerstand und der israelischen Armee im Ostjordanland) brachte eine neue Welle der Anwerbung von jungen Männern und Frauen mit sich, die das Gefühl hatten, sie könnten an der Gestaltung ihres Schicksals mitwirken. Opfer und *Fedayin* (die Freiheitskämpfer – »die, die opfern«) waren die Schlagworte, als die neue Generation von Palästinensern den Kampf um die Befreiung Palästinas aufnahm. Diese Phase der Aktivität der Palästinenser ließ mit ihrem Umfang, ihrer Dynamik, ihrer Vision und dem Gefühl der Unbesiegbarkeit und der grundlegenden Rechtmäßigkeit in gewisser Weise die *Intifada* ahnen. Wie bei der *Intifada* gab es letztendlich Ausschreitungen, Fehlentwicklungen und Verwicklungen, wodurch die Bewegung gegen sich selbst gerichtet wurde.

In dieser Zeit erfuhr ich die Bedeutung von Organisation, Widerstand, Disziplin und Selbstkritik als ein Mittel der Reform, und ich beteiligte mich an den ersten Zellen der Untergrundaktivitäten. Jihan Helu, eine der aktiv im Widerstand tätigen Frauen, leitete unsere Gruppe. Zusammen arbeiteten wir in Flüchtlingslagern, wir gruben Bunker und Gräben und betrieben Bewußtseinsstärkung. Jihan heiratete später meinen Cousin Hanna Mikhail (Abu Omar), den reinsten und idealistischsten Akademiker und Revolutionär aus den Reihen der Quäker. Er gab eine vielversprechende Karriere als Akademiker an der Universität Washington auf, hängte seinen Doktor der Philosophie von Princeton an den Nagel und schloß sich der Revolution an, um in den Lagern zu leben und oft zu hungern. Als ich ihn zum ersten Mal in Uniform sah, konnte ich nicht glauben, daß dieser pazifistische Quäker, dieser brillante Intellektuelle und idealistischste aller Visionäre, ein aktiver Revolutionär geworden war. Doch mir wurde klar, daß es gerade diese Eigenschaften gewesen waren, die ihn getrieben hatten, die Annehmlichkeiten und Freuden des Lebens eines Intellektuellen im Exil aufzugeben und mit der Selbstverleugnung und der Not eines puristischen Revolutionärs in den Wüstenlagern zu leben. Für ihn war die Revolution die höchste Form der Askese und die Essenz des Dienens. Er hat nie einen Schuß abgegeben, seine Waffen waren seine Gedanken und Worte. Der französische Philosoph Jean Genet beschreibt das Rätsel Abu Omar in seiner Erzählung über die Revolution der Palästinenser, *Un captif amoureux*. 1976, als das Schiff, auf dem er sich befand, direkt vor der Küste des Libanon in die Luft gejagt und Hanna als vermißt gemeldet und er für tot gehalten wurde, geriet Jihan völlig aus dem Gleichgewicht und verbrachte die nächsten zwölf Jahre mit verbissenen und dennoch vergeblichen Nachforschungen. Sein Tod bleibt ein Mysterium, und es gibt viele Versionen, angefangen bei einem israelischen Bombardement auf See über eine Gefangennahme durch die Syrer bis hin zur Folterung durch libanesische Phalangisten. Jihan hat über ein Jahrzehnt nach Hanna gesucht, und die PLO erhob ihn zum Märtyrer. Im Geiste überdauerte Hanna sein kurzes Leben und verkörperte, wie ihn Edward Said in einem Artikel vom August 1994 beschreibt, das Beste in uns allen. Als Hanan Mikhail habe ich oft schwierige und verzweifelte Diskussionen mit Sicherheitsbeamten auf Flughäfen in der ganzen Welt geführt, um ihnen klarzumachen, daß Hanna Mikhail eine andere, für sie unerreichbare Person ist.

Während dieser Zeit kurz nach dem Krieg von 1967 widmete ich mich auch der Ausarbeitung der Revolutionsorganisation für Frauen, schrieb Flugblätter und sprach mit Reportern, die ich in die Flüchtlingslager begleitete. Bei dieser Arbeit habe ich Freundschaften geschlossen, die zu einem festen Bestandteil meines Lebens geworden sind, insbesondere denke ich hier an Peter Jennings und Charles Glass von ABC. Während ich die Grundlagen der politischen Organisation und der Information in Beirut erlernte, wurden die dünnen Schutzwände, die mein Leben bis zum Ausbruch des Krieges abgeschirmt hatten, weiter eingerissen. Ich lernte, daß das kostbare Wort »Palästinenser« kontrovers verstanden wurde und eine ganze Reihe von Reaktionen auslöste. Nach und nach wurde mir bewußt, daß wir, damit man uns glaubte und akzeptierte, für uns selbst sprechen mußten, uns nicht in eine bestimmte Rolle drängen lassen durften und uns direkt der Welt stellen mußten. Erst dann würden wir in der Lage sein, aus dem zu flüsternden Wort »Palästinenser« ein solches zu machen, das in normalem Ton geäußert werden durfte. Doch bis dahin mußten wir eine Phase durchlaufen, in der wir es in lautem Trotz herausbrüllen mußten. Nur rückblickend konnten wir zu dem Schluß kommen, daß das Schweigen der Verleumdung und der Lärm des Trotzes gleichermaßen ohrenbetäubend waren.

1969, als zunehmend idealistische und radikale Studentin, begegnete ich in Amman bei einer Zusammenkunft der Konferenz der Generalunion palästinensischer Studenten (GUPS) einer Legende. Die übrige Welt kennt ihn als Yassir Arafat, den Palästinensern ist er als Abu Ammar bekannt, wie er sich als Revolutionär nannte. Die Annahme eines anderen Namens war nichts ungewöhnliches, denn unsere Situation brachte unter dem Zwang der notwendigen Geheimhaltung und der Umstände eine ganze Kultur an Pseudonymen hervor.

An jenem Tag war ich von ehrfürchtigem Respekt erfüllt; Abu Ammar war zu dieser Zeit erst vierzig Jahre alt, doch irgendwie schien er alterslos und war damals bereits – zumindest innerhalb der Revolutionsbewegung – eine schier überlebensgroße Legende. Meinen ersten Eindruck von Abu Ammar bekam ich, als ich ihn zwischen uns unter den Zuhörern stehen sah, und ich war verblüfft, wie menschlich und realistisch dieser legendäre Führer in Wirklichkeit aussah.

Bei dieser besonderen Konferenz war ich die einzige gewählte Delegierte unter etwa zweihundert Männern. Zwar waren noch weitere Frauen anwesend, aber sie hatten nur Beobachterstatus. Manche konservative Jungen versuchten, mich zu zwingen, lange Ärmel und ein Kopftuch zu tragen, aber unsere Delegation widersetzte sich und lehnte ab, daß ich mich dem fügte. Dies gehörte zu meinen frühen Erfahrungen mit den offenkundigeren Seiten der arabischen, von den Männern beherrschten Mentalität. Ein in dieser Hinsicht bezeichnendes Lied, das ein Freund von mir geschrieben hat, lautet »Er brachte mir *akkoub,* und meine Hände sind blutig«. *Akkoub* ist ein besonderes Nahrungsmittel, das als wildwachsender Dornbusch in steinigen und unfruchtbaren Gegenden wächst. Es ist sehr schmackhaft, aber die Zubereitung ist äußerst schwierig. Die Leckerbissen werden gesammelt, und dann verbringen die Frauen Stunden damit, die Stengel und Blütenköpfe zu säubern und die Disteln zu entfernen, wobei ihre Hände blutige Wunden bekommen. Aus einem ganzen Büschel gewinnt die Frau nur etwa eine Handvoll des verzehrbaren *akkoub*, das der Mann im Nu aufgegessen hat.

Als ich redend in der Gruppe um Abu Ammar stand, sah ich, daß man Fotos von uns machte, und dies hatte für mich sehr gefährliche Folgen. Ich hoffte doch, bald in die besetzte Westbank zu meiner Familie zurückzukehren, und nun gab es Fotos von mir und dem Mann, der gerade zum Symbol dessen wurde, was Israel zu vernichten suchte. Es war natürlich keine Überraschung, daß eines der Fotos in einer libanesischen Zeitung erschien.

Danach hatte ich im Laufe der Jahre immer wieder Gelegenheit, mit Abu Ammar über eine ganze Reihe von Themen zu sprechen. Ich konnte nicht öffentlich mit ihm zusammentreffen, denn Israel hatte alle palästinensischen Parteien für illegal erklärt und jeglichen Kontakt mit der PLO verboten. »Mitgliedschaft« war vom Gesetz verboten und mit einer langen Gefängnisstrafe belegt, und selbst die palästinensische Flagge wurde für unrechtmäßig erklärt. Die ganze Zeit über sah ich die Seite von Abu Ammar, die im Fernsehen oder in der Presse verborgen blieb. Die westlichen Medien weigerten sich, hinter das Bild zu blicken, und er wurde eher auf Umrisse als auf Inhalte reduziert. Die Art der Darstellung wurde mit der Realität verwechselt; für den Westen war es viel einfacher, Abu Ammar als den Erz-Terroristen, den Bösewicht schlechthin und als Revolutionsführer darzustellen – nie war die Rede von dem Wesentlichen, das eine Person zu einem menschlichen Wesen macht. Dieses eindimensionale Feindbild wurde als repräsentativ für alle Palästinenser angesehen.

*

Als ich die Amerikanische Universität Beirut 1970 mit einem Diplom abschloß, wußte ich nicht, wohin ich gehen sollte. Im Libanon konnte ich nicht bleiben, denn ich hatte weder Visum noch Arbeitserlaubnis; nach Hause nach Ramallah konnte ich auch nicht, denn da herrschte seit 1967 die israelische Besatzung; als ich um eine Rückkehrerlaubnis ersuchte, wurde sie mir verweigert. Ich hatte eigentlich heimkehren und unterrichten wollen, aber dies sollte nicht sein, zumindest damals nicht. Da griff das Schicksal ein. Der Leiter der Abteilung für Anglistik bestellte mich für eine Unterredung in sein Büro. Die Abteilung hätte ein Doktorandenstipendium für den besten Studenten zu vergeben, und der zuständige Ausschuß der Fakultät hatte mich ausgewählt. Innerhalb einer Woche waren meine gesamten Unterlagen fertig und wurden an Universitäten meiner Wahl geschickt. Einen Monat später war ich bereits auf dem Weg zur Universität von Virginia in Charlottesville, um Graduierte und Anwärterin auf den Dr. phil. in englischer Literatur zu werden. Ich rief meine Eltern aus Washington D.C. an und informierte sie über diese plötzliche Veränderung in meinem Leben. Dies war meine erste Möglichkeit, ihnen diese Neuigkeiten per Telefon mitzuteilen, denn damals gab es keine Direktverbindungen zwischen der arabischen Welt und Israel oder den besetzten Gebieten.

Nach meiner Zeit in Beirut waren Isolation, Provinzialismus und ungewohnt Neues meine ersten Eindrücke von den USA. Wie behütet und unschuldig waren doch die Amerikaner, die ich kennenlernte, wie weit entfernt von dem Schmerz und der Kompliziertheit des Lebens außerhalb ihres Kontinents, trotz ihres Vietnam-Traumas. Wie unberührt und dennoch wie offen. Wie mächtig und doch wie verwundbar. Aber es war erfrischend zu sehen, wie unbyzantinisch und wie ungewöhnlich ihre Sicht der Dinge war. Doch ich suchte Geschichte und Dauerhaftigkeit. Ich verlangte nach meinem vertrauten Zeitrahmen, in dem ein Jahrhundert auf den vorangegangenen gründete, um eine verständliche und beruhigende Chronologie und Perspektive zu schaffen. Ganz Palästina könnte man verpacken wie ein Geschenk und in der Ecke eines amerikanischen Bundesstaates unterbringen. Doch in dieser ganzen geographischen Weite konnte ich meine archäologischen Schichten nicht ermitteln, die mir Halt geben sollten, die mir versichern sollten, daß das Jetzt und Hier neben dem Dort und Damals existiert, und daß der Grundstein für mein Haus einst von einem römischen Steinmetz behauen worden war. Das zeitgenössische Amerika schien mir bedenklich auf die Erdoberfläche gemalt und noch nicht vollständig gesetzt oder geformt. Und in meiner Unschuld sorgte ich mich über diese Verwundbarkeit. Ich brauchte eine Weile, um Art und Bestandteile der zeitgenössischen Macht zu begreifen und zu verstehen, daß ihr Freisein von einer wirren Vergangenheit eine Form der Befreiung für die Zukunft sein könnte.

Die Protestbewegung gegen den Vietnamkrieg und das Ende der Nixon-Ära waren der politische Hintergrund meiner akademischen

Laufbahn. Zu meinem kulturellen Erbe gehörten die Sängerin Fairouz und der Sänger Muhammad Abdel-Wahab, die Dichter Badr Shaker As Sayyab und Mahmoud Darwish, die östlich-muslimische und die christliche Philosophie sowie der ununterbrochene Zusammenhang der Geschichte. Doch auch die Beatles und die Rolling Stones, Bob Dylan und Dylan Thomas, Simon & Garfunkel und die Flower-Power-Bewegung der Hippies waren Teil davon. Als Gründerin und einziges Mitglied der Charlottesviller Abteilung der Organisation Arabischer Studenten und als Leiterin einer Gruppe mit dem Namen Amerikanische Freunde des Freien Palästina bildete ich Koalitionen mit der Widerstandsbewegung in Charlottesville (Charlottesville Resistance, eine gegen den Vietnam-Krieg gerichtete Gruppe), mit Frauengruppen, der Virginia Collective (einer Kooperative aus den 60er Jahren), den Bergarbeitern aus den Appalachen und der Vereinigung Schwarzer Studenten. Wie ich bald feststellte, wußten die Organisatoren der Bergarbeiter mehr über Palästina und hatten allgemein ein stärkeres globales Bewußtsein als die Dozenten, die sich weltfremd in ihren Elfenbeintürmen versteckten. Um meine Unterstützung als palästinensische Schwester zu demonstrieren, besuchte ich die Versammlungen der Vereinigung Schwarzer Studenten und war dabei die einzige Weiße. Daneben besuchte ich Seminare, schrieb Abhandlungen und unterrichtete amerikanische Studenten in Anglistik. Ich fühlte mich gleichermaßen im radikalen politischen Aktivismus wie in esoterischen akribischen Bemühungen zu Hause. Mein Heim wurde Zuflucht und Versammlungsort für die Verfechter und Anhänger von beidem. Ich fühlte mich ebenso ehrfürchtig und wohl in der Kongreßbibliothek wie in den Kaffeehäusern am Dupont Circle in Washington.

Während ich mir in dieser neuen Welt einen Platz suchte, war die Akzeptanz von allen anderen nicht selbstverständlich. Doch sobald die Leute erkannten, daß ich zwischen Salat und Hauptgericht nicht aufsprang und einen Bauchtanz aufführte und auch keine Granate in die Nachspeise warf, gewann ich langsam Freunde. Damals hieß das Wort »Palästinenser« gleich Terrorist, oder es bedeutete gar nichts. Eine Gruppe von Studenten war der Meinung, daß ich keine Lehrerlaubnis haben dürfe, denn sonst würde ich das Wort Revolution lehren. Der akademische Ausschuß setzte sich nur lachend über ihre Protestschreiben hinweg.

Einmal während dieser Zeit saß ich auf einem Flug neben einem Geschichtswissenschaftler, der an einer Doktorarbeit über das Mittelalter schrieb. Bald schon waren wir in eine Diskussion über die mittelalterliche Literatur vertieft. Mein Akzent fiel ihm auf, und er fragte, woher ich stammte. »Ich bin Palästinenserin«, antwortete ich. Er wurde blaß und murmelte dann: »Glauben Sie, daß wir dort auch ankommen?« Der gute Mann dachte doch tatsächlich, daß ich das Flugzeug entführen wollte!

Meine Studien an der Universität von Virginia machten gute Fortschritte, und bald war es an der Zeit, mit der Dissertation zu beginnen. Als ich um ein Stipendium für die Dissertation ersuchte, erlebte ich einen der ärgerlichsten Augenblicke der Diskriminierung in meinem ganzen Leben, und dies hatte eher mit mir als Frau und weniger mit meiner Herkunft zu tun. Ein sehr einflußreicher Geisteswissenschaftler in der Abteilung sprach sich gegen das Stipendium für mich aus, weil ich eine Frau sei, und Frauen würden heiraten und Kinder bekommen. Ich wollte auf seine besondere Logik aufmerksam machen und erwiderte vergebens: »Meiner Erfahrung nach heiraten Männer auch und haben auch Kinder. Hindert sie das etwa daran, gute Geisteswissenschaftler zu werden?«

Während meines gesamten Aufenthalts in den USA war auf die Frage, was ich tun wollte, meine instinktive Antwort: »Nach Hause zurückkehren.« Meine Rückreise war ein weiterer Übergang in meinem Leben und eine »Pilgerfahrt des Leids«. Als ich Beirut verließ, um nach Washington zu gehen, hallten in mir noch die Worte des Liedes nach, das mich begleitete, zusammen mit den Jasminsträußchen meiner Freunde: »I'm leaving on a jet plane/don't know when I'll be back again«[3]. Als ich die USA verließ, war es »Homeward Bound«[4]. Meine erste Zwischenlandung war in Paris, wo man mich vierundzwanzig Stunden lang festhielt und als potentielle Terroristin verhörte. Es stellte sich heraus, daß man sich hier in der Identität meiner Person geirrt und mich für Leila Khaled gehalten hatte, ein bekanntes Mitglied der Volksfront für die Befreiung Palästinas (PFLP). Diese Gruppe hatte viele Flugzeugentführungen begangen. Als dies geklärt war, hieß meine nächste Zwischenlandung Kairo. Hier wurde ich achtundvierzig Stunden lang ohne ersichtlichen Grund – von meiner Nationalität einmal abgesehen – festgehalten. In Beirut suchte mich Abu Jihad (oder Khalil al-Wazir, einer der höchsten militärischen Führer, der 1988 einem Attentat zum Opfer fiel) auf und bat mich, meine Arbeit zu Hause im Rahmen meiner Arbeit an der Universität fortzuführen – der Revolution müßte auf unterschiedlichste Weise gedient werden. In Amman erfuhr ich schließlich, daß ich die Erlaubnis zum Besuch meiner Familie hätte, und ich nutzte das, was mir ein jordanischer Offizier des Nachrichtendienstes als Generalamnestie für alle Palästinenser erklärte. Zum ersten Mal seit der Besetzung 1967 überquerte ich die Brücke über den Jordan und ging nach Hause zurück.

*

Kurz nachdem ich nach Ramallah zurückgekehrt war, kam eines Tages ein jüdischer Herr zu uns nach Hause, um meinen Vater zu besuchen. Ich war entsetzt. »Wie konntest du einen Israeli in unserem Haus empfangen?« fragte ich meinen Vater. »Wir kennen uns schon sehr lange«, war seine Antwort, »höre ihm erst zu.« Es stellte sich heraus, daß dieser Mann im Jahre 1948 Kriegsgefangener gewesen war, und mein Vater hatte zu den Ärzten gehört, die die jüdischen Gefangenen versorgten, zu denen auch dieser Mann zählte. »Er war so menschlich und so freundlich zu uns«, sagte der Israeli, »daß wir ihn nie vergessen haben. Man könnte sagen, daß dieser Mann uns am Leben erhalten hat. Ich suche ihn seit langem, um ihm zu danken. Und nun bin ich hier.« Mein Vater hatte uns immer gelehrt, niemanden – auch nicht unsere Feinde – zu hassen, und nun konnte ich sehen, daß er sein eigenes Leben nach dem richtete, was er seinen Töchtern gepredigt hatte.

Von Anfang an kamen die Besatzungsmacht und ich nicht miteinander aus. Ich wurde Mitglied der Fakultät und Leiterin des Fachbereichs Anglistik an der Universität Birzeit und wuchs mehr und mehr in das Leben einer Akademikerin hinein. Dennoch war ich eng mit den Aktivitäten der Studenten verbunden. Nach einigen Demonstrationen und Protestmärschen erhielt ich eine Vorladung, wurde von der israelischen Polizei verhört und verhaftet, man nahm meine Fingerabdrücke, ließ mich gegen Kaution frei und setzte einen Verhandlungstermin fest. Eines Tages in dieser Zeit besuchte ich ein Popkonzert in Jerusalem. Grund dafür war, daß die Band *Bara'em* (Knospen) arabische Texte mit moderner Musik vertonte. Aus dem hinteren Teil der überfüllten Konzerthalle fiel mir der langhaarige Schlagzeuger der Band auf; ich war beeindruckt von seiner Natürlichkeit auf der Bühne und von seiner offensichtlichen tiefen Verbundenheit zur Musik.

Sein Name war Emile Ashrawi, und außer Musiker war er einer der kreativen Kräfte in der *Balalien*, einer respektlosen zeitgenössischen Theatergruppe, die die Kultur mit diesem modernen palästinensischen Theater bereichert hatte, und er war ein freundlicher Ratgeber für Kinder im freiwilligen Arbeitsprojekt der Gemeinde. Eine meiner Schwestern war auch Mitglied der *Balalien*, und angesichts der Tatsache, daß unsere Gemeinschaft eine eng miteinander verknüpfte Gruppe war, war es vielleicht unvermeidlich, daß wir uns wieder begegneten. Bald nach dem Konzert telefonierten wir miteinander. Er hatte gehört, daß mich die Israelis einer ganzen Reihe von Ordnungswidrigkeiten – Aufruhr, Gefährdung der Staatssicherheit usw. – beschuldigten, weil ich an Demonstrationen teilgenommen hatte. Eines Tages versammelte sich eine Gruppe von Leuten im Haus meiner Eltern und beratschlagte über Strategien für meine Verteidigung. Darunter waren auch Emile und sein Bruder. Während die anderen hitzig Ratschläge erteilten, saß Emile ruhig da und nahm alles in sich auf. Ich dachte für mich, daß das ein Mann sei, der tatsächlich zuhörte.

Meine Verhandlung wurde auf den 25. Dezember festgesetzt. Es war ein trübsinniges Weihnachtsfest, das ich im Gericht verbrachte. Als ich an der Reihe war, meinen Fall dem Militärrichter vorzutragen, fragte er mich, ob ich meinen Eid auf den Koran, das Alte Testament oder das Neue Testament schwören wollte. »Auf das Neue Testament«, antwortete ich feierlich.

Er machte eine Pause, erkannte offensichtlich die Bedeutung des Tages und fragte mich dann: »Was tun Sie heute hier?«

»Das ist eine gute Frage«, entgegnete ich. »Sogar eine sehr gute Frage. Vielleicht wissen Sie die Antwort darauf.«

Mein Weihnachtsgeschenk von der israelischen Regierung in jenem Jahr war die Wahl zwischen einer Gefängnisstrafe oder einer gesalzenen Geldstrafe. Die Fakultätsmitglieder der Universität Birzeit bezahlten die Strafe für mich.

1974 rief ich den Rechtshilfeausschuß der Universität ins Leben, um eine rechtmäßige Verteidigung für palästinensische Studenten anzubieten. Meine Karriere an der Universität schwankte zwischen dem Posten eines Mitglieds in der Verwaltung und im Universitätsrat auf der einen und der Arbeit einer Aktivistin und Mitglieds in der Fakultätsverbindung auf der anderen Seite. Außerhalb der Universität hatte ich mit einer Gruppe von Frauen feministische Arbeitskreise gebildet, und wir hielten Sitzungen zur Bewußtseinsstärkung ab in dem Versuch, ein geeignetes frauenbezogenes Programm auszuarbeiten, das sich mit ganz anderen Themen der palästinensischen Realität befassen würde. In dieser Zeit bemühten wir uns auch um die ersten Kontaktaufnahmen zu israelischen Aktivisten, die die Besatzung beenden wollten und eine Beilegung des Konflikts auf der Grundlage der Zwei-Staaten-Lösung suchten (ein Vorschlag der Vereinten Nationen aus dem Jahre 1947). Damals bildeten wir die erste politische israelisch-palästinensische Untergrundorganisation.

Zum einen war dies eine von politischer und universitätsbezogener Arbeit erfüllte Phase meines Lebens, zum anderen war es aber auch die Zeit, in der Emile und ich uns verliebten.

Einer meiner größten Wünsche nach meiner Rückkehr aus den USA war es gewesen, der Theatergruppe *Balalien* beizutreten. Meine Schwester Nadia und Sameh Abboushi (ein Architekt und Schriftsteller, der Nadia 1973 in einer christlich-muslimischen Zeremonie geheiratet hatte) sowie Emile und seine Brüder hatten diese beispiellose Theaterbewegung für die gesellschaftliche Veränderung gegründet. Ich sehnte mich danach, Teil dieser Bewegung in Richtung Hoffnung und Freude, dieses Ausdrucks jugendlichen Vertrauens zu werden. Ich trat der Gruppe bei, und danach arbeiteten Emile und ich zusammen an einigen Stücken.

Obwohl kein politischer Aktivist, war Emile bereits an den linksgerichteten israelischen und palästinensischen Gruppen beteiligt, die sich in den frühen 70er Jahren gebildet hatten. Viele der politischen Zusammenkünfte, denen ich beiwohnte, fanden zusammen mit seinem Bruder Ibrahim und anderen Freunden bei ihm zu Hause statt. Emiles Mittel für Ausdruck und Veränderung waren stets die Musik, das Theater, die Projekte mit Kindern und eine friedliche Gegenkultur, die allen Formen der Provokation und der Niedertracht des Geistes die Stirn bot. Dieser Sinn für Freigebigkeit, Großzügigkeit und Freundlichkeit blieben auch Emiles Wahrzeichen als Ehemann, Vater und Freund. Mit unerschöpflicher Liebe, Geduld und Toleranz blieb Emile unerschütterlich ein Fels in der Brandung. Er hat das ruhige Zutrauen eines Mannes, der sich seiner Mannhaftigkeit sicher genug ist, um nicht seine Männlichkeit durch die Unterdrückung der Frau oder durch eine Ehe als Beziehung der Konkurrenz und der Vorherrschaft beweisen zu müssen. Viele meiner Freundinnen fragen mich scherzhaft, wo ich ihn denn aufgetan habe. »Er ist einzigartig«, sage ich immer, »und ich traf ihn, wie er auf mich und darauf wartete, daß ich zurückkehre!«

Am 14. Februar 1974 eröffnete ich meinem Vater, daß Emile und ich heiraten wollten.

»Willst Du meine Erlaubnis oder meinen Rat?«

»Deinen Rat«, sagte ich.

»Gut«, meinte er. »Du brauchst keine Erlaubnis von irgend jemandem. Ich habe dich so erzogen, daß du dich auf dein eigenes Urteil verlassen kannst. Emile ist ein guter Mann, und du hast die richtige Entscheidung getroffen. Ich weiß, daß dies wohl sehr schwierig war, und die Zukunft wird nicht leicht sein.«

»Das weiß ich, Vater, und ich danke für dein Vertrauen und deine Unterstützung. Emile und ich lieben uns sehr.«

»Ich habe Augen im Kopf. Ich habe dies kommen sehen und gebe zu, daß ich mich darauf vorbereitet habe. Du weißt, daß dies keine konventionelle Hochzeit sein wird, und du wirst Widerstände spüren. Wir sind keine traditionelle Familie, aber seine Familie ist eine. Du mußt dich auf Schwierigkeiten aus dieser Richtung gefaßt machen. Du bist älter als er, hast eine bessere Ausbildung und einen anderen gesellschaftlichen Hintergrund.« Emiles Vater, der Angestellter gewesen war, hatte geringe Mittel, doch es gelang ihm irgendwie, seinen sechs Kindern den Besuch von Privatschulen zu ermöglichen.

»Deine Mutter und ich haben ganz ähnliches durchgemacht, als wir heirateten. Sie war älter und kam aus einer wohlhabenden Familie, die glaubte, sie würde unter ihrem Stand heiraten. Aber wir haben diese Auseinandersetzung gewonnen, und dann ist für uns alles gut geworden. Du hast die zusätzliche Verantwortung, daß du dein ganzes Leben lang arbeiten mußt. Er wird nicht in der Lage sein, eine Familie zu ernähren.« (Bis zu ihrem Tod im September 1994 hat meine Mutter nie ihr wirkliches Alter verraten, sie hatte 1909, das Geburtsjahr meines Vaters, als ihr eigenes angenommen.)

»Ich weiß, und es macht mir nichts aus«, erklärte ich meinem Vater. »Du weißt, daß ich meinen Dr. phil. nicht gemacht habe, um ihn einzurahmen und in der Küche aufzuhängen. Du hast uns immer gedrängt, selbständig und nicht finanziell von jemand anderem abhängig zu sein, auch nicht von künftigen Ehemännern. Du hast uns gesagt, das einzige, was du wüßtest, sei, daß wir alle eine höhere Ausbildung bekommen würden. So hast du nun fünf unabhängige, ausgebildete Töchter, und du kannst dich nicht beklagen.«

»Ich bin stolz auf euch alle. Du weißt, wie gerne ich Emile habe, und ich werde so zu euch halten, wie ich zu deiner Schwester Nadia gehalten habe, als sie und Sameh heirateten und die ganze Familie dagegen war, weil er Moslem ist. Unkonventionelle Hochzeiten scheinen bei uns in der Familie zu liegen, das macht uns so originell und anders. Emile ist etwas Besonderes, denn seine Redlichkeit ist offensichtlich. Ich kann sie fühlen. Und er liebt dich aufrichtig. Du wirst keine Wahl haben, du wirst arbeiten müssen. Aber du bist diese Verpflichtung bereits eingegangen. Halte dich daran und laß es gut werden.«

Am 8. August 1975 feierten wir eine ungewöhnliche und wundervolle Hochzeit, die ein exakter Vorbote der künftigen Ehe war. Wir hatten unsere Freunde angerufen: »Wir heiraten, wollt ihr kommen?« Wir wollten keine ausgefallenen Einladungen oder gar einen Empfang. Ich trug ein champagnerfarbenes Kleid, Emile ein beiges Jackett mit braunen Hosen. Die Kirche war voll, als ich am Arm meines Vaters durch das Kirchenschiff schritt. Ich schaute nach vorne zu dem Mann, der mein Ehemann werden sollte und am Altar wartete. Ich war gleichzeitig von Liebe und Besorgnis erfüllt. Die ganze Idee von der Ehe war mir in meiner Sicht von der Zukunft als unabhängige Frau fremd gewesen. Einer Frau, die gewillt war, gegen die Zwänge einer traditionellen Gesellschaft anzukämpfen, entschlossen, sich nicht durch die heilige Ehe besitzen zu lassen, und begierig zu beweisen, daß eine Frau als menschliches Wesen vollkommen in der Lage ist, eine andere Rolle zu spielen und für sich einen eigenen Platz fern von Patriarchat und Gönnertum zu behaupten. Dann war ich Emile begegnet. Mit seiner Freundlichkeit und ruhigem Zutrauen hatte er meine tiefsten Ängste berührt und hinweggefegt; sein Humor, seine Zuversichtlichkeit und seine Kreativität überwanden die stärksten Schranken der Abwehr und des Widerstands, mit denen ich die Ehe als eine Form der organisierten Gefangenschaft betrachtet hatte.

Als wir unsere Heirat beschlossen hatten, träumten Emile und ich davon, zwei Töchter zu haben. Ich war mit vier Schwestern ohne Brüder aufgewachsen. Hätte ich einen Sohn gehabt, ich hätte gar nicht gewußt, was ich mit ihm tun sollte. Emile hatte sich auch immer Töchter gewünscht – für einen Mann in unserer Gesellschaft ein ungewöhnlicher Wunsch. Er träumte immer davon, zusammen mit seinen Töchtern die Straße hinunterzulaufen, ihr langes Haar sollte hinter ihnen wehen.

Für unser erstes Kind bereiteten wir das Zimmer, die Spielsachen, die Kleider und den Namen in der völligen Gewißheit vor, daß es Amal sein würde. Vertrauensvoll machten wir alle Übungen und Kurse für eine natürliche Geburt mit, und erst, als ich in den Kreißsaal ging, dachte ich daran, Emile zu fragen: »Stell dir vor, es wird ein Junge. Was machen wir dann?« Er antwortete gutgelaunt: »Dann müssen wir ganz schnell einen Namen und andere Kleider finden, aber wir werden genauso glücklich sein. Das nächste Kind ist dann ein Mädchen.« Amal, unsere Hoffnung, brachte nicht nur Erfüllung und ein Wunder in unser Leben, sondern auch eine Vorstellungskraft und eine Kreativität, die uns die Welt in einem neuen Licht zeigte. Sie »bestellte« ihre Schwester Zeina, die uns ihre Lebendigkeit, ihren Mut und noch größere bedingungslose Liebe schenken sollte.

Mein Leben hat Form angenommen: als Palästinenserin, als Frau – als Mutter, Tochter, Ehefrau –, als Christin und als Humanistin, als radikale Aktivistin und Friedenskämpferin, als Akademikerin und als Politikerin. Und als Summe all dieser Bestandteile hoffe ich, daß ich eines Tages die einzige Identität und die einzige Bezeichnung erlangen werde, die es zu haben lohnt: ein Mensch.

*

Samstag vor Ostern 1981. Ich ging mit Zeina schwanger. Meine dreijährige Tochter Amal, meine Eltern und ich waren in unserem Garten, der in voller Blüte stand, und genossen den schönen Tag. Seit dem frühen Mittelalter war der Karsamstag traditionell der Tag der heiligen Feuerzeremonie und wurde der Samstag des Lichts genannt. Das Ritual feiert den Besuch von Maria und den anderen Frauen am Grabe Jesu, ihre Entdeckung, daß das Grab leer ist, und das strahlende Licht, das diese Entdeckung begleitet. Jedes Jahr tragen ausgewählte Läufer die wunderbare Flamme, die aus dem Ostergrab stammen soll, von Stadt zu Stadt und werden überall von jubelnden Menschen empfangen.

Als der Läufer an diesem Tag die Flamme nach Ramallah brachte, wurde aus der religiösen Prozession eine Demonstration. Es erklangen nationalistische Lieder, und in den Straßen wurden Autoreifen angezündet. Natürlich erschien die israelische Armee bald auf der Bildfläche und verhaftete jeden, den sie ergreifen konnte, sogar Ladenbesitzer, die draußen auf ihre Waren aufpaßten. Von unserem Garten aus konnten wir nicht wissen, was vorging, wir hörten lediglich zuerst den Lärm der Demonstration und danach die Stille. Dann hörten wir Stiefelgetrappel auf der Straße. Als es lauter wurde, konnten wir israelische Soldaten auf unser Haus zumarschieren sehen, sie trieben die Männer Ramallahs vor sich her, die kein Hemd anhatten und rußgeschwärzt waren, denn man hatte ihnen befohlen, mit ihren Kleidern die Straße von den verbrannten Reifen zu säubern. Da stand ich nun, mit einem Kind schwanger, das andere im Arm, und sah zu, wie Freunde und Nachbarn geschlagen und ins Gefängnis verfrachtet wurden. Ich war wütend und verletzt. Es war, als ob das ganze Feuer vernichtet worden sei. Die kleine Amal in meinem Arm spiegelte meine Wut wider. Nach einem kurzen Augenblick begann sie, den Soldaten zuzuschreien: »*Böse Soldaten!* Das dürft ihr nicht tun. *Böse Soldaten!*« Ich fiel ein und rief: »Ihr verhaltet euch wie Tiere! Nein, Tiere benehmen sich anders, Tiere frönen nicht grundloser Grausamkeit.« So wütend ich auch war, ich brachte es aufgrund meiner puritanischen Erziehung nicht über mich, stärkere Worte zu gebrauchen. Unsere Mutter hatte uns nie Beschimpfungen erlaubt, und bei uns zu Hause hatten wir immer sehr genau auf eine anständige Sprache geachtet.

Ich erinnere mich, daß mir mein Vater eine Geschichte aus meiner eigenen frühen Kindheit in Tiberias erzählte. Die britischen Soldaten waren vorbeimarschiert und hatten die Palästinenser geschlagen, die sie gerade zusammengetrieben hatten, um sie ins Gefängnis zu stecken. Als wir hilflos danebenstanden, beschimpfte eine meiner Schwestern die Soldaten mit »Böse Onkel, böse Onkel«. »Onkel«, weil dies das Wort war, mit dem wir die verschiedenen Freunde unseres Vaters ansprachen. Diese Erinnerung bekümmerte und belustigte mich gleichermaßen, diese Syntax von »böse« ging von einer Generation zur nächsten über, es hatte sich also wenig geändert.

In dieser Nacht gelang es Leah Tsemel, einer engen Freundin und israelischen Anwältin, welche eine der ersten gewesen war, die Palästinenser verteidigte, die Freilassung der Männer nach zähen, die ganze Nacht andauernden Verhandlungen zu erwirken. Emile fotografierte die Männer, die in der Zelle auf ihre Freilassung warteten. Danach gingen wir alle nach Hause und schliefen noch ein paar Stunden, um dann Ostern zu feiern. Dies war ein Feiertag, zu dem Leah und ihre Familie zu uns gekommen waren. Wieder einmal war ein heiliger Tag besudelt worden, und wir konnten nichts anderes tun, als die Erinnerung daran für Amal mit den traditionellen Ostereiern und dem Festtagsmahl so glücklich wie möglich zu gestalten.

Dies war nur eine der Entwürdigungen, denen wir als Volk unter der Besatzung ausgesetzt waren. Jeder Zwischenfall war erst ein Kiesel, der dann zu einem Stein wurde. Einer über den anderen gesetzt würden sie eine Mauer aus Wunden zwischen uns und den Besatzern bilden. Wir wußten nicht, wann oder wie diese Mauer aus Frustration und Wut so hoch sein würde, daß wir sie nicht mehr ertragen könnten; wir fühlten lediglich, daß es so kommen würde. 1987, sechs Jahre später, hatte die Mauer dann tatsächlich ihre äußerste Höhe erreicht, und wir waren bereit. Stein für Stein, Kiesel für Kiesel trugen wir sie ab und verwandelten die Steine der Wut in Steine der Tat. Wir warfen diese Steine gegen unseren Feind, um seine und schließlich die Aufmerksamkeit der übrigen Welt zu erregen – in einem Aufstand, der als *Intifada* bekannt werden sollte.

1 A.d.Ü.: Englisch »white cheese«, was ähnlich wie »whitesheez« klingt.

2 A.d.Ü.: Englisch »white sheets«.

3 A.d.Ü.: Song von John Denver, etwa: »Ich fliege mit dem Flugzeug weg, weiß nicht, wann ich zurückkomme.«

4 A.d.Ü.: Song von Simon & Garfunkel, etwa: »Heimwärts.«

2

»Es geschieht, Hanan, und nichts kann es aufhalten!« Leah Tsemel und ich arbeiten an den letzten Fällen der Studenten der Universität Birzeit, die von den Israelis im November und Dezember 1987 verhaftet worden sind. Sie ist die Verteidigerin, ich bin die Leiterin des Rechtshilfeausschusses der Universität, der später zum Aktionsprojekt für Menschenrechte wird. Wir gehen die Polizeiakten über die Beschuldigten und die Stellungnahmen durch, die über den Eßzimmertisch in meinem Haus in Ramallah verstreut sind.

»Was meinst du damit? Was geschieht, das nichts aufhalten kann?« frage ich meine israelische Freundin.

»Gaza befindet sich im Aufstand. Die Leute gehen spontan auf die Straße. Sie haben es satt. Sie wollen sich nicht länger mit den Dingen abfinden – ihre Entscheidung ist klar: Ende der Besatzung oder Tod.«

»Aber die Dinge brauen sich nun schon seit geraumer Zeit in allen besetzten Gebieten zusammen. Jeden Tag werden Menschen getötet – letzten Monat wurden Studenten der Universität Bethlehem von Soldaten erschossen, vor einigen Tagen wurden Fußgänger in Gaza von einem Armeefahrzeug überfahren. Warum glaubst du, daß dies irgendwie anders ist? Wir hatten schon vorher Demonstrationen und Streiks.«

»Ich fühle es. Es liegt in der Luft, so wie die Leute sich bewegen und reden. Alles geschieht spontan, niemand sagt ihnen, daß sie auf die Straße gehen und protestieren sollen. Sie tun es einfach – Männer, Frauen und Kinder. Sie kommen aus ihren Geschäften, Häusern und Schulen und strömen auf die Straße. Da ist eine Entschlossenheit und ein Widerstand, wie ich es noch nie erlebt habe. Ja, und da ist auch die Wut. Glaub' mir, sie haben es satt. Nichts wird sie aufhalten.«

Leah streicht einige Strähnen ihres glatten, dunkelbraunen Haars zurück, wie immer, wenn sie erregt ist, sie richtet sich auf, ihre Augen blitzen fast so hell wie die silbernen Ringe an den Fingern ihrer beiden Hände. Ich habe schon viele Veränderungen in ihren haselnußbraunen, grüngesprenkelten Augen gesehen: vom Kummer über das Leid ihrer palästinensischen Mandanten und deren Familien bis hin zu Empörung und Wut über die Ungerechtigkeit, die sie jeden Tag erlebt, über ihr Gefühl der Hilflosigkeit demgegenüber, von ihrem Lachen mit ihrem unbesiegbaren Sinn für Humor bis hin zur Güte einer Mutter, die tief besorgt ist über den hohen Preis, den ihre Kinder zahlen werden müssen – sowohl als Teil des Systems der Besatzung und des Konflikts als auch als die Kinder von Leah Tsemel. Ein Bild, das mir stets in Erinnerung bleiben wird, ist das ihrer tiefen Verletztheit und Verwirrung, weil ihr Sohn sie verleugnete. Sie nannten ihn den Sohn der »die Araber liebenden Verräterin«; so wurde er verhöhnt und bedroht.

Unsere besondere Freundschaft ist kein Geheimnis. Wir sind ein merkwürdiges Duo: diese grimmige und doch gütige Israelin, die bereits früh moralisch und rechtlich Position gegen Grausamkeit und Ungerechtigkeit bezog, und ihr Gegenstück, die palästinensische Akademikerin, die in ihr eine Gleichgesinnte erkannte. Wir sind wie Schwestern, und uns verbindet ein instinktives Erkennen, das der Geschichte und den nationalen Grenzen trotzt oder vielleicht gerade das Ergebnis aus genau diesen Kräften ist; auf ihre Weise ist jede von uns das Produkt der einzigartigen Erfahrung ihrer Herkunft. Unsere Töchter Zeina und Talila sind »Milchschwestern«, denn ich stillte Talila zusammen mit meiner Zeina, als Leah ans Gericht mußte, um meine Studenten zu verteidigen. Keine von ihnen spricht die Sprache der anderen, doch auf den Familienpicknicks machen sie sich fröhlich Hand in Hand auf die Suche nach Blumen oder schlammigen Bächen.

Leah hatte natürlich recht. Ihre Antennen orteten sofort die ersten Anzeichen der *Intifada*, des Aufstands der Palästinenser, der am 9. Dezember 1987 begann und einen Großteil der Welt überraschte. Wir sahen uns mit einer Wirklichkeit ringen, die keine Illusionen dulden konnte.

*

Sogar oder vielleicht gerade diejenigen von uns, die die Dinge hautnah erlebten, waren unsicher, ob das Grollen eine drohende Explosion ankündigte oder ob es sich um die stetige Aktivität eines schlafenden Vulkans handelte. Beim wöchentlichen Treffen des Rates der Kunstfakultät an der Universität Birzeit in der zweiten Dezemberwoche 1987 versuchte ich verzweifelt, das Semester durch Schminkkurse noch bis zu den Weihnachtsferien zu retten. Ausgangssperren, Streiks und Militärblockaden hatten das Studienjahr stark mitgenommen. Wir zählten die Tage im Kalender, berechneten die Unterrichtsstunden und überprüften die Lehrpläne, wobei wir den Lärm von Schüssen und Explosionen in der Ferne als Teil des Hintergrunds nahmen, vor dem wir normalerweise unserer Arbeit nachgingen. Doch der Lärm kam näher, und die ersten dünnen Schwaden von Tränengas drangen langsam in den Versammlungsraum.

Der alte Campus der Universität, der die Kunstfakultät beherbergt, liegt mitten im Dorf Birzeit auf einem Hügel. In trügerischer Idylle scheinen Dorf und Campus organisch aus den terrassenförmigen Hügeln zwischen Felsen und Olivenbäumen, der typischen Landschaft in Palästina, emporzutauchen. Dorf und Universität sind miteinander verwachsen und gehen auseinander hervor, doch sie haben sich nie wirklich vermischt. Als ich zuerst als Leiterin des Fachbereichs Anglistik an diese Universität kam, mußte ich mich auf dem Weg in mein Büro zwischen und unter der tröpfelnden Wäsche der Nachbarn hindurchschlängeln, die draußen auf der Leine hing. Eine tägliche morgendliche Begrüßung und ein kurzer Schwatz waren die richtige Art, den Tag zu beginnen. Gute nachbarschaftliche Beziehungen verlangten auch, daß man mir eine Kostprobe all dessen schickte, was in der Küche gekocht und gebacken wurde – der verlockende Duft ließ die gesamte Abteilung zum Vielfraß werden. Wenn Nachbars Gans in ein Seminar watschelte, empfingen die Studenten sie als ehrenwerten Gaststudenten des Faches Anglistik. Wenn sie jedoch begann, an den Papieren zu knabbern und buchstäblich die Bücher zu verschlingen, mußten wir sie leider verscheuchen.

Vor diesem szenischen Hintergrund traf sich der Rat der Kunstfakultät an diesem Dezembertag 1987 in einem alten Steingebäude mit einem Kuppeldach und anmutig gebogenen Decken und Fenstern und richtete seine Aufmerksamkeit auf einen neuen Zusammenstoß mit der israelischen Armee. Oft, wenn es im Ort eine Demonstration gab, kam die Armee zur Universität. Mit viel Übung gingen wir das übliche Procedere in Krisensituationen durch: Überprüfen der Erste-Hilfe-Stationen auf die üblichen Vorräte an Antiseptika, Watte, Lokalanästhetika, Verbandszeug, Sauerstoffflaschen und Atemgeräten, Tragen und Schienen; Überprüfen der Stationen auf Personal, darunter Ärzte, Krankenschwestern, Späher, Läufer, freiwillige Helfer und Wachen; Verschließen aller Tore und Alarmieren aller Pförtner, die nur Studenten und Universitätsangehörige durchlassen sollten; Aussenden von Fakultätsmitgliedern in jedes Gebäude; Alarmieren der Mitglieder des Aktionsprojektes für Menschenrechte, des Büros für Öffentlichkeitsarbeit, der Krankenhäuser und der Presse; Informieren der Universitätsverwaltung auf dem neuen Campus. Dann strömten wir alle aus, um unsere üblichen Aufgaben zu erfüllen – Abteilungsleiter, stellvertretender Dekan, Dekan und Kollegium –, um die Studenten im

Falle eines Zusammenstoßes mit der Armee zu schützen und notfalls für sie zu vermitteln. Jahre später erklärte Albert Agazarian, der Leiter der Stelle für Öffentlichkeitsarbeit an der Universität, gegenüber der Presse bei der Madrider Friedenskonferenz, daß ich meine Verhandlungserfahrung durch siebzehn Jahre zähen Verhandelns mit der israelischen Armee erlangt hätte, und zwar immer dann, wenn sie in der Universität eingefallen war.

Ich bezog meinen Posten am Tor zum Parkplatz hinter dem Büro des Dekans. Es war das größte Tor und lag strategisch günstig an einem steilen Hang. Es bot einen Blick auf den Eingang zum Wohnheim und auf zwei mögliche Wege, auf denen die Armee anrücken konnte. Die Schüsse wurden lauter, und das Tränengas stach mir wie hundert scharfe Messer in die Lungen. Der Magen drehte sich mir um, und mein Gesicht brannte von einem quälenden Juckreiz. Ich versuchte verzweifelt, meine Augen offenzuhalten, und starrte durch die immer dicker werdenden Schwaden, um die ersten Anzeichen der anrückenden Armee zu sehen. Aus dem Nebel tauchten Studenten auf, unscharfe Konturen, die sich rasch und lautlos wie Gestalten aus einem alten Horrorfilm in Schwarzweiß näherten. Allmählich nahmen die nahenden Gespenster Form und Farbe an, und ich hörte das rhythmische Stampfen ihrer Füße. Sie tanzten den urzeitlichen Tanz des Überlebens, eine neue Variante des *dabke*, unseres alten Tanzritus. Ich öffnete das Tor, und sie stürmten herein. Ahmad Harb, der stellvertretende Dekan, nahm sich der Nachzügler an und führte sie in den Speisesaal und in die Aula im Hauptgebäude, dann schloß er die schweren Eichentüren und wies die Studenten an, sie von innen zu sichern. Ich trat aus dem Parkplatztor heraus und schloß es hinter mir. Nun tauchte ein anderes Heer von Phantomen aus dem Nebel auf.

*

Ein heftiges Gefühl des Déjà-vu packte mich. Fast ein Jahr zuvor hatte ich schon einmal so dagestanden, in einem Zustand schrecklicher Vorahnungen, und hatte dem Tod ins Auge gesehen. Er hatte sich hinter meinem Rücken eingeschlichen, in den gewundenen Nischen der gemauerten Durchgänge gelauert und das Leben zweier Studenten gefordert. Noch immer konnte ich im Geiste das Blut und die blicklosen Augen sehen. Noch immer konnte ich die kalten, leblosen Hände und den Schmerz von Müttern, Vätern, Schwestern und Brüdern fühlen. Die Toten waren geliebt worden, konnten jedoch nicht gerettet werden. Später hatten wir vier Verwundete im Wagen. Mit hell aufgeblendeten Scheinwerfern und lautem Gehupe waren wir durch die Barrikaden der Studenten und die Armeeposten, durch Kugelhagel und Sirenen zum Noteingang des Ramallah-Hospitals gerast. Die Ärzte konnten die vier retten. Die israelische Armee verhaftete sie. Daher kommt unsere berühmte Redensart: Für einen Palästinenser ist es ein Verbrechen, einer israelischen Kugel den Weg zu versperren.

An jenem Tag 1986 hatte Ahmad mich gerettet. Eine Gruppe Soldaten hatte sich bei der Verfolgung der Studenten gewaltsam Zugang zum Campus verschafft. Ahmad, der aus der anderen Richtung kam, sah sie auf dem Dach des Hausmeisterschuppens stehen und zielen. »Hanan, *halt*!« brüllte er, und ich blieb stehen. Die Kugel schlug einen Schritt vor mir auf das Pflaster. Ich drehte mich um, schaute zu dem Heckenschützen und sah, daß der Lauf seines Gewehres auf mich gerichtet war. Ich sprang zurück und drückte mich an die Mauer des Schuppens direkt unter ihm. Eine zweite Kugel prallte da auf, wo ich noch einen Augenblick zuvor gestanden hatte. Eine weitere Scharte in einem weiteren Stein. Der Soldat schrie in gellender Wut: »Ihr Araber seid alle Tiere, man sollte euch alle abschlachten!« und er fuhr mit der Hand über seinen Hals, um seine Worte zu unterstreichen. Ahmad und ich versuchten, mit ihm zu diskutieren; schließlich gelang es Ahmad, einen israelischen Offizier herbeizurufen, der seinen schießwütigen Soldaten wegführte. Ich sammelte die leeren Patronenhülsen auf und fügte sie meiner Sammlung von Kugeln hinzu, die für mich bestimmt gewesen waren und die ich bei früheren Zusammenstößen auf dem Campus mit der israelischen Armee oder bei Demonstrationen aufgelesen hatte. Vier Jahre später, gleich nach Madrid, habe ich sie weggeworfen. Meine Töchter hatten darauf bestanden, daß wir solche grausigen Souvenirs des Todes zu Hause nicht brauchten. Ich war einverstanden. Für sie war damals der Anblick des Blutes der verwundeten Studenten der Inbegriff des Schreckens gewesen. Ich hatte nämlich in meiner Aufregung vergessen, den Rücksitz unseres Autos zu säubern. Als ich die Angst in den Augen meines Mannes Emile sah, legte ich ein stummes Gelöbnis ab. Es galt ihm und unseren Töchtern. Ich verpflichtete uns alle zum Leben.

*

Aber nun stand ich wieder hier, ein Jahr später, und machte mich auf einen neuen Kampf gefaßt. Wie oft sollte ich, sollten wir geprüft werden? Wer wird den Mut haben, diesen schier endlosen Kreis zu durchbrechen? Dieses Mal wurde das Stampfen der Soldatenstiefel durch den unregelmäßigen Donner der Explosionen, Gewehrschüsse und der Schnellfeuer der Uzis untermalt. Ich ging ein paar Schritte vorwärts. Der Pförtner der Universität war entsetzt.

»Dr. Ashrawi, kommen Sie zurück! Es ist zu gefährlich«, brüllte er.

»Lassen Sie das Tor geschlossen! Machen Sie es für niemanden auf.« Ich zwang mich, vorwärts zu gehen, mit hocherhobenem Kopf und den Blick starr nach vorne gerichtet. Nur nicht in Panik verfallen. Nur keine Furcht zeigen. Die Soldaten hielten an; ich hielt an. Wir sahen einander in die Augen. Schweigen erstreckte sich zwischen uns wie eine gespannte Feder. Ich konnte fühlen, wie Albert um die Ecke bog und zu Fuß hinter ihnen heraufkam. Ahmad machte hinter mir eine kleine Bewegung, als er langsam das Tor öffnete und es hinter sich schloß. Sie und ich waren wie zur Ewigkeit erstarrt. Der Offizier in der ersten Reihe und ich erkannten uns plötzlich. Er war mein Nachbar aus dem Büro des Militärgouverneurs gegenüber unserem Haus in Ramallah. Ich erkannte auch, wer die Soldaten waren: Kinder, Teenager, manche waren sogar jünger als meine Studenten. In ihren Augen stand eine Unmenge unzensierter Botschaften; Besorgnis, Furcht, Mißtrauen, Traurigkeit, Feindseligkeit, Gewalt, Vorahnung, Fragen, Sehnen, Zweifel und sogar seelenlose Leere. Ich kannte sie alle.

»Kommt nicht näher. Ich möchte mit dem befehlshabenden Offizier sprechen.«

»Der bin ich«, antwortete der Offizier. »Wir müssen hinein und die Studenten verhaften, die demonstriert und Steine geworfen haben. Außerdem haben wir eine Liste gesuchter Leute, und wir glauben, daß sich manche von ihnen in der Universität aufhalten könnten.«

»Sie können nicht hinein. Das ist ein Universitätsgelände, und die Armee hat darauf nichts zu suchen. Das müssen Sie respektieren.«

»Wer ist hier zuständig? Rufen Sie den Leiter der Universität.«

»Den haben Sie vor vierzehn Jahren deportiert. Ich bin Dekanin für Kunst und für diesen Campus zuständig.«

»Dieser Campus macht uns immer eine Menge Schwierigkeiten. Einige Studenten sind hier getötet worden. Wir müssen das Universitätsgelände schließen.«

»Statt die Universität zu schließen, sollten Sie aufhören, auf Studenten zu schießen. Sie haben die Universität bereits sechzehnmal geschlossen, und Ihre Soldaten töten immer noch Studenten.«

»Sie fordern Schwierigkeiten heraus. Sie gehen auf die Straße, demonstrieren und stören den Frieden. Sie zwingen uns ja, auf sie zu schießen.«

»Sie sind nicht anders als Studenten in der ganzen Welt. Sie wollen protestieren und ihre Meinung frei äußern. Das ist kein Grund, sie umzubringen. Schießen Sie auf israelische Studenten, wenn diese demonstrieren?«

»Das ist etwas anderes. Versuchen Sie nicht, mir so zu kommen. Ihre Studenten bedrohen die Sicherheit unserer Soldaten.«

»Dann sollten Ihre Soldaten nicht hier sein. Sie provozieren die Zusammenstöße. Im übrigen, würden Sie die Studenten in Ruhe lassen, dann würden die Demonstrationen friedlich enden und keiner würde verletzt.«

»Das ist unser Job. Wir müssen für Recht und Ordnung sorgen. Und hier sind wir mit unserem Job noch nicht fertig; entweder bringen Sie die Studenten einen nach dem anderen heraus, damit wir sie identifizieren können, oder wir müssen uns Zugang erzwingen und sie selbst verhaften.«

»Es kommt gar nicht in Frage, daß wir hier für Sie Schlange stehen, und ich sage noch einmal, daß Sie nicht hineinkönnen. Ein Stürmen des Campus könnte zu einem Massaker führen.«

Albert und Ahmad stießen zu uns, und es begannen die üblichen Verhandlungen. Der Campus blieb den ganzen Tag über unter militärischer Belagerung. Erst kurz vor Mitternacht kamen wir zu der Abmachung, daß sich die Armee zurückziehen würde und die Studenten die Busse besteigen sollten, um direkt nach Hause gefahren zu werden. Freiwillige der Fakultät stiegen in jeden Bus, um sicherzustellen, daß die Armee diesen nicht abfing und die Studenten sicher nach Hause kamen. Der Tod zog sich an jenem Tag mit leeren Händen zurück, doch er schonte nur seine Kräfte.

Am Tag darauf wurde der Campus zu »militärischem Sperrgebiet« erklärt. Viereinhalb Jahre lang sollte die Universität geschlossen bleiben, und ein Betreten des Campus war verboten. Viereinhalb Jahre lang mußten wir uns alternative Lehrpläne und Unterrichtsräume ausdenken. Wir unterrichteten bei uns zu Hause, auf den Feldern, in verlassenen Gebäuden, in Kirchen und Moscheen. Die Räume im kleinen und baufälligen Gebäude des CVJM in Ramallah wurde zu unseren Ersatzbüros umfunktioniert. Wir waren an der subversiven Aktivität der Ausbildung im Untergrund beteiligt. Die *Intifada* hatte begonnen, und wir steckten mittendrin.

*

Trotz Schmerz, Angst, dem Splittern von Knochen, den Schlägen und Mordtaten, die die an der *Intifada* beteiligten Palästinenser erdulden mußten, lag eine Art Heiterkeit in der Luft. Wir fanden Geschmack an unserer Kraft, an unserer Willensstärke, an dem, was uns zusammenschweißte. Das Wort *Intifada* selbst bedeutet »sich erheben« oder »etwas abschütteln«, als ob man plötzlich aufwacht und etwas abwirft. Dieses massive und spontane Sich-Erheben eines Volkes legte unsere verborgenen oder unterdrückten Ressourcen und Energien frei und brachte sie zur Entfaltung.

Die *Intifada* führte in ihrem Anfang scheinbar unversöhnliche Elemente der palästinensischen Gesellschaft zusammen und beauftragte sie mit der Schaffung einer anderen sozialen, politischen und nationalen Ordnung ohne die Störungen der israelischen Besatzung. Unsere Botschaft war einfach: Gebt uns Freiheit! Unser Ansatz war direkt: eine Neutralisierung der israelischen Militärmaschine durch ihre Konfrontation mit einer Geisteshaltung, die Einschüchterung und Niederlage ablehnt. Wir stellten uns dem Ungeheuer und zwangen es, sich selbst ins Auge zu sehen. Aber die Armee war nicht Medusa – sie wurde nicht zu Stein. Sie schlug zurück und forderte zahlreiche Opfer. Doch erst als wir die Entmenschlichung ablehnten, brachten wir die Besatzer auf einen Kurs der Erkenntnis. Wir hofften, daß sie letztendlich verstehen würden, daß ihre Freiheit davon abhing, daß sie uns unsere gaben.

»Ich kann nicht verstehen, warum wir nicht mit dir in die Kirche gehen können«, protestierte die sechsjährige Zeina. »Und wenn wir Christen sind, wie kommt es dann, daß du angefangen hast, jeden Freitag in die Moschee zu gehen?«

Mit der unendlichen Weisheit einer Zehnjährigen gab ihre Schwester Amal die Erklärung: »Du bist wirklich dumm, Zeina! Mama, Tante Abla und Najwa [Ablas Tochter] gehen doch nicht in die Moschee oder in die Kirche, um zu beten. Sie gehen zum Demonstrieren!« Sich zu mir wendend beschwor sie mich: »Sei bitte vorsichtig, Mutti. Wir könnten es nicht ertragen, wenn dir irgend etwas passiert. Die Soldaten schießen mit echten Kugeln.«

Als ich mich hinunterbeugte, um die Schnürsenkel meiner Turnschuhe zu binden, erschauerte ich. War ich egoistisch, nahm ich Risiken auf mich, zu denen keine Mutter das Recht hat? Hatte ich das Recht, meine Töchter so viel Angst und Furcht auszusetzen? Aber nehmen wir an, alle von uns dächten so – wer würde dann die Risiken auf sich nehmen? Kein Leben ist entbehrlicher als ein anderes. Es gibt keinen Maßstab für menschlichen Wert in relativen Begriffen; jedes Leben ist einzigartig und unersetzlich. Amal und Zeina verdienen eine Mutter, die sicher und verfügbar ist, mit der sie rechnen können. Emile verdient eine Ehefrau, die nicht ständig das Schicksal herausfordert. Wir alle verdienen ein Leben, in dem unsere Entscheidungen nicht gleich tragisches Ausmaß haben müssen. Ist es dann hochmütig von mir, wenn ich täglich hinausgehe und die Götter auf die Probe stelle?

»Hast du noch ein weiteres Paar Laufschuhe?« fragte Abla. Sie war erst vor zwei Wochen aus Amman zurückgekommen und sofort von unserem Fieber gepackt worden. Es wurde zum Schmerzmittel gegen die Deportierung ihres Mannes Alfred durch die Israelis im Jahre 1974. Er war Zahnarzt und wurde verdächtigt, politisch aktiv zu sein. Ihre Kinder hatten sich entschlossen, in Ramallah zu bleiben, und Abla war hin- und hergerissen. Amman bedeutete ein künstliches Leben im erzwungenen Exil, aber ein Leben, das ihr Ehemann aushalten mußte. Ramallah war die Heimat ihrer Vorfahren. An diesem Sonntag machte sie sich fertig, mit mir zur Kirche zu kommen und an einer besonderen palästinensischen Form der Heiligen Kommunion teilzunehmen. Ihre Tochter Najwa, eine Studentin der unteren Semester und Schülerin von mir, kam ebenfalls regelmäßig mit und nahm unbekümmerter die Risiken dieser waghalsigen Unternehmungen auf sich.

»Ich will auch zu der Demonstration gehen«, beharrte Zeina.

»Das kannst du nicht. Es ist zu gefährlich.« Ich hielt mich für logisch.

»Wenn es so gefährlich ist, warum gehst du dann?«

»Weil ich weiß, wie ich auf mich aufpassen muß. Ich weiß, was man tun muß, wenn die Armee kommt.«

»Ich weiß auch, was zu tun ist, wenn die Armee kommt. Ich mache das Siegeszeichen und singe ›PLO‹.« Sie hatte aufmerksam die Nachrichten im Fernsehen verfolgt.

»Du mußt zuvor die Umgebung inspizieren und Fluchtpläne ausarbeiten. Du mußt auch sichere Verstecke kennen, das ist nicht leicht. Weißt du was – wenn du groß bist, kannst du zu Demonstrationen gehen.«

»Aber wenn ich dann groß bin, dann ist die Besatzung vielleicht vorbei, und es gibt keine Demonstrationen mehr.«

Wie sehr wünschte ich, daß sie recht hätte. Abla, Najwa und ich banden unsere Tücher um die Schultern (wir verwendeten sie, um unsere Köpfe und Gesichter zu verbergen und somit nicht erkannt werden zu können) und stopften uns Zwiebeln in die Taschen (ein Gegenmittel gegen Tränengas). Wir trugen alle Jeans und unauffällige Farben, um keine Aufmerksamkeit zu erregen. Wir fuhren in eine Seitenstraße einige Blöcke von der Kirche entfernt und gingen den Rest des Weges zu Fuß. Langsam und schweigend näherten sich Frauen aus allen Richtungen. Alle hatten Tücher um die Schultern und trugen gute Laufschuhe. Wir nickten uns in vorsichtigem Erkennen zu, vermieden aber zu sprechen. Die Straße war in Schweigen gehüllt. Die Ladenbesitzer begannen, ihre Türen zu schließen und die Metallgitter herunterzulassen. Der Kirchhof füllte sich rasch mit Frauen. Manche gingen zum Gebet in die Kirche, andere warteten draußen auf das Ende der Gebete und auf den Beginn der Versammlung. Durch nichts konnte man Christen von Moslems unterscheiden. Die Glocken läuteten, und die Gläubigen traten aus der Kirche. Wir mischten uns unter sie und traten mit ihnen ins Freie. Schweigend gingen wir die Straße hinauf, die von der Altstadt Ramallahs zur Stadtmitte führt. Viele wachsame Augen verfolgten unsere Ankunft hinter geschlossenen Fenstern und teilweise zugezogenen Vorhängen. Soldaten auf den Dächern brachten ihre Gewehre in Anschlag und zielten. Wir erreichten den *Manara*, den Hauptplatz der Stadt. Eine Frau ganz vorne entfaltete die palästinensische Flagge. Nun durchbrach die Stimme von Amal Khreisheh, einer stets mutigen und kreativen feministischen Aktivistin, die Stille, gefolgt von einem kollektiven Atemholen:

Nationale Einheit, zum ersten und zum zweiten,
Moslems und Christen gleichermaßen
Auch Westbank und Gaza

Von Ramallah bis Jenin
Wir sind ein Volk, das nicht aufgeben wird
Wir sind das Volk von Palästina

Offen sprechen wir das aus
Wir wollen keine Besetzung

Rabin, geh zu Shamir und sag ihm
Wir sind die PLO
Shamir, sag Rabin,
Wir sind das Volk, das sich nicht ergeben wird

Unsere *Intifada*
wird stärker und kämpft sich vorwärts
Wir wollen unseren Staat und unsere Identität
Wir haben nie ein Leben in Erniedrigung akzeptiert
Wir wollen in Freiheit leben

Als Chor wiederholten wir den Gesang. Die Frauen hakten sich unter und drängten in einer Prozession vorwärts. Plötzlich erzitterte die Luft von Explosionen. Gummigeschosse prasselten auf uns nieder; ein Mädchen namens Leila und eine andere Studentin schrien auf. Eine Gruppe von Frauen hob sie auf und brachte sie zu einem der wartenden Fahrzeuge, die vorher alarmiert worden waren, um eben etwaige Verwundete ins Krankenhaus zu bringen. Nach einer besonders lauten Detonation landete eine Tränengasbombe direkt vor mir und spie Rauch. Ich zwang mich, nicht ohnmächtig zu werden. Zwei Freundinnen kamen mir zu Hilfe, die eine kickte die Granate weg, die andere zog mich am Arm in Richtung Midan al-Mughtaribeen, des Platzes der Heimatlosen. Wir hatten uns bereits vorher über einen anderen Versammlungsort für den Fall verständigt, daß uns die Armee auf dem Hauptplatz auseinandertreiben sollte, ein üblicher Modus operandi für Armee und Frauen gleichermaßen. Mit von Anstrengung und Tränengas schier berstenden Lungen quälten wir uns die steile Hospital-Straße hinauf.

Erneut strömten Frauen aus allen Richtungen herbei. Sie kamen über die Felder und die Hinterhöfe, über Steinmauern und Zäune, eine Verschmelzung der zornigen und der »sanften« Frauen. Beide waren sie auf der Suche nach Vergeltung und einem neuen System der Gerechtigkeit. Auf der Spitze des Hügels gegenüber dem Arabisch-Orthodoxen Club begannen wir mit der Errichtung unserer Barrikaden aus Steinen. Teenager in Jeans, Frauen mittleren Alters in traditioneller Tracht, berufstätige Frauen in Kostümen, ältere weißhaarige Frauen in unterschiedlichsten Gewändern – so bildeten wir eine Kette, reichten uns gegenseitig die Steine und häuften sie zu einer Variante der alten Steinmauern auf, die sich um unsere terrassenförmig angelegten Hügel ziehen. Jede Frau hatte eine Familie, die zu Hause auf sie wartete, und Erfahrungen mit Diskriminierung und Unterdrückung, die sie hierhergetrieben hatten. Jede behielt ihre Dämonen für sich, als wir uns alle auf einen Zusammenstoß mit der anrückenden Armee vorbereiteten.

Auf beiden Seiten waren vertraute Gesichter: Imm Khaled (Leila Ata), Maisoon al-Wheidi und ihre Töchter, Jamileh Bakr, Islah Abdel Jawad, Amal Khreisheh, Jamileh Kassis, Imm Khalil (Feiruz) Abu Nahleh, Abla, Najwa, ich und viele andere. Maisoon hatte eine Tragödie erlebt, die noch nicht enden sollte. 1992 ist ihre gerade zwanzigjährige Tochter Abir verhaftet worden, weil sie Anführerin einer Zelle, einer militärischen Untergrundgruppe, war. Man verurteilte sie zu siebzehn Jahren Gefängnis. Am Tag nach Abirs Verhandlung zerstörte die israelische Armee das neue Heim der Familie unter dem Vorwand, es habe sich jemand darin versteckt. Der Vater, ein Arzt, hatte gesagt: »Kommen Sie herein und suchen sie.« Doch die Armee beabsichtigte, das Gebäude zu zerstören. Familie, Freunde und Nachbarn hatten sich alle eingefunden und das Haus umstellt. Aber die Armee setzte Panzerabwehrraketen ein und jagte es in die Luft. Nichts blieb unversehrt. Man konnte die Spielsachen der Kinder unter den Trümmern sehen, die Garage war über dem Auto zusammengestürzt. Sie erlaubten Maisoon nicht, Dokumente wie Geburtsurkunden oder selbst Hochzeitsfotos zu bergen. Jede Frau, jeder Name hatte eine Geschichte, und da sind so viele Namen, zu viele, um sie hier alle anzuführen.

Wir kannten die Soldaten nie bei ihrem Namen, aber ihre Gesichter waren uns vertraut geworden. Mein Mann Emile sagte immer, wenn irgendeiner auf einer Seite nicht auftauchen sollte, würde er oder sie von der anderen Seite vermißt werden. Schußwechsel, Tränengas, Steinewerfen und sogar die Gefechte von Angesicht zu Angesicht bildeten ein Muster. Vielleicht mehr als die Männer betrieben die Frauen die *Intifada* auf jede mögliche Weise. Wir adoptierten jeden Gefangenen und Häftling, erklärten jeden, der geschlagen, verhaftet oder gequält wurde, zu unserem Kind. Unsere Rettungsaktionen waren oft erfolgreich, wobei wir das Opfer buchstäblich aus dem Heck eines Jeeps wegschnappten oder den Klauen einer Patrouille entrissen. In jeder Konfrontation, jedem Ausschuß, jedem Projekt oder jeder Unternehmung ergriffen die Frauen die Initiative, standen auf und hielten stand. Weder Küche noch Gefängnis konnten sie zurückhalten oder einschüchtern. Das Pronomen der ersten Person war nicht länger die ausschließliche Domäne der Männer.

Anders als die meisten meiner palästinensischen Schwestern war ich mit dieser Sensibilität im persönlichen Bereich aufgewachsen. Bei mir zu Hause herrschte Gleichberechtigung, Töchter wurden zärtlich geliebt und so erzogen, daß sie an ihre Kraft und ihren Wert als Menschen glaubten. Als ich geboren wurde, war mein Vater durch das Krankenhaus von Nablus in Palästina gegangen und verteilte die arabische Süßigkeit *knafeh* an Personal und Patienten. »Also hast du deinen langersehnten Sohn bekommen«, sagten alle. »Nein«, erwiderte er »Wadi'a und mir wurde gerade unsere fünfte Tochter geschenkt. Aber sie ist diejenige, auf die wir gewartet haben. Nun ist unsere Familie vollzählig.« Später sagte er zu meiner Mutter: »Ich bin froh, daß sie kein Junge ist. Wie würden wir ihn nach den vier Mädchen behandeln? Könnten wir eine Diskriminierung vermeiden? Und in dieser Kultur müßte er anders behandelt werden – das wäre seinen Schwestern gegenüber nicht gerecht.« Mein ganzes Leben hindurch gab er mir das Gefühl, daß ich wirklich das Kind gewesen war, auf das meine Eltern gewartet hatten. Eigentlich wurde jeder meiner Schwestern das Gefühl vermittelt, etwas Besonderes zu sein. Es waren weder seine ungewöhnliche Ehe noch das Leben als Vater von fünf Töchtern, die meinen Vater zu einem Verfechter der Rechte der Frauen machten. Als junger Student am Terra Sancta College in Jerusalem hat mein damals junger und alleinstehender Vater in den 20er Jahren geschrieben: »Frauen verdienen Gleichbehandlung, die durch das Recht verankert ist und nicht herablassend als Geschenk von den Männern gegeben wird. Und wenn die Männer diese Tatsache nicht erkennen und die Ungerechtigkeit nicht willentlich korrigieren, dann werden die Frauen sich erheben und gewaltsam fordern und erreichen, was ihnen rechtmäßig zusteht. Sollten sie dies eines Tages tun, dann rate ich den Männern, sich vor der Ungerechtigkeit der Unterdrückten zu hüten, wenn diese einmal an die Macht gekommen sind.« Seine frühen Aufzeichnungen bezeugen auch seine kühne Offenheit und seine Selbstkritik: »Befreie zuerst dich selbst, dann wirst du dein Land befreien.« »Innere Reform ist der Schlüssel zur wirklichen Freiheit«, so schrieb er. »Wir machen oft das britische Mandat für all unsere Schwierigkeiten verantwortlich; das ist eine bequeme Entschuldigung. Die wahre Sklaverei kommt nicht aus dem Kolonialismus, sondern aus unserer eigenen Einstellung, unserer inneren Uneinigkeit und aus der Korruption. Wir müssen den Mut haben, uns selbst von innen heraus zu befreien, genau so, wie wir darum kämpfen, uns von der Unterdrückung von außen zu befreien.« Was er damals geschrieben hat, ist heute noch genauso wahr.

*

Als die *Intifada* an Dynamik gewann, wußten wir, daß wir die Welt nicht nur dadurch erreichen mußten, indem wir Steine auf israelische Soldaten warfen, sondern wir mußten die Welt mit unserer Wirklichkeit konfrontieren. So begannen wir eine Informationskampagne. Ted Koppels *Nightline* war ein Wendepunkt in diesem Feldzug. Anfang 1988 kamen Betsy West, eine Produzentin von ABC, und John Colley, ein alter Freund, der für ABC und *The Christian Science Monitor* arbeitete, zu mir nach Hause und untersuchten die Möglichkeit einer im Fernsehen ausgestrahlten »Stadtversammlung«, bei der eine gemischte Gruppe aus Palästinensern und Israelis nicht nur auf dem Podium, sondern auch im Publikum sein sollte. Meine spontane Antwort war: »Ihr müßt verrückt sein!« Kein Palästinenser hatte sich je in einer öffentlichen Aussprache an einen Israeli gewandt. Unsere Kontakte beschränkten sich auf Gespräche und Aktionen auf der Straße mit gleichgesinnten Israelis oder auf Verhöre durch Militär und Nachrichtendienst in den israelischen Gefängnissen.

Aus politischen Gründen hatten die Palästinenser jede offizielle Kommunikation mit den Israelis vermieden, eine Art und Weise, ihnen Anerkennung und Rechtmäßigkeit zu verweigern. So bekamen ausschließlich die Israelis Zugang zu den Medien, während die nicht anwesenden Palästinenser gleichzeitig angeklagt und falsch dargestellt wurden. Später würde ironischerweise zu sehen sein, wie die Israelis unsere aussichtslose Haltung gegen jede öffentliche Verlautbarung oder Debatte annehmen sollten, als wir die Initiative zur Herausforderung ergriffen. Doch damals war das noch nicht der Fall. Zurückhaltung und Boykott waren unsere Tradition. Dies alles zu ändern, so wußte ich, und zwar in einer dramatischen und öffentlichen Inszenierung wäre ein wichtiges Signal.

»Das ist unmöglich! Es läuft völlig unserer Politik zuwider, und kein Palästinenser darf an einer solchen Veranstaltung teilnehmen«, so war die Reaktion der Vertreter der Volksfront für die Befreiung Palästinas (einer Splittergruppe der PLO), die sich in meinem Haus zu einem Treffen eingefunden hatte. »Getrennte Veranstaltungen ohne direkten Kontakt oder Wechselgespräch sind vielleicht möglich. Aber an einer gemeinsamen Veranstaltung werden wir nicht teilnehmen, und wir werden anderen von einer Teilnahme abraten. Wir werden uns öffentlich dagegen aussprechen.«

»Wir glauben, daß es wichtig ist und gemacht werden sollte«, antwortete Ghassan al-Khatib von der Kommunistischen Partei (später die Volkspartei, eine andere Splittergruppe der PLO). »Ich werde mein möglichstes tun, damit es ein Erfolg wird.« Später fand ich heraus, daß Ghassan seine eigene Initiative ergriffen und die Partei dazu verpflichtet hatte, bevor er sich mit dem Rest der Führung beriet.

»Es ist noch nicht klar, aber wir werden beraten«, meinte der Vertreter der Fatah, der größten politischen Gruppierung der PLO. »Doch dein Urteil in diesem Fall ist wichtig. Alles hängt auch von der Zusammensetzung des Gremiums ab.«

»Wir sind dagegen, aber wir werden nicht störend eingreifen«, so die Position der Demokratischen Front für die Befreiung Palästinas.

Die Unabhängigen und die Intellektuellen zeigten gemischte Reaktionen.

Irgendwann rief Gil Pimental, der junge ABC-Produzent, aus: »Bringt mich zur UNLI, der Vereinten Nationalen Führung der *Intifada*. Vielleicht kann man die überzeugen. Ihr könnt mir die Augen verbinden und mich auf Umwegen zu ihnen bringen. Ihr könnt ihre Stimmen verstellen. Ist mir alles egal, aber bringt mich dorthin! Bringt mich zu eurer Führung!« Ali und ich lachten. Ohne es zu merken, hatte Gil in den vergangenen zwei Wochen eigentlich alle Mitglieder der UNLI zusätzlich zu denen, die ihnen Anweisungen gaben, getroffen.

Am 24. April murmelte Gil: »Glaubwürdiges Gremium, Gremium A, Gremium B, Gremium C.« Er saß in meinem Wohnzimmer, als Rick Caplan anrief. Der amerikanische Produzent zeigte sich recht ungeduldig.

»Wir untersuchen jetzt drei mögliche Gremien«, begann Gil. »Gremium A ist das glaubwürdige Gremium mit Haidar Abdel-Shafi, Saeb Erakat, Mamdouh al-Aker und Hanan Mikhail-Ashrawi. Gremium B ist die ›Amerikanische Connection‹ und wird – «

»Verschon mich mit deinem A-B-C-Quatsch«, brüllte Rick. »Entweder hast du bis heute abend eine Liste mit vier Palästinensern oder du bist gefeuert!«

»Aber Hanan sagte, wir können die Gremien nicht miteinander mischen, und ich habe zwölf Namen....«

Rick hatte am anderen Ende aufgelegt.

Haidar blieb durchweg standhaft. »Ich habe mich bereit erklärt und ich werde es tun, egal, was die politischen Splittergruppen sagen. Es ist doch absurd. Ihr in der Westbank müßt die Dinge immer komplizieren.« Mit seiner üblichen Untertreibung war Haidar, ein älterer Mann und einer der Gründer der PLO, ein unerschütterlicher Orientierungspunkt.

»Ich überlasse die Entscheidung dir«, meinte Saeb. »Wenn du dabei bist, bin ich auch dabei. Ich vertraue dir, daß du das volle notwendige politische Einverständnis bekommst.«

Also blieb Mamdouh, ein Arzt und Aktivist für Menschenrechte, der bis zum Vorabend noch unsicher gewesen war, schließlich aber zustimmte.

»Die gute Nachricht ist, daß wir ein vollständiges und glaubwürdiges palästinensisches Gremium haben«, informierte Gil die ABC. »Die schlechte Nachricht ist, daß wir eine Schranke zwischen den palästinensischen und den israelischen Gremien errichten müssen.«

Wir sollten uns um vier Uhr morgens im American Colony Hotel in Jerusalem treffen. Emile beschloß, mich hinzufahren, und trotzte der Ausgangssperre, die die Israelis wie vorhersehbar verhängt hatten. Er verließ sich auf sein gelbes Nummernschild – diese Farbe war für Jerusalemer und die Israelis reserviert. Die Fahrzeuge von der Westbank hatten blaue Schilder. Am Kontrollposten stoppten uns die Soldaten, grüßten Emile, wechselten mit ihm ein paar Worte auf Hebräisch und nahmen Habachtstellung ein, als wir weiterfuhren. Emile erklärte, daß sie ihn für General Amram Mitzna gehalten hatten, denn er glich damals dem Militärkommandeur des Gebiets! Als wir Ted Koppel den Zwischenfall schilderten, meinte er, das wäre eine tolle Idee fürs Fernsehen, wenn man eine eigene Show mit palästinensischen und israelischen »Zwillingen« machen würde. Das Drama sollte lange Zeit später noch weitergehen: Nach Mitznas Wahl zum Bürgermeister von Haifa mußte Emile viele israelische Hände schütteln und Glückwünsche sowie Ratschläge als neuer Bürgermeister der Stadt entgegennehmen.

Bald nach unserer Ankunft im Hotel erreichte uns eine Nachricht von Mamdouhs Frau, die uns mitteilte, daß er nicht teilnehmen könne. So gingen wir drei – Haidar, Saeb und ich – ins Theater von Jerusalem, wo wir mit den vier Israelis debattierten: Ehud Olmert, Eliahu Ben Elissar, Haim Ramon und Dedi Zucker. Bei dieser »Stadtversammlung« sandten wir viele Signale aus: an die Welt – daß wir direkt angehört werden wollten; an die Palästinenser – daß es Zeit war, die Initiative zu ergreifen und sich laut zu Wort zu melden; an die Israelis – daß wir bereit waren, es mit ihnen aufzunehmen.

Die Bildung des Politischen Komitees war ein weiterer Schritt in diese Richtung. Die besetzten Gebiete wurden von Politikern, Diplomaten, Journalisten sowie gesprächsbereiten politischen israelischen Gruppen überschwemmt. Sie alle brauchten einen Ansprechpartner. Viele von uns wurden mit Einladungen zur Teilnahme an internationalen Konferenzen und für Ansprachen vor den verschiedensten Zuhörerkreisen überhäuft. Die *Intifada* hatte viele verschlossene Türen geöffnet. Doch wenn sie Erfolg haben sollte, brauchten wir immer noch eine Adresse, wir brauchten einen Mechanismus zur Koordinierung all dieser verschiedenen Bemühungen im Namen der *Intifada*. Eine Gruppe politisch »Unabhängiger«, darunter Mamdouh al-Aker und ich, beschloß, die Initiative zu ergreifen. Khalil (Charley) Mahshi, ein früherer Kollege von der Universität Birzeit und Rektor der Quäker-Schulen der Freunde in Ramallah, war dabei auch eine wichtige treibende Kraft. Wir gewannen auch die Unterstützung von Sari Nusseibeh, einem brillanten und widersprüchlichen Akademiker und Politiker. Wir luden einen Vertreter jeder politischen Splittergruppe sowie eine Reihe nationalistischer Akademiker und Berufstätiger ein.

Nach mehreren Zusammenkünften bei mir zu Hause umfaßten die Mitglieder Riad Malki, Ghassan al-Khatib, Zahira Kamal sowie Khalil, Mamdouh, Sari und mich. Faisal Husseini stieß nach einem Kurzaufenthalt im Gefängnis aufgrund einer administrativen Strafe zu uns, und mit der Zeit wurden es immer mehr Teilnehmer. Wir begannen mit der Festlegung unserer Ziele: Analyse und politische Darstellung der Intifada, Sammeln und Ordnen der Ideen und kreativen Optionen für ihre praktische Durchführung, Suche nach Möglichkeiten zur Weitergabe an die UNLI, Schaffen eines Pools von anerkannten Sprechern für die Teilnahme an den Konferenzen und Seminaren in der ganzen Welt; wir mußten zum Kern der politischen und diplomatischen Aktivitäten in den besetzten Gebieten werden, um uns regelmäßig mit den diplomatischen Vertretern der Völkergemeinschaft in Jerusalem zu treffen und um offizielle Gesandte zu empfangen; wir mußten uns an die Vertreter der lokalen und internationalen Medien wenden und eine kohärente Informationskampagne ausarbeiten; wir brauchten Strategien zum Verständnis der israelischen Öffentlichkeit und zum Umgang mit den aktivistischen politischen Gruppen Israels. Das Klima war trotz unserer verschiedenen politischen Standpunkte von dem Gefühl geprägt, etwas Sinnvolles zu tun. Wir fühlten uns geleitet, als ein einziger Körper gleichgesinnter Freunde. Eine derartige Arbeit war damals illegal, und die israelische Armee stellte unaufhörlich Fragen, sie versuchte, die Zusammensetzung der Gruppe zu ergründen. Die meisten Zusammenkünfte fanden in meinem Haus vor den

Augen der israelischen Behörden statt. Doch die Gefahr spornte uns an.

*

Während der langen Zusammenkünfte mit Kaffee, Tee, Zigaretten und Gebäck schossen mir immer wieder Bilder aus der Vergangenheit durch den Kopf. In mir kribbelten Aufregung und Verstohlenheit früherer heimlicher Treffen im Jahr 1974 in Jerusalem und Ramallah, als eine Gruppe von Palästinensern und Israelis die erste politische Untergrundorganisation bildete und radikale Israelis und Palästinenser aus den besetzten Gebieten zusammenführte. Wir waren weder Arbeiter oder Kommunisten noch eine richtige Liga und nannten uns doch Liga der Kommunistischen Arbeiter. Wir gaben ein Untergrundflugblatt heraus, mit dem wir die Gründung unserer Gruppierung und die Annahme des Teilungsplanes von Palästina aus dem Jahre 1947 als Grundlage unseres Programms verkündeten. Unsere Zelle bestand aus vier Palästinensern und Ilan Halevi, der gerade die Bamaavak (eine kleine israelische, anti-zionistische Gruppe) verlassen hatte, einen Ableger von Matzpen. Wir trafen uns zu unmöglichen Zeiten in Privatwohnungen in der Jerusalemer Altstadt oder an abgelegenen Orten in Ramallah. Doch in der Öffentlichkeit grüßten wir uns nur stumm. Während der Verhandlungen in Washington tauschte ich mit Ilan (der später Repräsentant der PLO bei der Sozialistischen Internationale geworden war) oft Erinnerungen aus. Es gab eine Szene, an die wir beide uns gut erinnerten. Es war in einer Nacht im Jahr 1975, das Jahr, in dem Emile und ich heirateten. Ilan und Katherine Levi, eine französische Jüdin, die später seine Frau wurde und die den Palästinensern geholfen hatte, versteckten sich in unserem Haus. Diese Nacht wäre für einen Horrorfilm ideal gewesen: düster (obendrein mit einem Stromausfall), unwirtlich (der Wind heulte, und ein Sturm tobte) und neblig (der Nebel des Grauens war rächend aufgezogen). Katherine wurde von den israelischen Behörden gesucht, und wir mußten sie und Ilan hinausschmuggeln. Ihr alter Wagen wollte nicht anspringen. Als die Suchlichter der israelischen Militärposten aus dem dicken Nebel blitzten, schoben Emile, Ilan und ich den abgewürgten Wagen an, in dem Katherine saß. Danach wurde sie verhaftet und des Landes verwiesen, Ilan folgte ihr. Wir sollten später wieder zu verschiedenen Zeiten an verschiedenen Orten in der Welt zusammentreffen, jedoch nie mehr zu Hause.

*

Wir jagten dem Frieden nach, wie es nur Menschen können, die ohne ihn gelebt hatten. Wir faßten ihn in Worte, trugen ihn in unseren Aktenkoffern, zwischen Seminarunterlagen, politischen Vorschlägen und öffentlichen Mahnungen – es waren Mittel zur Überzeugung, die wir bei unserer Führung, unserem Volk, unseren Freunden und unseren Feinden einsetzen würden. Damals äußerte Zeina: »Ich habe meine Mutter an den Friedensprozeß verliehen. Sie geht hin und macht Frieden für uns alle, und dann wird sie zurückkommen und mehr Zeit mit uns zu Hause verbringen.«

Aber Amal, meine ältere Tochter, stellte mir Fragen: »Du warst also in der ganzen Welt und hast den Menschen über uns erzählt, über die Ungerechtigkeit der Besetzung und was sie dem palästinensischen Volk antut?«

»Ja, das habe ich.«

»Und du hast allen die Wahrheit gesagt?«

»Natürlich.«

»Und sie haben dir zugehört?«

»Ja, das haben sie.«

»Wie kommt es dann, daß wir noch nicht frei sind?«

Wie erklärt man seinem Kind, daß Wahrheit nicht ausreichte, um uns zu befreien? Wie sollte ich vor ihr rechtfertigen, daß die Welt der Erwachsenen mit ihrem Wissen um Gut und Böse genauso gut mit der Ungerechtigkeit wie mit ihrem Gegenteil leben konnte, vorausgesetzt, das Gegenteil blieb in gebührender Entfernung? Wir hatten die unvermeidliche Aufgabe, die Selbstzufriedenheit und die bequeme Ignoranz der Welt zu erschüttern. Wir konnten es tun, und wir mußten es tun. Aber wir wußten, daß der Preis dafür sehr hoch sein würde. Ich bin nicht sicher, ob ich mich der Sache verschrieb oder ob es einfach der unabänderliche Verlauf des Lebens war, das ich geführt hatte (oder das mich geführt hatte). Als ein alter biblischer Prophet als erster von dem »Land, in dem Milch und Honig fließen« sprach, begann er, das Schicksal meines Volkes und den Plan meines Lebens zu spinnen. Doch es liegt an jedem einzelnen von uns, den Knoten zu lösen.

Als der Palästinensische Nationalrat (unser Parlament im Exil) 1988 in Algier zusammentrat, tat er dies, um eine historische Einmischung zu signalisieren, um das Ende einer Ära und den Beginn einer neuen Epoche zu verkünden. Somit wurde der Rahmen dafür geschaffen, daß die Palästinenser sich mit der Annahme der »Zwei-Staaten-Lösung« – Palästina und Israel – auf dem Gebiet Palästinas einverstanden erklären würden. Als am 15. November die sehr gefühlsbetonte und poetische Unabhängigkeitserklärung verkündet wurde, weinten Palästinenser in der ganzen Welt. Die Gründe dafür waren komplex und paradox – manche hatten mit der Aufwertung und Verleugnung unserer Vergangenheit zu tun, andere mit Vorahnungen und Befürchtungen für unsere Zukunft. Durch ihren ersten Schritt oder das, was wie der erste Schritt aussah, akzeptierte die palästinensische Legislative den Prozeß der gegenseitigen Anerkennung und der gegenseitigen Legitimierung als unausweichlich, was sich fünf Jahre später, im September 1993, in dem berühmten Händedruck zwischen Yassir Arafat und Yitzhak Rabin auf dem Rasen vor dem Weißen Haus niederschlug.

Seit die *Intifada* begonnen hatte, gab es viel Medienarbeit, zahlreiche Zusammenkünfte, aber auch Aktionen. In meiner eigenen Nachbarschaft, einer relativ wohlhabenden Gemeinschaft von Berufstätigen, hatte es einen ganzen Wirbel von Aktivitäten gegeben, die alle mit der *Intifada* zusammenhingen. Ein Nachbarschaftskomitee traf sich im Hof der Familie Khoury weiter unten in der Straße. Die Ärzte bildeten ein Ärztekomitee, sie übernahmen eine Untersuchung der Nachbarschaft und führten vollständige Aufzeichnungen über Blutgruppen und Fälle, die einer besonderen und/oder ständigen medizinischen Versorgung bedurften. Sie erarbeiteten auch ein Kommunikationssystem für den Notfall und zur Rekrutierung von Blutspendern für die Krankenhäuser. Ich leitete das Ausbildungskomitee und erfaßte die Schüler aller Altersstufen, analysierte ihren Bedarf und machte Tabellen über die Anzahl potentieller freiwilliger Lehrkräfte und deren Fachgebiete. An einem Wochenende erarbeitete unser Komitee ein umfassendes alternatives Lehrsystem für die Nachbarschaft, das alle Klassen von der Vorschule bis hin zur Oberschule mit insgesamt zweiundachtzig Schülern und neunzehn Lehrern umfaßte. Da die Schulen auf Anordnung des israelischen Militärs geschlossen worden waren, lag es nun an uns, etwas gegen das erzwungene Analphabetentum unserer Kinder zu tun. Beim Schließen der Schulen prahlte der Militärgouverneur: »Wir wissen, wie wichtig Ausbildung für die Palästinenser ist; deshalb setzen wir genau an diesem wunden Punkt an.« So wurde die Ausbildung unserer Kinder genau wie ihre Kindheit zu einer Geisel der israelischen Besetzung. Aber wir sorgten vor. Wir lehrten sie nicht nur Naturwissenschaften und Mathematik, Arabisch und Englisch; wir hatten auch Sonderkurse für Theater (sie wurden von Emile abgehalten, der manchmal sogar den Clown mimte), Kunst (meine Nichte Faten unterrichtete mit ihren eigenen Materialien), und Tanz (eine gemeinsame Tätigkeit, bei der wir alle wieder zu Kindern wurden). Trotz der Besetzung versuchten wir, unseren Kindern beizubringen zu lachen, schöpferisch tätig zu sein und ein Gefühl der Freude im Herzen zu bewahren.

Es war nicht immer leicht. Wir wollten sie nicht einschränken, und gleichzeitig mußten wir realistisch die täglichen Gefahren eines

Lebens in einem besetzten Gebiet sehen. Lange Zeit konnten wir ihnen nicht erlauben, zu Fuß zur Schule zu gehen. Wie meine Eltern bestanden auch Emile und ich darauf, die Kinder hinzufahren oder besondere Absprachen mit einem Taxiunternehmer zu treffen. In einer meiner Kurzgeschichten mit dem Titel »Ein Paar Schuhe« ist die Hauptperson eine verwöhnte Frau, die abgeschirmt von der rauhen Wirklichkeit des Lebens in einer behüteten Welt lebt. Sie sträubt sich hartnäckig dagegen, ihre Tochter zu Fuß in die Schule gehen zu lassen, obwohl sich das Kind diesen kleinen Akt der Unabhängigkeit so sehr wünscht. Eines Tages gibt die Mutter schließlich nach, besteht aber darauf, hinter der Gruppe herzufahren, um sicherzustellen, daß die Kinder gut in der Schule ankommen. Plötzlich treffen die Schulmädchen auf eine Demonstration, und noch bevor die Mutter eingreifen kann, wird die Tochter von einem Knüppel am Kopf getroffen, von der Armee mit Tränengas angegriffen und landet im Krankenhaus.

Später werden Amal und Zeina auf ihre Kindheit zurückblicken und erkennen, wie sehr sich ihre Erfahrungen von denen anderer Kinder anderswo unterscheiden. Sie haben ein tiefes Gefühl für den Stolz und die Identität der Palästinenser und haben meine Bemühungen immer unterstützt. Keine ist Abu Ammar je begegnet, aber sie haben beide eine Beziehung per Telefon zu ihm, und in den Jahren, in denen er sein Hauptquartier in Tunis hatte, lud er sie ein, ihn zu besuchen. Aber das politisch so belastete Tunis war kein geeignetes Klima für die Familie, und ich hatte kein gutes Gefühl dabei, sie auf meine Reisen mitzunehmen. Abu Ammar schickte meinen Kindern Geschenke, und sie schrieben sich Briefe. Zeina bat mich gelegentlich, einen Brief an Abu Ammar mitzunehmen, und hätte mir nie erlaubt, diesen zu lesen. Kurz nach seiner Heirat trafen wir uns zum Lunch in Amman. Ich hatte ihm einen Brief von Zeina überbracht. Er sah lachend auf: »Was sagen die Leute denn über mich?« Ich konnte mir nicht vorstellen, was Zeina aufgeschnappt und geschrieben haben konnte. Abu Ammar hatte vor kurzem eine viel jüngere Christin geheiratet, und jeder hatte etwas dazu zu sagen. Zeina hatte geschrieben: »Mach Dir keine Sorgen. Ich weiß, daß Du eine schwierige Aufgabe hast. Aber kümmere Dich nicht darum, was die Leute über Dich und Deine Heirat sagen. Es ist schon in Ordnung. Das ist Deine Angelegenheit. Es ist Dein Leben. Du solltest nicht auf das hören, was die Leute über Dich reden.«

Wie alle palästinensischen Kinder im ganzen Land wollten auch Amal und Zeina an der *Intifada* teilnehmen. Sie traten dem Komitee für freiwillige Helfer bei, das Botengänge für ältere, alleinstehende Mitbürger erledigte, den »Siegesgarten« der Gemeinschaft in der ganzen Nachbarschaft anlegte, unsere Vorräte verwaltete und aufpaßte, um die Nachbarn vor jedem drohenden Angriff der Armee zu warnen. Meine Nichte Najwa stand diesem Komitee zusammen mit ein paar Jugendlichen vor, darunter auch der vierzehnjährige Raja Salah. Mit seinem immerwährenden Lächeln und seinem verschmitzten Grübchen wurde er zum Liebling der ganzen Nachbarschaft. Sein hellbraunes Haar und seine grünlichen Augen gaben ihm ein spitzbübisches Aussehen, und er schien selbst wie eine Sonne zu strahlen, wenn er in der Sonne arbeitete und ein weiteres Feld für einen Siegesgarten der Gemeinschaft vorbereitete. Er stellte eine Schutztruppe zusammen, um dafür zu sorgen, daß die jüngeren Kinder zwischen den Unterrichtsstunden sicher von einem Haus zum anderen kamen, und er lehrte sie, auf dem Weg nationalistische Lieder zu singen. Das Echo dieser kindlichen Stimmen scheint immer noch durch unsere Nachbarschaft zu spuken, und manchmal erstarre ich mitten in meiner Arbeit und versuche, ihre verlorenen Lieder wiederzufinden. Der Tod fiel Raja feige von hinten an.

Es war der 10. Juni 1989. Sein bester Freund, Yasser Abu Gosh, wurde mitten auf dem Hauptplatz der Stadt erschossen. Ein Beamter in Zivil von einer israelischen getarnten Einheit hatte ihn erkannt, und da er wußte, daß er ein Schüleraktivist war, rief er ihn beim Namen. Yasser wandte sich um, ein Soldat legte auf ihn an und schoß ihn in den Oberschenkel, als er davonlaufen wollte. Er fiel zu Boden und versuchte wegzukriechen. Der Soldat trat zu ihm hin und schoß ihn wiederholt in den Kopf. Ein Arzt bemühte sich, zu ihm vorzudringen, doch er wurde weggedrängt. Yasser wurde auf die Ladefläche eines offenen Jeeps geworfen und durch ganz Ramallah zur Schau gestellt. Noch Tage später sollte seine Mutter in der Morgendämmerung aufstehen und sich an denselben Platz stellen, an dem ihr Kind ermordet worden war. Mit einem Strauß Wiesenblumen in der Hand starrte sie auf die israelischen Soldaten bei ihrer Morgenpatrouille. Es ist immer noch verwunderlich, warum die gesamte israelische Besatzungsmacht nicht wich und vor dieser stummen Anklage nicht kapitulierte.

Mit dem Tod seines besten Freundes verlor Raja sein Lächeln, und auch sein Glanz schien ihn zu verlassen. Er organisierte ein symbolisches Begräbnis für Yasser. Vom israelischen Militär waren nämlich für diejenigen, die bei einem Zusammenstoß mit Soldaten getötet worden waren, keine richtigen Begräbnisse erlaubt. Die Leichen wurden für eine Obduktion konfisziert und erst viel später in einer schrecklichen mitternächtlichen Zeremonie den Familien übergeben. Von meinem Schlafzimmerfenster aus hatte ich viele dieser heimlichen Handel mitangesehen und die Klageschreie der Trauer mitangehört. Nachdem alle Vorbereitungen getroffen waren, kam Raja zu Najwa und bat sie, sich um seine Mutter zu kümmern. »Versuche, ihr meinen Tod leichter zu machen«, sagte er. »Ich weiß, es wird sie furchtbar treffen.«

»Sei nicht frevlerisch. Beschwör den Tod nicht herauf; er hat die Angewohnheit, plötzlich aufzutauchen.« Najwa war erschrocken.

»Als ich Yasser tot sah, wußte ich, daß ich der nächste sein werde. Wir sind unzertrennlich.«

»Solche Ahnungen sind abergläubisch und melodramatisch. Paß einfach auf dich auf und fall bei der Beerdigung nicht zu sehr auf.«

»Glaub mir doch, ich fühle es in meinem Herzen. Ich werde nicht zurückkommen. Sag nie, daß ich dir nicht Lebewohl gesagt habe.«

Die symbolische Beerdigung fand in dem nahegelegenen Dorf Betunia statt. Die israelische Armee betrachtete diese Form der Begräbnisse als Protestmärsche und zerstreute stets die Wartenden, sie zielte auf die Menschen, die sie als Bedrohung ihrer »nationalen Sicherheit« ansah. Die Soldaten trieben Raja durch die Felder. Mit fünf Kugeln im Rücken lag er zwei Stunden im Sterben, bevor ihn Hilfe erreichte. Als er im Krankenhaus ankam, war er bereits tot; Najwa saß draußen vor der Notaufnahme und hielt die Hand seiner Mutter. Als wir zu ihr nach Hause gingen, in dem kein Raja mehr, aber viele Trauernde waren, erschien sie wie eine palästinensische Niobe, eine steinerne Statue, die für alle Ewigkeit Tränen vergießen sollte. Erst viel später fand sie ihre Worte wieder: »Laßt seinen Tod nicht umsonst gewesen sein.« Was ist der Preis für Rajas Tod? Was ist der Preis für alle unsere Toten? Was können wir dafür verlangen? Was haben wir verlangt?

3

Bei unserer beharrlichen Suche nach Frieden wurden zwei Männer zu meinen Verbündeten und Partnern. Sie waren in Temperament und Erfahrung sehr verschieden, glichen sich jedoch in ihrem Engagement für den Traum der Palästinenser von einem eigenen Staat. Und jeder gehörte zu einem anderen wichtigen Bestandteil der politischen Bewegung der Palästinenser: Es gab das ›Inland‹ und das ›Ausland‹. Die *Intifada* ging von jenen aus, die innerhalb der besetzten Gebiete lebten. Aber natürlich handelten (kämpften) wir nicht nur für uns, sondern auch im Namen derjenigen, die zum Verlassen Palästinas gezwungen gewesen waren. Dem ›Inland‹, wie zum Beispiel mir selbst, war es durch das israelische Gesetz strengstens verboten worden, sich der PLO anzuschließen. Das ›Ausland‹, Deportierte und Flüchtlinge, war gezwungen, fern der Heimat zu leben. Die Führung fand in der tunesischen Hauptstadt Tunis Zuflucht. Tunesien hatte die PLO großzügig im Jahr 1982 nach dem israelischen Einmarsch in den Libanon und der darauffolgenden Vertreibung der Organisation aufgenommen.

Mein Verbündeter im ›Inland‹ war Faisal Husseini, der in Jerusalem geboren worden war und Mitte der 60er Jahre zu den Begründern der PLO gehört hatte. Ich konnte mich eigentlich nicht erinnern, mit Faisal zusammengetroffen zu sein, doch er erzählte, daß er im Rahmen von Missionen in Verbindung mit der PLO bei mir zu Hause gewesen war, als mein Vater an ihren Anfängen beteiligt war. Persönlich trafen Faisal und ich uns erst 1988, als er aus dem Gefängnis entlassen wurde, obwohl wir bereits vorher miteinander gesprochen und Kontakt gehabt hatten. Als Sohn eines berühmten Freiheitskämpfers und Rebellen aus den Bergen, der 1948 in einem Kampf ums Leben gekommen war, wuchs Faisal im Schatten einer palästinensischen Legende auf, doch er ließ sich nie durch die Erinnerung überwältigen und fand seinen eigenen festen Platz in der Geschichte unseres Volkes. Faisal ist freundlich und gütig, ein Asthmatiker, der mein starkes Zigarettenrauchen mit äußerstem Takt ertrug.

Unseren anderen wichtigen Verbündeten, Akram Haniyyeh,

kenne ich bereits etwa zehn Jahre länger, nämlich seit Ende der 70er Jahre. Akram ist in Ramallah geboren und wurde am 28. Dezember 1986 deportiert. Er ließ sich in Tunis nieder, wo er sich der PLO verschrieb. Akram, ein Schriftsteller und Anführer der Fatah, ist äußerst intelligent und kreativ, besitzt politischen Scharfblick und ist nicht bereit, irgend etwas zu tun, bevor er nicht alle Zusammenhänge betrachtet hat. Seine persönliche Zurückhaltung und seine Wortkargheit unterscheiden ihn von Arafats anderen Beratern. Durch den Verlust seiner Wurzeln in der Heimat verlor er sein inneres Gleichgewicht, obwohl er auf den zufälligen Beobachter ruhig wirkt. Doch die Art, wie er seine Zigaretten raucht – er nimmt ein paar hastige Züge und drückt sie dann aus – sowie das ständige Klicken seiner Gebetskette verraten seine innere Aufgewühltheit.

Diese beiden Männer wurden Freunde und Kollegen, und während der nächsten Jahre waren sie in der Lage, die wachsenden inneren Spannungen und die künstliche Kluft zwischen dem ›Inland‹ und dem ›Ausland‹ abzuwenden und zu überwinden. Wir (das ›Inland‹) wurden zur Nabelschnur der PLO, wir verbanden sie mit dem Rest der Welt und gewährten ihr gleichzeitig die Rechtmäßigkeit einer ›Wählerschaft‹ in Palästina. Doch das ›Ausland‹ stellte oft Fragen über unsere Motive, es fürchtete, wir würden versuchen, eine alternative Autorität zu bilden, die letztendlich seine Macht an sich reißen würde.

Mit Hilfe dritter Parteien wurde ein israelisch-palästinensischer Dialog aufgebaut. Durch die Einrichtung eines Dialogs in einem internationalen Rahmen und mit anderen Ländern, die als Gastgeber für die Gespräche fungierten, konnten wir erreichen, daß die Kommunikationskanäle reibungsloser funktionierten. Als ich Akram von meinen Plänen unterrichtet hatte, am Rande eines palästinensisch-israelischen »Gesprächstreffens« Washington zu besuchen, bat mich Abu Ammar, dort mit Vertretern des State Department zusammenzutreffen und um die Weiterführung und Normalisierung des offiziellen Dialogs zwischen den USA und der PLO zu ersuchen. Das war der Beginn einer Rolle, die mein Leben für die nächsten sechs Jahre in einem Drama bestimmen sollte, das von einer furchtbaren Tragödie bis hin zu einer Seifenoper reichte und in der das Element des Absurden vorherrschte. Ursprünglich war dies die Idee des Politischen Komitees gewesen. Ägyptens 10-Punkte-Plan vom Juli 1989 und Bakers 5-Punkte-Rahmenwerk waren Gegenstand intensiver Gespräche und Analysen sowohl im ›Inland‹ als auch im ›Ausland‹. Die Resolutionen des Palästinensischen Nationalrates und Arafats Rede vor den Vereinten Nationen in Genf sowie seine öffentlichen Erklärungen von Stockholm auf Drängen des damaligen schwedischen Außenministers, Sten Andersson, hatten am 14. Dezember 1988 in der Eröffnung des Dialoges zwischen der PLO und den USA in Tunis gegipfelt. Aller Wahrscheinlichkeit nach hatte es in der Geschichte aller »Dialoge« nie so wenig Kommunikation gegeben wie bei diesen offiziellen palästinensisch-amerikanischen Treffen. Der amerikanische Botschafter in Tunis, Robert Pelletreau, und das palästinensische Mitglied des Exekutiv-Komitees, Yasser Abd Rabbo, brachten jeweils ihre ›Isolierglocke‹ zu den Gesprächen mit, um sicherzustellen, daß ihre Stimmen verfälscht wurden und es nie zu irgendeinem direkten menschlichen Kontakt kam. Sie lasen vorbereitete Stellungnahmen ab und hörten einander nicht zu, da sie beide Gefangene der geschraubten Redeweise eines starren Bürokratismus waren.

Aufgrund dieser Geschichte impressionistischer und verfälschter Berichterstattung, die die palästinensischen Vorstellungen von der internationalen Politik überschattet hatten, nahm ich zu diesem ersten Treffen im sechsten Stock des State Department zwei Protokollführer mit. Meine Gesprächspartner waren Dennis Ross, Dan Kurtzer und Aaron Miller, und wir schufen einen Ton und eine Haltung, die Verlauf und Tenor der palästinensisch-amerikanischen Treffen (der inoffiziellen, mit dem ›Inland‹) für die nächsten sechs Jahre bestimmten. Da ich aus dem Volk war und nicht zur Bürokratie gehörte und mich selbst auch so wahrnahm, nämlich als Gesandte und dennoch nicht Diplomatin, entschied ich mich wie üblich für Direktheit und Offenheit. Ich brachte den Aspekt der Unschuld der *Intifada* mit, ihres Willens sich auseinanderzusetzen, Initiative zu ergreifen, sich selbst zu behaupten und keiner Einschüchterung nachzugeben. Doch vor allem brachte ich in diese Sitzung und später in alle anderen Zusammenkünfte ein, daß eine wesentliche Bedingung sine qua non herausragendes Element des politischen Diskurses der Palästinenser werden sollte: die menschliche Dimension. Als Baker später diesen Ausdruck in seiner Abschlußrede von Madrid im Jahre 1991 gebrauchte, wandte sich ein palästinensischer Journalist an mich und sagte: »Das ist Ihr Werk.« Ein Unglück der Geschichte hatte mich widerwillig und mit gemischten Gefühlen als Gesandte in die Vereinigten Staaten geschickt; ein weiteres hatte das ›Inland‹ die offiziellen Kontakte zu den USA boykottieren lassen; ein drittes hatte den offiziellen Dialog mit dem ›Ausland‹ ausgesetzt. Ich glaube, es war ein direktes Ergebnis der Miteinbeziehung des ›Inlands‹ in die diplomatischen Gespräche, daß sich ein neuer Ausdruck wie ein neuer Faden durch das Gewebe zog, dessen Einzelheiten sich erst später in vollem Umfang zeigen sollten.

*

In dieser Zeit veränderte eine andere Reihe von Zusammentreffen unmerklich die Gespräche. Wieder einmal beschlossen palästinensische und israelische Frauen, Neuland zu erkunden. Sie waren ausgerüstet mit einer Karte gemeinsamer Frauenanliegen und dem Willen, Leben eher zu retten als zu opfern. Bei einer der frühen Gesprächsrunden 1988, damals in Den Haag, hatte ich das belgische Ehepaar Simone Susskind und ihren Mann Davide kennengelernt. Beide hatten sich dem Frieden zwischen Israel und den Palästinensern verschrieben, und Simone war der Überzeugung, daß Frauen die Umsicht und den Mut zum ersten Schritt und den Willen sowie die Kühnheit haben würden, etwas zu verändern. Nach mehreren Aufenthalten in der Region knüpfte sie Kontakte zu einer Reihe von Frauen beider Seiten und bereitete ein Frauentreffen in Brüssel mit dem Motto »Gebt dem Frieden eine Chance« vor. Trotz des klischeebeladenen Slogans war dieses Unternehmen in der Geschichte des Nahen Ostens etwas völlig Neues.

Damals befanden sich die palästinensischen Frauen inmitten einer internen Debatte und in einem Wandel – ein unvermeidliches Ergebnis der *Intifada* und der neuen Formen der Wahrnehmung, der Einstellungen und der Prioritäten, die Verhaltens- und Handlungsmuster der traditionellen Frauenorganisationen ersetzten. Die älteren und früher unangefochtenen Führerinnen der Wohltätigkeitsorganisationen der Frauen wurden von »Emporkömmlingen« herausgefordert, den jüngeren Frauen, die mit einem Programm für Politik und Frauenanliegen aus der politischen feministischen Szene auftauchten und begierig waren, ihr Territorium und ihre Macht abzustecken. Die Frauenkomitees begannen, sich Bereiche anzueignen, die die Frauenorganisationen zu ihrer alleinigen Domäne erklärt hatten, vor allem politische Aktionen, soziale Programme und Vertretung der Frauen. Als sie einen Obersten Rat für Frauen einrichten wollten, wurden sie erbittert von der Generalunion Palästinensischer Frauen angegriffen, die lediglich durch die Wohltätigkeitsorganisationen existiert hatte. Die Basisgruppen und die Aktionskomitees schienen die Dynamik auf ihrer Seite zu haben. Doch ohne sich dessen bewußt zu sein, hatten sie die gleichen Rivalitäten und Streitigkeiten der Splittergruppen mitaufgenommen, die die politischen Gruppen gestört hatten, aus denen sie hervorgegangen und denen sie immer noch verbunden waren.

Nach mehreren Koordinierungstreffen entschieden die Komitees und die selbständigen Frauen (die später als die berufstätigen Frauen bekannt wurden) über eine Liste von Teilnehmerinnen (mit Ausnahme der Frauen aus der PFLP, die sich für einen Boykott aussprachen). Shulamit Aloni sollte für die israelische Delegation sprechen, ich sollte die Eröffnungsrede im Namen der palästinensischen

Seite halten. Sulafa Hijjawi, die von der PLO in Tunis entsandt worden war, bestand darauf, daß sie die »offizielle« palästinensische Rede halten müsse, und im Interesse des »Friedens« fügten die Organisatoren eine »offizielle« Rednerin für jede Seite hinzu. Die Empfindlichkeiten des ›Auslands‹ und ihren Wunsch nach öffentlicher Legitimierung und Anerkennung völlig vergessend, fanden die Frauen aus dem ›Inland‹ die Situation eher komisch. Wir witzelten sogar darüber, wer auf Sulafas Stuhl sitzen würde, und Suad al-Amery (die später der Washingtoner Delegation angehören sollte) wurde während der Konferenz mehrere Male gezwungen, der »Offiziellen« ihren Platz zu räumen. Als wir sie später zu Hause besuchten, hatte sie an ihrem Lieblingsstuhl ein Schild angebracht mit der Aufschrift: »Suads Stuhl. Nicht Sulafas, nicht der der PLO, ausschließlich meiner!« Wir lachten, bis wir merkten, daß die Frage »wessen Stuhl?« eine Frage höchster politischer Bedeutung war, die die palästinensische Politik und Strategie während des ganzen Friedensprozesses beherrschte und uns auch heute noch begleitet.

Bei dieser Konferenz in Brüssel wurde der Pfad einer gegenseitigen Anerkennung und Gleichsetzung nur sehr zögerlich beschritten, sowohl innerhalb jeder Seite als auch nach außen zwischen beiden Seiten. Die Frauen aus dem ›Ausland‹ waren eine belebende Entdeckung für die meisten Frauen unseres Teams aus dem ›Inland‹, die die unglaublich reichen menschlichen Ressourcen und die Erfahrungen der Palästinenser im Exil entbehrt hatten. Wie klar sie die historische Dimension und das Trauma der Vertreibung verkörperten! Und sie wiederum bemerkten das starke Bewußtsein und die ausgeprägte Schwesterlichkeit in unserer Gruppe. Wir waren nicht nur das Zeugnis, sondern auch der moralische und zeitgenössische Kontext der palästinensischen Frauenbewegung, die sich stetig im besetzten Land Palästinas entwickelte. Eine verheiratete Frau mit dem Namen Mariam Mir'i verkörperte das Dilemma und Paradoxon der »israelischen Palästinenser«, die in der Heimat ihrer Vorfahren die Staatsbürgerschaft eines Staates haben mußten, der nicht nur ein auf ihrem eigenen Land errichteter Staat war, sondern auch noch ihre Existenz verleugnete. Mit all diesen Schichten aus Besetzung, Exil und nationaler Entfremdung ging die Suche weiter. Wie fügt man zusammen, was der Mensch entzweit hat?

Unsere israelischen Gesprächspartnerinnen ihrerseits mußten ebenfalls ihre Angelegenheiten in Ordnung bringen. Sie versuchten, mit ihrer »Einsammlung« fertig zu werden, mit ihren multikulturellen Gemeinden aus jüdischen Einwanderern aus der ganzen Welt. Bei den Treffen schien es, als seien wir vereint und sie getrennt. Doch wir sprachen miteinander (und nicht voreinander) und wagten es, uns gegenseitig Ängste, Feindseligkeiten, Mißtrauen, Ärger und Gegenbeschuldigungen zu offenbaren. Nachdem wir dies mit Ernsthaftigkeit und Nachdruck getan hatten, widmeten wir uns der vor uns liegenden Aufgabe. Das Abfassen einer gemeinsamen politischen Erklärung erwies sich als Herausforderung. Naomi Chazan, eine israelische politische Intellektuelle, und ich, die wir bereits früher politische Stellungnahmen im Verlauf von Zusammenkünften verfaßt hatten, wurden für die Ausarbeitung der Formulierungen und der politischen Inhalte der Vereinbarung bestimmt. Seither haben Naomi und ich uns sehr oft mit absehbarer Häufigkeit in dieser Rolle gefangen gesehen. Jedes Mal, wenn man uns rief, um einen festgefahrenen Dialog zu retten oder einen Kompromißtext auszuarbeiten, wechselten wir ein stilles Lächeln und stummes wissendes Lachen. Neben ihrem Engagement für den Frieden schätze ich an Naomi ihren bitteren Humor und ihre boshafte Offenheit. Ihre Integrität und Diskretion veranlaßte uns einige Jahre später zu beschließen, sie als Zugang zu Ministerpräsident Rabin zu nutzen, als Faisal und ich ihn direkt kontaktieren mußten. Naomi und ich teilten Freude und Kummer von Müttern mit Töchtern im Teenageralter (Tali und Amal), die unser Leben als gütige Diktatoren beherrschten. Unsere Gesprächsthemen reichten von der letzten Sackgasse bei den Friedensgesprächen über die Zukunft des Zionismus und des palästinensischen Nationalismus bis hin zu durchstochenen Ohrläppchen und zur Frage, wie lange ein Telefongespräch zwischen Teenagern maximal dauern durfte. Unsere gemeinsame Leidenschaft für belgische Pralinen wurde zu einem festen Bestandteil unserer langen Freundschaft, während Zigaretten und Kaffee stets Fragen der Nachsicht und des Trotzes waren. Die einzige Resolution, die von den Teilnehmerinnen an der Brüsseler Konferenz einstimmig angenommen wurde, war das Gesuch, mit der Gründung des Staates Palästina das Rauchen aufzugeben.

Das Schicksal der politischen Erklärung war nicht so glücklich. Naomi und ich hatten einen Text verfaßt, von dem wir überzeugt waren, daß er für alle Beteiligten annehmbar wäre, doch wir wurden von der israelischen Version des Felsens von Gibraltar geschlagen. Nava Arad von der Arbeitspartei wollte nicht unterschreiben, da die Erklärung auch die palästinensische Eigenstaatlichkeit erwähnte. Die anderen Mitglieder der israelischen Delegation bettelten, flehten, hätschelten und drohten vergebens. Unter Tränen bestand Simone Susskind darauf, einen neuen Versuch zu starten. Beide Seiten berieten sich. Sulafa verkündete »offiziell«, daß wir zu einer Entscheidung gelangt waren. Ich verkündete, daß wir eine Grundsatzerklärung vorschlagen würden. Die israelischen Frauen waren einverstanden. Naomi und ich machten uns wieder ans Werk und erarbeiteten eine Stellungnahme, eine Grundsatzerklärung, die anläßlich einer Pressekonferenz in Brüssel von beiden Parteien unterzeichnet wurde. Wir kündeten auch die Einrichtung eines Netzes aus palästinensischen und israelischen Frauen an, das zu einem bedeutenden und noch immer laufenden Programm wurde. Manchmal erscheinen mir der gesamte Friedensprozeß und die Unterzeichnung der Grundsatzerklärung im September 1993 auf dem Rasen des Weißen Hauses wie eine verherrlichte Wiederholung in Zeitlupe, denn es hatte so viele Proben gegeben. An jenem Abend feierten wir beim Abendessen. Rita Giacaman, eine der palästinensischen Teilnehmerinnen, spielte auf dem Klavier ein Potpourri aus westlicher, arabischer und jüdischer Musik, und wir tanzten dazu.

*

Von Prag bis London, von Paris bis New York, von Stockholm bis Jerusalem und von Mailand bis Helsinki trafen wir uns, debattierten, einigten uns und argumentierten, wie der Gordische Knoten des palästinensisch-israelischen Konflikts zu entwirren und zu lösen sei. Wir setzten von verschiedenen Blickwinkeln und mit zahlreichen Instrumenten an und wußten sehr gut, daß wir das Vorreiterteam waren, das die vorläufigen Sondierungen und Versuchsläufe in Vorbereitung des eigentlichen Ereignisses unternahm. Internationale Konferenzen wie diese klärten in der Regel die vorrangigen Themen, isolierten und definierten die wichtigsten Bereiche einer möglichen Übereinstimmung und des Konflikts und schlugen mögliche Lösungen sowie Fortsetzungsmechanismen vor. Doch das Wichtigste war, daß uns diese Zusammenkünfte Gelegenheiten für das Kennenlernen und die Identifikation auf neutralem Boden und mit wohlmeinenden dritten Parteien eröffneten.

Als Ergebnis hiervon tauchte eine neue Sprache auf und fand schließlich ihren Weg in unsere Verhandlungen und politischen Foren. Es wurden Tabus gebrochen wie zum Beispiel der Bann, der auf der PLO und auf der Jerusalem-Frage lag, während lange vorherrschende Antagonismen und Ängste offengelegt wurden. Allmählich lernten wir, das Heilige von dem Profanen, die Wiese vom Minenfeld, die Narbe von der Wunde und das menschliche Wesen von der Stereotype zu unterscheiden und zu erfassen. Doch all dies reichte nicht, um Frieden zu schaffen. Ich sagte einmal, daß wir es uns nicht leisten könnten zu warten, bis jeder einzelne Palästinenser jeden einzelnen Israeli anerkennt und ihm vertraut und umgekehrt, bevor wir Frieden schaffen. Wir brauchten die Einstellung, das Engagement und den politischen Willen, um die notwendigen und schmerzlichen Entscheidungen zu treffen und um den unvermeidlichen und heiklen Kompromiß zu schließen. Es war nicht zu umgehen, denn wir hatten historische Kräfte entfesselt, die nicht mehr in Schach gehalten werden konnten. Die Frage war, wann und zu welchem Preis. Unser Feind wurde die Zeit, die sich fast bis jenseits der Grenzen des Erträglichen zog, und der Preis, den sie forderte, ging über jeden Wert hinaus.

Wie viele andere war ich unnachgiebig, damit diese Zusammenkünfte nicht zu psychotherapeutischen Sitzungen würden oder zu einer redundanten Routine degenerierten. Folglich reagierten wir enthusiastisch, als die Italienerinnen Louisa Morgantini und Chiara Ingrao ein Volksfest des Friedens mit palästinensischen, israelischen und europäischen Nicht-Regierungsorganisationen vorschlugen. Wir versuchten fieberhaft, einen Konsens über Motto und Slogans des dreitägigen Ereignisses zu finden, und einigten uns schließlich auf das Grundprinzip »Zwei Staaten für zwei Völker«. Etwas optimistisch lautete die Schrift auf unserem Banner »1990 – DAS JAHR DES FRIEDENS«. Die beiden denkwürdigsten Ereignisse dieses Wochenendes waren der Marsch der Frauen und die Menschenkette. Frauen aus der ganzen Welt faßten sich unter und marschierten durch Jerusalem, der Stadt des Friedens, wobei sie internationale Lieder von Ermächtigung, Freiheit, Gerechtigkeit und Frieden sangen. Die Macht unseres Willens und die Begeisterung für die Herausforderung schienen die israelische Armee in Schach zu halten. Wir starteten an der grünen Linie, die West-Jerusalem und Ost-Jerusalem trennt, oder auch im Niemandsland, wie dies gewöhnlich genannt wurde und das wir später, bei einer Frauen-Rallye am 8. März, in ‚Land der Frauen' umbenannten. Wir stiegen den Hügel von Notre-Dame hinab, marschierten durch die Salah Eddin Straße und bogen um die Ecke, um in den Hof des *Al-Masrah*, des Palästinensischen Nationaltheaters, einzutreten. Einige Frauen schwangen die palästinensische Fahne, und die Armee verhielt sich daraufhin wie ein rasender Stier. Eine Italienerin verlor ihr Auge, eine andere wurde in den Arm geschossen, wieder andere hatten Tränengas eingeatmet und verlangten, ins Krankenhaus gebracht zu werden. Und es gab wieder das übliche Sortiment von Prellungen, Schnittwunden und Quetschungen.

Die Menschenkette enthielt auch eine Mischung von Triumph und Leid. Palästinenserinnen, israelische Frauen und Vertreterinnen internationaler Nicht-Regierungsorganisationen hielten sich an den Händen und bildeten einen durchgehenden Ring um Jerusalem. Wir hatten das Gefühl, daß uns nur eine solche Kette aus dem endlosen Kreis von Konflikt und Gewalt befreien konnte. Die Begeisterung und die reine Freude über unseren Erfolg konnten nicht durch das gefärbte Wasser gedämpft werden, mit dem die Armee versuchte, uns wegzuspritzen, als ob wir die Straßen der Heiligen Stadt beschmutzten. An diesem Tag wurde ich fast von dem Pferd eines berittenen Polizisten zertrampelt. Doch auch bei der Auflösung der Menschenkette empfanden ihre Glieder ein merkwürdiges Gefühl des Triumphes. Wir hatten der Zukunft die Richtung gewiesen, und 1990 war zum Jahr des Friedens ernannt worden. Was konnte noch schiefgehen?

Alles. Zu zuversichtlich und zu begeistert von unserer eigenen Vision versäumten wir, das Schlagen entfernter Trommeln zu hören oder zu fühlen, wie die Erde unter unseren Füßen zu beben begann. Aber wer tat das damals schon?

*

»Ein Hungerstreik? Was ist das für eine lächerliche Idee?« schrie Akram Haniyyeh aus Tunis über die USA ins Telefon, denn es gab keine Direktverbindungen zwischen Israel und der arabischen Welt. »Wenn die gesamte politische Führung und die prominenten Mitglieder der Zivilbevölkerung in einen Hungerstreik treten, was bleibt euch dann für die Basisaktivisten?« Wir drängten uns um Faisal Husseini in seiner Telefonzelle und konnten Akrams Worte klar vernehmen. Wir befanden uns im Versammlungsraum des National Palace Hotel in Jerusalem und versuchten zu entscheiden, wo unser Streik stattfinden sollte.

Es war der 20. Mai 1990, der Tag des Massakers an sieben palästinensischen Arbeitern und der Verwundung von unzähligen anderen, die an der Haltestelle Iyun Fara (Rishon LeZion) auf ihren Bus gewartet hatten. Der schießwütige Israeli, der sie niedergemäht hatte, wurde unverzüglich für »geisteskrank, gestört und zur Raserei getrieben« bezeichnet, »weil seine Freundin ihn verlassen hatte«. Nur bei solchen Gelegenheiten legte die ansonsten »gesunde« israelische Gesellschaft ihre »kranken« Elemente offen. Immer wenn ein »rasender« Israeli den Slogan »Tod den Arabern« in die Tat umsetzte, wurden ihm oder ihr zusätzliche Therapiesitzungen verordnet. Wann immer ein Palästinenser »rasend« genug war, um einen Gewaltakt gegen einen Israeli zu verüben, waren er oder sie nur ein weiterer Beweis für die Stereotype des »terroristischen Palästinensers«. Offensichtlich war die Besetzung für die Israelis eher »beunruhigend« und für die Palästinenser eher tödlich. Wir waren oft erstaunt über all die psychologischen Studien, die angefertigt wurden, um die Auswirkungen von Verletzungen, Prügeleien und Mord auf die Sensibilität der israelischen Soldaten zu ermessen; niemand hingegen exhumierte die Leichen ihrer Opfer oder besuchte die Krankenhäuser, um den Schaden auf der Empfängerseite in Augenschein zu nehmen. Die Lösung sprang jedem ins Auge: Beendet die

Besetzung und verschont eure und unsere Kinder. Doch so einfach ist das Leben nicht. Sowohl Israelis als auch Palästinenser waren gefangen in einem Prozeß des Lernens und des Verlernens unserer selbst und des anderen – wobei jeder den anderen zur Raserei trieb. Yishmael (Isma'il) und Ishak (Yitzhak) waren in einer immerwährenden geschwisterlichen Rivalität besonders tödlicher Art gefangen. Jahrhunderte später, in einem ebenfalls strafenden Friedensprozeß, suchten wir nach der Intervention »neutraler« dritter Parteien, um uns bei der Loslösung zu helfen, wobei jeder an des anderen Seite bleiben wollte.

Das Massaker war nicht nur Echo und Wiederholung einer Reihe von früheren Gemetzeln, die die Chronik unseres Daseins geschrieben hatten, es war auch (was wir damals nicht wußten) der grausige Vorbote weiterer Massaker, die noch kommen sollten: nämlich bei der Al-Aksa-Moschee am 8. Oktober 1990 und bei der Moschee Al-Ibrahimi in Hebron am 25. Februar 1994. Eine düstere Kette verband stetig ein Gemetzel mit dem nächsten und ließ eine blutige Spur von Opfern hinter sich zurück. Doch so sehr wir uns auch bemühten, die Welt konnte damals immer nur ein Glied dieser Kette zu einem bestimmten Zeitpunkt sehen und diesem nur flüchtig Beachtung schenken. Wenn wir damals gewußt hätten, was wir heute wissen – hätten wir dann beschlossen, so zu handeln, wie wir es getan haben?

Doch damals erschien uns ein Hungerstreik als die geeignete Form einer Selbst-Beraubung. In unserem Idealismus waren wir davon überzeugt, daß wir das Bewußtsein der Welt herausfordern konnten, indem wir sichtbar demonstrierten, daß wir bereit wären, eher zu sterben als Gefangenschaft und Unterjochung zu ertragen. Wir wußten kaum, daß gleichzeitig unsere Gegenkräfte eifrig im Dunkeln umherhasteten, um nicht nur unsere moralische Geste unwirksam zu machen, sondern auch, um eine alternative Realität zu schaffen – ein moralisches Vakuum, das den leuchtenden Glanz unseres Aktes verschlucken und uns in ein besonders sündiges irdisches Jerusalem zurückschleudern würde.

Vierundvierzig Nationalisten hatten sich versammelt, um zu hungern, bis unsere Bitten angenommen wären. »Wir müssen unsere Forderungen einfach und erreichbar halten, wenn wir Erfolg haben wollen«, sagte Faisal, nachdem er die Versuche der PLO abgewehrt hatte, die uns davon abbringen wollte. Wir befanden uns in einem Versammlungsraum, Menschen gingen ein und aus, einige von uns saßen auf dem Boden.

»Zuerst«, so erwiderte ich »muß es eine richtige Untersuchung des Massakers geben. Die Ergebnisse müssen veröffentlicht und der Täter muß bestraft werden.« Verantwortlichkeit war für mich immer von besonderer Bedeutung gewesen.

»Ja«, entgegnete Faisal »aber wir können nicht auf die israelischen Behörden vertrauen, daß sie eine unparteiische Untersuchung durchführen. Sie manipulieren immer die Ergebnisse oder weigern sich, sie offenzulegen.«

»Dann laßt uns um eine internationale Untersuchung durch ein neutrales Gremium bitten – hier ist eine dritte Partei notwendig. Wir müssen auch um internationalen Schutz ersuchen, wenn wir wirklich langfristige Ergebnisse wollen.« Schutz als die andere Seite der Medaille der Verantwortlichkeit ist ebenfalls lange eines meiner Lieblingsthemen gewesen.

»Die UNO ist das einzige Organ, das dazu in der Lage ist. Wir müssen zuerst eine Zusammenkunft des Sicherheitsrates fordern; dann darf der Rat das Massaker nicht nur verurteilen, sondern muß auch Schritte unternehmen, um eine Untersuchungs- und Überwachungskommission zu entsenden. Warum, Hanan, rufst du nicht die Leute an, die du bei der UNO kennst, und bringst die Sache ins Rollen? Sag ihnen, daß unser Streik weitergeht, bis sie sich versammeln und auf unsere Bitten eingehen.«

Das tat ich. Der Repräsentant der PLO bei der UNO, damals Zuhdi Tarazi, rief uns an und beschwerte sich, daß wir uns direkt an das Büro des Generalsekretärs gewandt hatten, ohne ihn vorher einzuschalten. Wir verteidigten unser Recht, Initiativen zu ergreifen und rasch zu handeln. Er wollte eine offizielle Entscheidung der PLO. Wir unterstrichen die Entscheidung des Volkes. Letztendlich wurde die Sitzung des Sicherheitsrates beantragt und angesetzt.

Wir hatten uns selbst in verschiedene Komitees eingeteilt: Erklärungen, Medien, diplomatische Kontakte, technische Fragen und Hilfsmittel, Sicherheit usw. Wir beschlossen, unseren Hungerstreik auf dem Gelände des Internationalen Roten Kreuzes in Jerusalem abzuhalten – der übliche Ort für viele Protestaktionen des palästinensischen Volkes. Wir übernahmen auch die prosaischsten Aufgaben mit Energie und Fleiß. In einer Nacht bereiteten wir offizielle Pressemitteilungen, öffentliche Stellungnahmen und Briefe an die UNO sowie an andere Organisationen vor. Die israelisch-arabischen Parteien, die darin alte Hasen waren, gaben uns Zelte und Planen, die wir im Vorhof aufbauten, um die protestierenden Männer unterzubringen. Die wenigen Frauen wurden im feuchten Keller des Gebäudes untergebracht, wo wir dann Bekanntschaft mit zahlreichen kriechenden, fliegenden oder hüpfenden Insekten aller Größen, Formen und Farben machten. Krankenhäuser und Hotels stifteten Matratzen und Decken sowie unzählige Kästen Mineralwasser. Ein Krankenhaus schickte ein Team von freiwilligen Ärzten mit seiner Ausrüstung, darunter Tausenden von Salztabletten; das Team, das ebenfalls aus Nationalisten bestand, beteiligte sich bald auch an unserem Streik.

Als wir dann sozusagen unser Geschäft eröffneten, begannen wir, neben den diplomatischen und internationalen Delegationen und Gesandten aus der ganzen Welt auch andere Besucher zu empfangen, darunter solidarische Gruppen aus allen besetzten Gebieten und Israel. Medienvertreter strömten herbei, um uns zu interviewen, und wir waren verblüfft über die große Aufmerksamkeit, die wir erregt hatten, bis wir herausfanden, daß es für sie ungeheuer bequem war, weil wir alle an einem Platz versammelt waren. Nach den ersten paar Tagen war der Hungerstreik dann nicht mehr ihr wichtigstes Anliegen, doch wir standen alle für Kommentare zu den verschiedensten Themen zur Verfügung. Eines unserer beliebtesten Mitglieder stieß am zweiten Tag des Streiks zu uns, schlug sein Zelt still neben uns auf, hißte eine syrische Flagge und stellte ein Schild auf mit der prahlerischen Aufschrift: »SYRISCHE BOTSCHAFT«, darunter stand: »Repräsentant der Nationalen Institutionen in den besetzten syrischen Golan-Höhen«.

Tag für Tag versuchten wir gehorsam, die erforderliche Menge Wasser mit der richtigen Menge an gelöstem Salz in jeder Flasche zu trinken. Wir verloren Gewicht und sahen ausgezehrt und ungepflegt aus, wie wir so über das Gelände des Roten Kreuzes spazierten. Jeder trug seine eigene Flasche Mineralwasser mit sich. Ich entwickelte eine starke Aversion gegen Wasser – besonders gegen lauwarmes, salziges Wasser. Der Hunger war unser ständiger Begleiter. Zunächst war es hauptsächlich der physische Hunger von Körpern, denen plötzlich und roh die Nahrung entzogen worden war. Am dritten Tag litt ich morgens unter starken Schmerzen und Übelkeit und entdeckte erst später, daß es Entzugserscheinungen waren, hauptsächlich durch das fehlende Koffein, wie der Arzt sagte. Kaffee ist die einzige Sucht, die mir durchweg erhalten blieb: Noch heute trinke ich bei jeder sich bietenden Gelegenheit Kaffee.

Jeden Tag schrieben wir unsere Presseberichte und öffentlichen Appelle. Wir sandten Briefe an das Gipfeltreffen von Bush und Gorbatschow, an den UNO-Generalsekretär Javier Pérez de Cuéllar, zum Arabischen Gipfel in Bagdad und an alle Menschenrechtsorganisationen, in dem Wahn, daß sie etwas bewirken würden. Statt dessen erhielten wir ein Veto der USA im Sicherheitsrat – Menschenrechtsfragen hätten derzeit keine Priorität auf der Tagesordnung und stünden bestimmt nicht auf der Liste, wenn dies bedeute, sich in Israels »innere« Angelegenheiten einzumischen. Auch der Arabische Gipfel zeigte uns die kalte Schulter, die *Intifada* der Palästinenser stand ganz unten auf der Tagesordnung der arabischen Führer. Oberflächliche moralische Unterstützung wurde uns von den Menschenrechtsorganisationen zuteil. Die damaligen führenden Politiker der Supermächte antworteten mit völligem Schweigen. Doch der

Gnadenstoß kam von palästinensischer Seite: nämlich von Abu Abbas, der durch die Entführung der Achille Lauro traurige Berühmtheit erlangt hatte.

Sein gescheiterter Versuch, an der israelischen Küste zu landen und bewaffnete Angriffe gegen Israelis zu starten, während wir uns noch im Hungerstreik befanden, stürzte uns in einen neuen Sumpf aus Konfrontation und gegenseitiger Beschuldigung. Faisal beschrieb es als den Dolchstoß in den Rücken, der schmerzlicher war als alle die Wunden, die uns durch feindliche Pfeile von vorne zugefügt wurden. Obwohl keine Israelis dabei umkamen, wurde dieser Versuch als die eigentliche Prüfung gewertet, die die PLO nicht bestanden hatte, um ihre gute Führung und ihre Besserung unter Beweis zu stellen. Es wurde auch zu einer bequemen Ausrede, um den Dialog zwischen den USA und der PLO (der ohnehin äußerst formalistisch gewesen war) auszusetzen und alle die »Ich habe es euch ja gesagt« zu bestätigen. Die PLO wurde gerügt und angewiesen, den gescheiterten Versuch (mit Betonung auf »Versuch« und nicht auf »gescheitert«) öffentlich zu verurteilen und Abu Abbas aus der Organisation auszuschließen. Die internationale Entrüstung entlud sich über den palästinensischen »Terroristen«, die nicht nur geplant hatten, israelisches Leben zu zerstören, sondern die sich auch weigerten, anweisungsgemäß öffentliche Reue zu zeigen. Da keiner von uns mit Abu Abbas sympathisierte, konnten wir alle die offenkundige doppelte Moral der USA im besonderen und der Völkergemeinschaft im allgemeinen kaum fassen. Dreizehn Tage lang hatten wir gehungert, um gegen einen terroristischen Akt zu protestieren, der viele Palästinenser das Leben gekostet hatte, und die Welt nickte bloß in Anerkennung oder Mitleid (obgleich wir das amerikanische Veto sehr wohl als Schlag unter die Gürtellinie auffaßten). Doch ging es um möglichen Schaden für die Israelis, wurden alle Palästinenser abgestempelt, gerichtet und verurteilt. Dreizehn Tage lang hatten wir Anspruch auf eine höhere moralische Stellung erhoben, indem wir gewaltlose Mittel zivilen Widerstands angewandt und um Schutz für eine verwundbare Zivilbevölkerung ersucht hatten, nur um von einem Akt, einem gescheiterten Akt besiegt zu werden, der die Rollen der beteiligten Seiten verkehrt hatte. Wieder einmal wurde das Opfer für schuldig befunden. Im Sog des Ultimatums der USA, die mit Abbruch des Dialogs drohten, hielten die Hungerstreikenden eine Versammlung ab und beschlossen, alle Zusammenkünfte und Kontakte mit US-Vertretern zu boykottieren. Eine solche Präventiv-Maßnahme würde, so dachten wir, die Vereinigten Staaten veranlassen, noch einmal über den Abbruch des Dialogs nachzudenken, denn sie hätten dann keinen palästinensischen Gesprächspartner mehr.

Unsere Zahl war nun auf vierzig zusammengeschrumpft, und wir beschlossen, den Streik mit einem lauten Knall und nicht mit einem Winseln zu beenden. Wir zogen unsere aschgrauen T-Shirts mit dem Aufdruck »Im Hungerstreik« an und machten uns zu einer Prozession durch die gepflasterten Straßen Alt-Jerusalems auf. An unserer ersten Station, der al-Aksa-Moschee, bedeckten wir den Kopf, gingen barfuß und beteten ehrfürchtig. Bei der Heiligen Grabeskirche bedeckten wir ebenfalls unser Haupt, doch wir beteten am Grabmal. Wir gingen die Stationen des Kreuzweges auf unserer eigenen *Via Dolorosa* entlang und stiegen die Stufen zur Syrischen Katholischen Kirche hinauf, wo Bischof Lahham auf uns wartete und bereit war, uns unsere erste Mahlzeit seit zwei Wochen anzubieten. Wir beendeten gemeinsam unser Fasten mit einer Suppe der Gemeinde. Unsere letzte Station war der Ort, an dem alles angefangen hatte: das National Palace Hotel. Dort hielten wir eine Pressekonferenz ab und verkündeten das Ende unseres Hungerstreiks sowie unsere Aussetzung der offiziellen Kontakte zu den USA. Zwei Wochen später, nach der von den Amerikanern festgesetzten Gnadenfrist, verkündete Außenminister Baker die Aussetzung des Dialogs zwischen der USA und der PLO. Unser Hungerstreik hatte einen noch größeren Hunger geweckt. Eine Pilgerfahrt des Schmerzes endete, eine neue begann.

4

»Hier spricht Hanan. Ich bin in Genf. Ich muß Abu Ammar erreichen.«

»Er ist nicht da, Dr. Ashrawi. Er ist im Ausland.«

»Dann geben Sie mir bitte Sami. Es ist wichtig.«

Dr. Sami Musallam war der Leiter von Abu Ammars Büro. Für mich war er ein alter Freund und Kollege aus meiner Studentenzeit an der Amerikanischen Universität Beirut, und trotz der schwierigen und gefährlichen Wendungen des Schicksals hatte sich Sami seine Menschlichkeit und Ausgeglichenheit erhalten. Ich konnte auf ihn zählen, um Abu Ammar jederzeit und überall zu erreichen und zu verantwortungsbewußten Entscheidungen zu gelangen. Es war der 2. August 1990, und ich nahm an einer Sitzung des Planungskomitees des Wohlfahrtsverbandes teil. Dieser Verband, eine Entwicklungsstiftung, die von wohlhabenden, im Exil lebenden Palästinensern gegründet worden war, war im Begriff, seine Politik gegenüber den besetzten Gebieten vor dem Hintergrund der Prioritäten und Vorhaben der *Intifada* neu zu formulieren. Am Abend zuvor war ich mit Überlegungen zu meinem Sonderauftrag zu Bett gegangen. Als ich erwachte, erfuhr ich, daß der Irak in Kuwait einmarschiert war.

»Hast du die Neuigkeiten gehört, Sami? Es ist entsetzlich«, sagte ich, als Sami ans Telefon kam. »Was hältst du davon?«

»Ja, ich habe es gehört. Es ist unglaublich. Niemand weiß, was davon zu halten ist. Abu Ammar sitzt im Moment im Flugzeug, aber hier sprechen alle von nichts anderem.«

»Hast du irgendwelche Informationen, weißt du irgendwelche Einzelheiten? Was hat Saddam dazu veranlaßt?«

»Wir wissen nicht mehr als das, was du in den Nachrichten gehört hast. Es ist schlimm. Was sagen die Leute bei dir?«

»Diejenigen aus Kuwait rufen beunruhigt bei ihren Familien an und versuchen festzustellen, ob es ihnen gutgeht. Niemand hat bis jetzt Kontakt bekommen. Victor Kashkoush [ein weiterer alter Kollege von der Amerikanischen Universität] ist hier und versucht seit dem frühen Morgen, seine Frau und seine Kinder zu erreichen. Victor fühlt sich jetzt zum dritten Mal als Flüchtling, selbst wenn er diesmal in Genf ist. Was geschieht mit den Leuten dort? Gibt es viele Opfer?«

»Es sieht nicht so aus, aber bis jetzt sind noch keine Zahlen oder Namen veröffentlicht worden. Aber viele Menschen verlassen das Land.«

»Ihr müßt eine Stellungnahme abgeben; wir müssen öffentlich Position gegen die Besetzung beziehen.«

»Die Situation ist zu komplex. Es gibt so vieles, was wir nicht wissen.«

»Was gibt es da zu wissen? Moralisch und politisch müssen wir als Palästinenser als erste die Besetzung verurteilen. Finde Abu Ammar und bitte ihn, eine öffentliche Stellungnahme abzugeben.«

»Es gibt da politische Verflechtungen, und ich bin sicher, daß er die Situation sorgfältig prüfen wird, bevor er irgend etwas unternimmt.«

»Vergiß das Kleingedruckte in der Politik und halte dich an das Wesentliche. Das gesamte moralische Fundament unserer Sache und insbesondere der *Intifada* wird zerstört werden. Wir müssen konsequent sein. Wir müssen eine Position der Integrität gegen Besetzung beziehen, wo und aus welchen Gründen sie auch immer geschieht. Laß uns das zuerst tun und dann versuchen, eine konstruktive Rolle bei der friedlichen Beendigung dieser Katastrophe zu spielen.«

»Prinzipien sind eine feine Sache, aber Abu Ammar muß sich mit den Realitäten befassen. Er muß die höchst komplexe Situation eingehend analysieren und mit Rücksicht auf die Interessen des gesamten palästinensischen Volkes untersuchen. Wir müssen langsam und behutsam vorgehen.«

»Aber wenn die Führung nicht Stellung nimmt, wird dies unsere öffentliche Meinung verwirren, und diese Lücke wird durch eine emotionale Reaktion ausgefüllt werden.«

Und genau das passierte. Ich eilte von Genf nach Hause und kam in ein völliges Durcheinander. Viele von uns aus dem Politischen Komitee, aus den Reihen der Intellektuellen und die Führung der Gemeinschaft insgesamt hielten lange Versammlungen und Seminare ab, um Positionen zu formulieren und die Öffentlichkeit zu erreichen. Ob in der PASSIA (Palästinensische Akademische Gesellschaft für die Untersuchung internationaler Angelegenheiten), an den verschiedenen palästinensischen Universitäten oder in zu diesem Zweck anberaumten Sonderseminaren – wir alle schienen eine konsequente Botschaft auszusenden: Beendet die Besetzung von Kuwait, erarbeitet eine friedliche Beilegung durch Verhandlung, behebt die zugrundeliegenden Mißstände, bleibt innerhalb der arabischen Welt, um den Konflikt zu begrenzen und eine gerechte Lösung zu finden, weist jede militärische Lösung und insbesondere die Präsenz jeglicher ausländischer Truppen auf arabischem Gebiet zurück. Wir unterstrichen, daß es notwendig sei, konsequent zu sein und auf einem für alle Probleme offenen Niveau zu handeln. Als ein besetztes Volk müssen wir Besetzung überall verurteilen und ablehnen. Da wir Verhandlungen als Mittel zur friedlichen Lösung des palästinensisch-(folglich arabisch-)israelischen Konflikts akzeptiert hatten, konnten wir nirgends, und schon gar nicht in einem innerarabischen Konflikt, eine militärische Lösung dulden.

Wie üblich war es meine Aufgabe, die zahlreichen Gesuche an Mitglieder der internationalen Völkergemeinschaft abzufassen, und ich schrieb unendlich viele. Wir hielten mehrere Versammlungen mit den Diplomaten in Jerusalem ab und versuchten, unsere Botschaft deutlich zu vermitteln und die Katastrophe eines Krieges in unserer Region abzuwenden. Bei Faisal und mir zu Hause hielten wir Dringlichkeitssitzungen ab und drängten die PLO, dieselbe Position zu vertreten. Wir übersandten Akram unverzüglich einen Entwurf, der später als der 4-Punkte-Plan der PLO bekannt wurde und eigentlich nie die öffentliche Aufmerksamkeit erhielt, die er verdiente. Jener bekannte Bruderkuß, jene Umarmung zwischen Abu Ammar und Saddam Hussein schien nicht nur all die anderen Bilder, sondern auch das Urteilsvermögen der Welt ausgelöscht zu haben. Als wir eine Stellungnahme von »Palästinensischen Persönlichkeiten und Nationalen Institutionen« mit unseren Grundsatzpositionen veröffentlichten, spürten wir die ersten Anzeichen öffentlicher Kritik. Einmal arbeiteten wir an einem Textentwurf, und Tunis bestand darauf, ihn zu überarbeiten. Als wir die »offiziellen« Korrekturen sahen, beschlossen wir, sie zu ignorieren, und das Dokument unrevidiert zu verteilen. Dankenswerterweise übernahm Faisal die volle Verantwortung für unsere »Meuterei« – ein Akt der Aufrichtigkeit und des Mutes, und wir hatten in der Folge einige Male Gelegenheit, ihn erneut darum zu bitten. Damals jedoch hatten wir das Gefühl, daß wir versuchten, einen weltweiten Sturm mit unseren bloßen Händen in Schach zu halten.

Da Faisal fühlte, wie sich dieser Sturm in der Ferne zusammenbraute, schlug er vor, daß wir eine Organisationsstruktur für den Notfall ausarbeiten sollten, um mit den bevorstehenden Schwierigkeiten fertig zu werden. Wir bildeten Komitees für Erste Hilfe, Versorgung und Verteidigung sowie Teams für öffentliches Bewußtsein, doch diese boten nur wenig Sicherheit. Die Israelis mit ihrer Armee, ihren Institutionen und Versorgungssystemen hatten Großalarm gegeben, um sich auf einen möglichen Krieg vorzubereiten. Wir hatten nichts. Eigentlich waren wir leichte Beute und einer doppelten

Gefahr ausgesetzt. Auf der einen Seite waren die Palästinenser weltweit mit dem Irak gleichgesetzt worden, und eine Kampagne der Mitschuld durch Freundschaft wies uns die Rolle des Schurken und Aggressors zu, auch wenn wir die Opfer einer andauernden Besetzung waren. Auf der anderen Seite fühlten wir uns den irakischen Angriffen genauso ausgesetzt wie die Israelis. Auf die Frage nach der Sicherheit der Palästinenser unter der Besatzung für den Fall, daß er Angriffe auf Israel starten würde, soll Saddam Hussein Berichten zufolge gesagt haben: »Ich kann keine Linsen verlesen«. Zusätzlich zu der Angst vor den irakischen Scud-Raketen und den chemischen Waffen hatten die Palästinenser ganz konkret Furcht vor einer Wiederholung der Tragödie von 1948, als so viele von uns entweder der Massenvertreibung oder den Massakern zum Opfer fielen. Wir erwarteten ein scharfes Vorgehen des Militärs in den besetzten Gebieten, was den israelischen Siedlern als Vorwand dienen würde, wütend gegen unsere wehrlose Bevölkerung in den Lagern, Dörfern und Städten vorzugehen. Wir fürchteten auch die extremistischen Elemente in der Armee, da wir aus bitterer Erfahrung gelernt hatten, daß Belagerung und Verdunkelung für die Armee ein sehr bequemer Deckmantel für Greueltaten im Verborgenen sein konnten.

Die Haltung der Palästinenser war unentschieden und unsicher. In allen Volksversammlungen wurde ein Schwur wiederholt: Wir werden nicht weggehen! Wenn sie kommen, um uns zu vertreiben, werden wir uns wehren. Wenn wir die Wahl zwischen Tod und Deportation haben, wählen wir den Tod. Als potentielle Opfer zahlreicher Katastrophen mußten wir zusätzlich die Unwürdigkeit ertragen, in die Rolle des bösen Aggressors gedrängt zu werden. Noch tragischer war, daß unsere Führung im Exil alles Mögliche zu unternehmen schien, um das verzerrte Bild noch zu untermauern, und ihre entrüsteten und aufgewühlten Leute reagierten auf die Geschichte des Unrechts an ihnen als Arabern, indem sie zu einer vollen und bedingungslosen Unterstützung von Saddam Hussein umschwenkten. Zwischen Scylla und Charybdis sah sich die politische Führung des ›Inlands‹ gezwungen, einen in der Tat äußerst vorsichtigen Kurs zu steuern, während heftige Stürme weitertobten.

*

»Wasserflaschen, Konserven, Erste-Hilfe-Kästen, getrocknete Nüsse und Früchte in luftdichten Plastikbeuteln, Natriumbikarbonat – Unmengen davon für den Fall eines Angriffes mit Chemiewaffen, dicke Plastikfolien, breites Kreppband...« Emile prüfte die Liste der lebenswichtigen Güter als Teil der Notvorräte für den Krieg.

»Vergiß nicht die Schokolade, den Kaugummi und die Kekse«, fiel Zeina ein.

»Können wir das Klavier in den Schutzraum mitnehmen?« fragte Amal.

»Nein«, gab Zeina von sich, »wir müssen den Papagei Parry mitnehmen. Wir haben nicht genug Platz. Mama, warum können wir nicht die Kätzchen mitnehmen? Bitte! Wenn nicht alle, dann doch wenigstens fünf!«

»Vergiß nicht Paddys Körner, Paps. Wenn wir die Kätzchen mitnehmen, müssen wir an ihr Futter und an Katzenstreu denken«, erinnerte Amal ihren Vater.

»Wobei mir einfällt«, warf ich ein, »daß wir einen großen Behälter mit Sand als Nottoilette brauchen.«

»Vergiß nicht das Radio und den Fernseher«, fügte die praktische Amal hinzu. »Wir müssen doch mit der Außenwelt in Verbindung bleiben. Sieh auch zu, daß das Telefon in diesem Raum ist.«

»Emile, wir brauchen viele Batterien für das Radio, das tragbare Fernsehgerät und die Taschenlampen. Vielleicht solltest du auch besser Kerzen kaufen, obwohl sie Sauerstoff verbrauchen.« Ich versuchte, praktisch zu denken.

»Im Schutzraum wird nicht geraucht!« Sowohl Amal als auch Zeina hassen unsere Raucherei.

»Keine zahlenmäßige Beschränkung für Bücher.« Ein einstimmiger Beschluß.

Die Vorbereitungen waren in vollem Gange. Ein Schwarzmarkt für Kreppband und Plastikfolien machte ein paar Geschäftsleute steinreich. Wir machten vergeblich unserer moralischen Entrüstung Luft. Diejenigen von uns mit Jerusalemer Ausweisen waren in einem schweren moralischen Dilemma. Sollten wir gehen und unsere Gasmasken beantragen, oder sollten wir solidarisch mit den Palästinensern einen Boykott starten, die keine Jerusalemer waren und denen die israelischen Behörden Gasmasken verweigerten. »Kampfgase und Chemikalien überprüfen keine Ausweise«, klagten die Palästinenser. »Unsere Verantwortung besteht gegenüber dem israelischen Volk«, erwiderten die Behörden. »Bittet euren Freund Saddam, daß er euch beschützt«, lautete die schon rohere israelische Antwort. Die Palästinensische Menschenrechtsorganisation *Al-Haqq*, die der IJC (Internationale Juristenkommission) angeschlossen war, startete eine Kampagne, um für die Palästinenser Gasmasken zu erhalten. Die Israelis erdachten jeden nur möglichen Vorwand, die von Europa gestifteten Gasmasken nicht zuzulassen, und weigerten sich, uns überhaupt welche zu geben. Es wurde beschlossen, daß die Jerusalemer Palästinenser ihre Gasmasken annehmen sollten, während die Kampagne weitergeführt wurde, um auch Masken für die übrigen zu erhalten.

Als ich am Morgen meines Geburtstags am 8. Oktober 1990 erwachte, freute ich mich auf die Überraschungsparty und die Geschenke, die Emile und meine Töchter gewöhnlich für mich vorbereiteten. Geburtstage zu Hause waren immer besondere Anlässe, die in ihrem ganzen Glanz gefeiert werden mußten. Statt dessen wurde ich mit einem dringenden Telefonanruf von Ghassan al-Khatib überrascht.

»Hanan, kannst du sofort nach Jerusalem kommen? Es hat ein furchtbares Massaker in *Al-Haram al-Sharif* [der Al-Aksa-Moschee] gegeben, und wir müssen unverzüglich handeln!«

»Ich komme sofort. Hast du Faisal und die anderen erreicht?«

»Ich versuche es, aber Faisal ist selbst in der Moschee. Es ist ein einziges Blutbad.«

»Was ist passiert? Wer hat gemordet? Wer ist verletzt?«

»Die Moschee war voll mit Andächtigen für das Freitagsgebet, die israelischen Sicherheitskräfte haben das Gelände gestürmt und sofort in die Moschee und in die Menge im Hof geschossen. Es gibt viele Opfer, Hunderte, und das *Haram*-Gelände ist mit Leichen, Blut und Gehirnmasse bedeckt. Ein regelrechtes Gemetzel. Wir müssen sofort etwas tun.«

Den Rest des Tages verbrachte ich damit, daß ich verzweifelt und vergeblich versuchte, nach Jerusalem zu gelangen. Wie üblich hatten die Israelis eine sehr strenge Ausgangssperre verhängt und die besetzten Gebiete zu militärischem Sperrgebiet erklärt. Wir waren belagert, Gefangene in unseren eigenen Häusern, schuldig, abgeschlachtet worden zu sein. In diesem Jahr feierten Emile, Amal, Zeina und ich meinen Geburtstag unter Tränen. Seit damals ist mein Geburtstag mit Blut befleckt, und ich fühle mich sogar meines Rechts beraubt, den einzigen Tag des Jahres zu feiern, den ich üblicherweise zu meinem eigenen erklärt hatte.

Weihnachten 1990 war eine traurige Angelegenheit. Einige Geschäfte in Ramallah, die versuchten, eine festliche Atmosphäre zu schaffen, sandten einige mit Glöckchen bimmelnde Weihnachtsmänner aus. Sie wurden sofort verhaftet. Wir trockneten Kindertränen und versuchten, die Tragödie der Verhaftung des Weihnachtsmanns irgendwie vernünftig zu erklären und ihn rechtzeitig zum Weihnachtsabend aus dem Gefängnis zu retten. Wir fanden einen Freund, der sich als Weihnachtsmann verkleidete, aber die Fragen, die an ihn gestellt wurden, brachen einem das Herz. Wir waren ja schon eine verwundbare Zivilbevölkerung, aber am deutlichsten wurde diese Verwundbarkeit an den schutzlosen Kindern. Als wir Weihnachtslieder sangen und unter den wachsamen Augen der israelischen Soldaten die Mitternachtsmesse aus der Geburtskirche zu Bethlehem verfolgten, beteten wir stumm für den Frieden, obwohl wir wußten, daß der Krieg bereits hinter der nächsten Ecke lauerte. Über Jahre hinweg hatten wir versucht, unserem Volk die Sprache des Friedens zu lehren, eine Vision von einer Zukunft zu schaffen, in der der Feind von Gestern zum Verhandlungspartner von Morgen und zum Nachbarn von Übermorgen werden würde. Wie Sisyphos hatten wir mühsam den Stein nichtmilitärischer Lösungen den Berg hinaufgerollt. Mit der Verherrlichung des Kriegsgottes Mars sah es nun so aus, als ob der Stein nicht nur zurückrollen, sondern uns auch zermalmen würde.

Die Atmosphäre war so geladen und gespannt wie vor einem heftigen Gewitter. Der Arabische Gipfel in Kairo mit seinen auf Entweder-Oder beschränkten Optionen ließ keine geschlossene arabische Lösung zu. Der Boykott des Irak wurde vorangetrieben, eine UN-Resolution nach der anderen wurde in Vorbereitung auf das Unausweichliche verabschiedet. Eine internationale Allianz bildete sich, und verschiedene Länder verlangten lautstark, diesem jüngsten weltweiten Club beizutreten. Bush und Baker, die treibenden Kräfte, drängten zum Beitritt und genehmigten die Mitgliedschaft. Inmitten des sich zusammenbrauenden Sturms hielt die arabische Welt (oder vielmehr ihre Völker) den Atem an und suchte den Horizont nach den ersten Anzeichen der Blitze ab. Als Außenminister Baker und der irakische Außenminister Tariq Aziz in Genf zusammentrafen, sah es für einen kurzen Moment so aus, als könnten der Krieg abgewendet und wir verschont werden. Doch dazu kam es nicht. Die kriegslüsternen Armeen waren zusammengezogen, und angesichts ihres drohenden Angriffs wurde die Stimme der Vernunft zu einem leisen Flüstern. Nie zuvor war ein solcher Krieg durch öffentliche Äußerungen im voraus geprobt worden.

Ein »state of the art«-Krieg[1] war für uns etwas Ungewöhnliches. Als mich der Staatliche Öffentliche Rundfunk über diesen Ausdruck befragte, antwortete ich, daß der Begriff »state of the art« bei den meisten Palästinensern Assoziationen zu Dichtung, Musik und Malerei weckte. Ich warnte, daß der Krieg wahrscheinlich verborgene historische und nationalistische Kräfte freisetzen und in einer Region entfesseln würde, deren Erinnerung Jahrhunderte zurückreichte und deren derzeitige Realität nur eine äußerst dünne Decke auf unzähligen Schichten war. Von Interview zu Interview, von einem öffentlichen (oder geheimen) Treffen zum nächsten versuchten wir verzweifelt, im Kriegsgeschrei der Vernunft Gehör zu verschaffen. Doch wir blieben nicht nur unbeachtet, sondern einige von uns wurden sogar als Schwarzseher und Bangemacher verschrieen. Der Westen hatte bereits beschlossen, daß die palästinensische Antwort diese eine »Umarmung« war, nicht mehr und nicht weniger, und daß das palästinensische Volk unter der Besetzung begann, in die drohenden Katastrophen Hinweise über seine eigene Befreiung hineinzulesen. Die gesamte Idee der »Verklammerung« [linkage], diese Forderung des »einen einzigen Maßstabs« für Unparteilichkeit und einheitliche Normen, die Verbeugung vor der »internationalen Rechtmäßigkeit« sowie der »Wille der Völkergemeinschaft« – all dies schien die Hoffnungen der Palästinenser zu entflammen. Das Volk dachte, daß Saddam uns befreien würde, und zwar entweder durch die Politik der Einheitlichkeit als Gegenleistung für den Rückzug aus Kuwait oder durch eine militärische Konfrontation, wobei er zuversichtlich schien, aus ihr als Sieger hervorzugehen. Alle Versuche, das Volk davon abzubringen, waren vergebens. Also warteten wir ab.

*

»Hanan, wach auf! Es ist soweit.« Eine vertraute Stimmte schallte aus dem Hörer.

Kaum fähig, so schnell zu mir zu kommen, setzte ich mich im Bett auf: »Wer spricht da? Was ist soweit?«

»Hier ist Rana«, kam die Antwort. Es war Rana Nashashibi, die mit uns in Brüssel gewesen war. »Ich habe gerade einen Anruf aus den Staaten erhalten. Der Krieg hat begonnen!«

»Welcher Krieg?« fragte ich. Zwar hatte ich die letzten Wochen mit fieberhaften Vorbereitungen für gerade solch ein Ereignis verbracht, doch als es tatsächlich eintrat, war ich völlig überrumpelt.

»Was ist los mit dir? Wach auf! Der irakische Krieg hat begonnen.«

Diesmal sickerte es durch. Ich rüttelte Emile wach und redete wie eine Gestörte. »Emile, die Mädchen. Es ist soweit. Wach auf! Wir müssen die Mädchen fertig machen. Meine Mutter oben. Deine Familie. Los!«

Da wir nicht wußten, was zu erwarten war, brauchten wir einige Zeit, um einen Aktionsplan zu beschließen. Wir drehten die Kofferradios an, weckten Amal und Zeina, die bereits die Aufregung gespürt hatten, schalteten den Fernseher ein und verteilten Aufgaben in Rangfolge ihrer Wichtigkeit. Zeina sollte die Familie und Freunde anrufen, während Amal mit der Überprüfung der Vorräte begann. Sollten wir sofort in den Schutzraum gehen (das Schlafzimmer der Mädchen), oder sollten wir erst sehen, was passierte? Sollten wir alle Vorräte mitnehmen oder die Entwicklung der Dinge abwarten? Wen sollten wir anrufen? Hatten wir irgend jemanden vergessen? Würde Saddam direkt hier zuschlagen? Und wenn nicht, wie lange würde er warten? Wir hasteten zwischen Schlafzimmer und Wohnzimmer, Küche und Vorratsraum, Veranda und Schutzraum hin und her und ließen uns schließlich im Wohnzimmer vor dem Fernseher nieder. Wir hatten den israelischen Sender eingestellt, der die Nachrichten von CNN und die minütlichen Entwicklungen übertrug. Alles war bereit, um unverzüglich in den Schutzraum zu stürzen, Plastikfolien und Kreppband lagen bereit, um die Tür von innen hermetisch abzudichten, doch in der Zwischenzeit saßen wir zusammengedrängt vor dem Fernsehschirm und nahmen abwechselnd das unablässig klingelnde Telefon ab. Amal und Zeina schleppten ihre Matratzen schließlich zum Schlafen ins Wohnzimmer, während Emile und ich die ganze Nacht Wache hielten. Die israelischen Behörden verhängten unverzüglich eine totale Ausgangssperre. Wir hörten die Ankündigungen über die Lautsprecher ihrer Jeeps, als sie durch die Stadt fuhren und die Menschen anwiesen, in den Häusern zu bleiben. Sie warnten, »jeder würde bei Verletzung der Ausgangssperre ohne Vorwarnung beschossen«. Emile und ich tauschten still alarmierte Blicke. Es war soweit. Wir standen unter einer doppelten Belagerung.

Die Ironie, daß israelische Patrouillen eine Ausgangssperre für Palästinenser in den gesamten besetzten Gebieten verkündeten und deren Befolgung erzwangen, während sie sich weigerten, ein Alarmsystem oder Sirenen (wie in Israel) einzusetzen, um uns vor Luftangriffen oder Scud-Raketen zu warnen, war gleichermaßen offensichtlich wie schmerzlich.

Doch wir richteten ein rasch und effizient arbeitendes Netz mit israelischen Freunden ein. Sobald sie die Sirenen vernahmen, würden sie ein paar Schlüsselpersonen anrufen, die ihrerseits wieder andere anrufen würden und so weiter. Da das System vom Telefon abhängig war, entwickelten wir ein alternatives System mit Pfiffen, um ganze Nachbarschaften zu informieren. Amal und Zeina sowie meine Nichte Najwa und die Kinder aus der Nachbarschaft waren regelrechte Expertinnen im Pfeifen – der Vorteil einer umfassenden *Intifada*-Erfahrung. Ungeschickte Erwachsene wie ich waren gezwungen, kleine Pfeifen aus Plastik zu Hilfe zu nehmen. Obwohl sich letztendlich jeder auf die Warnungen aus Radio und Fernsehen verließ, hörte das Pfeifen nie auf. Es wurde zur Antwort der Palästinenser auf die Sirenen der Israelis und die Angriffe der Iraker. Doch mehr als alles andere schien es die trotzige Antwort auf die lange Gefangenschaft unter der Bezeichnung »Ausgangssperre« zu sein.

Da wir uns zum Gebrauch der Gasmasken entschlossen hatten, mußten wir Amal und Zeina darin trainieren. Um die Masken weniger abscheulich zu machen, wurden sie zunächst an all den Stofftieren erprobt, die unsere Töchter so sehr liebten. Allmählich wurden sie Teil der Gesichter von Mickey Mouse und Minnie Mouse, die die Kinder aus Disney World mitgebracht hatten. Zunächst sollten wir bei jedem Luftangriff in unseren Schutzraum hasten und ihn hinter uns verschließen, bis wir die Entwarnung aus dem israelischen Rundfunk vernahmen. Emile und ich sollten uns beim Verfolgen der Nachrichten über die Luftangriffe in Rundfunk und Fernsehen ablösen. Der israelische Rundfunksprecher Nahman Shai wurde uns ebenso vertraut wie den Israelis. Einer der vielen Witze jener Tage war, daß Saddams Code für einen Angriffsbefehl lautete: »Weckt Nahman Shai!« Nach den ersten Wochen hörten wir auf, in den Schutzraum zu gehen. Wir fanden heraus, daß wir die Scud-Raketen beim Anflug tatsächlich sehen konnten, wie sie über Ramallah hinwegzischten und in Richtung Mittelmeerküste verschwanden. Wir konnten sogar sagen, wo sie landeten, und sahen zuerst die Explosionen, bevor wir die Erschütterungen wahrnahmen. Als wir auf unser Dach stiegen, sahen wir, daß fast alle in Ramallah dieselbe Idee gehabt hatten. Später, als die Patriot-Raketen eingesetzt wurden, konnten wir sehen, wie sie in der Luft auf die Scud-Raketen zusteuerten, sie verfehlten und wieder zu Boden gingen. Doch niemand wagte, etwas zu sagen. Sari Nusseibeh war verhaftet und als irakischer Spion beschuldigt worden, weil er jemandem am Telefon beschrieben hatte, wo eine Rakete niedergegangen war. Diesem Schicksal wollten wir entgehen. So schützten wir – vor allem am Telefon – Unwissenheit vor, obwohl wir das Drama zwischen den Scuds und den Patriots sehr genau verfolgen konnten. Wir wußten auch um die genaue Anzahl von Treffern und verfehlten Zielen und deren Standort. Nicht etwa, daß wir dies irgend jemandem irgendwo sonst in der Welt hätten erzählen können. Israel hatte alle unsere Verbindungen zur Außenwelt gekappt, indem es die Fernsprechleitungen zu und aus den besetzten Gebieten abgeschaltet hatte.

Der Krieg ging weiter und mit ihm die Ausgangssperre. Notrufe wurden laut. An manchen Orten waren Armee-Einheiten in Häuser eingedrungen, hatten Eigentum und Vorräte zerstört und Menschen zusammengeschlagen. An anderen Orten wüteten israelische Siedler. Und während in manchen Städten die Ausgangssperre alle paar Tage für ein oder zwei Stunden aufgehoben wurde, dauerte sie an anderen Orten ununterbrochen sechs Wochen lang. Vor diesem Hintergrund war meine eigene persönliche Tragödie ein quälender Zahnschmerz, der wochenlang unbehandelt bleiben mußte, weil meine Zahnärztin, Hala Hallaq, von ihrer Wohnung in Jerusalem aus nicht zu ihrer Praxis gelangen oder dringende Hausbesuche machen konnte. Meine Erinnerungen an diese Kriegstage sind unauslöschlich von diesem ständigen, bohrenden Schmerz geprägt.

Besonders die Flüchtlingslager waren durch die Ausgangssperre hart getroffen. Mehrere Male versuchte ich, zu Imm Youssef, der alten Reinemachefrau unserer Familie, zu gelangen, die im Lager Jalazon lebte, aber ich wurde immer wieder abgewiesen. Eines Tages stand sie vor unserer Tür, sie hatte sich davongeschlichen und war über die Felder und Hügel zu uns nach Hause gekommen. Sie und ihre Enkel hatten seit Tagen nichts gegessen und waren gezwungen gewesen, ihre alten Möbel und Schuhe zu verbrennen, um etwas Wärme zu bekommen. Die medizinische Versorgung wurde kritisch, bis die israelischen Behörden nach und nach einigen Personen und Institutionen die Genehmigung für die notwendigsten Dienstleistungen erteilten. In manchen Nächten zu den strengsten Zeiten der Ausgangssperre – zwischen Mitternacht und zwei Uhr morgens – ließen die israelischen Gefängnisbehörden perverserweise die Palästinenser frei, die ihre Strafe abgesessen hatten. Die meisten fanden sich bei uns ein. Unser Haus lag dem Gefängnis am nächsten, und wir versuchten, sie mit Essen und einem Unterschlupf für die Nacht zu versorgen, und informierten nach Möglichkeit ihre Familien. Seit ich den Rechtshilfeausschuß an der Universität gegründet hatte, war mein Haus eine vertraute Zuflucht für Häftlinge und ihre Familien geworden. Daher verfügten Amal und Zeina schon in jungen Jahren über genaue und spezielle Kenntnisse über das Leben im Gefängnis und die Rechtsterminologie. Die Besetzung drang nicht nur in unser Heim und Leben ein, sondern lag auch wie ein Schatten über der seelischen Gesundheit und Erziehung unserer Kinder. All unsere so sorgfältig geschmiedeten Schilde aus Liebe und Fürsorge reichten nicht aus, um Wissen oder Schmerz abzuhalten.

Inmitten dieser Situation sahen wir zu, wie die Welt Israel zu seiner Tapferkeit und seinem Nichteintritt in den Krieg applaudierte. Wir hatten vieles versucht, um diesen Krieg zu verhindern, und wurden dennoch gleichermaßen zum Opfer und Übeltäter. Obwohl der Tourismus stark beeinträchtigt war, strömten ständig politische Wallfahrer nach Israel, um dem »Heldentum« dieses Landes zu huldigen. Was für ein schwer erfaßbarer und proteischer Begriff – das Heldenhafte – subjektive Abstraktion und subjektives Attribut des Verhaltens. Ed Bradley war der Meinung, ich sei heldenhaft, als ich der Ausgangssperre trotzte und nach Jerusalem gelangte, um an der Sendung *60 Minutes* teilzunehmen. Ich dachte, Imm Youssef, unsere Reinemachefrau, sei heldenhaft. All die Tausende und Zehntausende von palästinensischen Häftlingen in israelischen Gefängnissen und Straflagern waren in unseren Augen die Verkörperung des Heldentums. Unsere Kinder waren heldenhaft bei der Rettung der Überreste ihrer Kindheit inmitten dieses Wahnsinns der Erwachsenen, genannt Krieg oder Besetzung. Doch nun war Israel heldenhaft, weil es zu einem amerikanischen Protektorat wurde und weil es die internationalen Entschädigungen für die durch die Scud-Raketen entstandenen Schäden und das Trauma annahm. Unsere unbesungenen, unerkannten und unentschädigten stillen Helden würden sich sehr schwertun, diese Definition des Begriffes zu verstehen. Sie taten sich schwer. Und in ihrem Unmut applaudierten sie dem Antihelden und strebten nach dem Heil des Gegenhelden. Deshalb ließ man – und läßt auch heute noch – das ganze palästinensische Volk dafür büßen.

Wir mußten unsere eigenen Schlachten schlagen und unseren eigenen Ungeheuern entgegentreten. Palästinenser, die aus Kuwait und anderen Golfstaaten vertrieben wurden, sahen sich mittellos – nicht nur ohne Staat, sondern auch ohne Heim. Viele darunter waren zum dritten Mal Flüchtlinge. Anstelle der Überweisungen von diesen Ausgebürgerten häuften die Palästinenser in den besetzten Gebieten Verbindlichkeiten und Schulden an. Unsere Exporte kamen zum Erliegen, und unserer bescheidenen Industrie wurde ein schwerer Schlag versetzt. Während der sechswöchigen Ausgangssperre wurde die Landwirtschaft eingestellt, und die Zuwendungen aus anderen arabischen Ländern wurden zurückgehalten. Fast 80 % des Einkommens der inländischen Palästinenser gingen verloren. Die große Wirtschaftsblockade hatte begonnen und mit ihr die politische Blockade gegen die PLO. Doch die größte Wunde wurde der arabischen Welt zugefügt – eine ungeheure, eiternde Wunde, die ihre Ressourcen und Energien auffraß und ihre Zukunft für lange Zeit verdunkelte. Zersplittert und auseinandergesprengt gingen sowohl die Lager sowohl der »Gewinner« als auch der »Verlierer« taumelnd aus dieser Zerreißprobe hervor, pflegten ihre Wunden und ihre Unzufriedenheit und hegten dabei tief verwurzelte Ressentiments. Der Dialog zwischen Israel und den Palästinensern erlitt auch einen schweren Rückschlag, als einige Israelis wie zum Beispiel Yossi Sarid, ein linksgerichtetes Mitglied der Gesprächsrunde, auf die politische Führung der Palästinenser in den besetzten Gebieten einschlugen. Sie warfen uns Scheinheiligkeit und moralische Feigheit vor. Ein derartiger Mangel an Sensibilität und an wirklichem Verständnis unserer politischen Realität und sogar der Art des Dialogs unterminierten unser Vertrauen und unser Zutrauen zu einigen unserer Partner auf der anderen Seite.

Inmitten dieser Trostlosigkeit konnten wir am äußersten Horizont einen fernen Reiter aus dem Westen ausmachen. Es war nicht völlig klar, ob er in einer weißschimmernden Rüstung oder als Ritter mit dem Pferdefuß daherkam – wahrscheinlich beides. Es war auch nicht klar, ob er kam, um die Region aus den Klauen des Krieges zu retten oder um unsere Lage äußerster Erschöpfung und Zersplitterung auszunutzen oder eine Kombination aus beidem. Es hieß, er würde »die Glaubwürdigkeit investieren, die die Vereinigten Staaten in dem Krieg gewonnen hatten, um der Region Frieden zu bringen«. Wir sahen das als einen Anspruch auf die Ausbeute des Krieges. Es hieß, daß eine »neue Weltordnung« mit dem Ende des Kalten Krieges auftauche und daß wir ein Teil davon seien. Wir sahen das als eine Umstrukturierung unserer Welt gemäß den amerikanischen Plänen. Es hieß, daß sich ein weiter Ausblick auf eine Versöhnung des Nahen Ostens eröffnen würde. Wir sahen das als einen Sehspalt, einen langen Tunnel oder eine Falle.

*

»Philip Wilcox hat eben angerufen. Er hat eine dringende Mitteilung für uns. Kannst du sofort herkommen?« Faisal klang am Telefon sehr ernst. Wilcox war der amerikanische Generalkonsul in Jerusalem.

»Warum gehst du jetzt nicht zu ihm? In der Zwischenzeit versuche ich, den Rest der Gruppe zusammenzurufen, und wir treffen uns in meinem Haus«, entgegnete ich.

Als Faisal ankam, hatten die meisten von uns das Rätsel gelöst. Öffentliche Andeutungen darüber, daß die Vereinigten Staaten die Aussichten für einen Friedensprozeß im Nahen Osten sondierten, ließen wenig Raum für Mutmaßungen. Wir, die Palästinenser, sollten darin einbezogen werden. Wollten wir das überhaupt?

»Außenminister Baker kommt in die Region, und Phil Wilcox möchte wissen, ob wir gerne mit ihm zusammentreffen würden«, berichtete Faisal.

»Was meinst du mit ›ob wir gerne mit ihm zusammentreffen würden‹?« fragte ich ungehalten. »Wünscht er ein Treffen oder nicht?«

»Er wird nicht um ein Treffen ersuchen, solange wir dies nicht tun. Er möchte, daß wir den ersten Schritt tun.«

»Natürlich wird er das«, kommentierte Ghassan. »Er kann um ein Treffen ersuchen, wir denken darüber nach und geben ihm rechtzeitig eine Antwort.«

»Er möchte nicht noch einmal die Erfahrung von George Shultz wiederholen. Er möchte keine Abfuhr bekommen.« Bei dieser Erinnerung mußten wir lächeln. Ich denke noch daran, wie Shultz 1988 in Ost-Jerusalem vor einem leeren Saal sprach, nachdem sich die Palästinenser geweigert hatten, mit ihm zusammenzutreffen. Wir hatten ihm die öffentliche Botschaft übermittelt, daß er zur PLO gehen sollte, um mit ihr zu reden.

Nur die Palästinenser unter der Besatzung konnten so ungehobelt sein, dachte ich im stillen. Und wir wählen immer dramatische Auftritte, damit unsere Botschaft verstanden wird. Kein Wunder, daß Baker übervorsichtig war.

»Natürlich wollen wir ihn nicht sehen. Er sollte nicht vor einer Abfuhr Angst haben. Wir werden es beizeiten bekanntgeben, daß er hier nicht erwünscht ist.« Riad Malki nahm nie ein Blatt vor den Mund.

»Laßt uns darüber nachdenken«, meinte Zahira Kamal. »Wir sollten uns mit Tunis beraten, bevor wir hierzu Stellung nehmen.«

»Die öffentliche Meinung wird dagegen sein. Der Golfkrieg nagt noch an den Menschen.« Mamdouh al-Aker wußte immer, was die Menschen auf der Straße redeten.

»Laßt uns keine überstürzten Entscheidungen treffen«, drängte uns Faisal. »Warum denkt ihr nicht darüber nach und kontaktiert eure Leute? Morgen treffen wir uns wieder und diskutieren weiter darüber.«

Nachdem sie gegangen waren, riefen Faisal und ich Akram an. Er versprach uns, vorsichtig bei Abu Ammar und dem Exekutiv-Komitee vorzufühlen. Er war nicht sehr zuversichtlich. Dann riefen wir Wilcox an und baten ihn, behutsam zu Werke zu gehen; die äußere Form könnte wichtiger sein als der Inhalt. Wir überzeugten ihn, daß niemand Baker einladen könnte, aber daß wir ihn wissen lassen würden, wann eine Einladung ausgesprochen werden könnte, die wir nicht ausschlagen würden.

1 A.d.Ü.: »state of the art« bedeutet »auf dem neuesten Stand der Technik«, wobei der Begriff »art« alleine zum Verständnis der nachfolgenden Textpassage in der Bedeutung »Kunst« zu verstehen ist.

5

Während die arabischen Länder die Aussicht auf einen Besuch von Außenminister Baker begrüßten, wollte doch niemand ein Koordinationstreffen mit den Palästinensern und insbesondere mit der PLO zur Vorbereitung des Besuchs akzeptieren. Isoliert von den arabischen Ländern und der Völkergemeinschaft schien das Exekutiv-Komitee unfähig, eine Entscheidung zu treffen. Manche sahen die Initiative der USA als eine Chance, die PLO wieder in die internationale politische Arena zu führen, und den möglichen Friedensprozeß als ein Instrument dafür. Andere sahen darin einen weiteren Versuch, der PLO ihre Legitimation zu entziehen und sie auszuschließen, denn es schien eine Möglichkeit für eine »alternative Führung« aus den besetzten Gebieten zu geben. Die *Intifada* hatte den Schwerpunkt klar auf das ›Inland‹ verlagert, und dies um so mehr nach dem doppelten Schlag, der der PLO versetzt worden war: die Ausweisung aus dem Libanon im Jahr 1982 und die Folgen des Golfkriegs. Das hartnäckige Fortbestehen dieser unterschiedlichen Haltungen führte während der gesamten Dauer der Verhandlungen zu innerer Spannung und Mißtrauen, was wiederum eine Verzerrung des Prozesses der Entscheidungsfindung mit sich brachte.

Sie berieten in Tunis. Wir debattierten in Jerusalem. Mit wenigen Ausnahmen waren die meisten politischen Splittergruppen und Unabhängigen geneigt, ein erstes Sondierungstreffen mit Baker zu akzeptieren. ›Bei einem Treffen haben wir nichts zu verlieren‹, so die Position der Mehrheit der Palästinenser, ›vorausgesetzt, wir bleiben bei unserem Standpunkt.‹ Die PLO in Tunis grübelte immer noch. Abu Mazen, ein Mitglied des Exekutiv-Komitees, war dafür, doch Abu Ammar wollte sich nicht festlegen. Die anderen waren weiterhin skeptisch. Akram berichtete Abu Ammar, daß das ›Inland‹ dafür war, was manche Positionen ins Wanken brachte. Die Entscheidung war sehr heikel und schwierig, und wir wollten nicht das Entscheidungsrecht des ›Auslands‹ an uns reißen. Faisal und ich wurden angewiesen, behutsam zu Werke zu gehen, und wurden davon unterrichtet, daß die »Stimmung« des ›Auslands‹ besser war. Am

10. März gab die PLO ihre Zustimmung bekannt, und am 12. März trafen wir mit Baker zusammen. Die Kommunistische Partei nahm an dieser ersten Sitzung teil, bevor sie die restlichen boykottierte. Beim ersten Treffen waren wir elf Palästinenser, beim zweiten fünf, bei den restlichen waren wir auf drei (Faisal, ich selbst und Zakariyya al-Agha aus Gaza) oder auch nur Faisal und mich zusammengeschrumpft.

Das war also der Beginn der oft »merkwürdigen Begegnungen«, die auch als »Baker-Treffen« bekannt wurden und halfen, den Friedensprozeß im Nahen Osten unter Beteiligung der Palästinenser in Gang zu bringen. Die Frage, ob wir nun aus freien Stücken teilnahmen oder einfach mitgenommen wurden, faßt die Kontroverse zusammen, die daraufhin im palästinensischen Lager auftauchte. War es ein Ausverkauf unserer selbst oder kauften wir uns in einen Prozeß ein, um für die verleumdete Sache der Palästinenser und ihr Volk einen Platz in der Geschichte zu finden? Zweifellos waren wir in eine weitere Übergangsphase eingetreten – eine Reise durch eine sowohl fremde als auch vertraute Landschaft. Uns stand eine doppelte Aufgabe bevor: dem Feind und der Welt die Hand zu reichen, aber auch nach innen durchzudringen und die Spaltung in unserem Herzen zu heilen.

Das Auffallendste an Baker waren seine kalten, stechenden Augen, die in der Lage schienen, direkt in unsere Köpfe zu sehen und alternative Taktiken für einen intellektuellen Angriff zu kalkulieren. Das ist ein nüchterner Mensch, dachte ich bei mir. Er hat offensichtlich sein Vorhaben klar definiert und knobelt den kürzesten und direktesten Weg zum Erreichen dieses Zieles aus. Würden wir Hindernisse sein, die man zerstören oder aus dem Weg räumen mußte, oder wären wir bequeme Verbündete – nützlich, aber entbehrlich? Waren wir der Preis für seinen Erfolg oder zumindest ein wesentlicher Teil davon? Würde es uns gelingen, den Menschen in ihm zu erreichen, oder würden wir weiterhin seinen prüfenden Blicken ausgesetzt sein? Offensichtlich war er nicht leicht zu durchschauen oder zu handhaben. Doch bei diesem ersten Treffen versuchte jede Seite, sich in Position zu bringen, während sie die Gegenseite auf Zeichen der Schwäche oder Unentschlossenheit hin musterte und nach Lücken abklopfte, um Punkte zu machen. Doch zuerst mußten wir Klarheit schaffen.

»Wir sind hier auf Geheiß der PLO, unserer einzigen rechtmäßigen Führung«, begann Faisal. Wir trafen im amerikanischen Konsulat in West-Jerusalem zusammen. Offensichtlich vorbereitet antwortete Baker: »Wen Sie als Ihre Führung wählen, das ist Ihre Sache. Ich suche Palästinenser aus den besetzten Gebieten, die nicht Mitglieder der PLO sind und den Willen haben, direkte, bilaterale Zwei-Phasen-Verhandlungen auf der Grundlage der Resolutionen 242 und 338 des UN-Sicherheitsrates und dem Grundsatz ›Land für Frieden‹ aufzunehmen, und die bereit sind, mit Israel in Frieden zu leben. Ist so jemand hier anwesend?«

Das war leicht. So dachten wir zumindest. Wie identifizierte man ein »PLO-Mitglied«? Die PLO gab keine Mitgliedsausweise aus. Darüber hinaus war es nach den militärischen Anordnungen Israels illegal, irgend einer politischen Partei oder Organisation anzugehören. Wer wäre also gewillt, vor Baker zuzugeben, was er den israelischen Vernehmungsbeamten nicht gestehen würde? Wir kamen alle »aus den besetzten Gebieten«, obwohl einige von uns ursprünglich aus dem Teil des Palästinas vor 1948 gekommen waren, das später Israel wurde. Der Gedanke der zwei Phasen war schon schwieriger. Doch mit einem verbindlichen Zeitrahmen und der Logik miteinander verbundener Schritte, um die Besetzung zu beenden und einen palästinensischen Staat zu schaffen, würden wir sicherstellen, daß die Übergangsphase nicht zu einem Dauerzustand würde. Die Grundlage könnte annehmbar sein: Wir wollten unser Land zurück und würden ihnen im Austausch dafür Frieden geben. Dazu bekräftigten die UN-Resolutionen die Unzulässigkeit des Erwerbs von Gebieten durch Krieg. Waren wir »gewillt, mit Israel in Frieden zu leben«? War Israel gewillt, mit uns in Frieden zu leben? Ging es nicht gerade darum – Schaffung eines gerechten Friedens mit Israel durch Beseitigung der Ursachen des Konflikts? Und wie sollten wir es sonst erreichen, wenn nicht über Verhandlungen? So einfach waren die Dinge nicht, wie sich in der Zerreißprobe der nächsten drei Jahre der Verhandlungen zeigen sollte. Aber wir kamen voran.

»Wir müssen Sie daran erinnern, Mr. Baker, daß wir ein Volk mit Würde und Stolz sind. Wir sind nicht besiegt, und dies ist nicht das Safwan-Zelt«, kam Saeb Erakat direkt zur Sache, ein Kolumnist der Zeitung *Al-Quds* und Professor für Politikwissenschaften an der Universität An-Najah. Im Safwan-Zelt waren mit den amerikanischen Militärrepräsentanten die Bedingungen für die Kapitulation des Irak am Ende des Golfkriegs ausgehandelt worden.

»Ich bin nicht daran schuld, daß Sie die Verliererseite unterstützt haben. Sie sollten Ihrer Führung empfehlen, nicht aufs falsche Pferd zu setzen; das war ein großer Fehler. Es wird ein hoher Preis zu zahlen sein.« Damit erreichte Baker, daß die gesamte nächste Stunde mit der Verteidigung der PLO verstrich. Die lange Liste der Verletzungen der Menschenrechte durch Israel nahm eine weitere Stunde in Anspruch. »Deshalb sollten Sie verhandeln – für ein Ende der Besatzung und all ihrer Praktiken.«

»Ich habe zugestimmt, an diesem Treffen teilzunehmen, um nur über eine Sache zu sprechen«, verkündete Haidar Abdel-Shafi mit seiner ruhigen tiefen Stimme. »Israels Siedlungsaktivitäten in den besetzten Gebieten müssen aufhören. Wenn die Besiedelung weitergeht, wird es keinen Friedensprozeß geben. Sie können damit rechnen, daß Sie dies die ganze Zeit über von mir hören werden.« Die ganzen Verhandlungen hindurch stand Haidar zu seinem Wort. Als Leiter der palästinensischen Delegation wohnte er nie einer Sitzung oder einem Treffen bei, ohne die Siedlungsfrage zwingend und überzeugend aufzuwerfen.

»Wie können Sie erwarten, daß unsere Delegation vor dem Hintergrund des Lärms der Bulldozer verhandelt? Wir haben das Gefühl, daß sie unsere Gräber ausheben«, fügte Elias Freij, der Bürgermeister von Bethlehem, hinzu.

»Beginnen Sie die Verhandlungen, und die Besiedelung wird aufhören«, erwiderte Baker.

»Sie muß vorher aufhören, oder wir können nicht in den Prozeß eintreten«, lautete unsere Antwort.

»Der Status quo ist nicht nur schmerzlich, er ist auch unhaltbar. Was schlagen Sie dafür vor?« fragte ich.

»Endlich kommen Sie zum Geschäft.« Baker wollte praktische Fragen angehen. Wir wußten, daß er Anwalt war; er wollte »einen Handel anbieten«. Wir wußten auch, daß er ein Scheitern nicht gewohnt war. Doch wir hatten darüber hinaus auch erlebt, daß eine zu starke Beschäftigung mit der Palästinenserfrage viele politische Karrieren zerstört hatte.

Mit wieder ausgegrabenen Kopien der Abkommen von Camp David und mit von seinem Team vorbereiteten Gesprächspunkten setzte uns Baker stark unter Druck. Er war auch mit der kompromißlosen Likud-Regierung Israels konfrontiert und richtete seine Energien in voller Kraft auf das, was er als den Punkt des geringsten Widerstands ansah – die Palästinenser. Alle Vorschläge, die an der israelischen Mauer abprallten, würde er uns als »der einzige Weg, Israel in den Prozeß zu bekommen« verkaufen wollen. Es wurde uns später klar, daß er überzeugt war, die Likud-Regierung würde an dem Friedensprozeß teilnehmen, die von Yitzhak Rabin geführte Arbeitspartei würde verhandeln, und eine Koalitionsregierung würde unterzeichnen. Unglücklicherweise weigerte sich die Realität, seinen Plänen zu folgen. Es war auch sein stiller Glaube, daß die Verhandlungen eine alternative Regierung aus den besetzten Gebieten hervorbringen würden, die nach rechtmäßigen Wahlen die PLO ablösen könnte.

Faisal, der die Angewohnheit hatte, jeden Punkt mit einer Anekdote, einer Parabel, einer Analogie oder einer einfachen Geschichte auszuschmücken, illustrierte unsere Beziehungen mit der PLO gegenüber Baker so: Unsere Führung war wie ein Mann, der vor einer Steinmauer im Treibsand steht. Um gerettet zu werden, hatte er einem anderen (uns) erlaubt, auf seine Schultern zu steigen, zu versuchen, die Mauer zu erklimmen und auf sie zu gelangen. Dabei lief der Mann Gefahr, unter dem zusätzlichen Gewicht, das er sich aufgeladen hatte, noch tiefer im Treibsand zu versinken. Doch während der ganzen Zeit wußte er, daß der andere auf seinen Schultern gute Chancen hatte, den Rand der Mauer zu erreichen. Einmal oben angekommen, würde der andere nach unten fassen, den Mann aus dem Treibsand ziehen und zu sich auf die Mauer hieven. Dann kämen beide frei nach Hause auf die andere Seite. So mit dem Schicksal der PLO betraut, nahmen wir unsere Pflicht als Instrument zu ihrer Rettung sehr ernst.

Baker und sein Team pendelten zwischen uns und den Israelis hin und her, in der einen Hand das Zuckerbrot, in der anderen die Peitsche. Den Israelis wurden alle ihre Bitten gewährt: Ausschluß der UNO sowie der Palästinenser aus dem ›Ausland‹ und aus Jerusalem. Uns sagte man, dies wäre die einzige Lösung, die Besiedelung zu stoppen und mit dem Abbau der Besetzung zu beginnen, obwohl wir wußten, daß die Bedingungen unfair waren und uns diese Einschränkungen in eine nachteilige Position brachten. Israel bekam das ganze Zuckerbrot und wollte noch mehr; wir bekamen die Peitsche in Form morbider Prophezeiungen über die Konsequenzen eines Nein.

Israels Feindseligkeit gegenüber den Vereinten Nationen war keine Überraschung: Zurückblickend in der Geschichte hatte Israel sich geweigert, abgesehen von den Entspannungsbemühungen mit der UNO zusammenzuarbeiten. Es hatte die UNO öffentlich einer anti-israelischen Haltung bezichtigt, hatte sich geweigert, irgendwelche UN-Resolutionen zu befolgen, und bestand auf einem völligen Ausschluß der UNO aus dem Friedensprozeß – was angesichts der Tatsache, daß zwei Resolutionen des UN-Sicherheitsrates, nämlich 242 und 338, die Grundlage der Gespräche bildeten, nicht einer gewissen Ironie entbehrte. Die UN-Resolution 242 verweist auf die Unzulässigkeit des Erwerbs von Gebiet durch Krieg und auf die Suche nach einer gerechten Lösung für das Problem der palästinensischen Flüchtlinge. Die UN-Resolution 338 wurde nach dem Krieg von 1973 verfaßt, um die Resolution 242 zu unterstreichen und auf eine Beilegung auf dem Verhandlungsweg mittels einer Konferenz unter geeigneter Schirmherrschaft zu drängen. Schließlich erfuhren wir nach vielen Bemühungen, daß ein Repräsentant des Generalsekretärs Beobachterstatus bekommen würde. Israel verlangte auch den Ausschluß Europas und die Verweisung unseres regionalen Nachbarn, Europa, in einen ebenfalls sekundären Status. Wir verlangten für die Europäische Gemeinschaft den Status eines Mitschirmherrn, doch als Äußerstes konnten wir erreichen, daß Europa »neben den Mitschirmherren teilnehmen sollte«.

Doch auch das war fast verloren. Erst im Oktober sollte es uns gestattet sein, einen kurzen Einblick in das Einladungsschreiben zu nehmen. Das einzige bindende Dokument stellte sich als eines heraus, an dessen Abfassung wir nicht beteiligt waren. Ich bemerkte schnell, daß der Verweis auf Europa verändert worden war und nun die Präsenz von Troika-Beobachtern (dreifache Vertretung der vergangenen, derzeitigen und zukünftigen Präsidentschaft der Europäischen Gemeinschaft) anführte. Ich rief sofort Robert Serry an, der die EG während der niederländischen Präsidentschaft repräsentierte, und fragte ihn, ob sie der geänderten Formulierung zugestimmt hatten. Am nächsten Tag eilte er nach Washington, traf dort mit Dan Kurtzer zusammen und erreichte, daß der Text wieder in seine ursprüngliche Form geändert wurde. Unbeirrt setzten wir uns weiterhin für Europa ein, bis man uns vorwarf, europäischer als die Europäer zu sein. Europa, das unserer Region näher war und dessen Geschichte länger mit der unseren verbunden ist, zusätzlich zu seiner unparteiischeren Politik – wie dies hauptsächlich in der Erklärung von Venedig zum Ausdruck kam (die die PLO anerkannte und Selbstbestimmung für die Palästinenser forderte) – könnte, so dachten wir, eine korrigierende Rolle spielen, um die proisraelische Neigung der US-Politik auszugleichen. Es sollte nicht sein. Wiederholt von den Amerikanern angewiesen, aufgrund der heiklen Natur der Gespräche nicht einzugreifen und nicht alle Pläne über den Haufen zu werfen, schafften die Europäer ab, was wir für ihre Pflicht hielten, und »machten eben einfach mit«. Wir fühlten uns zunehmend in die Enge getrieben und allein gelassen.

Um auch die letzten Überreste der »Internationalen Konferenz unter Schirmherrschaft der UNO« loszuwerden, der sich unsere Seite und (wie wir dachten) die Völkergemeinschaft fest verschrieben hatten, verlangte Israel, daß die Konferenz nur einmal als eine Eröffnungszeremonie abgehalten werde und nur mit der Zustimmung aller Parteien wieder einberufen werden sollte – was eine Garantie dafür war, daß sie nicht wieder stattfinden würde. Es könnte nur »direkte bilaterale Gespräche« geben, während es den Mitschirmherren nicht gestattet wäre, direkt an den Gesprächen teilzunehmen, sofern sie nicht »von beiden Parteien aufgefordert« würden. Dem Wunsch Israels wurde stattgegeben. Als Teil dieser Vorbedingungen forderte und erreichte Israel auch die Wiederherstellung der Stimmengleichheit mit der UdSSR/Rußland und anderen Ländern, die dem Friedensprozeß beitreten wollten. Die Isolierung der PLO wurde noch verschärft. Die unerträglichsten Beschränkungen ganz oben auf Israels Einkaufszettel waren diejenigen, die der Art der palästinensischen Beteiligung auferlegt wurden, obwohl doch angeblich keine Vorbedingungen zulässig waren. Wir nannten diese Vorbedingungen die »Vogel-Strauß-Politik« Israels. Indem Shamir vermied, daß israelische Unterhändler der PLO und Palästinensern aus Ost-Jerusalem ausgesetzt wurden, bildete er sich ein, daß er es mit einer maßgeschneiderten Situation ohne Bezug zur Realität zu tun hatte. Außerdem war das Beharren auf einer »gemeinsamen jordanisch-palästinensischen Delegation« auch ein Mittel Israels, das Faktum einer eigenen palästinensischen Identität zu vermeiden, und dies trotz der Tatsache, daß eine ganze Verhandlungsschiene palästinensisch und eine andere arabisch sein sollte. »Schließt uns aus, ignoriert uns, verleugnet uns – wir werden nicht weggehen«, erklärte ich damals gegenüber der Presse, was für die gesamte Palästinenserfrage galt.

Faisal hatte eine herrliche Anekdote, um die merkwürdigen Bedingungen zu beschreiben, die der palästinensischen Delegation aufgezwungen wurden. Es war die Geschichte vom »Baker-Anzug«: Es war einmal ein rechtschaffener Mann, der von seinem Freund ein Stück Stoff geschenkt bekommen hatte, aus dem man einen Anzug machen konnte. Er konnte sich keinen Schneider leisten, aber einer, der vorgab, Schneider zu sein, kam zu ihm und bot an, den Anzug umsonst zu schneidern. Der Mann gab ihm den Stoff. Einige Tage danach kam der Schneider mit dem Anzug zurück. Der Mann probierte ihn an. Ein Ärmel war zu lang, der andere zu kurz, die Seiten waren verdreht und der Saum ungleichmäßig, rechts war der Kragen weit und links war er eng, die Hosenbeine waren verdreht.

»Was ist das für ein Anzug?« fragte der Mann entsetzt.

»Wo ist das Problem?« entgegnete der Schneider. »Wo der Ärmel zu lang ist, streckst du einfach deinen Arm aus und hältst die Schulter unten. Wo er zu kurz ist, ziehst du den Arm ein und die Schulter nach oben. Wo die Seiten verdreht und der Saum ungleichmäßig sind, drehst du beim Gehen einfach deinen Oberkörper zur Seite. Beim Kragen drehst du einfach deinen Nacken die ganze Zeit nach rechts, dadurch wird der Kragen links weiter und liegt rechts besser an. Wo die Hosenbeine nicht passen, verdrehst du einfach deine Beine in einer Linie mit der Naht.«

Der rechtschaffene Mann mit bescheidenen Mitteln folgte den Anweisungen seines Schneiders. Als er bis zur Unkenntlichkeit entstellt die Straße hinunterlief, sahen ihn die Leute verwundert, mitleidig oder peinlich berührt an.

»Schau dir diesen armen Teufel an«, sagte ein Passant zum andern. »Er muß die verdrehteste, entstellteste und häßlichste Kreatur auf der Welt sein.«

»Du mußt aber zugeben«, erwiderte der andere nachdenklich, »daß er wohl den besten Schneider der Welt hat.«

Faisal erzählte Baker diese Geschichte und endete mit der Deutung: »Wenn Sie also sehen, Mr. Baker, daß wir uns merkwürdig oder ungewöhnlich oder unangemessen verhalten, dann liegt das nicht daran, daß wir so geboren sind oder daß dies unsere Natur ist oder daß wir uns gerne so verhalten, es ist einfach so, daß uns der Anzug, den Sie für uns geschneidert haben, nicht paßt!«

Wir hielten an die achtzehn »Baker-Treffen« ab, hauptsächlich in Jerusalem und ein paar in Washington. All diese Treffen hatten den ungewöhnlichen Beigeschmack von Texas-Palästina (Texatina oder Palexas?). Wir tauschten Sprichwort gegen Sprichwort, ein kulturelles Vorurteil gegen ein anderes und versteckte Andeutungen gegen Anspielungen. Baker konsumierte zahllose Dr. Peppers, während wir unzählige Tassen Kaffee tranken. Bakers Lieblingsspruch, um uns anzuspornen, war: »Laßt die Katze nicht auf der Schwelle sterben!« Nicht kurz vor dem Ziel aufgeben, meinte er damit. Bei solchen Gelegenheiten spielte ich für Faisal und für Tunis den Dolmetscher, und erklärte notfalls die Komik, die sich aus einer wörtlichen Übersetzung ergab, falls diese möglich war. Als Antwort auf die Fragen der Reporter bei einem Briefing beschrieb ich die Zusammenkünfte als einen »Lernprozeß«. »Für wen?« fragten sie. Ich erwiderte: »Für Baker und die Amerikaner natürlich.«

Bei der Vorbereitung der Sitzungen umfaßten meine Aufgaben das Aufsetzen von Memos und offiziellen Dokumenten sowie das Durchsehen der Protokolle früherer Zusammenkünfte. Jedem Treffen folgte eine hektische, die ganze Nacht dauernde Arbeitssitzung. Den mündlichen Berichten nach Tunis folgten schriftliche Dokumente. In meinen Beurteilungen fügte ich gerne die Bedeutungen hinter den Worten und zwischen den Zeilen ein, interpretierte Stimmungen und Körpersprache, plante mögliche Verläufe und gab Empfehlungen zu künftigen Vorgehensweisen. In dieser Zeit hielten wir auch bei Faisal zu Hause Briefings für die politische Führung und die Splittergruppen ab und gaben ihnen dann Zusammenfassungen für die Generalkonsule und Mitglieder der internationalen Organisationen in Jerusalem. Faisal behauptete immer, daß er die »harte Arbeit« erledigte, wobei er die Diplomaten empfing und ihnen eine allgemeine Stellungnahme übergab – mir überließ er den »leichten Job« der Lieferung von Einzelheiten und Bewertungen. Und Faisal unterzeichnete alle offiziellen Briefe und Schriften und machte Witze darüber, daß er alles selbst tun müsse!

Meine sichtbarste Arbeit – Medien und Information – kam zu einer ohnehin schon langen Liste hinzu. Deshalb lachten diejenigen von uns, die es besser wußten, als einige meiner Kritiker versuchten, mich schlechtzumachen, indem sie mich als »Faisals Übersetzerin« beschrieben oder behaupteten, man hätte mich wegen meines »guten Englisch« ausgewählt oder daß ich eine inkonsequente »Medienfigur« und »Medienschöpfung« sei. Ich habe mich nie dazu geäußert.

Für diese Treffen bildeten wir ein starkes und geschlossenes Team. Faisal legte die wichtigsten Punkte dar und überbrachte jegliche offizielle Mitteilung von der PLO (die Baker unbeirrt als »Ihre Führung« oder »Ihre Leute da draußen« bzw. einfach als »Tunis« bezeichnete). Ich erarbeitete und unterbreitete zusätzliche Einzelheiten, wobei ich oft gegenüber Faisal, dem »good guy«, den »bad guy« spielte. Dr. Zakariyya al-Agha aus Gaza (den Baker als »meinen guten Freund, den Doktor« bezeichnete) bewahrte absichtlich Schweigen, bis es ihn überkam und er (unabhängig davon, worüber wir gerade diskutierten) ausrief: »Nun sagen Sie mir, Mr. Baker, was werden Sie mit den Siedlungen machen?« Oder: »Wollen Sie mir damit sagen, Mr. Baker, daß Sie Israel nicht bewegen können, die Siedlungsaktivitäten einzustellen?« Bei einem Treffen, als sich Zakariyyas Schweigen länger als üblich hinzog und er gerade zu seiner »Siedlungsrede« ansetzte, rief Baker aus: »Gott sei Dank, ich fürchtete schon, unser lieber Doktor würde nicht sprechen! Es wäre kein richtiges Treffen, wenn er mich nicht an die Siedlungen erinnerte.«

Baker hatte uns versprochen, daß der Friedensprozeß die Siedlungsaktivitäten beenden würde, doch daß dies keine Vorbedingung für die Gespräche sein könnte. Zur gleichen Zeit tauchte das Thema der amerikanischen Bürgschaftsgarantien für Israel, die an die israelische Siedlungspolitik gekoppelt waren, als ein wichtiger Punkt in unseren Gesprächen auf. Zum ersten Mal war eine amerikanische Regierung gewillt, Bedingungen an die Bürgschaftsgarantien für Israel zu knüpfen. Die Klausel, daß Bürgschaftsgarantien für Wohnungswesen nicht für israelische Siedlungen in den besetzten Gebieten verwendet werden dürften, war eine Möglichkeit, mit der die amerikanische Regierung versuchte, die Ausdehnung der Siedlungen einzudämmen.

Zu Bakers Team gehörten in der Regel Dennis Ross, der damals in der politischen Planung tätig war, Bakers Sprecherin und Assistentin Margaret Tutwiler, Dan Kurtzer und Aaron Miller vom State Department (Edward Djerejian kam später dazu) sowie Edmund Hull und Richard Haas vom National Security Council. Als Philip Wilcox Generalkonsul war, entwickelten wir eine Art »politische Geographie« mit einer festen Sitzordnung an einer Seite des Raums im Konsulat in West-Jerusalem. Die meiste Zeit verliefen die Gespräche vor dem Hintergrund wütender Rufe und Gesänge, die von der Straße zu uns hereindrangen, wo israelische Siedler und rechtsgerichtete Organisationen demonstrierten. Als Molly Williamson, eine kleine nervöse Frau, den Posten des Generalkonsuls übernahm, war der Hintergrundlärm der einzige Faktor, der konstant geblieben war. Mit einer ganz neuen politischen Geographie, anderem Ton und veränderter Stimmung waren wir auf die andere Seite des Raumes umgezogen.

In den Sitzungen begann sich der sterile diplomatische Ton auszubreiten, der von dem Leben, das ich kannte und tagtäglich sah, sehr weit entfernt schien. Ich fühlte mich schließlich gezwungen, den Gesprächston zu ändern. Ich setzte an: »Für Sie mag das eine Übung politischer Virtuosität oder intellektueller Abstraktion sein. Es mag eine sachliche Notwendigkeit für die Festigung einer politischen Karriere sein. Es mag reiner Eigennutz oder der Kitzel der Machtausübung sein. Für uns ist es der Inhalt unseres Lebens. Wir sprechen hier über Leben und Zukunft unserer Kinder – eines ganzen Volkes. Wir legen Ihnen das unwirtliche und schmerzvolle Wesen unseres menschlichen Daseins dar – mit menschlichem Leid, das konkret und direkt von denen erfahren und zum Ausdruck gebracht wurde, die hier mit Ihnen verhandeln, als ob ihr Leben genauso normal oder genauso sicher wäre wie das Ihre. Es ist an der Zeit, daß Sie hören und erleben, was die Besetzung wirklich ist. Was sie uns, unseren Kindern, Freunden, Nachbarn und Verwandten antut, die Namen und Gesichter, Hoffnungen und Ängste haben und die man in Angst, Unsicherheit und Demütigung leben läßt.« Ich sprach von Amal und Zeina und ihren geschlossenen Schulen, von ihren getöteten und verwundeten Freunden und davon, daß sie dem Schlimmsten ausgesetzt waren, was die Welt der Erwachsenen an Grausamkeit und Unterdrückung zu bieten hatte. »Niemand hat das Recht, unsere Kinder ihrer Kindheit zu berauben.« Ich sprach von unseren Häftlingen und Deportierten nicht als abstrakten Statistiken, sondern als erkennbaren Menschen, die uns nahestanden und mit denen uns besondere Beziehungen verbanden. Ich sprach über zerstörte Häuser und darüber, was ein Steinhaus für die Palästinenser bedeutet: unsere Vergangenheit und unsere Zukunft, unsere Identität und unsere Sicherheit, unser Erbe für unsere Kinder und unser Platz auf der Welt. (Eines meiner früheren Gedichte enthält eine Strophe über zerstörte Häuser: Hast Du ein Steinhaus sterben sehen?/Es seufzt und hüllt sich dann/Um sein ausgeraubtes Herz/Und bettet sich zur letzten Ruhe/Um mit der Erde eins zu werden/Die im Begriff ist/Immer noch mehr Steine zu gebären.)

Ich war nicht zum Schweigen zu bringen. Als ich endete, konnte ich die Stille im Raum schier mit den Händen greifen. Unser Protokollführer und einer von Faisals Mitarbeitern, Akram Baker, (»Unser Baker« oder »Baker Jr.«) sagte mir später: »Ich lebe unter den Bedingungen, die du beschrieben hast. Ich kenne alle Tatsachen; Du jedoch hast mir die Tränen in die Augen getrieben.« Er war nicht der einzige an diesem Tag, dem Tränen in den Augen standen. Ich fühlte, daß ich hinter den scharfen kalten Augen von Baker Sr. den Menschen berührt hatte.

Auch Faisal gelang es, einen menschlichen Kontakt herzustellen. Einmal, als Todesdrohungen gegen Faisal und mich laut geworden waren, sah er Baker in die Augen und sagte friedvoll: »Sie sprechen zu einem toten Mann.« Der gesamte Raum füllte sich mit Spannung. »Ich glaube genug an die Sache des Friedens, um bereit zu sein, dafür zu sterben«, fuhr er fort. »Aber wenn ich sterben muß, muß ich genug vollbracht haben, um andere zu ermutigen fortzufahren und um meinen Tod für andere zu einem Ansporn werden zu lassen, da weiterzumachen, wo ich aufgehört habe. Doch werde ich getötet, ohne etwas in der Tasche zu haben, wird dies die anderen nur ängstigen. Ich werde umsonst gestorben sein, und mit mir wird der Prozeß sterben. Was ich mehr als alles andere in meiner Tasche brauche, ist ein Stück Papier und darauf ein einziges geschriebenes Wort: ‚Jerusalem'.« Jeder von uns hatte seine fixe Idee. Bei Faisal war es Jerusalem. Es ist zweifellos in sein Herz geschrieben. Für ihn war es mehr als eine politische Frage, es war eine persönliche und emotionale Verpflichtung. Er stammte aus einer alten Jerusalemer Familie, die über Jahrhunderte hinweg hohe weltliche und religiöse Ämter bekleidet hatte. Einmal hörte ich, wie er erklärte: »Ich bin Palästinenser und ich liebe Palästina. Ich bin Familienvater und liebe meine Frau und meine Kinder. Aber zunächst und vor allem bin ich ein Mann aus Jerusalem. Dafür bin ich bereit zu sterben.«

Einige der Reporter, die mit Baker reisten, sagten zu mir nach einem der Treffen in Jerusalem: »Ihr habt Baker wirklich berührt. Er ist schwer von euch beeindruckt. Er hat tatsächlich gesagt, daß die palästinensische Delegation intelligent und tüchtig ist und daß ihre Mitglieder sich selbst achten. Er mag euch wirklich.« Eher schnodderig antwortete ich damals: »Nach einem sechsstündigen Treffen mit Shamir wird er jeden liebenswert finden.« Wir hatten den Vorteil, daß wir nicht von diplomatischen Nettigkeiten und protokollarischen Zwängen gehemmt wurden. Wir hatten den Vorteil, unsere Menschlichkeit frei auszuleben, und wir gönnten uns damals manchmal unerhörtes Benehmen. Wir mußten keine Spielchen der Machtpolitik spielen, da ehrliche und direkte menschliche Annäherung die kürzeste Entfernung zwischen zwei ungleichen Welten war.

Trotz alledem und trotz Zakariyyas Siedlungen und Faisals Jerusalem sowie meiner Besessenheit von Menschenrechten wurde uns alles verweigert. Auch viele andere Rechte und Bitten wurden abgelehnt. Man warf uns vor, »von Symbolen besessen zu sein« – unbedeutenden Dingen wie der PLO, der Fahne, Jerusalem, Eigenstaatlichkeit, Freiheit, Menschenrechte und dem Land, um nur einige zu nennen. Unabhängig davon, wie sehr Baker uns vielleicht »gemocht« oder »bewundert« haben mag, hatte er das Gefühl, daß seine historische Pflicht sowie seine behandelten Gesprächspunkte ihn zwangen, uns zurückzuweisen und uns Israel auszuliefern. Der letzte Schlag kam, als er uns nach monatelangen Verhandlungen in die Augen sah und uns sagte, daß es weder Faisal noch mir gestattet sei, an den Verhandlungen teilzunehmen, da wir beide das schwere Verbrechen begangen hatten, Jerusalemer Ausweise zu besitzen. Shamir war offensichtlich eine zu sensible Seele, um der Realität eines solchen Schreckens ausgesetzt zu werden: daß es ein palästinensisches Jerusalem gab mit richtigen, lebendigen Menschen darin und daß die israelische Annektierung Jerusalems nur ein weiterer Mythos war, der von der Realität entlarvt würde. Die Nichtanerkennung der Existenz palästinensischer Jerusalemer war ein weiterer indirekter Versuch, eine Akzeptanz für Israels illegale Einverleibung von Ost-Jerusalem zu erreichen und das Schicksal Jerusalems vorherzubestimmen.

Ironischerweise waren wir die Seite, die sich an den Frieden klammerte und für eine palästinensische Friedensoffensive kämpfte. Shamir war der unnachgiebige Hard-liner, der um sich tretend und schreiend in den Prozeß gezerrt werden mußte. Seine Sünden wurden belohnt, unsere Tugend bestraft. All die Moralitäten, die ich als Studentin gelesen hatte, hatten mich ganz bestimmt nicht auf so etwas vorbereitet.

Alle Mühen und alle unsere Sitzungen brachten nur zwei offizielle US-Dokumente hervor: das Zusicherungsschreiben (LOA – Letter of Assurance) und das Einladungsschreiben (LOI – Letter of Invitation). An dem einen, dem LOA der USA, hatten wir Stunden, Tage, Wochen und Monate gearbeitet, nur um später bei der Einlösung zu erfahren, daß es eine wertlose Fälschung war. Das LOA stellte die Positionen der amerikanischen Politik dar und wurde von den Vereinigten Staaten jeder Seite ausgehändigt, um wichtige Belange anzusprechen und um zu signalisieren, daß die USA diese jedem Teilnehmer zusichern würden. Das andere, auf das wir nur einen flüchtigen Blick werfen durften, war das Einladungsschreiben (LOI), ein kurzer Brief, der die Grundlagen der Gespräche anführte und die vorgeschlagenen Teilnehmer förmlich einlud.

Während wir uns mit dem LOA nicht nur als einer Stellungnahme der US-Politik, sondern auch als Sicherungssystem mit dem vollen Gewicht und der vollen Größe der Vereinigten Staaten und mit der Glaubwürdigkeit ihrer Verpflichtungen in der Außenpolitik befaßten, wurde das Einladungsschreiben anderswo aufgesetzt und gestaltet. Das LOI wurde zum einzigen Bezug und zur Bibel der Verhandlungen; die Auslassungen, von denen wir dachten, daß sie durch das LOA abgedeckt wären, wurden systematisch gegen uns verwendet, während Israel ihm nach Gutdünken zuwiderhandeln oder selektiv, wenn dies passend schien, darauf verweisen durfte.

Der Werdegang des Zusicherungsschreibens würde reichlich Stoff für eine Fallstudie im Bereich Textanalyse diplomatischer Schriften bieten. Wort für Wort, Komma für Komma und Satz für Satz brüteten wir den ganzen Sommer 1991 fleißig über dem Dokument und legten nicht weniger als acht Entwürfe mit zahllosen Versionen von Formulierungen sowie Änderungen vor. Einmal gingen mir die verschiedenen Farbstifte aus, mit denen ich die diversen Schritte der Ausarbeitung auf einem Original markierte, und ich mußte die Entwicklung des Dokuments in Phasen und Stadien auf zahlreichen Kopien vermerken. Zunächst hatte ich darauf bestanden, eine Abmachung zu entwerfen, die sowohl von der palästinensischen als auch der amerikanischen Seite unterzeichnet werden sollte. Doch mir wurde allmählich klar, daß diese Aufgabe einen weiten und komplexen Verhandlungsprozeß für ein bilaterales Abkommen zwischen uns und den Vereinigten Staaten bedeuten würde, der vergleichbar mit dem ganzen Friedensprozeß wäre. Ein ungeheures Unterfangen, das den Prozeß über Jahre hinweg ohne Garantie eines erfolgreichen Abschlusses verzögern würde. In gegenseitigem Einvernehmen entschieden wir uns für ein Schreiben, das die Politik und die Verpflichtungen der USA gegenüber den Palästinensern beschreiben würde.

Nach den ersten Sondierungsgesprächen war das amerikanische Team willens, zur Sache zu kommen. Dennis Ross rief mich an und sagte, die Gruppe wäre bereit, am nächsten Tag mit dem Entwurf zu beginnen. Ich rief Akram an und bat um Richtlinien der PLO. Sie hatten keine. »Haltet euch nur an weitgefaßte Grundsätze«, lautete die Antwort des Exekutiv-Komitees. Ich war verzweifelt. Ich bat Faisal, grundsätzliche Punkte vorzubereiten, doch er war mit anderen Dingen beschäftigt. Abu Ammar gab mir seine Anweisungen: »Sendet eine weise Person, und ihr braucht ihr keinen Rat zu geben.« Die Verantwortung machte mir angst. Wir vereinbarten, daß das Team am nächsten Morgen, einem Streiktag, zu mir nach Hause kommen würde, um zu vermeiden, daß die Medien aufmerksam wurden und eingriffen.

Diese Marathon-Sitzung dauerte acht Stunden. Dan Kurtzer, Aaron Miller, Edmund Hull und der stellvertretende Generalkonsul David Winn kamen bestens vorbereitet, während ich die palästinensische Position aus dem Stegreif vorbringen mußte. Ich legte die fünfundsechzig Punkte vor, die meiner Meinung nach in dem LOA stehen sollten, das ich später zu Akram nach Tunis schickte und das ein wichtiges Dokument für die wenigen Palästinenser wurde, die eingeweiht waren. Zu einem Zeitpunkt, als wir uns auf die hintere Veranda begeben hatten, um an der frischen Luft zu arbeiten (noch dazu hatte uns Zeina aus dem Wohnzimmer hinausgeworfen, wo sie fernsah), bemerkten wir ungewöhnliche Aktivitäten auf dem Hinterhof. Reporter hatten uns bis zu meinem Haus verfolgt und waren auf die Bäume und die Steinmauer unseres Gartens geklettert, um unser Treffen zu filmen! Emile sagte uns, daß das ganze Haus belagert sei. Der Anblick war ganz amüsant: Über hundert Reporter, Kameraleute, Tontechniker und Sprecher von Rundfunk und Fernsehen umzingelten das Haus, während die Soldaten auf der anderen Straßenseite verwirrt dreinblickten.

Es folgten weitere Sitzungen. In den meisten repräsentierte ich die palästinensische Seite allein. Faisal nahm an einigen Treffen teil, und Sari Nusseibeh stieß bei einigen späteren Sitzungen zu uns. Eines Abends hielten wir bis 23.00 Uhr ein Baker-Meeting, danach kam das die ganze Nacht dauernde Überprüfen der Protokolle, das Briefing nach Tunis und das Berichteschreiben. Ich kam um halb fünf Uhr morgens nach Hause, um mich zu duschen und umzuziehen und dann zu einer langen Sitzung mit dem Redaktionsteam um 7.00 Uhr nach Jerusalem zurückzufahren, danach standen ein Treffen mit Faisal und eines mit der politischen Führung an und schließlich ein weiteres langes telefonisches Briefing nach Tunis. Sowohl Faisal als auch Akram gewöhnten sich damals an, mich als Workaholic zu necken, der das Gefühl hatte, daß eine Minute Pause eine verlorene Minute war.

Auf einer unserer Reisen nach Washington zur Fortsetzung der Gespräche auf amerikanischem Boden beschlossen Faisal und ich, daß es an der Zeit sei, unsere Gesprächspartner anhand der Texte zu testen. Gleichzeitig wollten wir sie drängen und Punkte zu Papier bringen lassen, die Gegenstand endloser Debatten geworden waren. Wir setzten uns hin und erarbeiteten schriftlich alle Punkte der Verständigung und alle Bereiche, die unserer Meinung nach noch einer Lösung bedurften. Sie gingen an die Decke (was weder das erste noch das letzte Mal war). Faisal drohte beim Thema Jerusalem, den Saal zu verlassen. Eine Krise zog auf. Ich rief in Tunis an. Akram fragte: »War während des Treffens auf Faisals Gesicht der Anflug eines Lächelns zu sehen?« Ich antwortete: »Der Anflug eines halben Lächelns war vielleicht dabei, sich auf seinem Gesicht abzuzeichnen, aber er beherrschte sich in letzter Minute und es gelang ihm, angemessen tragisch auszusehen.« Leichtfertigkeit in solchen Punkten wurde nicht vergeben, und Gesichtsausdrücke waren Gegenstand vieler Scherze und Beurteilungen.

Im Verlauf unserer Sitzungen wurde uns klar, daß die amerikanische Seite ein festes Muster für das vorbereitet hatte, was sie als erfolgreiche und pragmatische Verhandlungen ansah. Die Bestandteile waren klar. Die Camp-David-Abkommen waren Grundlage und Obergrenze der Gespräche und der Politik der Vereinigten Staaten. Man wollte das tun, was für Israel gut war, und Frieden war für Israel trotz seiner selbst gut. Frieden konnte nicht ohne die Beteiligung der Palästinenser erreicht werden, da wir der Schlüssel zur Teilnahme der Araber waren. Aber die Palästinenser mußten gemäß den Präferenzen und Zwängen der Israelis, von denen einige mit den Interessen der USA übereinstimmten, ausgeliefert werden. Um genügend Zeit für eine Anpassungsphase zu lassen, würden sie die leicht lösbaren Fragen sofort verhandeln und die schwierigen Punkte auf eine spätere Phase verschieben. Unser Problem mit solch einem reduzierenden Muster war, daß es jene wesentlichen Komponenten übersah, die für eine Beilegung erforderlich waren. Die Komplexität des Konflikts mit seinen historischen, kulturellen und existentiellen Dimensionen wurde zugunsten des pragmatischen Ansatzes der Amerikaner außer acht gelassen. Weder das orientalistische Konstrukt (stereotype Sichtweise des Westens von der arabischen Welt) noch die westliche Denkweise waren die geeignete Grundlage für eine Lösung. Mein ständiger Refrain war: »Glaubt uns nicht erst dann, wenn sich erweist, daß wir recht haben. Es könnte dann zu spät und der Preis zu hoch sein.« Ich versuchte, eine authentische palästinensische Sprache zu schaffen, zu legitimieren und zu übermitteln, um aus unserer Realität heraus zu sprechen und nicht andere in unserem Namen sprechen zu lassen.

Edward Said, ein besonderer Freund und einzigartiger Kopf, hatte für die Bekräftigung dieser Authentizität eine beharrliche Suche und Kampagne gestartet. Er hatte oft mir und anderen Palästinensern die Notwendigkeit des Erzählens deutlich vor Augen geführt, um die palästinensische Sichtweise von innen heraus bekannt zu machen und für sie die Legitimität einer menschlichen Identitätsfindung und Anerkennung zu erreichen. Als Edward mich einmal dem Rat für Außenbeziehungen in New York als Schöpferin und Sprecherin der »neuen Sprache« der Palästinenser beschrieb, hatte ich das Gefühl, daß er mir die höchste Anerkennung zuteil werden ließ – Bestätigung. Viele haben seither dasselbe getan, vor allem Nicht-Palästinenser, denn unsere gesammelten Erfahrungen hatten eine Defensive erzeugt, die eine politische Kultur hervorbrachte, hinter der man Innovation, Unerfahrenheit und anmaßendes Auftreten argwöhnte. Die Anerkennung seitens der Akteure auf der politischen Weltbühne oder von prominenten Mitgliedern der Medien – obwohl sie mich mit Genugtuung erfüllte – hatte nicht das Gewicht der Worte von Frauen aus den Flüchtlingslagern oder Männern aus den Dörfern, die oft darauf bestanden, mir zu sagen: »Du hast uns stolz gemacht.«

Die palästinensische Nation brachte die Edward Saids, Mahmoud Darwishes und Akram Haniyyehs unserer Kultur, Dichtung und Politik hervor. Jeder bringt das Verschmelzen von Kreativität und Entsagung zum Ausdruck. Wenn ich schreibe, denke ich nicht nur an diese drei hervorragenden Männer, sondern auch an all die vielen, die unerkannt und unbeachtet bleiben. Sie sind die Erzähler und die Erzählung.

6

20. September 1991, 1.00 Uhr morgens. Das Telefon klingelte. Ich ärgerte mich sofort über diese schrille Störung meiner durch den Schlaf bedingten Ahnungslosigkeit.

»Hallo? Wer ist da? Was gibt's?« murmelte ich in den Hörer.

»Wach auf, Hanan. Hier ist Faisal. Kannst Du mich verstehen?«

»Ich hoffe für dich, daß es wirklich wichtig ist. Ich bin total erschöpft. Ich bin gerade erst eingeschlafen. Ich hoffe, es ist nicht ein weiterer Notfall.« Mittlerweile war ich Tag und Nacht auf irgendwelche Krisenanrufe gefaßt, vor allem aus Tunis.

»Es ist dringend. Bist du schon ganz wach?«

Emile, der an meinen Lebensstil gewöhnt war, stand auf, um Kaffee zu kochen.

»Ja, ich bin wach. Ich dachte, du seist in London?!«

»Ich bin immer noch in London. Aber du mußt aufstehen und nach Amman fahren. Abu Ammar hat zugestimmt, daß du dort mit Baker zusammentriffst.«

»Warte einen Moment! Ich dachte, wir haben Baker erst gestern mitgeteilt, daß wir nicht mit ihm in Amman zusammentreffen würden.«

»Ich weiß. Aber die Pläne wurden geändert. Baker, der ägyptische Präsident Hosni Mubarak, der jordanische Premierminister Taher al-Masri und sogar die Russen haben eine Kampagne für ein palästinensisch-arabisches Treffen in Jordanien gestartet. Abu Ammar will, daß du dorthin fährst.«

»Auf keinen Fall! Abu Ammar hat sich verbissen gegen dieses Treffen gewehrt. Es wird als eine Zustimmung zu der Idee der gemeinsamen jordanisch-palästinensischen Delegation gewertet werden. Erinnerst du dich an seine Reaktion, als wir ein Treffen mit den Jordaniern vorschlugen? Er besteht immer noch auf einer eigenen Delegation oder einer gesamtarabischen Delegation.«

»Er hat Taher al-Masri sein Wort gegeben. Sie haben den ganzen Abend telefoniert. Jetzt werden die Einzelheiten ausgearbeitet.«

»Das ist ziemlich riskant. Wir haben unsere Öffentlichkeit nicht vorbereitet. Ich möchte nicht als die ›jordanische Connection‹ geopfert werden. Du weißt, wie sehr dies ins Auge gehen kann. Warum gehst du nicht? Du bist politisch besser geschützt als ich.«

»Ich kann nicht rechtzeitig hinkommen. Das Treffen findet um 10.00 Uhr statt. Baker hat seine Gespräche in Jordanien bereits abgeschlossen. Er wird sich mit dir treffen und dann direkt zum Flughafen fahren.«

»Ich kann auch nicht rechtzeitig dort sein. Die Brücke macht erst um 8.00 Uhr auf. Ich brauche Stunden, um hinüberzukommen. Außerdem habe ich keine Genehmigung. Es ist völlig unmöglich, daß ich rechtzeitig dahin komme. Bitte Abu Ammar für mich um Entschuldigung. Ich gehe wieder schlafen.«

Ich versuchte, wieder einzuschlafen. Eine Viertelstunde später klingelte das Telefon. Es war Amjad, der Codename für den Kontaktmann auf Zypern.

»Akram möchte mit dir sprechen.«

»Sag ihm, nein danke. Ich fahre nicht.«

»Hanan, hier spricht Akram. Abu Ammar möchte, daß du in Amman mit Baker zusammentriffst. Taher hat stundenlang mit ihm telefoniert. Wir haben alles bis ins letzte vorbereitet.«

»Akram, ich dachte, diese Frage des Treffens in Jordanien sei gänzlich daran geknüpft, daß die Amerikaner unser Recht auf Selbstbestimmung anerkennen. Gestern haben Faisal und ich Baker mitgeteilt, daß wir nicht mit ihm in Amman zusammentreffen könnten. Nun wollt ihr, daß ich alleine hingehe!«

»Abu Ammar hat sein Wort gegeben. Wir sind dabei, die Einzelheiten deiner Reise endgültig festzulegen. Der amerikanische Generalkonsul läßt dich um 6.00 Uhr abholen und zur Brücke bringen. Die Israelis öffnen die Brücke um 6.30 Uhr für dich. Die amerikanische Botschaft und der jordanische Premierminister haben beide gesagt, daß sie dich offiziell am anderen Ende der Brücke erwarten. Steige nicht, ich wiederhole, *steige nicht* in irgendein anderes Auto als das des palästinensischen Botschafters. Tayyeb Abdel-Rahim wird dich in dem offiziellen Botschaftswagen mit einer palästinensischen Flagge abholen. Der Wagen wird direkt zur Brücke fahren. Du setzt dich auf den Rücksitz auf die rechte Seite. Du wirst direkt zur Botschaft gefahren, wo du mit offiziellen Vertretern und der Presse sprechen wirst. Dort wartet der Protokollführer auf dich. Dann wirst du zu dem Hotel gefahren, wo du mit Baker zusammentreffen wirst. Nach der Unterredung steigst du wieder ins Auto und wirst direkt zur palästinensischen Botschaft zurückgefahren, wo du eine Pressekonferenz abhältst. Du wirst auf dem Stuhl des Botschafters sitzen, rechts von dir wird unsere Flagge stehen, und das Portrait von Abu Ammar wird hinter dir an der Wand hängen.«

»Hör auf! Nicht so schnell. Ich habe noch nicht gesagt, daß ich gehen werde. Zuerst brauche ich eine schriftliche Bestätigung von Abu Ammar, und er muß dies offiziell ankündigen.«

»Keine Sorge. Das ist schon unterwegs. Denk auch daran, in Jordanien keine offiziellen Besuche zu machen. Du bist nur für das Gespräch mit Baker dort. Du solltest anfangen, deine Sachen zu packen. Du hast nicht viel Zeit, um zur Brücke zu kommen.«

»Ich weiß. Wann habt ihr mir schon jemals genug Zeit für irgend etwas gegeben? Warum sollte ich packen? Es wird eine Tagesreise, oder höchstens über Nacht.«

»Packe genug für mindestens eine Woche ein.«

»Für warmes Klima, nehme ich an?«

Akram war wahrscheinlich die einzige höchst effektive Kraft hinter der palästinensischen Beteiligung am Friedensprozeß. Von Anfang an war er in alle Aufgaben, Entwicklungen und Dokumente eingeweiht, an denen wir beteiligt waren oder die wir vorlegten und die er der Führung in Tunis sehr sparsam und selektiv mitteilte. Abu Mazen, das Mitglied des Exekutiv-Komitees, das uns am nächsten stand und den Friedensprozeß am meisten unterstützte, beklagte oft Akrams übertriebene Verschwiegenheit und Geheimhaltung. Nur Abu Ammar hatte alle Informationen und Unterlagen. Die anderen sahen meine Zusammenfassungen oder selbst davon nur eine Auswahl. Ich fand später heraus, daß Akram uns schützte, da Tunis immer vieles durchsickern ließ und die Opposition gern unsere Positionen verdrehte oder Auszüge aus dem Zusammenhang gerissen zitierte, um gegen uns aufzuhetzen. Akram spielte den Puffer, wußte aber auch, daß Information Macht bedeutete, und seine Macht wuchs.

Mitglied des Revolutionsrates der Fatah, Mitglied des *Intifada*-Komitees, des Komitees der Besetzten Gebiete und führender Berater von PLO-Chef Arafat – Akram war ein Mann mit vielen Rollen. Eigentlich erfuhr ich viele seiner Titel und offiziellen Posten von den Amerikanern, als ich um ein USA-Visum für ihn verhandelte. Zurückhaltend, verschwiegen und sehr argwöhnisch gegenüber dem Rampenlicht, war er über Jahre hinweg unser politischer Gesprächspartner (und Dolmetscher) bei der PLO in Tunis. Er war in der Lage, eine Brücke zwischen den beiden Welten, dem ›Inland‹ und dem ›Ausland‹, zu schlagen, doch aufgrund seiner Deportation war er ein Mann, der keiner Seite angehörte. Die PLO sah ihn als einen von uns an und behandelte ihn oft mit Argwohn und Ressentiments aufgrund seiner besonderen Beziehungen zu uns und weil er bei Arafat Gehör fand und dessen Vertrauen genoß. Das ›Inland‹ behandelte ihn automatisch als einen von ›denen‹, da er in Tunis stationiert war und solch eine bedeutende Position innehatte. Seine Familie und seine Wählerschaft lebten in den besetzten Gebieten (obwohl er ein Flüchtling von 1948 war), doch sein erzwungenes Exil und die Verfremdung isolierten ihn in Tunis.

Als er in Ramallah und Jerusalem war, hatte ich hinter der Maske des Politikers den Menschen und kreativen Schriftsteller schätzen gelernt. Noch bevor Akram und ich Ende der 70er Jahre zusammentrafen, hatte ich seine Art des Schreibens bewundert, analytische Abhandlungen über seine Kurzgeschichten geschrieben und sie übersetzt. Sein Werk verriet mit enttäuschender Schlichtheit und sparsamer Ästhetik eine ergreifende menschliche Erfahrung. Als die israelischen Behörden ihn 1986 deportierten, war dies für ihn nicht nur ein existentielles und emotionales Trauma, sondern es ermöglichte auch dem Politiker in ihm, den Schriftsteller völlig zu verdrängen und abzulösen. Uns verbanden Freundschaft und Vertrauen, die weit über Politik hinausgingen.

Als Akram dann als Teil des »unsichtbaren« PLO-Teams und Mitglied des Führungskomitees zu den Gesprächen in Washington hinzukam, entstand eine Polarisierung mit Nabil Schaath auf der einen und Akram auf der anderen Seite. Die meisten von uns wandten sich Akram zu, obwohl Nabil eigentlich der Verantwortliche sein sollte. Mit politischem Scharfblick und Vorsicht, als Pedant (was Abu Mazen in der Regel zum Wahnsinn brachte) und in vollem Vertrauen auf die Richtigkeit seiner Informationen und Analysen diente er als Hintergrund für Nabils übertriebenen Optimismus und Vorliebe für das Rampenlicht. Ein Kritiker beschrieb ihn als eine Spinne, die in ihrer dunklen Ecke lauert, Intrigen spinnt und keine Bewegung übersieht. Mit seiner Fähigkeit, rasch und präzise die historische Gelegenheit zu erfassen und den ersten Schritt zu erkennen, große Strategiezüge zu skizzieren und ihre kleinsten Einzelheiten zu definieren, große Risiken einzugehen und schon fast besessene Vorsicht walten zu lassen, war er für die meisten ein Rätsel. Manche haßten ihn, andere fürchteten ihn, die meisten achteten ihn.

Ich wußte, daß der Palästinensische Nationalrat (PNC) in Kürze aller Wahrscheinlichkeit nach in Algier zusammentreten würde. Da es für uns ja illegal war, mit der PLO zu sprechen, war es auch illegal, an den Zusammenkünften des PNC teilzunehmen. Eine harte Gefängnisstrafe erwartete diejenigen, die es wagten, gegen das israelische Verbot zu verstoßen. Alle unsere Kontakte waren geheim, und die Reisen, die Faisal und ich nach Tunis unternommen hatten, waren verdeckte Reisen auf verschlungenen Wegen ohne irgendwelche Nachweise wie Visa oder Einreise-Ausreise-Stempel in unseren jordanischen Pässen.

Emile und ich begannen, wie wild zu packen. Amjad rief weiterhin alle paar Minuten an, um zu sehen, wie wir vorankamen, selbst, als ich unter der Dusche stand. Ich sagte ihm, daß ich es nie rechtzeitig schaffen würde, wenn er nicht aufhöre, ständig anzurufen. Während ich mich fertigmachte, bügelte Emile ein paar Kleidungsstücke und packte, meinen hastigen Anweisungen folgend, wahllos einen Koffer. In der Zwischenzeit rief Abu Ammar an. Er faxte auch meine schriftlichen Instruktionen (sie waren von Akram entworfen, dessen war ich mir sicher), die sich wie ein Militärdekret lasen. Molly Williamson versicherte mir, sie würde mich gegen 5.30 Uhr abholen. Ich küßte Emile und die schlafenden Mädchen zum Abschied und versprach, irgendwann zwischen dem nächsten Tag und in einer Woche zurück zu sein.

Um 5.30 Uhr kam Molly in schneeweißen, frisch gebügelten Jeans und flachen Laufschuhen. Wir stiegen in den schweren, kugelsicheren Wagen des Konsulats und fuhren in der Morgendämmerung durch den ersten leichten herbstlichen Nieselregen. Die gewundene Straße nach Jericho war in nebligen Dunst gehüllt. Mit Ausnahme eines Militärfahrzeugs, das ruhig am Hauptkontrollpunkt wartete, war die Brücke über den Jordan wie ausgestorben. Der israelische Brückenkommandeur kam zu uns und eskortierte uns in den Warteraum. Da ich nicht im Besitz der erforderlichen Genehmigung war, stempelte er meine israelischen Reisepapiere mit einem Ausreisestempel ab. Molly und der Kommandeur fuhren mich zu der Holzbrücke, wo ich aus dem Wagen stieg und bis zur Hälfte hinüberging, um mit Tayyeb (unserem Botschafter) zusammenzutreffen, der mich auf halber Strecke mit dem jordanischen Kommandeur erwartete. Das ist unwirklich, dachte ich bei mir. Vielleicht träume ich, in einem Film des Kalten Krieges zu sein. Zu viel Dramatik und unterdrückte Spannung. Wie und wann würde ich zurückkehren können?

Es lief alles laut Drehbuch – abgesehen von drei Ausnahmen. Die erste schien ein technisches Problem zu sein, das sich später als politisch sehr bedeutend herausstellte. Die Protokollführerin, die mit mir kommen sollte, erwies sich als eine Angestellte der PLO. Dennis Ross bat mich, sie nicht mitzunehmen, da der Außenminister nicht mit Leuten der PLO – auch nicht mit Sekretärinnen – zusammentreffen würde. Ich sagte, daß ich die PLO durch die Vordertür und auf höchster Ebene zum Treffen mitgebracht hätte, wenn ich dies wirklich gewollt hätte. Doch ich stellte die Bedingung, daß die Amerikaner mir eine Abschrift ihres Protokolls aushändigen sollten. Das Treffen war schon heikel genug, und ich brauchte einen genauen Bericht darüber. Sie stimmten zu.

Die zweite Ausnahme schien von größerer politischer Bedeutung zu sein, stellte sich jedoch als harmlos heraus. Baker eröffnete das Treffen, indem er mir Grüße von Königin Nur von Jordanien überbrachte und mir eine Einladung übergab, sie später an jenem Tag zu treffen. Obwohl ich eigentlich Königin Nur gerne aufgesucht hätte, wußte ich, daß ich mir die politischen Verwicklungen nicht leisten konnte. Glücklicherweise wurde von mir erwartet, das Land unmittelbar nach der Pressekonferenz zu verlassen, und so ließ ich mir die Einladung für einen anderen Zeitpunkt »gutschreiben«, obwohl ich mich dabei nicht sehr wohl fühlte. Baker war ziemlich entrüstet. »Ich kann nicht glauben, daß Sie nach Jordanien kommen und wieder wegfahren, ohne mit irgendeinem offiziellen Vertreter Jordaniens zusammengetroffen zu sein!« Später traf ich Königin Nur bei verschiedenen Gelegenheiten, in Amman und in den Vereinigten Staaten, und ich genoß ein köstliches informelles Dinner bei Kerzenlicht mit ihr und König Hussein – ein reizendes Königspaar mit Würde, Charme und Weitblick.

Die dritte Ausnahme betraf die Presse. In meiner ganzen Öffentlichkeitsarbeit hatte ich hervorragende Beziehungen zu Angehörigen der Medien auf der Grundlage von Aufrichtigkeit und gegenseitiger Achtung gepflegt. Man hatte mir fair zugehört, und ich kam mit der Presse sowohl persönlich als auch beruflich gut aus. Dies war die erste Ausnahme. Als die Presse sich anschickte, für den üblichen Fototermin hereinzukommen, wandte sich Baker zu mir und bat mich um einen Gefallen: »Könnten Sie bitte die PLO nicht erwähnen, wenn die Presseleute hereinkommen? Bei Ihrer Pressekonferenz können Sie sagen, was Sie wollen – das würden Sie ohnehin tun. Aber während wir uns der Presse gemeinsam stellen, wäre es für mich sehr unangenehm, wenn Sie über die PLO sprächen.« Ich erwiderte, daß ich es nicht gewohnt sei, zu lügen oder von irgend jemandem Anweisungen über meine öffentlichen Stellungnahmen zu bekommen. Die Situation schien festgefahren. Schließlich fanden wir einen anständigen Kompromiß: Der Fototermin würde einfach eine wortlose Veranstaltung für Fotografen und Fernsehen sein. Sollten irgendwelche Fragen gestellt werden, würden wir auf die Pressekonferenz verweisen, die am Ende des Treffens stattfinden sollte. Aus Wertschätzung für Baker und Achtung vor der Presse stimmte ich zu, daß dies die beste Lösung sei. Als die Reporter hereinkamen und begannen, Fragen zu stellen, gaben sowohl Baker als auch ich ihnen die vereinbarte Antwort. Sie nahmen sie alle gnädig entgegen, mit Ausnahme eines CNN-Reporters, der darauf bestand, mich persönlich zu fragen, ob ich von der PLO geschickt sei und eine Botschaft von Arafat überbringe. Als ich meine Erklärung wiederholte, blickte er mich gehässig an und sagte voller Verachtung: »Soviel zu Aufrichtigkeit und Mut der Palästinenser.« Zum ersten Mal war ich ehrlich verletzt. Baker bemerkte dies. Er entschuldigte sich später dafür, mich in solch eine Lage gebracht zu haben, und drängte mich, die Taktlosigkeit dieses einen

Reporters nicht persönlich zu nehmen. Ich habe ausreichend Gelegenheit gehabt, mich an Bakers Rat zu erinnern, denn immer wieder versuchte eben dieser Reporter, mir denselben Streich zu spielen.

In Amman ging das Baker-Treffen weiter. In allen drei Protokollbänden der Zusammenkünfte mit den USA fand sich nur ein einziges Protokoll, das von amerikanischer Seite aufgezeichnet worden war. Bei ihrer Durchsicht stellte ich fest, daß die vorherrschenden Themen die immer wiederkehrenden Fragen der palästinensischen Selbstbestimmung, der israelischen Siedlungen, der Menschenrechte der Palästinenser und Jerusalem waren. Baker übergab mir die jüngste Fassung des Zusicherungsschreibens, über das absolut nicht diskutiert werden sollte. Schließlich verbrachten wir doch noch vier weitere Sitzungen darüber. Die Welt (und sicherlich Shamir) erfuhren allerdings nie, daß wir über das bevorstehende PNC-Treffen sprachen. Ich unterrichtete Baker darüber, daß Faisal und ich in Bereitschaft standen und daß der Vorsitzende vielleicht wünschen würde, daß wir hingingen und den Frieden bei dieser Sitzung verteidigten. Er bat um zwei Dinge: Zum einen sollten wir kein Medienspektakel daraus machen und zum anderen sollten wir den LOA-Entwurf dort nicht herumreichen, denn er würde zur Presse durchsickern und Probleme mit Israel schaffen. Ich vereinbarte, daß wir eine vergleichende Übersicht vorlegen, aber keine Kopien verteilen würden. Ich versicherte ihm, daß er sich keine Sorgen über die Presse zu machen brauche, da wir vorhätten, heimlich nach Algier zu gehen. Die amerikanischen Protokolle gaben dieses Gespräch wieder. Nach dem Treffen hielt ich die berühmte Pressekonferenz ab, bei der ich verkündete, daß ich Baker eine Botschaft von PLO-Chef Arafat überbracht und auf Bitte des PLO-Vorsitzenden an der Sitzung in Amman teilgenommen hätte. Sobald die Konferenz vorüber war, flitzte ich zum Flughafen. Fünf Stunden später landete ich in London und beantwortete Fragen von Reportern am Flughafen Heathrow. Jemand nahm mich mit und setzte mich am Gloucester Hotel ab, wo Faisal, seine Frau Najat und unser PLO-Vertreter in London, Afif Safieh, auf mich warteten. Eine ganze neue Episode der Mantel-und-Degen-Politik und der Politik des Tauziehens hatte begonnen.

Zunächst entdeckte ich, daß die meisten Kleidungsstücke, die ich von Emile hatte einpacken lassen, leichte Sommerkleider waren. Ich war auf warmes Klima vorbereitet – zu Hause war es immer noch mild. In London herrschte Frost. Faisal bat seine Cousine Sa'ida Dalloul, mit mir einkaufen zu gehen. Eine Zeitlang fühlte ich mich wie ein Schulmädchen in den Ferien – einen seltenen und kurzen Augenblick lang, bis mich jemand bei Harrods oder Selfridges erkennen und ich in eine ungewisse Realität zurückgebracht werden sollte. Wir standen auf Abruf, warteten auf das Zusammentreten des Palästinensischen Nationalrates, während wir telefonisch mit Washington verhandelten. Baker hatte uns eingeladen, direkt nach der Versammlung des PNC mit ihm in Washington zusammenzutreffen, und ich arbeitete an den Änderungen des LOA, während ich auch eine politische Analyse für Tunis schrieb. Die israelische Presse fand unser Hotel heraus und rief täglich an, um zu kontrollieren, wo wir waren. Wir verbrachten auch viel Zeit mit in England lebenden wohlhabenden ausgebürgerten Palästinensern, die in unterschiedlichen Positionen und Eigenschaften und zu verschiedenen Zeiten ihre Verbindungen zur PLO und zur nationalen Bewegung der Palästinenser aufrechterhalten hatten. Sie unterstützten den Friedensprozeß und wollten, daß die PLO eine positive Entscheidung über ihre Teilnahme fällen sollte. Diejenigen jedoch, die das Gefühl hatten, daß die PLO ihnen und dem palästinensischen Volk während der Golfkrise mit ihrer Haltung einen Götzendienst erwiesen hatte, waren der PLO-Führung gegenüber extrem kritisch eingestellt.

Faisal und ich hegten eine gewisse Vorfreude, waren aber auch besorgt. Mit dem PNC zusammenzutreffen und für den Frieden einzutreten, war für uns eine aufregende Herausforderung. Die Übernahme einer historischen Verantwortung dieser Größenordnung war Anlaß genug zu Furcht und Beklommenheit. Damals war die PLO nicht länger eine unbekannte Größe, eine verbotene Frucht da draußen, eingehüllt in Blätter von Geheimnis und Gefahr, die zu kennen einen aus dem Zustand der Gnade heraus in Exil oder Gefängnis stürzen konnte. Wir waren schon dort gewesen. In Heimlichkeit und Anonymität waren unsere früheren Besuche in Tunis verstohlene Abenteuer. Wir waren nämlich nur fünf Monate früher, im Frühjahr 1991, wie eine seltsame menschliche Schmuggelware nach Tunis eingeschleust worden.

*

»Du mußt nach Paris oder London fahren«, erklärte die Männerstimme aus dem Telefonhörer. »Der Papst und die Kardinäle sind mit deiner Arbeit sehr zufrieden und würden in den nächsten Tagen gerne mit dir zusammentreffen.«

Amjad gelang es, gleichzeitig geheimnisvoll und lächerlich zu klingen. Sein überentwickelter Sinn für Sicherheit ließ ihn die durchsichtigsten Codes wählen, die, dessen war ich sicher, die israelischen Telefonüberwacher gut unterhalten mußten.

»Ich danke für ihren Segen!« antwortete ich spaßhaft. »Doch ich brauche noch eine offizielle Einladung, die ich den israelischen

Sicherheitsbeamten am Flughafen Ben Gurion vorweisen kann. Ich brauche auch Visa und Vereinbarungen.«

»Mach dir keine Sorgen. Ich faxe dir eine Einladung zu einer Konferenz von Universitätsangehörigen. Hole dir die Visa für die erste Station, und wir erledigen den Rest.« Der Knoten schürzt sich, dachte ich.

Ich sah wohl so schuldbewußt aus, wie ich mich fühlte, als mich zwei Tage später israelische Sicherheitsbeamte am Flughafen anhielten, um eine sorgfältige Durchsuchung und ein akribisches Verhör vorzunehmen. Der schon routinemäßige Vorgang, mein Gepäck abzusondern und mir äußerst intime und detaillierte Fragen zu stellen, dauerte ganze zwei Stunden. Danach hatte ich mich sogar fast selbst davon überzeugt, daß ich auf dem Weg nach Paris zu einem harmlosen Treffen mit den Verlegern einer richtigen Zeitung war.

Am Flughafen Charles de Gaulle erwarteten mich zwei französische Sicherheitsbeamte vom Außenministerium. Bei ihnen befand sich Ahmad in einem Regenmantel, er war von der palästinensischen Mission in Paris entsandt. Ich wurde aus der Menschenschlange herausgeholt, aus dem Flughafen geführt und in halsbrecherischem Tempo zum Flughafen Orly gefahren. Alle meine Papiere waren irgendwie »in Ordnung« und fertig. Innerhalb weniger Minuten fand ich mich in der ersten Reihe eines bereits vollen Flugzeugs auf dem Weg nach Tunis wieder.

Kaum waren wir gelandet, da fuhr ein weißer Kleinbus über die Landebahn und hielt direkt an der Gangway. Zwei Männer stiegen die Treppe herauf, betraten das Flugzeug, kamen stracks auf mich zu und sagten: »*Al-hamdillah ,a salameh, ukht Hanan*« (Gott sei dank bist du sicher angekommen, Schwester Hanan). Sie eskortierten mich zu Abu Ammar.

Faisal und Akram standen auf, sobald ich den Raum betrat (Faisal war auf einer ähnlich mysteriösen Route vor mir in Tunis angekommen). Etwa ein Dutzend Leute aßen hier mit Abu Ammar an einem großen Holztisch zu Mittag. Nach einer Runde von Umarmungen und Küssen fühlte ich mich plötzlich überwältigt. Hier war ich nun bei der palästinensischen Führung im Exil, bei Menschen, die zu treffen oder anzuerkennen uns verboten war, die die Wächter der Sache unserer Nation und unserer Identität waren. Hier stand ich nun von Angesicht zu Angesicht Mitgliedern aus dem Exekutiv-Komitee gegenüber, unserem ganz eigenen Kabinett, und sie waren herzlich, menschlich und entgegenkommend.

An der Wand hing ein großes Bild von Jerusalem, in einer anderen Ecke des Raumes lief ein Fernsehgerät auf dem Sender CNN. Es war immer leise gestellt, wenn es nicht neue Nachrichten gab. Die Raucher unter uns entschuldigten sich regelmäßig und gingen in ein angrenzendes »Raucherzimmer«, denn Abu Ammar ist sehr gesundheitsbewußt und duldet keinen Rauch. Er ißt auch sehr vorsichtig und sehr maßvoll, und das Essen, das speziell für ihn zubereitet wird, fand ich langweilig und fade. Er ißt nicht viel Fleisch, und das Gemüse wird immer gedämpft, nie gebraten. Der einzige stete Luxus, den er sich selbst zugesteht, ist der Honig in seinem Tee. Später sagte ich ihm immer, wenn ich ihn in Tunis traf, daß das Essen abscheulich schmeckte. Er bestand stets darauf, daß ich bei den Mahlzeiten neben ihm saß, und wählte bestimmtes Essen aus, wobei er sicherstellte, daß seine Gäste die besten Stücke oder größere Portionen bekamen. Natürlich gab er die Suppe aus. Ich beobachtete bei zahlreichen Gelegenheiten, wie er das Essen benutzte, um zu einer anderen Person Kontakt herzustellen. Der Vorsitzende und ich entwickelten ein Ritual für das Teilen der Eiercreme, die er gewöhnlich nach dem Abendessen auftischen ließ. Wir beschäftigten uns beide intensiv mit der Eiercreme, wobei jeder von seiner Seite des gemeinsamen Tellers anfing.

Der nachmittägliche Lunch endete um 16.30 Uhr. Akram und Faisal brachten mich zu meiner geheimen Unterkunft, meinem zweiten Heim während meiner Besuche im Lauf der nächsten beiden Jahre in Tunis. Es war das Haus von Salwa und Hisham Mustafa und ihren beiden reizenden Töchtern, Badr (Vollmond) und Nada (Tau). Ich hatte Salwa und Hisham bereits vor einiger Zeit kennengelernt, und zwar bei den zahlreichen Gesprächen und Konferenzen, an denen wir teilgenommen hatten. Beide arbeiteten in Abu Mazens Büro. Sie waren über Paris und Beirut als Mitglieder der Palästinensischen Revolution nach Tunis gekommen. Wir schlossen sofort Freundschaft, und sie ist von jener seltenen dauerhaften Art, die oft einfallslos als »das Aufeinandertreffen verwandter Seelen« beschrieben wird. Salwa, eine Tunesierin, die Palästina zu ihrer eigenen Sache und zum Inhalt ihres Lebens gemacht hatte, strahlte buchstäblich Energie und Leidenschaft aus. Kühn, freimütig und unnachgiebig, hatte sie diese einzigartige Mischung aus versengender Aufrichtigkeit und ergreifendem Mitgefühl. Ihre tiefdunklen Augen und ihr schimmerndes schwarzes Haar waren, wie auch ihre Würde und ihr Stolz, diejenigen eines arabischen Vollblutes. Die Frauenfrage, Frieden und Demokratie waren ihre dreifache Energiequelle, sie sprühte und sprudelte stets vor spannungsgeladener Überzeugung. Ich fand in ihr eine wahre Schwester und in ihrem Haus eine warme Zuflucht. Sie gehörte zu und nach Palästina.

Von Salwas Haus wurde ich zum Haus des PLO-Chefs in Yaghurta gefahren. Seine durchdringenden Augen sandten immer Signale der Anerkennung und der Geheimhaltung aus. Ich weiß, wer du bist, ich erkenne deine Rolle und deine Bedeutung an, doch ich weiß noch so viel mehr, was ich nicht preisgeben werde. Zumindest jetzt noch nicht, schienen sie zu sagen. Irgendwo im Hintergrund seiner Gedanken war stets dieser umfassende Plan, und wenn man sprach, plazierte er einen rasch an den angemessenen Platz in diesem größeren Schema. Doch man hatte trotzdem seine volle und ungeteilte Aufmerksamkeit. In all den Jahren, die ich ihn nun kenne, war er nie herablassend oder beleidigend. Er behandelte mich mit einer Mischung aus Respekt und Zuneigung bar jeder Gönnerhaftigkeit oder Geziertheit. Ich wußte auch, daß ich in diesem großen Plan einen Zweck erfüllte und daß er, wenn es nötig wäre, nicht über jeglicher Manipulation oder Ausnutzung stehen würde. Aber ich war sicher, daß er mir niemals bewußt schaden würde. Nachdem ich eine besonders schmerzliche Szene erlebt hatte, in der er absichtlich einen seiner Berater zur Seite nahm und ihn vor allen seinen Kollegen seiner Würde beraubte, sagte ich ihm offen: »Wenn Sie das jemals mit mir tun, gehe ich, und Sie werden mich nie wiedersehen.« Er lächelte: »Ich weiß, wer Selbstachtung besitzt und wer nicht.« Ich nahm ihn beim Wort, und er hat es nie gebrochen.

»Was steht auf der Tagesordnung?« fragte ich Akram, als wir am Tisch saßen und darauf warteten, daß das Treffen des Exekutiv-Komitees begann. Er lächelte.

»Er hat sie im Kopf«, sagte er und deutete mit dem Kopf auf Abu Ammar, der uns gegenüber an seinem Tisch saß, jedoch tief in einen Stapel vor ihm liegender Papiere versunken war. In natura ist er kleiner und schmaler als er im Fernsehen erscheint, und er bekommt eine Glatze. Sein unscheinbares Äußeres steht im Gegensatz zu dem enormen Einfluß, den er über sein Volk hat, und zu den Auswirkungen, die er weitgehend auf die Geschichte hatte. Nur seine wachen und durchdringenden Augen spiegeln seine unerschütterliche Stärke und sein Engagement wider. Und die immer gegenwärtige traditionelle Kufiyya, das Palästinensertuch, das Abu Ammar sich in Form der Karte Palästinas umbindet.

»Wann beginnt die Versammlung?« fragte ich hartnäckig.

»Wenn er beschließt, daß es Zeit ist.«

»Dann laß uns die Protokolle noch einmal durchlesen, während wir warten.«

Akram, der über meine Naivität geduldig seufzte, flüsterte: »Es gibt kein Protokoll, mit Ausnahme der Notizen, die er in seinem kleinen Notizbuch macht, und die sind sehr selektiv. Weißt du, du bist hier nicht bei einer Versammlung des Senats oder des Universitätrats.«

Ich war schockiert. Ich, die ich von der methodischen und vergeistigten Atmosphäre der Hochschulen kam, war auf *improvisierte* Politik nicht entsprechend vorbereitet. Doch mich erwarteten noch mehr Überraschungen. Die Versammlung sollte um 20.00 Uhr beginnen. Um 21.00 Uhr kamen immer noch Leute herein, während Abu Ammar weiterhin Telefaxe und Memos durchging, die ihm seine Assistenten in regelmäßigen Abständen vorlegten. Schließlich sah er auf, kommentierte die Nachlässigkeit der Zuspätkommenden und eröffnete die Versammlung.

»Wir freuen uns alle, heute abend unsere Schwester Hanan und unseren Bruder Abu al-Abed [Faisal] bei uns zu begrüßen. Sie sind zu uns gekommen, um uns persönlich kurz über die Treffen mit Baker Bericht zu erstatten und uns darzulegen, worauf ihrer Auffassung nach die Amerikaner mit den Gesprächen hinauswollen. Doch zuerst möchte ich euch über meine sehr erfolgreiche Reise in den Jemen berichten, bei der es um Versöhnung und Verhandlung ging...«. Die nächsten beiden Stunden nahm uns Abu Ammar auf eine lange Reise durch den Jemen, den Sudan und die Vergangenheit mit. Die Tage in Beirut und der Einmarsch Israels in den Libanon beherrschten diese Darstellung, die mit einer sorgfältigen Untersuchung aller amerikanischen Versprechen – sowohl der gehaltenen als auch der gebrochenen – und der unglücklichen Geschichte des Dialogs zwischen den USA und der PLO schloß. Er wandte sich oft an einen kahlköpfigen, bebrillten, ruhigen Mann, um seine Erzählung zu bestätigen. Sein Name, so erfuhr ich später, war Muhsen Ibrahim, ein Libanese und einer der engsten Vertrauten des PLO-Chefs, der in all seine Geheimnisse eingeweiht und bei allen Versammlungen willkommen war. In Muhsens Augen blitzte Humor, und während er Abu Ammar bestätigend zunickte, ließ er keine Gelegenheit aus, eine knappe und lustige Bemerkung zu machen, die eine kritische ironische Distanz auch sich selbst gegenüber verriet.

Um Mitternacht etwa wurden wir um unseren Bericht gebeten. Wie selbstverständlich übernahmen wir unsere Rollen: Faisal begann mit einer Gesamtdarstellung, ich wurde gebeten, die Einzelheiten darzulegen. Dann versuchten Faisal und ich uns an einer umfassenden Bewertung und Erläuterung der Optionen mit allen positiven und negativen Auswirkungen und Konsequenzen. Von 1.30 bis 3.00 Uhr morgens hörten wir politische Reden von Mitgliedern des Komitees, Abu Ammar vertagte das Treffen um 3.30 Uhr, und wir gingen nach Hause.

*

So waren wir dann also in London, fünf Monate nach diesem geheimen Treffen in Tunis. Faisal und ich standen vor einer weiteren Versammlung – dieses Mal allerdings mit dem gesamten Palästinensischen Nationalrat in Algier. Dann kam der Telefonanruf. Wir wurden für den 27. September nach Algier zitiert. Das Britische Außenministerium war informiert und begann mit besonderen Vorbereitungen. Faisal und ich reservierten dann bei mehreren verschiedenen Fluglinien Flüge in verschiedene europäische Städte. Najat sollte in Faisals Hotelzimmer Belegung vortäuschen, er schlief in beiden Betten und telefonierte in Faisals Namen. Sa'ida sollte mein Bett in Unordnung bringen und mein Telefon benutzen, um eine Belegung des Zimmers vorzutäuschen. Am Morgen des 27. schmuggelte ein Helfer zwei Taschen Handgepäck hinaus und versteckte sie im Kofferraum eines Wagens, der einen Block vom Hotel entfernt abgestellt war. Faisal und ich schlenderten lässig durch die Hotelhalle, in der es von Reportern, Agenten des Mossad und Vertretern verschiedener Geheimdienste zwischen den anderen Gästen nur so wimmelte. Wir fuhren durch London, hielten hie und da an und erreichten schließlich den Flughafen.

Ich stand in einer Reihe, Faisal in einer anderen. Im letzten Moment wechselten wir in eine dritte und holten die Tickets nach Paris ab. Wie üblich gingen wir als letzte an Bord und stiegen in Paris als erste aus. Unsere Tickets nach Algier waren bereit, und keiner wollte unsere Visa oder Ausweise sehen. Wir saßen in der ersten Reihe. Sobald das Flugzeug gelandet war, kamen Beamte des algerischen Geheimdienstes an Bord, begleiteten uns hinaus und setzten uns in Regierungsfahrzeuge mit geschwärzten Scheiben. In einer weiteren Wiederholung eines mittlerweile vertrauten Thrillers wurden wir verstohlen an einen geheimen Bestimmungsort gefahren: das offizielle Gästehaus der Regierung für Staatsbesucher, ein herrlicher und riesiger Bau, der sich mit einer atemberaubenden Aussicht dramatisch über einer Klippe erhebt. Das gesamte Personal war zugegen, doch die einzigen Gäste waren Faisal und ich sowie Akram mit einer offiziellen Eskorte des Außenministeriums. Nach einem kurzen Abendessen wurden wir an einen anderen Ort ‚gezaubert', wo wir kurz mit Abu Ammar zusammentrafen, der vor uns angekommen war. Es wurde uns gesagt, daß wir vor dem Politischen Komitee sprechen sollten.

Vom Eingang aus schienen die Konferenzräumlichkeiten wie ausgestorben, vielleicht, weil die Presse nicht zugelassen war. Neben den algerischen Beamten waren wir von einer Gruppe des palästinensischen Sicherheitspersonals umringt, die uns über das dunkle Gelände und durch lange Gänge vorwärtstrieb, bis wir plötzlich in einem riesigen Versammlungsraum standen, hell erleuchtet und mit Hunderten von Menschen besetzt, deren Gesichter uns zugewandt waren. Plötzlich standen alle auf und fingen an zu klatschen. Abu Ammar kam auf uns zu, die Arme ausgebreitet, mit funkelnden

Augen und strahlendem Gesicht. Unter Tränen umarmten wir die Mitglieder der Führung, die in den ersten Reihen saßen, und erklommen die Stufen, um unsere Plätze auf dem Podium einzunehmen. Ich wurde gebeten, als erste zu sprechen.

Langsam ging ich zum Rednerpult. Schweigen legte sich über den Saal. Mein Weg dauerte endlose Sekunden. Während dieses unermeßlichen Augenblicks erblühten Blumen auf vielen Gräbern in Palästina. Ich schaute auf die Frauen und wollte, daß sie zu meinen Verbündeten würden. Ich blickte auf die Männer und wollte, daß sie an unserer Seite stünden. Eine lebendige Kraft strömte aus ihrer Mitte heraus und erreichte mich, als ich zu sprechen begann.

Meine Stimme schien eigenes Leben anzunehmen. Zu keinem Augenblick in unserer Geschichte war die Symbiose zwischen innerer Heilung und äußerer Versöhnung deutlicher. Vielleicht machte ich Propaganda, stachelte ich für den Frieden an – meine Worte sprachen im Aktiv und nicht im Passiv: stören, konfrontieren, eingreifen, engagieren, herausfordern, teilnehmen, unsere Sache vertreten und unser Schicksal gestalten. Ich spornte die Frauen an, die Männer herauszufordern. Eine wirkliche Führung entmachtet nicht die Hälfte ihres Volkes, und richtige Frauen akzeptieren Ausgeschlossensein und innere Entfremdung nicht. Eine wirkliche Führung bezieht ihre Rechtmäßigkeit aus dem Volk, und das Volk hat das Recht auf Wissen und Beteiligung. Eine gesunde und selbstsichere Nation läßt die Konfiszierung ihrer Stimme und ihres Willens nicht zu, und wird der Versammlung der Nationen nicht fernbleiben.

Doch ich konnte nicht öffentlich auf eine Rede Anspruch erheben, die offiziell verleugnet wurde. Eine Zeitung sprach von einer Rede, die ich gehalten hätte, wenn ich anwesend gewesen wäre. Wir waren gezwungen, eine wichtige Station auf unserer Reise unsichtbar zu machen und gerade die Worte zu verleugnen, die die Integrität unserer Ausdrucksweise sichern sollten, deren ganzer Zweck darin bestand, die Epoche der Verleugnung abzuschließen und eine Ära der Anerkennung zu verkünden. Um unserer Botschaft Glauben zu verleihen, mußten wir sie heimlich als Schmuggelware eines verbotenen Volkes aushändigen.

Danach folgte eine Versammlung im engeren Kreis. Abu Ammar, Mahmoud Darwish, Muhsen Ibrahim, Akram und einige andere brachten uns heimlich zu einer informellen Sitzung. Wir applaudierten der Rede von Abu Ammar. »Die Menschen haben die PLO geschaffen, damit sie ihnen dient und ihre Interessen schützt. Wenn man uns zwingt, zwischen der Organisation und dem Volk zu wählen, dann entscheiden wir uns für das Volk. Selbst wenn die PLO zerstört wird, wird das palästinensische Volk bei Bedarf eine neue PLO schaffen, wie es diese geschaffen hat«, hatte er gesagt. Dann diskutierten wir über die Rolle der Führung. »Sie muß das Leben der Menschen schützen und verteidigen, nicht es opfern«, erklärte ich. Sie stimmten zu. »Dann erlaubt uns den Schmerz über unsere Toten, nicht nur ihre Verherrlichung. Wenn Mütter über das Martyrium ihrer Kinder klagen, dann tun sie dies mit gebrochenem Herzen und in Schmerz. Heldentum kann ein verlorenes Leben nicht ersetzen.« Auch hier stimmten sie zu. Mahmoud Darwish war den Tränen nahe. Wir sprachen dieselbe Sprache.

Am nächsten Morgen wurden Faisal und ich in ein Flugzeug nach Rom gesetzt. Es stellte sich heraus, daß wir am Vortag am Pariser Flughafen entdeckt worden waren, und Agence France Presse hatte telegraphisch eine Meldung verbreitet, die das Interesse unzähliger Journalisten weckte, die sich dem Versteckspiel anschlossen. Die Zwischenlandung in Rom sollte nur kurz sein, aber wie üblich hatte das Flugzeug zwei Stunden Verspätung. Wir gingen zum Schalter, um die neuen Flugpläne zu sehen und sahen uns von einer großen Gruppe japanischer Journalisten umringt, die ganz aufgeregt waren, weil sie die Beute erspäht hatten. Wir brachten sie schließlich dazu, mit uns zu vereinbaren, daß sie uns eigentlich nicht gesehen hatten – im Interesse des Friedens. Sie fügten sich, und wir starteten endlich nach London. Die Beamten des britischen Außenministeriums waren sehr diskret und brachten uns spät in der Nacht ins Hotel. Wir waren natürlich nicht im geringsten mitgenommen und spazierten ruhig hinein, als ob wir nie weggewesen wären. Unsere Phantomreise war bereits in jenes Reich der verbotenen Erfahrung verbannt, in dem sowohl Kenntnis als auch Einlaß gefährlich waren.

Kaum hatte ich mein Zimmer betreten, klingelte das Telefon. Akram wollte sich davon überzeugen, daß wir sicher angekommen waren. Der PNC tagte immer noch, und das Redaktionskomitee arbeitete an dem Resolutionstext. »Du hast einen ungeheuren Eindruck gemacht«, meinte er. »Faisals und dein Auftreten sowie eure Reden sind das Gesprächsthema des ganzen Rates. Wir sind sicher, daß die Entscheidung positiv ausfällt.« Er versprach anzurufen, sobald der Beschluß bekannt wurde, und uns den Wortlaut der Resolution zu faxen. Gerade als ich auflegte, klingelte das Telefon erneut. Dan Kurtzer wollte wissen, ob das Ergebnis schon vorlag. »Baker ist sehr beunruhigt. Er will es so bald wie möglich wissen.« Ich versprach, ihm Bescheid zu sagen. Das Telefon klingelte wieder und verstummte für eine ganze Woche nicht mehr. Die Presse hatte die Spur aufgenommen. Es hieß auch, daß wir zum nächsten Treffen mit Baker nach Washington gehen würden. Doch der Knall kam, als Berichte über unsere Stippvisite in Algier durchzusickern begannen. Shamir ging an die Decke und verkündete, Faisal und ich würden bei unserer Rückkehr verhaftet und vor Gericht gestellt werden, und daß die israelischen Behörden ihre Untersuchungen zum Ermitteln von belastenden Beweisen begonnen hätten. Faisal und ich sorgten dafür, daß es keine Ticketcoupons, Gepäckscheine, Streichholzschachteln oder andere Formen von Beweisen gab. Es gab keine Fotos oder Aufnahmen, und ich bezweifelte, daß die israelische Polizei irgendein Mitglied des PNC finden würde, das bereit wäre, gegen uns auszusagen.

»Die Situation ist sehr brenzlig, Hanan. Der Außenminister versucht, die Dinge unter Kontrolle zu halten. Er hat Shamir angerufen und gebeten, Faisal und Sie nicht vor Gericht zu stellen.« Dennis Ross bemühte sich, die Explosion einzudämmen.

»Es gibt überhaupt keinen Beweis. Darüber hinaus ist das ganze Gesetz ungerecht und unrechtmäßig. Warum sollten uns die Israelis dafür verfolgen, daß wir unsere eigene Führung aufsuchen, um an einer Versammlung unseres Parlaments teilzunehmen?« Ich war aufgebracht.

»Wir werden jetzt nicht über Grundsätze debattieren. Sie kennen die Bedingungen. Und eigentlich dachte ich, daß es kein Medienspektakel werden sollte.«

»Es war keines. Und wir haben all diese Bedingungen satt. Vielleicht ist es an der Zeit, Shamir zu zwingen, Farbe zu bekennen. Laßt uns ihn doch verhaften und vor Gericht stellen.«

»Das wäre sehr unklug. Wir haben die Konferenz fast in der Tasche. Oktober wird der Monat sein. Können Sie sich vorstellen, was Ihre Verhaftung für alles bedeuten würde? Sie dürfen nicht zurückkehren, bis wir sicher sind, daß Sie nicht verhaftet werden. Trotz all Ihrer Bemühungen würde sich Shamir nicht festlegen.«

»Natürlich werden wir zurückkehren. Shamir wird uns nicht dazu bringen, ein selbstauferlegtes Exil zu akzeptieren. Aber das ist noch nicht so eilig. Wir werden nach unserem Treffen in Washington zurückkehren, das ja in ein paar Tagen stattfindet.«

»Das ist eine andere Sache, über die ich mit Ihnen sprechen wollte. Wir glauben nicht, daß es ratsam ist, Sie gerade jetzt nach Washington kommen zu lassen. Die Sache ist noch zu brenzlig.«

»Was heißt ›nicht ratsam‹ und ›zu brenzlig‹? Das klingt für mich wie ein fadenscheiniger Vorwand. Offensichtlich hat sich Shamir eingeschaltet. Baker hat uns offiziell eingeladen, mit ihm in Washington zusammenzutreffen, und wir haben die Einladung angenommen. Wir sehen keinen Grund, unsere Pläne zu ändern.«

»Jeder weiß, daß Sie zu dem PNC-Treffen gegangen sind. Wie können wir Sie sofort danach in Washington empfangen? Wir brauchen ein zwischenzeitliches Ereignis.«

»Wollen Sie mir damit sagen, daß wir entseucht werden müssen?

Baker wußte, daß wir zu dem Treffen gehen würden, bevor er uns eingeladen hat. Er kann uns jetzt nicht ausladen. Das ist ein klarer Fall von Nachgeben gegenüber der Erpressung der Israelis. Wenn Shamir Sie einschüchtert – uns macht er keine Angst. Vielleicht wäre das beste Zwischenereignis, wenn wir nach Hause gehen und vor Gericht gestellt werden. Wir werden daraus eine politische Verhandlung machen; wir haben eine gute Verteidigung, und wir werden sehr viel Aufsehen erregen.«

»Das können Sie nicht tun. Es wird für uns ernste Konsequenzen haben. Baker lügt nicht, und die ganze Frage Ihrer Reise darf keine öffentliche Sache werden.«

»Wir lügen auch nicht. Wir haben in Amman das Treffen des PNC besprochen, und ich habe die offiziellen amerikanischen Protokolle, um dies zu beweisen.«

»Haben Sie die Presse informiert?«

»Nein, habe ich nicht, das hatte ich Ihnen versprochen. Aber wenn ich über das PNC-Treffen befragt wurde, habe ich stets geantwortet, daß ich der Presse nichts sagen würde, was ich nicht auch dem israelischen Vernehmungsbeamten offenbaren würde. Aber wenn Sie das Washingtoner Treffen streichen oder aufschieben, dann würden Sie von Ihrem Versprechen zurücktreten. Wenn Sie Shamir gestatten, daß er bei diesen Themen das Sagen hat, dann würde er das für die Dauer des gesamten Prozesses tun. Der Schwanz darf nicht länger mit dem Hund wedeln.«

»Sie sind sehr hart. Wir versuchen nur, den Friedensprozeß zu schützen.«

»Und wir versuchen, ihn in eine richtige Startposition zu bringen. Was uns betrifft, so haben wir zwei Möglichkeiten: Entweder wir gehen nach Hause und lassen uns vor Gericht stellen, oder wir kommen zu dem Treffen nach Washington.«

»Es gibt noch einen dritten Weg. Bleiben Sie noch eine Weile in London, bis wir sicher sind, daß Sie nach Hause gehen können.«

»Das wäre Selbstverbannung. Wir haben das Recht, nach Hause zurückzukehren.«

»Zur rechten Zeit, ja. Wir werden Mitte Oktober in die Region kommen. Wir werden das Treffen in Jerusalem abhalten.«

»Überbringen Sie Baker die folgende Botschaft von uns: Wenn Sie den Israelis nachgeben und das Treffen in Washington absagen, dann wird es kein Treffen in Jerusalem geben.«

*

»Das hat sie tatsächlich zu Ross gesagt?« fragte Akram, als Faisal ihm über das Telefongespräch berichtete.

»Das und noch mehr.« Faisal war mit meiner Unartigkeit ziemlich zufrieden. »Du weißt, wie Hanan sein kann, wenn man sie herausfordert. Sie nimmt dann kein Blatt vor den Mund. Sie hat recht.«

»Und du unterstützt ihr Ultimatum?«

»Ja.«

Sowohl Faisal als auch Akram unterstützten mich, selbst als das State Department einen großangelegten Überzeugungsfeldzug startete, wobei es alle Kontakte und Vermittler – aus ägyptischen, jordanischen und palästinensischen und ganz allgemein internationalen Kreisen – einschaltete. »Wird nun Druck ausgeübt?« fragte ich Dennis und Dan. »Das wissen Sie, und es ist legitim«, so lautete ihre Antwort. Aber jetzt kannte immerhin jede Seite jeweils die Spielregeln der anderen. Abu Ammar und das Exekutiv-Komitee wurden mit »gutgemeinten Anrufen« von »wohlwollenden Regierungen« und Einzelpersönlichkeiten bombardiert, die ihnen »freundliche Ratschläge« erteilten, wie man mit den Amerikanern sprechen sollte und wie nicht. »Diese Leute aus dem ›Inland‹ wissen nicht, wie man sich diplomatisch verhält.« Abu Ammar genoß den Augenblick: »Sie ist Akademikerin und keine Politikerin, und Sie wissen, wie Akademiker nun mal sind.« Er verwendete diesen Ausdruck oft, entweder als Entschuldigung oder als eine Art von Geringschätzung. Es war die übliche Antwort auf die häufige Mahnung: »Sie müssen Ihren Leuten beibringen, wie man sich benimmt.« Wir blieben fest und verhielten uns genau so, wie sich Menschen verhalten sollten – mit Aufrichtigkeit und Selbstachtung.

Es war nicht nur eine Frage von Prinzipien oder Würde; es war eher der ernste Hinweis auf ein Verhaltensmuster, das wir seit Anfang unserer Gespräche mit den Amerikanern bemerkt hatten und das nichts Gutes für die weiteren Beziehungen oder den Friedensprozeß ahnen ließ. Die Israelis, und vor allem Shamir, waren halsstarrige, unnachgiebige, zähe und kompromißlose Hard-liner; sie mußten zufriedengestellt, verhätschelt, verwöhnt und bestochen werden. Die Palästinenser waren die schwächere Seite, sie mußten eingeschüchtert, unter Druck gesetzt, überzeugt und manchmal zur Einwilligung gedrängt werden. Die Israelis führen ein hartes Geschäft und müssen bezahlt werden und ihren Willen bekommen. Die Palästinenser kann man besänftigen, und man muß ihnen schmeicheln, während man sie die mit Zuckerguß überzogene Pille schlucken läßt. Daher war das amerikanische »Lehrbuch« (das Molly Williamson oft wörtlich und einfallslos befolgte) häufig ein Schuß, der bei Leuten wie uns nach hinten losging. Ich hatte keinerlei Geduld mit der Formel »Gesicht und Würde wahren, Stolz und Ehre erhalten und den Schein aufrechterhalten«, wenn dies bedeutete, das Land zu verlieren, unsere Rechte zu verleugnen, die

Schande und die Brutalität der Besetzung zu ertragen und das Wesentliche unserer Realität zu untergraben. Wir wollten Leben retten und nicht gönnerhaft in Ergebung gedrängt werden. Wir wollten nicht mit einem guten Wort besänftigt werden; die harte Wahrheit wäre besser gewesen. Aber wenn es um Israel ging, so fragte ich mich oft, ob die Vereinigten Staaten jemals die Freiheit haben würden, ihre Politik selbst zu bestimmen. In einem anderen meiner sogenannten schonungslosen Gespräche später in Washington fragte ich Dennis Ross und Ed Djerejian: »Wir leben unter der Besetzung und haben unseren Willen nicht aufgegeben – welche Entschuldigung haben Sie dafür, daß Sie klein beigegeben haben?«

Das Londoner Gefängnis zog sich hin. Baker war entschlossen, unsere Rückkehr nach Jerusalem und somit eine Gerichtsverhandlung gegen uns zu verhindern, was ihn in Verlegenheit gebracht und dem Friedensprozeß geschadet hätte. Er war auch entschlossen, eine Konfrontation mit den Israelis zu vermeiden, die nach einem Treffen mit uns in Washington unausweichlich gewesen wäre. Shamirs öffentliche Ankündigungen wurden immer unheimlicher und drohender, sie beschrieben Faisal und mich als Terroristen und Bedrohung für die Sicherheit, die den ganzen Umfang der vom israelischen Gesetz für unsere Vergehen vorgesehenen Strafmaßnahmen spüren müßten. Für Faisal und mich war es schwierig, diesem Bild in der Wirklichkeit zu entsprechen, da wir ein völlig merkwürdiges Paar von Verbrechern waren. Uns entging keineswegs die Komik der Situation: Wenn wir für das abscheuliche Verbrechen, uns um Frieden zu bemühen, so hart bestraft werden sollten – wie würde dann die Strafe aussehen, wenn wir wirklich Erfolg hätten?

Meine täglichen Anrufe zu Hause ließen mich die wachsende Sorge von Amal und Zeina spüren, die immer noch den Kinderglauben an die Unverletzlichkeit und Unverwundbarkeit ihrer Mutter hatten.

»Laß dich von Shamir nicht einschüchtern. Er würde es nicht wagen, dir etwas zu tun. Ich lasse das nicht zu. Du bist meine Mutter, wie könnte er es wagen, daß er dich einsperrt?« Zeinas moralische Entrüstung und ihre großen Töne zeugten auch von einem bedingungslosen und unbezweifelten Eigentumsrecht.

»Sei vorsichtig, Mutti, und komm nicht heim, bevor du nicht genau weißt, daß es sicher ist.« Amals Besorgnis spiegelte ihre ständige Gewohnheit wider, vorsichtig zu ergründen und zu beurteilen, bevor sie etwas unternahm.

»Hör nicht auf sie!« fiel Zeina am Zweithörer dazwischen. »Shamir würde damit nicht durchkommen. Er ist ein widerlicher alter Mann, und ich lasse ihn meine Mutter nicht ins Gefängnis stecken.«

»Sei nicht kindisch, Zeina«, mahnte Amal. »Wie kannst du ihn davon abhalten? Er ist widerlich und gemein. Er hat die schlimmsten Dinge getan und ist damit durchgekommen. Du machst ihm keine Angst. Mutti, es ist in Ordnung, wenn du eine Weile wartest, um sicher zu sein, daß nichts passiert. Was meint *Ammo* Faisal? Habt ihr mit einem Anwalt gesprochen?«

»Bitte macht euch keine Sorgen um mich«, bat ich und versuchte, sie zu beruhigen. »Ich werde vorsichtig sein, aber ich möchte auch, daß ihr auf euch aufpaßt, während ich nicht da bin. Shamir macht mir keine Angst, Zeina, aber Amal hat auch recht; es ist nicht nötig, überflüssige Risiken einzugehen. Aber ihr fehlt mir beide sehr, und ich möchte so bald wie möglich wieder bei euch sein. Wo immer ich auch bin und was immer ich auch tue, ich denke immer an euch und ich habe euch sehr lieb.«

»Du fehlst uns auch, Mutti. Paß auf dich auf, arbeite nicht zu viel, geh nicht zu spät ins Bett und gib nicht zuviel Geld aus. Ich habe dich lieb.« Amals Liste dessen, was ich alles nicht tun sollte, war für alle meine Reisen dieselbe. Das war ihre zärtliche Zuneigung.

»Ich habe dich lieb, Mama« sagte Zeina. »Mach dir keine Sorgen über das Geldausgeben. Kauf uns etwas Schönes, aber komm bald wieder.«

Meine Kinder. Wo immer ich hingehe, leide ich darunter, daß sie nicht bei mir sind. Diese Tatsache wiegt schwerer als mein ganzes Gepäck, schmerzlicher als jedes unfreundliche Wort und bedrohlicher als jede Drohung. Amal mit ihrem fließenden Haar und ihrer Phantasie, die Gedichte schreibt und mit Eingebung und Gefühl Klavier spielt, verblüfft mich mit ihren kreativen Variationen zwischen nettem Kind und Frau. Die quirlige, verschmuste und furchtlose Zeina mit ihren Locken und Grübchen fordert mich und die Welt mit ihrer kühnen Verletzlichkeit heraus. Mutter zu sein ist so ein eigenwilliger und willentlicher Akt der Unterjochung, daß es mir manchmal den Atem raubt. Wie sonst könnte so ein ungehemmtes und bedingungsloses Lieben und Geben existieren? Unsere Angst um unsere Kinder macht uns tapfer, und ihre Verwundbarkeit ist unsere Feigheit. Wenn sie verletzt werden, leiden wir unermeßlich, und ihre Freude ist unser Stolz. Ich habe das gesamte Spektrum elterlicher Dummheit mit ihrer Selbsterfüllung und Selbstverleugnung erfahren und genossen und mit völliger Hingabe in ihren Launen geschwelgt. Ich habe alle Opfer gebracht und Torheiten begangen, über die ich mich früher gewöhnlich bei denen mokierte, die zu demselben exklusiven weltweiten Club gehören.

Meine sieben Jahre währende Wanderschaft auf der Suche nach Frieden haben meine Erfahrungen mit der Elternschaft verändert. Sie ist zu einer stroboskopischen Beziehung mit intensiven hellen Momenten geworden, die von Dunkelheit unterbrochen sind, welche durch den Kontrast noch schwärzer erscheint. Und in diesen Unterbrechungen beschworen meine Gedanken Bilder aus der Vergangenheit und der Zukunft herauf, Bilder von solcher Tiefe und Schärfe, daß sie die Realität der Gegenwart herausforderten. Ich sah, wie Amal mich als Baby »nettete« (ihre eigene Wortschöpfung), wobei sie mir vor dem Schlafengehen sanft auf die Wange klatschte. Ich sah Zeina, wie sie ihren Kopf auf meinen Schoß legte und mich bat, ihre Haare zu »netten«, wenn sie einschlief. Ich sah, wie jede von ihnen sich in meinen abgetragenen, wollenen, pfirsichfarbenen Morgenrock hüllte, der älter als sie beide war, wärmer als jede Heizung und tröstender als jedes Trostwort. Ich sah mich, wie ich bei jeder Heimkehr den Morgenrock trug oder mich mit einem oder beiden Mädchen darunter kuschelte, da er so gut nach Familie roch. Ich sah Emile als Ehemann und Vater, so sicher in seiner (sowohl gegebenen als auch empfangenen) Liebe, in Frieden mit seinen Gedanken und daher einer Großzügigkeit und Wärme fähig, die nur der Starke geben kann. Woher würde ich sonst die Kraft und Stärke nehmen, um in einer Suche auszuhalten und zu bestehen, die mehr Entbehrung als Belohnung versprach? Gibt es ohne inneren Frieden einen Frieden da draußen, der darauf wartet, erreicht zu werden? Ich frage mich, ob ich ohne diesen »Stützpunkt zum Kräftetanken«, den Emile, Amal und Zeina bildeten, um meine Bemühungen zu unterstützen und meinen Willen zu stärken, dies alles gewagt und ausgestanden hätte.

*

Am 6. Oktober fuhr ich von London nach Hause zurück. Ich war entschlossen, meinen Geburtstag mit meiner Familie zu feiern, obwohl ich nicht sicher war, ob mir das vergönnt sein würde. Emile und unsere gute Freundin Leah warteten am Flughafen; das taten aber auch Hunderte rechtsgerichteter Israelis, die eine andere Botschaft überbringen wollten. Leah und Emile sowie die israelische Polizei waren überzeugt, daß Faisal und ich nicht unbeschadet die Menge passieren könnten. Als die Rufe lauter und bedrohlicher wurden, verschärfte die Polizei ihre Vorsichtsmaßnahmen. Sie umringte uns und drängte uns durch Hintertüren und durch Gänge hinaus in einen wartenden Polizeiwagen, zuvor aber nahmen sie uns das Versprechen ab, am darauffolgenden Tag bei Sicherheitsbeamten vorstellig zu werden, um uns einem Verhör zu unterziehen und uns zu den verschiedenen Vorwürfen Stellung nehmen zu lassen, die bereits gegen uns vorgebracht worden waren. Wir fuhren zu einer Seitenstraße und stiegen dort in Faisals Wagen um. Als wir abfuhren, wurden wir hart von zwei Wagen verfolgt, aber wir fanden bald heraus, daß es sich um Presseleute handelte – sie waren offensichtlich scharfsichtiger und hartnäckiger als die extremistischen Israelis. Wir fuhren nach Hause mit der Erkenntnis, daß wir zwei Einladungen hatten, die wir nicht ausschlagen konnten: eine für den darauffolgenden Tag zur Abteilung für Schwerverbrechen im Hauptquartier der israelischen Polizei und eine für zwei Tage später, um in Washington mit Baker zusammenzutreffen. Ob nun Verbrecher oder Friedensstifter – Faisal und ich wußten, daß keiner der beiden Wege einfach war.

Am nächsten Tag und unter ausgeklügelten Sicherheitsvorkehrungen wurden wir nach Petah Tikva, einer Vorstadt von Tel Aviv gefahren, um auf Beschuldigungen zu antworten, deren Inhalt wir immer noch nicht kannten. Als wir näherkamen, wurden wir mit dem nun vertrauten Anblick und Lärm israelischer Siedler, Mitgliedern der Kach-Bewegung (einer extremistischen israelischen Gruppe, die später nach dem Massaker in Hebron im Februar 1994 verboten wurde) und anderer derartiger Extremisten konfrontiert. Die Bürgerinitiative Peace Now hatte ebenfalls eine Gruppe ihrer jungen Mitglieder zu einer Gegendemonstration entsandt. Polizisten und die Grenzpolizei kamen zu diesem merkwürdigen Potpourri hinzu. Mitten in dieser Menge stiegen wir aus dem Auto, doch wir schafften es, durch zwei Sperrgürtel unbeschadet das Gebäude zu erreichen, die mit Ausnahme einiger phantasievoller Schimpfworte so ziemlich alles abblockten. Die Schmähungen waren hauptsächlich dem Arabischen entlehnt, da die hebräische Sprache in dieser Hinsicht eher dürftig ist. Doch wie sich herausstellen sollte, waren Grobheiten nicht die einzigen, die die Kette durchbrachen und uns erreichten.

Unter Polizeischutz wurden wir in den zweiten Stock gebracht, wo jeder in ein anderes Vernehmungszimmer geführt wurde. Faisal und ich hatten mit unseren Anwälten vereinbart, daß wir auf alle Fragen nur eine Antwort geben würden: »Ich habe nicht gegen das Gesetz verstoßen, und ich nehme mein Recht wahr, keinerlei Fragen zu beantworten.« Von Anfang an warnte ich meinen Vernehmungsbeamten (der irakischer Abstammung war), daß dies wahrscheinlich das langweiligste Verhör in seiner Karriere werden würde. Er wiederholte seine Fragen, ich gab ihm immer dieselbe Antwort.

Ich erfuhr, daß mindestens vier Anschuldigungen von Elyakim Ha'etzni, einem Politiker der extremen Rechten, von einem Mitglied der Knesset aus der Tehiya-Partei und einem weiteren Siedler aus der Siedlung Gush Katif im Gaza-Streifen vorgebracht worden waren. Die angeführten Verstöße waren unter anderem Kontakte mit einer feindlichen und terroristischen Organisation (der PLO), das Überbringen von Botschaften zwischen dieser Organisation und US-Außenminister Baker (ich fragte mich, ob sie diesen auch in Untersuchungshaft nehmen würden) sowie die Bedrohung der Sicherheit des Staates Israel (ein wiederkehrender Vorwurf, eine Erinnerung an meine Gerichtsverhandlung zu Weihnachten 1973). Ich muß zugeben, daß es mir schwerfiel, ein unbewegtes Gesicht zu machen. Die Übertreibung war so absurd, daß sie unserem kleinen Drama jegliche reale Bedeutung nahm, ganz zu schweigen von einer Illusion der Wirklichkeit. Nachdem mein Vernehmungsbeamter meine Reisedokumente mit den verschiedenen bunten internationalen Visa inspiziert hatte, begann er mit einer langen, ironischen Klage über sein eigenes trauriges Schicksal. So gerne er auch reisen würde, er könne sich dies mit seinem mageren Gehalt nicht leisten, vor allem, weil er noch drei schulpflichtige Kinder habe. Nachdem ich mich artig nach ihrem Alter, ihren Interessen und ihren besonderen Fähigkeiten erkundigt hatte, versuchte ich ihn zu trösten, daß sie, wenn sie erst mit der Schule fertig wären, eine gute Stelle hätten und sich an die alten und hochgehaltenen östlichen Bräuche hielten, sicherlich ihm und seiner Frau einen langen Urlaub in fremden und exotischen Ländern – wahrscheinlich sogar in New York – bezahlen würden. Unsere merkwürdige Unterhaltung wurde rüde von einem lauten Tumult auf dem Korridor und dem Hereinplatzen zweier bärtiger Männer mit Maschinengewehren unterbrochen. In diesem Sekundenbruchteil fand ich Zeit, mich über die täuschend echte Verkleidung des israelischen Geheimdienstes Shin Bet zu wundern. Fast gleichzeitig durchfuhr mich der Schreck des Erkennens: Das waren die Kach-Schläger, die ständig im israelischen Fernsehen gezeigt wurden, wie sie entweder Palästinenser mit dem Tode bedrohten oder gerade versucht hatten, diese Drohung wahr zu machen. Als ich mit einem Blickkontakt bekam, fuhr ich aus meinem Stuhl, sprang an die Wand und versuchte, aus seiner unmittelbaren Schußlinie zu gelangen. Er zögerte für den Bruchteil einer Sekunde, und ich erkannte, daß er erwartet hatte, Faisal anzutreffen; auf mich war er nicht gefaßt gewesen. Dann brach die Hölle los. Emile und Tama Peleg (die Leah als meine Anwältin in dieser Sache vertrat) hatten die beiden Männer im Korridor erkannt und sofort Alarm geschlagen. Mein Mann und meine Anwältin durften nicht eintreten, während die beiden Möchtegern-Attentäter voll bewaffnet vor mir standen und sich ihren Weg durch Absperrungen der Polizei und der Grenzwache, ein elektronisch gesteuertes Tor, zwei Stockwerke hinauf bis zu den Vernehmungszimmern des obersten Hauptquartiers der Sicherheitspolizei, Abteilung Schwerverbrechen, gebahnt hatten.

»Was machen die hier?« fragte ich meinen Vernehmungsbeamten.

»Haben Sie keine Angst. Sie sind hier, um Fragen zu stellen«, erwiderte er.

»Voll bewaffnet?«

»Sie werden bereits weggeführt.« Er stellte das Offensichtliche fest, da andere Polizisten die beiden hinausführten.

»Ich hoffe, daß sie in Untersuchungshaft kommen oder zumindest entwaffnet werden.« Ich dachte voraus.

Dies war nicht der Fall. Als Faisal und ich von Polizisten, Anwälten, Ehemann und Sicherheitsbeamten flankiert auf den Parkplatz hinaustraten, versuchten unsere beiden Kach-Rächer durchzubrechen und schwangen immer noch drohend ihre Waffen. Angerempelt, geschoben und gestoßen, wurden wir in den Wagen verfrachtet, und wir manövrierten uns durch die spuckende und höhnende Menge hindurch.

*

Zwei Tage später saßen wir in einem Flugzeug nach Washington, um unser nächstes verbotenes Rendezvous einzuhalten. Sogar die inländische Opposition hatte Flugblätter herausgegeben, auf denen sie uns und die Baker-Treffen denunzierten. Sowohl die Hamas (die islamische Widerstandsbewegung) als auch die Volksfront für die Befreiung Palästinas (PFLP) hatten uns als amerikanische Agenten und Verräter und unsere vorbereitenden Friedensgespräche als Kapitulation und Ausverkauf beschrieben. Das Politische Komitee hatte sich gespalten und war zerrissen in der Frage der Friedensgespräche. Die Volkspartei hatte eine Teilnahme an den Baker-Treffen abgelehnt, obwohl sie über alle Entwicklungen informiert wurde. Die PFLP sprach sich geschlossen und laut vernehmbar dagegen aus. Die Demokratische Front befand sich gerade mitten in einer schmerzlichen Spaltung zwischen den Lagern von Nayef Hawatmeh und Yasser Abd Rabbo – der erste war gegen die Gespräche, letzterer dafür (beide bildeten später die palästinensische Demokratische Koalition FIDA). Blieben noch die größte Splittergruppe, die Fatah, und die Unabhängigen, die weder eine einheitliche Gruppe bildeten noch sich in der Sache einig waren. Faisal und ich fühlten uns verwundbar und preisgegeben. Wir verhandelten mit den Amerikanern, bemühten uns um eine Abstimmung mit den Europäern, hielten das Gespräch mit den einzelnen politischen Splittergruppen aufrecht, mobilisierten die Öffentlichkeit, arbeiteten mit der PLO-Führung in Tunis und versuchten, arabische Koordinierungsbemühungen in die Wege zu leiten.

Faisal äußerte wiederholt seine Überzeugung, daß es uns die Geschichte nie vergeben würde, wenn wir aufgeben oder auf unsere Rechte in dem Prozeß verzichten würden. Doch sie würde uns auch nicht vergeben, wenn wir eine historische Chance sähen und sie nicht ergriffen. Wir wußten beide, daß wir für jegliches Scheitern oder für jeglichen Schmerz verantwortlich gemacht würden und daß im Falle unseres Erfolgs die Anerkennung anderen zufallen würde. Dennoch haben wir beide bewußt beschlossen, die Herausforderung anzunehmen und das Risiko einzugehen. Die einzige Hoffnung auf Frieden lag darin, die PLO in den Friedensprozeß einzubringen, für sie Anerkennung zu gewinnen und sie letztendlich direkt und offiziell verhandeln zu lassen. Wir widerstanden jedem Versuch, eine alternative Führung zu bilden, um die PLO zu ersetzen, wir lehnten viele Angebote – darunter einige sehr verlockende – ab. Es stellte sich später heraus, daß wir in diesen Bemühungen viele Verbündete hatten, einige davon waren es wissentlich, andere unabsichtlich.

Unsere eigene palästinensische Opposition schwächte Ansehen und Verhandlungsposition der Delegation. Die israelische Regierung unterminierte uns mit ihrer unnachgiebigen Position und einer fest verankerten Delegation in den Washingtoner Verhandlungen; das israelische Militär unterhöhlte als politische Maßnahme unsere Unterstützung aus dem Volk, indem es seine repressiven Maßnahmen in den besetzten Gebieten verschärfte, während die Politiker in den Verhandlungen die Menschenrechte, die eigentlich eine gegebene Tatsache sein sollten, wie ein Faustpfand anboten. Vermehrte israelische Siedlungsaktivitäten trafen den Prozeß direkt in seiner Integrität und Glaubwürdigkeit. Und die Vereinigten Staaten in ihrer Rolle als Mitschirmherr – treibende Kraft – unparteiischer Friedensmakler – Katalysator – vollwertiger Partner unterminierten ihre eigene Rolle und unsere, indem sie zwischen der Haltung eines Zuschauers und der des selbsternannten Wächters über die israelischen Interessen hin- und herschwankten. Die Verhandlungsstrategie der PLO wurde bewußt entwickelt, um zu beweisen, daß kein Fortschritt und keine Vereinbarung möglich seien, bevor sie sie nicht als legitimer Vertreter durchführen könnte. Viele Palästinenser im Ausland waren defensiv und ablehnend, verdächtigten oder klagten uns an, ihren Platz einnehmen zu wollen. Die arabische Scharade zur Abstimmung war nur Schein und inhaltslos, sie war ein verschlungenes Machtspiel. Solch eine starke Kombination der Kräfte konnte die PLO nur offiziell in die Verhandlungen und in die internationale Arena einbringen. Eine solche unabwendbare und unausweichliche Annäherung war bereits im Gange, als Faisal und ich uns auf den Weg nach Washington machten.

Im Flugzeug betrachtete ich die bunten, handgemachten Geburtstagskarten, die Amal und Zeina für mich gemalt hatten, und ich fragte mich, ob sie wohl die kleinen Geschenke finden würden, die ich vor meiner Abreise unter ihren Kopfkissen versteckt hatte. Das von uns erfundene Abschiedsritual bestand aus dem stummen Kuß auf die Wange, dem geflüsterten »Ich habe dich lieb« und der Überraschung unter dem Kopfkissen beim Erwachen. Ich versuchte immer, sie früh genug über meine Abreise zu informieren, da ich mich immer noch an ihren Schmerz bei den Malen erinnern konnte, als ich nur eine kurze Mitteilung hinterlassen konnte und sie beim Erwachen feststellen mußten, daß ich weg war. Meine Mutter, die seit dem Tode meines Vaters allein im Obergeschoß lebte, weinte bei jedem Abschied und betete für meine Sicherheit. Ich hatte Schuldgefühle, so als ob mein Herz fest von einem Schraubstock umklammert wurde, wo immer ich auch hinging. Wie groß die Angst meiner Mutter war, erkannte ich erst viel später, als sie nach Madrid und verschiedenen Todesdrohungen Emile gegenüber gestand, daß sie darum betete, daß ich ins Gefängnis käme. Die gleiche Mutter, die 1973 bei meiner Rückkehr von der Universität von Virginia und meiner Verhandlung an Weihnachten im gleichen Jahr täglich darum gebetet hatte, daß ich nicht ins Gefängnis müsse, wünschte sich nun meine Inhaftierung. »Ich hatte mir immer wegen der Kälte und der Not Sorgen gemacht«, sagte sie zu meinem Mann. »Aber jetzt fürchte ich um ihr Leben. Ich denke, das Gefängnis ist sicherer.« Gibt es einen warmen, sicheren Ort für mich, meine Töchter, meine Mutter, meine Schwestern, für all die Frauen, die selbst der urtypische warme und sichere Platz für alle anderen sind? Wo ist unsere Freistätte, wenn das Gefängnis unsere Zuflucht ist? Haben wir einen eigenen pfirsichfarbenen Morgenrock?

In Washington trafen wir uns erneut zu weiteren Willenskämpfen. Faisal, Zakariyya und ich waren anwesend. Am 10. Oktober 1991 stieß Sari Nusseibeh für ein langes Gespräch mit Baker, Dennis Ross, Dan Kurtzer, Aaron Miller, Margaret Tutwiler und Ed Djerejian, dem neuernannten Leiter der Nahost-Abteilung, zu uns. Wir hatten schon viel von ihm gehört – er war US-Botschafter in Syrien gewesen und war ein arabisch sprechender Armeno-Amerikaner, der das Vertrauen des syrischen Präsidenten Hafez al-Assad gewonnen und ihn in die Verhandlungen eingebracht hatte.

Einmal mehr besprachen wir die »gemeinsame jordanisch-palästinensische Delegation«, ein Konstrukt der Amerikaner, um die Israelis zu besänftigen und die Illusion zu schaffen, daß es getrennt von der jordanischen Nation keine palästinensische Identität gab. Das war genau die Position, die die Israelis vorzogen. Wenn es keine palästinensische Identität gab, dann war es kaum nötig, ihr gegenüber Zugeständnisse zu machen. Die Jordanier hatten sich bereit erklärt, uns unter den Schirm der gemeinsamen Delegation zu nehmen, aber wir wollten auf eigenen Füßen stehen und unsere nationale Eigenständigkeit anerkannt haben. Wir wollten ungebunden von Israel sein und nicht Jordanien untergeordnet werden. Wir waren bereit, eine Konföderation mit Jordanien zu erwägen, doch dies nur auf der Grundlage der Parität und der Anerkennung der eigenen nationalen Identität und der Eigenständigkeit jeder Seite sowie als Ergebnis der freien Äußerung des Willens der beiden Völker. Baker bestand darauf, daß wir dies mit Jordanien vereinbarten, wir bestanden darauf, daß nur die PLO derartige bilaterale politische Abkommen schließen kann.

Die Israelis hielten an ihrer Position fest, daß sie nicht mit Palästinensern aus Ost-Jerusalem zusammentreffen würden. Baker sagte uns geradeheraus, daß Faisal und ich nicht Teil der offiziellen Delegation sein würden, weil die israelische Delegation nicht mit der Tatsache von Palästinensern mit Jerusalemer Ausweisen konfrontiert werden dürfe.

»Wir werden uns weiterhin mit Ihnen treffen. Jeder wird wissen, wer die Verhandlungen führt und leitet, aber die Israelis können nicht gezwungen werden, mit Menschen zusammenzutreffen, die sie für unannehmbar halten.« Bakers Argument klang hohl, und das nicht nur in unseren Ohren.

»Wir sind also koscher genug für Sie, aber nicht für die Israelis? Wir müssen alle Risiken eingehen und die gesamte Verantwortung auf uns nehmen, und uns dann verleugnen?«

»Sie werden offiziell ins Weiße Haus eingeladen, um mit Präsident Bush zusammenzutreffen.«

»Wir wollen keine Trostpreise, und wir sind nicht an Selbstbeweihräucherung interessiert. Die wahre Frage ist der Status von Jerusalem. Laut internationalem Recht und Ihrer eigenen Politik ist Jerusalem besetztes Gebiet. Was Sie von uns verlangen, ist illegal.«

»Es ist nur vorübergehend. Für den Augenblick können Sie im jordanischen Teil der gemeinsamen jordanisch-palästinensischen Delegation einen Palästinenser aus einer prominenten Jerusalemer Familie haben, der in Jordanien lebt, um die Frage Jerusalems zu deichseln. Das Zusicherungsschreiben wird dies klar festhalten, und wir werden unsere Politik zu Jerusalem wiederholen.«

»Dieser Umweg ist umständlich und unbefriedigend. Der Baker-Anzug paßt noch schlechter, als wir dachten. Aber eigentlich wollen Sie das Gesetz und Ihre Politik verdrehen, um Shamir zu besänftigen. Sogar West-Jerusalem ist laut Gesetz nicht Israel: Nach der UN-Resolution 181 von 1947 ist ganz Jerusalem ein *corpus separatum*.«

Baker ging an die Decke: »Jetzt ziehen Sie eine fünfundvierzig Jahre alte Resolution heran und sagen mir, daß sie gültig ist?«

»Natürlich. Diese Resolution schuf den Staat Israel. Alle Länder, auch die USA, bleiben bei ihrer Regelung zu Jerusalem. Was glauben Sie, warum hat kein einziger Staat seine Botschaft nach Jerusalem verlegt, sondern sie in Tel Aviv gelassen?«

»Ist das wahr?« Baker wandte sich zwecks Bestätigung an Dennis Ross.

Dennis räusperte sich und druckste herum, mußte jedoch die Wahrheit zugeben.

»Wir denken auch, daß das, was Sie von uns verlangen, illegal ist. Gemäß der Vierten Genfer Konvention kann ein Volk unter Besatzung nicht veranlaßt werden, eine Vereinbarung mit dem Besatzer zu unterzeichnen, die seinen Rechten und seinem Land schaden würde. Die PLO ist das einzige rechtmäßige Gremium, das verhandeln und unterzeichnen darf, und Israel – als kriegerischer Besatzer – ist verpflichtet, mit der PLO zu reden, und nicht mit uns.«

Baker versuchte verzweifelt, seine Fassung nicht zu verlieren, aber wir konnten bereits die ersten Rauchwölkchen aufsteigen sehen. »Nach sieben Monaten haben Sie also beschlossen, daß die ganze Sache illegal ist! Die PLO ist im Moment draußen. Wir haben den Dialog mit ihr abgebrochen, und Israel wird nicht mit der PLO sprechen. Sie sind alles, was wir haben, und Sie dürfen die PLO nicht einmal in irgendeiner Art, Weise oder Form erwähnen. Machen Sie mit oder nicht?«

»Das können wir Ihnen jetzt nicht sagen. Wir müssen eine Entscheidung von der PLO einholen. Was ist mit der Fahne? Wenn da viele Fahnen sind, dann sollten wir auch unsere bekommen.«

Ich konnte mit Bakers Frustration und Wut fast mitfühlen.

»Nein, nein, nein! Keine PLO und auch nicht irgendwelche Fahnen!«

»Dürfen wir auch die israelische Delegation auswählen, da die Israelis ja auch unsere nach annehmbaren und unannehmbaren Palästinensern auswählen? Für uns ist ein Siedler ein inakzeptabler Israeli, der auf Land lebt, das man uns gestohlen hat. Jeder Israeli, der in Folter oder Tötung eines Palästinensers verwickelt war, ist auch unannehmbar.«

»Das können Sie nicht tun. Es gibt keine Vorbedingungen. Shamir hat uns gesagt, daß seine Delegation den Saal verläßt, wenn irgendwelche Mitglieder der PLO oder Jerusalemer auf Ihrer Seite sind. Sie können einen Walk-out machen, wenn ein Israeli dabei ist, mit dem Sie nicht zusammensitzen wollen, aber Sie werden die Konsequenzen dafür tragen müssen. Wir können es uns nicht leisten, daß die Israelis die Verhandlungen verlassen, und Sie können es sich auch nicht leisten, vom Verhandlungstisch aufzustehen.«

»Wir haben noch nicht gesagt, daß wir drin sein werden, um den

Raum zu verlassen. Wer trägt die Kosten, wenn die PLO draußen ist? Wir schlagen Ihnen vor, ein neutrales Organ wie die UNO zu finden, um die Rechnung zu bezahlen. Eine Delegation aus dem Volk mit Akademikern und Berufstätigen kann ihre Beteiligung an solch einem kostspieligen Unternehmen nicht bezahlen. Die PLO ist bereit zu zahlen, aber wenn sie es tut, dann müssen wir diese Tatsache öffentlich anerkennen.«

»Sie dürfen dies alles nicht tun! Die UNO hat keine Befugnis, solche Ausgaben zu decken, und ist auch nicht an den Verhandlungen beteiligt. Es ist uns egal, ob die PLO zahlt, aber Sie dürfen dies nicht publik machen.«

»Bekommen wir Immunität? Was für Pässe werden wir haben? Wer garantiert für unsere Sicherheit und die unserer Familien? Werden Sie für Bewegungsfreiheit und Meinungsfreiheit sorgen? Was ist mit der israelischen Zensur, die unsere Telefone abhört, und der Einmischung in unsere Dokumente? Können Sie eine Gleichbehandlung mit den anderen Delegationen garantieren?«

»Wir können überhaupt nichts garantieren, aber wir werden unser Bestes tun. Warum sprechen Sie nicht direkt mit den Israelis über diese Fragen?«

»Wir sollen in diesen Verhandlungen ein Volk vertreten; wir sind keine Bittsteller vor Besatzern. Vierundzwanzig Jahre Besatzung haben unseren Willen nicht gebrochen oder uns zu Leuten gemacht, die um Wohlwollen buhlen. Der Friedensprozeß wird dies auch nicht schaffen.«

»Aber die Israelis sind bereit, Vertrauensbildende Maßnahmen zu erwägen, wenn die Gespräche Fortschritte machen.« VBM waren Bakers Standardausspruch, um Schritte zu beschreiben, die eine auf den Frieden hinführende Atmosphäre schaffen würden.

»Dies sind keine VBM oder Gefälligkeiten. Es sind wesentliche politische Notwendigkeiten und Rechte.«

Da die Situation eher schmerzlich als komisch wurde, bestiegen wir das Flugzeug nach Tunis mit der Erkenntnis, daß der Moment der Wahrheit bevorstand. Nicht nur, daß der Baker-Anzug nicht paßte, er war unpassend. Wie viele Nachteile und Handikaps konnten wir in einen Prozeß mitnehmen, dessen Waagschalen sich bereits zugunsten unseres Gegners geneigt hatten? Ich fühlte heftig ernstliche Zweifel in mir aufkommen. Könnten wir uns den Preis eines Nein leisten? Und wenn wir Ja sagten, dann würde dies nicht nur Qual bedeuten, sondern auch ein gewisses Maß an Selbstverneinung und Selbstverleugnung. Zahlten wir den vollen Preis des Golfkriegs? Oder büßten wir für die Schuld des Westens und den Schrecken eines Gemetzels, das andere verschuldet hatten und nicht wir? Das Böse des Holocaust in Europa konnte nicht durch Ungerechtigkeit in Palästina wiedergutgemacht werden. Wenn uns das »gelobte Land« gehörte und sie das »auserwählte Volk« waren, dann hatten wir nie versprochen, unser Erstgeburtsrecht preiszugeben oder uns verpflichtet, Ausgestoßene zu sein. Wie Walid Khalidi (der berühmte palästinensische Professor aus einer prominenten Jerusalemer Familie, der in Jordanien wohnte) einmal sagte: Wenn ihr Jahwe ihnen das gesagt hat, so hat Allah uns dies nicht mitgeteilt.

7

»Es stimmt, daß wir objektiv gesehen schwach sind. Wir sind vielleicht nicht in der Lage, eine Lösung nach unserem Geschmack durchzusetzen, aber wir können eine Vereinbarung verhindern, die uns gegenüber unfair ist. Wir haben keine positive, sondern eine negative Macht; doch um diese wirksam zu nutzen, müssen wir sie positiv einsetzen.« Nach einer weiteren heimlichen Reise auf verschlungenen Routen legte Faisal dem Exekutiv-Komitee in Tunis seine Analyse und Empfehlungen vor.

»Das Bild wird klarer. Wir haben genügend Anhaltspunkte, und für jeden Weg gibt es ein hinreichend überzeugendes Argument«, schloß ich meine Beurteilung an. Es gab gute Gründe für eine Zustimmung zur Friedenskonferenz, es gab aber auch welche dagegen. »Die Bedingungen sind ungerecht und schmerzlich; sie reichen aus, um dem Volk gegenüber eine negative Antwort zu vertreten, wenn wir uns die Konsequenzen leisten können. Wir haben auch genug, um eine positive Antwort zu rechtfertigen, wenn wir zuversichtlich sind, daß wir den Prozeß zu einem Instrument des Wandels machen und das Rahmenwerk allmählich verändern können. In jedem Fall müssen wir eine Mehrheit hinter uns haben.«

»Glaubt ihr, daß wir die Bedingungen verbessern können, wenn wir noch länger warten?«

»Ich bezweifle es, aber ein Versuch kann nicht schaden. Wir könnten es bis zum letzten Moment versuchen. Die Amerikaner drängen auf ein Datum im Oktober, und das gibt uns noch ein paar Tage Zeit. Baker kommt nächste Woche in die Region, und er will dann die Namen der Delegationsmitglieder wissen.«

»Dann bleibt an der Sache dran und macht nichts Verbindliches fest. Am meisten schmerzt mich daran, daß ihr, Faisal und Hanan, jetzt von den Verhandlungen ausgeschlossen werdet, wo ihr doch so viel getan und alle Verhandlungen in meinem Namen geführt habt. Wie könnte ich das akzeptieren? Wir müssen eine Möglichkeit finden, dieses Verbot zu umgehen.«

»Wir brauchen dringend Unterstützung von anderen arabischen Ländern, zumindest von den Staaten, die gemeinsame Grenzen mit

Israel haben. Hanan und ich könnten in islamische und arabische Länder reisen, dort um politische Unterstützung werben und uns auf eine gemeinsame Strategie einigen. Das wäre besonders für die Frage des Status von Jerusalem hilfreich«, meinte Faisal in dem Versuch, Abu Ammar zu überzeugen.

»Glaubst du denn, wir haben das nicht versucht? Aber die Amerikaner haben ihre arabischen Freunde bereits aufgefordert, sich nicht mit uns abzustimmen. Anscheinend sollen wir völlig entblößt in die Konferenz gehen. Sollten irgendwelche Besuche in arabischen und islamischen Ländern stattfinden, dann müssen wir sie als legitime politische Führer des palästinensischen Volkes unternehmen. Ihr könnt das nicht tun. Ich habe bereits Schreiben an die blockfreien arabischen und islamischen Regierungen gerichtet. Sie sind zu eingeschüchtert von den Amerikanern, um auch nur zu antworten.«

»Dann schicken Sie uns als Ihre Abgesandten«, beharrte Faisal. »Machen Sie eine öffentliche Ankündigung, und wir stimmen uns dann in Ihrem Namen mit ihnen ab. Wir müssen ohnehin bald nach Jordanien fahren.«

»Nein. Das könnt ihr nur dann, wenn wir vorher eine offizielle Abstimmung zwischen dem Exekutiv-Komitee der PLO und der jordanischen Regierung erreichen. König Hussein und Taher al-Masri haben einem solchen Arrangement bereits zugestimmt. Wir werden diskret vorgehen. Ihr beide, Hanan und Faisal, werdet öffentlich nach Amman reisen. Abu Mazen, Yasser Abd Rabbo und Suleiman al-Najjab aus dem Komitee werden vor euch dort sein. Ihr werdet an allen offiziellen Treffen gemeinsam teilnehmen, selbst wenn nur ihr beide vor die Presse tretet. Die Jordanier können es sich nicht leisten, sich Baker zum Feind zu machen, obwohl sie uns wirklich helfen möchten. Wir müssen eine bilaterale politische Vereinbarung zwischen Jordanien und Palästinensern erreichen, bevor wir in den Friedensprozeß eintreten oder eine gemeinsame Delegation stellen.«

Trotz des Schutzschirms der gemeinsamen Delegation und der oft beschworenen »besonderen historischen Bande« zwischen den Jordaniern und uns fürchteten die Jordanier die Theorie des »alternativen Heimatlands«, die von der israelischen Likud-Regierung und anderen Parteien des rechten Flügels immer wieder vorgebracht wurde und nach der sie Jordanien gerne zur Heimat der Palästinenser machen wollten. Angesichts der Tatsache, daß die jordanische Bevölkerung mehrheitlich aus Palästinensern besteht, wurde dieses demographische Argument für die Jordanier zu einer Quelle realer Ängste. In einer ironischen Parallele definierte die israelische Arbeitspartei uns ebenfalls als ein »demographisches Problem«. Sie gebrauchte dieses Argument, um den Friedensprozeß als eine Möglichkeit zu zeigen, die Zeitbombe der palästinensischen Bevölkerung an der Explosion zu hindern und den jüdischen Charakter und die jüdische Mehrheit im Staate zu unterminierten. Die Arbeitspartei trat auch traditionell für die »Jordanische Option« entweder in Form einer Zuweisung der Westbank zu Jordanien oder der Schaffung einer jordanisch-palästinensischen Beziehung ein, die die Kontrolle Jordaniens über die Westbank und Gaza gewährleisten würde. Der rechte Flügel versuchte darüber hinaus, das demographische Problem durch Befürwortung der »Umsiedlung« der Palästinenser zu lösen – eine erzwungene oder freiwillige, sichtbare oder unsichtbare Massenvertreibung der Bevölkerung. Auf der anderen Seite des Jordans sahen die Jordanier in der Umsiedlungs-Idee ihren schlimmsten Alptraum Gestalt annehmen. Wir reagierten höchst empfindlich auf jedes Argument oder jeden Versuch, unser Schicksal als eine Abstraktion oder ein Hindernis für die Pläne anderer Völker darzustellen. Für uns war das Recht auf Selbstbestimmung nicht verhandelbar.

Als der Palästinensische Nationalrat demnach ein palästinensisch-jordanisches Bündnis vorschlug und ihm zustimmte, erfolgte dies auf der Grundlage der Parität, der gegenseitigen Achtung der Souveränität und der nationalen Identität jeder Seite und nur mit der freien Zustimmung beider Völker. Bei einer früheren Zusammenkunft anläßlich einer Konferenz in San Francisco, als Prinz Hassan von Jordanien die Frage nach der Wiederbelebung des Abkommens von Amman zwischen den Palästinensern und Jordanien aufwarf, antwortete ich mit einer Anspielung auf das Bündnis. Es wäre vor allem auf der Grundlage der oben genannten Grundsätze ein Weg, eher die Zukunft in Angriff zu nehmen als die Vergangenheit aufleben zu lassen. Später in Amman bei einem informellen Abendessen mit König Hussein und Königin Nur unterstrichen Faisal und ich beide den pragmatischen, nach vorne gerichteten Ansatz. Wir sollten uns nicht durch den Schmerz und die Fehler der Vergangenheit behindern lassen oder langgehegten Ressentiments und Gegenbeschuldigungen verhaftet bleiben. Genauer konnten wir indirekt keinen stillen Hinweis auf die düsterste Phase der palästinensisch-jordanischen Beziehungen geben – dem schicksalhaften Schwarzen September, der damals wütenden Gewalt und den Massakern. Auch die Erinnerungen an die jordanische Herrschaft über die Westbank von 1951 bis 1967 hatten ein komplexes Erbe von Ressentiments und miteinander im Widerstreit stehenden Ansprüchen hinterlassen. Faisal und ich hatten beide den Eindruck, daß König Hussein aufrichtig und ehrlich nach neuen Beziehungen auf der Grundlage von Offenheit und Vertrauen suchte, um die Herausforderungen bewältigen zu können, die auf beide Völker warteten – vor allem die

Herausforderung des Friedens, die wir beide entschlossen angenommen hatten. Wir berichteten Abu Ammar von unseren Eindrücken und Schlußfolgerungen. Doch ein Problem, das sich direkt aus den geopolitischen und demographischen Realitäten der palästinensisch-jordanischen Beziehung ergab, war die Tatsache, daß Abu Ammar und König Hussein sich an dieselbe Wählerschaft wandten – oder zumindest an eine Wählerschaft, die sich weitgehend deckte. Die implizite Rivalität würde trotz all unserer Bemühungen bestehen bleiben, insbesondere weil stets sowohl reale als auch imaginäre Gebietsansprüche irgendwo im Hintergrund standen. Die Frage nach dem Status von Jerusalem wurde später nach der Unterzeichnung des Friedensvertrages zwischen Jordanien und Israel im Jahr 1994 und nach Jordaniens Anspruch auf Verwaltung der heiligen Stätten des Islam in dieser Stadt zum deutlichsten Konfliktthema in dieser Rivalität.

»Hanan und ich werden nach Amman reisen«, sagte Faisal. »Aber was ist mit den übrigen?«

»Man hat uns gesagt, daß ein arabisches Abstimmungstreffen erst stattfindet, nachdem wir unsere Antwort gegeben haben.«

»Ich fand es ausnehmend unangenehm, daß Baker uns fragen mußte, ob wir über ihn irgendwelche Botschaften an unsere arabischen Brüder senden wollten. Wir teilten ihm mit, wir bräuchten keinen amerikanischen Fürsprecher zwischen uns und den Arabern«, sagte ich.

»Schlimmer sind die Drohungen, die ich in den Protokollen lese.« Abu Ammar war sichtlich aus der Fassung gebracht. »Du hast ein gutes Gedächtnis, Hanan. Was hat er tatsächlich gesagt?«

»Er sagte kategorisch: ›Wenn wir nicht teilnähmen, dann würde Israel nicht nur die 10 Milliarden Dollar Bürgschaftsgarantien bekommen, sondern 20 Milliarden oder mehr. Die Besiedlung würde nicht aufhören, sondern sogar noch zunehmen.‹ Und er fügte hinzu: ›Wenn Sie sich jetzt über die PLO solche Sorgen machen, dann nennen Sie mir ein Land, welches die PLO aufnehmen wird – ganz zu schweigen von einer Versammlung des Palästinensischen Nationalrates‹. Bei dieser Zusammenkunft wandten sich die Dinge sehr zum Schlechten.«

»Wir dürfen uns nicht einschüchtern lassen, aber wir müssen hier richtig vorgehen.«

Faisal und ich fuhren von Tunis nach Jerusalem, von dort nach Amman und versuchten verzweifelt, »richtig vorzugehen«. Die palästinensisch-jordanische Vereinbarung bekam ihre endgültige Form und wartete auf ihre offizielle Unterzeichnung. In Jerusalem trafen wir uns drei Nächte hintereinander in Faisals Haus und versuchten, für Tunis eine Liste von Teilnehmern für die palästinensische Delegation zu erstellen. Vertreter aller politischen Splittergruppen sowie unabhängige Nationalisten schlugen alternative Zusammenstellungen vor. Wir versuchten vergebens, die PFLP zur Teilnahme zu bewegen. Die Volkspartei, FIDA, Fatah (oder eher die Mehrheit der Fatah) und die Unabhängigen beteiligten sich. Tunis hatte einer komplexen Zusammensetzung zugestimmt, um die Zwänge zu umgehen, die der Zusammenstellung unserer Delegation auferlegt waren. Baker hatte uns das »Zugeständnis« gemacht, daß wir eine volle Delegation mit vierzehn Mitgliedern haben sollten; zumindest zahlenmäßig war das richtig, obwohl schließlich nur sieben jeweils gleichzeitig am Tisch saßen. Angesichts der Zwänge sowie unserer politischen, sozialen und geographischen Realitäten wußten wir, daß wir einem kritischen und schwierigen Balanceakt entgegensahen. Wir hielten es für das Klügste, Kategorien und ausführlichere Listen vorzuschlagen und die endgültige Entscheidung der PLO zu überlassen.

Unser Aufbau war wie der Baker-Anzug unpassend und plump. Wir hatten eine Kategorie mit der Bezeichnung »Führungskomitee« (Leitung, Lenkungs- oder Führungsausschuß), der aus Jerusalemern und »Ausländern« bestehen sollte, die kein Amt in der PLO innehatten. Faisal, ich selbst, ein Vertreter der FIDA und einer der Volkspartei würden neben dreien aus dem Ausland dazugehören. Die vierzehnköpfige Verhandlungsdelegation würde gänzlich aus der Westbank (einschließlich Jerusalem) und Gaza stammen, dazu kamen drei Ersatzleute. Das Verwaltungsteam sollte einen Leiter, Assistenten, einen Protokollführer, Sekretärinnen und Computerfachleute, Presse- und Medienfachleute, Übersetzer und Archivare umfassen. Die Kategorie der Rechtsberater wurde von der breiten und formlosen Gruppe der »Experten« und »Berater« abgetrennt. Später wurde in Tunis das Leitkomitee aus offiziellen PLO-Vertretern gebildet, das die palästinensische Verhandlungsstrategie und -führung überwachen und leiten sollte.

Damals in London hatten Faisal, Akram und ich ein detailliertes Schaubild mit Auswahlkriterien erarbeitet. Dazu gehörten: Region, politische Zugehörigkeit, Religion, Ausbildung und Erfahrung, Beruf, soziale Stellung, Geschlecht, Wohnsitz in einer Stadt, einem Dorf oder einem Lager, Flüchtling von 1948 oder nicht, Gefängnisaufenthalte, Sprachen und besondere Fähigkeiten usw. Die einige hundert Namen wurden auf dem Schaubild in ihre entsprechenden Abteilungen gesetzt, um sicherzustellen, daß alle Kriterien erfüllt waren. Abu Ammar hatte die Liste bereits, aber er hatte auch seine eigenen Prioritäten und besonderen Überlegungen. Während wir verschiedene Konfigurationen, Kombinationen und Alternativen abschickten, arbeitete Abu Ammar seine eigenen aus. In der Zwischenzeit sandte Baker hektisch Botschaften und wollte unsere inoffizielle Antwort und die Namen wissen. Wir hatten weder das eine noch das andere.

In der dritten Oktoberwoche kam Baker nach Jerusalem. Sein Besuch verlief turbulent. Das Exekutiv-Komitee in Tunis hatte versprochen, die Namensliste am Morgen des Treffens mit Baker abgeschlossen zu haben, doch um 6.00 Uhr hatten sie sich noch nicht entschieden, obwohl wir eine vorläufige, aber unvollständige Liste einiger Personen hatten, die vermutlich an dem bevorstehenden Treffen teilnehmen sollten. Absolut sicher waren wir uns über den designierten Delegationschef, Dr. Haidar Abdel-Shafi. Ich hatte ihn früher Baker gegenüber beschrieben als einen »großen ehrwürdigen Herrn aus Gaza, einen großväterlichen Mann, der zu den Gründungsmitgliedern der PLO gehörte und den Sie nicht ablehnen können oder sollten«. Um 7.00 Uhr holte ich Sameh Kan'an, einen Kandidaten für die Delegation ab, und fuhr nach Jerusalem. Sameh, Sohn einer Jüdin und eines Palästinensers, hatte zwölf Jahre seines Lebens in israelischen Gefängnissen verbracht und genoß deswegen vor allem in seiner Heimatstadt Nablus die Unterstützung der Bevölkerung. Aber das bedeutete auch, daß er einen grünen Ausweis hatte. Es gab ein ausgeklügeltes System der Identifizierung und Diskriminierung (Jerusalem blau, Westbank orange, Gaza rot), wobei grün den Ausweisinhaber sofort als entlassenen Häftling, somit als gute Zielscheibe und als »Sicherheitsrisiko« auswies. Bei der israelischen Militärkontrolle wurden wir angehalten, und man ließ uns am Straßenrand warten. Die Soldaten weigerten sich, vernünftig zuzuhören, und unsere Erklärung, daß wir zu einem Treffen mit Baker wollten, machte sie nur noch wütender. Einer machte mir doch tatsächlich eine obszöne Geste; es war seine private Botschaft an den US-Außenminister (ich war natürlich zu höflich, diese Botschaft auszurichten). Aus der Telefonzelle rief ich Molly Williamson an, die sich sofort mit der amerikanischen Botschaft in Tel Aviv in Verbindung setzte, die wiederum mit den Militärbehörden Kontakt aufnahm. Die Soldaten weigerten sich standhaft, uns ihre Namen und Kennungen zu geben, und wollten den Anweisungen ihrer Vorgesetzten nicht folgen. Eine halbe Stunde später tauchte ein Jeep auf, und zwei Offiziere gaben den Soldaten direkten Befehl, uns durchzulassen. Nach 8.00 Uhr morgens kamen wir bei Faisal zu Hause an, es war schon zu spät für das Treffen im amerikanischen Konsulat, doch es stellte sich heraus, daß die Sitzung sogar noch weiter verschoben werden mußte.

Faisal und Sari Nusseibeh waren eindeutig besorgt. Es gab ernsthafte Unstimmigkeiten über die Namen und darüber, ob wir Baker irgendeine Liste überreichen sollten angesichts der Tatsache, daß wir unsere grundlegende Absicht hinsichtlich des ganzen Prozesses noch nicht zum Ausdruck gebracht hatten. Als ich in das Haus kam, hielt mir jemand den Telefonhörer hin. Abu Ammar war am Apparat.

»Das ist Meuterei. Ich will das nicht. Ich entscheide, wer auf der Liste steht.«

»Natürlich. Aber was ist denn passiert? Ich fürchte, ich weiß gar nicht, worum es geht. Haben Sie mit Faisal oder Sari gesprochen?«

»Das habe ich, und ich will nicht mehr mit ihnen sprechen. Sie halten sich für die Führung, und sie weigern sich, die Namen hinzuzufügen, die ich ausgewählt habe. Das ist offene Rebellion, und ich lasse mir das nicht gefallen. Es ist nicht zu glauben! Wollen die mir sagen, daß ich nicht befugt bin, die Namen hinzuzufügen, die ich auf der Liste haben möchte?«

»Ich bin sicher, daß sie es nicht so meinen. Vielleicht betrachten sie die Dinge aus einem anderen Blickwinkel. Wir brauchen Glaubwürdigkeit für die Delegationsmitglieder, und wir haben bereits Gesuche aus einigen Wahlkreisen erhalten...«

»Was für eine Glaubwürdigkeit? Ich weiß, was verlangt wird, und ich entscheide, was das Beste ist.«

»Niemand ist da anderer Meinung. Zweifellos treffen Sie die Entscheidung, aber wir brauchen die Liste bald. Das Treffen ist bereits verschoben worden.«

»Es gibt heute keine Liste. Gebt Baker nichts Offizielles.«

Alle verstummten. Faisal und Sari hatten bestimmt nicht die Absicht gehabt, eine Konfrontation herbeizuführen. Saeb Erakat machte sich unverzüglich an die Arbeit und begann mit der Schadensbegrenzung, indem er eine Loyalitätspetition aufsetzte, die von allen Anwesenden unterzeichnet werden sollte und in der unsere Treue und bedingungslose Unterstützung für unsere Führung und ihre Entscheidungen zum Ausdruck gebracht wurden. Er faxte dieses Schreiben sofort, und wir versuchten, unser Dilemma zu lösen. Manche von denen auf der ursprünglichen Liste waren bereits zugegen und bereit, mit uns zu der Sitzung zu gehen – doch in welcher Eigenschaft jetzt? Wir hatten auch bereits zweimal die Frist verlängert und mußten jetzt rasch eine Entschuldigung für einen dritten Aufschub finden.

»Hat Abu Ammar dich angewiesen, die neuen Leute nicht zur Sitzung mitzunehmen?« fragte Faisal.

»Nein. Er sagte nur, daß Baker keine offizielle Liste zu geben sei.«

»Gut, das werden wir dann auch nicht tun. Wir werden diese Leute als mögliche Mitglieder vorstellen und inoffiziell mit ihm über die Liste diskutieren.«

Wir gingen mit bösen Befürchtungen zu dem Treffen, aber da es das erste war, das auf unser Betreiben in Ost-Jerusalem stattfand, wollten wir es nicht absagen. Es wurde im Konsulat in Ost-Jerusalem abgehalten, einem alten Gebäude mit dunklen Gängen und ausgetretenen Treppenstufen. Ich war bereits in gedrückter Stimmung und nicht zum Scherzen aufgelegt. Nach der Vorstellung der möglichen Delegationsmitglieder fragte Baker nach der vollständigen Liste.

»Wir sind bereit, Ihnen zu diesem Zeitpunkt eine vorläufige und inoffizielle Liste zu geben«, sagte ich.

»Was meinen Sie mit vorläufig und inoffiziell? Sie täten gut daran, sich zusammenzuraufen, oder Sie erfüllen die Prophezeiung von Abba Ebban: ›Die Palästinenser versäumen nie eine Gelegenheit, eine Gelegenheit zu versäumen.‹ Alle außer Ihnen sind jetzt dabei, und wenn Sie nicht akzeptieren, dann fangen wir ohne Sie an.«

Baker hatte sich in Ton und Wortwahl vergriffen, und ich reagierte heftig. »Wenn Sie schon keine eigenen Worte finden können, um mit uns zu kommunizieren, dann wären wir Ihnen sehr verbunden, wenn Sie keine israelischen Quellen und Äußerungen bemühen würden. Wir haben genug von deren Rassismus und Herrschaft gehabt und hätten es lieber, keine Zitate von Ihnen zu hören. Und selbst, wenn alle anderen einverstanden sind und wir nicht, wird es keinen legitimen und umfassenden Friedensprozeß geben. Abgesehen davon sind wir die Seite mit den meisten Handicaps, da Sie die israelischen Einschränkungen für unsere Delegation durch Ausschluß unserer Führung und der Jerusalemer akzeptiert haben. Sie haben uns auch keinerlei Zusicherungen über die VBM [Vertrauensbildenden Maßnahmen] und die Siedlungspolitik gegeben, die wir als Volk unter der Besatzung so dringend brauchen. Und wir haben es immer noch mit einem zweistufigen Ansatz zu tun ohne irgendeine Aussage über die Zielsetzungen.«

»Das sind die Bedingungen, und wenn Sie glauben, daß Sie diese jetzt ändern können, indem Sie bis zum letzten Moment alles verzögern, wird Ihnen dies nicht gelingen. Der *Souk* ist vorbei, der Basar ist geschlossen – Schluß.«

»Jetzt sprechen Sie schon wieder eine rassistische Sprache. Wir feilschen hier nicht über den Preis von Waren, wir kämpfen um unser Leben und um die Zukunft der ganzen Region. Ich habe die israelischen Kommentare über unseren Ansatz in der heutigen Zeitung gelesen; sie sind diejenigen, die behaupten, wir hätten eine Basar-Mentalität, und diese Art der klischeehaften Darstellung ist völlig inakzeptabel.«

Unnötig zu sagen, daß das Treffen alles andere als diplomatisch verlief. Monate später erzählte mir Margaret Tutwiller bei einem Abendessen in Washington, daß sie mich nie zuvor so verärgert oder hitzig gesehen hatte. Nachdem sich die Wogen etwas geglättet hatten, vereinbarten wir, Baker eine informelle Liste zu übergeben.

»Ich bin erleichtert, daß ich die Liste jetzt habe«, sagte er. »Ich habe für Mittag ein Treffen mit Shamir vereinbart, und ich brauchte die Liste vorher.«

»Ich hoffe, Sie denken nicht daran, den Israelis die Liste auszuhändigen. Ich dachte, wir hätten uns darüber geeinigt, daß ›allein die Palästinenser das Recht haben, ihre eigene Delegation auszuwählen‹, und daß es kein Veto und kein Überprüfen der Namen durch Israel gibt.«

»Ich werde ihm die Namen nicht geben, aber wir werden sie uns ansehen und uns davon überzeugen müssen, daß die Namen keine Probleme aufwerfen. Dann kann ich Shamir in aller Aufrichtigkeit sagen, daß ich mit der Liste zufrieden bin.«

»Werden wir dasselbe mit Ihrer Liste machen können?«

»Jede Seite wird der anderen vor dem Treffen ihre Liste vorlegen. Aber Sie müssen darauf achten, daß Sie nie die PLO erwähnen oder verlauten lassen, daß Sie von der PLO ernannt oder ausgewählt sind. Wir wollen keinen Walk-out der Israelis.«

»Soll denn dieses Schwert ständig über unseren Köpfen hängen bleiben? Lassen Sie sie einen Walk-out machen. Lassen Sie sie die Konsequenzen dafür tragen; wir können nicht auch noch für ihre Handlungen verantwortlich gemacht werden.«

»Wir müssen die Israelis an den Verhandlungstisch bringen und dort halten. Vertrauen Sie mir, die Dinge werden sich ändern, wenn der Prozeß erst einmal angelaufen ist und eine Eigendynamik entwickelt. Wie wollen Sie sonst die Besiedelung stoppen? Wie würden Sie sonst die Besetzung beenden?«

Da war etwas dran. Doch es stand auf schwachen Beinen, wie immer, wenn eine Alternative fehlt. Außerdem hatten wir unsere eigenen Pläne, um den Friedensprozeß zu einem Instrument für unsere eigene Stärkung und für die Abschwächung von Zwängen zu machen. Wir mußten unsere negative Macht positiv einsetzen.

Am Nachmittag trafen wir uns mit dem anderen Schirmherrn, dem russischen Außenminister Boris Pankin, im National Palace Hotel. Er versuchte, uns das Argument der Amerikaner zu verkaufen, und Faisal brachte ihn einem Herzinfarkt nahe, als er zur Presse hinausging und andeutete, daß wir vielleicht unter Protest die Verhandlungen verlassen würden. Das aufmüpfige Verhalten der Palästinenser hatte seinen Höhepunkt erreicht. Shamir hatte der Presse angekündigt, daß er die Namen unserer Delegation überprüfen werde, um sicherzustellen, daß keine »persona non grata« auf der Liste stünde. Pankin ging hinaus, rief Baker über das Hoteltelefon an und berichtete ihm (wie uns ein palästinensischer Lauscher erzählte), daß die Palästinenser ärgerlich seien und daß er ganz schön damit zu tun habe, uns zu besänftigen. Baker bat ihn, uns zu versichern, daß die Berichte unwahr seien und daß er Shamir keinerlei Liste vorgelegt habe. Pankin gab uns die Nachricht weiter. Wir drängten ihn, eine aktivere Rolle zu spielen; er versprach, mehr zu tun. Wir sahen ihn nie wieder – abgesehen von einem kurzen Augenblick bei der Eröffnungssitzung der Madrider Friedensgespräche.

Bei einer Pressekonferenz in Jerusalem am selben Tag überraschte Baker uns alle mit der Ankündigung, daß die Friedenskonferenz in Madrid stattfinden würde – einem Ort, der vorher nie im Gespräch gewesen war, obwohl wir viele Stunden und viele Sitzungen damit verbracht hatten, über verschiedene mögliche Tagungsorte zu diskutieren. Wieder bei Faisal, rangen wir immer noch mit Namen – mit hunderten. Akram und Abu Ammar hatten sich die beiden offiziellen Posten des Delegationsführers und des offiziellen Sprechers ausgedacht, um für Faisal und mich öffentliche Anerkennung zu erreichen und uns – wenn schon nicht in die tatsächlichen Verhandlungen – so doch in den Prozeß einzubringen. Zunächst wehrte ich mich gegen diesen Titel, da ich nicht die Absicht hatte, ein Mediengeschöpf zu werden. Ich bin immer der Meinung gewesen, daß echte Sprecher, besonders Sprecher für ein Volk und eine Sache wie die unsere, in die Rolle eher hineinwuchsen und sie verkörperten, als daß sie dazu benannt wurden. Man versicherte mir, daß in unserem Fall die Entscheidung auf politischen Erwägungen und Notwendigkeiten sowie auf unseren Verdiensten gründete. Die Verantwortung hieß hier, sowohl Politik zu machen als auch offiziell zu repräsentieren. (Ich hatte damals keine Ahnung, daß ich Politik aus dem Stegreif und oft stehenden Fußes machen sollte!)

Wie vorhersehbar war, konzentrierte sich die Opposition mit ihren Angriffen auf mich, da sie dachte, ich sei als Frau und als Unabhängige am verwundbarsten. Manche Extremisten zielten schäbig darauf ab, daß ich Christin (und außerdem noch Frau) und somit unrepräsentativ bin. Diejenigen, die politische Ambitionen hatten und in Machtkämpfe unter Männern verwickelt waren, nahmen mir übel, daß ich, wie sie dachten, ihren Platz einnahm. Das »Warum sie?«-Syndrom als Beschönigung für »Warum nicht ich?« Die engstirnigen Zyniker hatten die Antwort parat: »Es liegt an ihrem Englisch« oder »Sie ist Star/Schöpfung/Liebling der Medien« oder »Baker hat sie ausgewählt«. Überflüssig zu sagen, daß ich einen schweren Stand hatte. Die meiste Zeit achtete ich nicht darauf, doch manchmal drangen diese Dinge zu mir durch, und ich war ehrlich verletzt. In dieser ganzen Zeit waren Emile und meine Töchter sowie viele treue Freunde immer für mich da. Meine größte Belohnung erfuhr ich von den Menschen, die ich nicht kannte, die aber auf mich zukamen und mir ihre Unterstützung und Ermutigung kundtaten. Ich entdeckte, daß die öffentliche Meinung viel objektiver, fairer und verständnisvoller war als die der lauten Anwärter auf politische Ämter.

Molly Williamson rief einige Tage später an. Sie wollte das Einladungsschreiben und das Zusicherungsschreiben überbringen. Wir begannen eine lange Verhandlung per Telefon darüber, ob die Dokumente auf einem offiziellen Papier mit Briefkopf abgefaßt sein müßten, ob sie unterzeichnet sein würden, ob sie ein Deckblatt haben würden, ob sie an Faisal Husseini in seiner Eigenschaft als Leiter des palästinensischen Teams gerichtet wären, ob sie ausdrücklich seine Anschrift in Jerusalem aufführen würden und ob ihr russischer Kollege Molly begleiten würde. Molly bemühte sich um Geduld und Höflichkeit, obwohl sich ihre strapazierten Nerven manchmal in einer bebenden Stimme oder einer zitternden Hand zeigten. Das Schlimmste war, wenn ich mich »über ihren Kopf hinweg« an Dennis, Ed oder Dan in Washington wandte. Als wir die scheinbar technischen Formalitäten geklärt hatten, bat ich sie schließlich, mit ihrem Besuch bei Faisal bis zum Nachmittag zu warten. Ich rief Akram an.

»Es sieht so aus, als würden die Einladungen heute ausgeteilt. Sie werden gleichzeitig allen Parteien übergeben.«

»Hast du die Form überprüft?«

»Wir haben an alles gedacht. Aber ich habe Molly gebeten, bis heute nachmittag zu warten. Ich weiß, was im LOI steht, und das LOA kenne ich auswendig. Da sind viele Dinge, die wir nicht akzeptieren dürfen. Ich möchte als Annahmeerklärung eine Antwort mit genauer Darstellung unserer Position schreiben und die anderen Positionen als die amerikanische Politik und nicht die unsere behandeln. Wir müssen das zumindest schriftlich festhalten.«

»Das ist eine gute Idee. Ich werde Abu Ammar darüber unterrichten. Hast du Zeit?«

»Ich habe zwei Stunden, vorausgesetzt, ich werde nicht gestört. Ich werde Akram Baker bitten, das abzutippen, was ich schreibe. Erwartet bloß nicht von mir, daß ich euch irgendwelche Entwürfe sende.«

»Das machst du sowieso selten. Wahrscheinlich bist du die einzige, die weiß, was in dem Brief stehen sollte, und die das in einer so kurzen Fassung schreiben kann.«

Ich war gerade mit dem Schreiben fertig, als Molly und Alexei (der Rechtsberater der Russischen Botschaft) hereinkamen. Faisal unterschrieb und übergab unser Schreiben. Molly war begeistert, daß sie so schnell eine Antwort bekam. Sie rief am nächsten Tag an, um uns mitzuteilen, daß Baker über den Inhalt unseres Annahmeschreibens (es wiederholte unsere Position einschließlich des Grundrechtes auf Eigenstaatlichkeit) aufgebracht sei, aber daß sie dennoch beschlossen hatten, weiterzumachen. Sie fragte nach dem Namen desjenigen von uns, der uns am nächsten Tag nach Madrid vorausfahren sollte, sowie nach den Namen unseres Personals und unserer Berater. Wir waren wie gelähmt. Wir waren noch nicht mit dem Aufbau oder dem Einsetzen der Namen fertig. Sofort wurde eine Dringlichkeitssitzung anberaumt, und wir begannen fieberhaft, nach qualifizierten Mitarbeitern zu suchen. In der Zwischenzeit gab Abu Ammar Hunderten von Menschen Versprechen und Zusagen, die glaubten, sie hätten ein Recht darauf, zur Delegation zu gehören.

Die Kategorie der »Ratgeber« schwoll mit all den politischen Persönlichkeiten und Aktivisten, die anerkannt und beschwichtigt werden mußten, bis zur Unkenntlichkeit an. Abu Ammar wußte, daß jeder, der sich ausgeschlossen fühlte, als Reaktion negativ eingestellt und eine weitere Stimme für die Opposition sein würde. Deshalb mußten wir Genehmigungen und besondere Vereinbarungen für eine ständig länger werdende Liste von Leuten bekommen bzw. treffen, von denen die meisten keine klar definierten Funktionen hatten – und eigentlich in zwei Tagen abreisen sollten. So hatten wir mit Ratgebern in rauhen Mengen und zufälligem Verwaltungspersonal immer noch die Aufgabe, die Delegation zusammenzustellen und zu informieren. Zu diesem Zeitpunkt nahmen viele der Delegierten übel, daß unsere Arbeit in letzter Minute erledigt wurde.

Um es noch komplizierter zu machen, verkündete Saeb Erakat im Sender CNN, daß wir die von Tunis ernannte und geleitete PLO-Delegation seien. Mit voller Wucht brach der Zorn der Amerikaner über uns herein. Saeb wurde unverzüglich zur »persona non grata« erklärt und mußte laut Baker aus der Delegation verbannt werden. Somit folgte noch eine weitere Schlacht. Es gelang uns, Saeb vor dem Ausschluß zu bewahren, aber er wurde gebeten, keinerlei öffentliche Erklärungen mehr abzugeben.

Wie durch ein Wunder schafften wir es, unsere Listen, Dokumente, Delegation, Gedanken und Gepäck zu sammeln. Wir sollten uns am frühen Freitagmorgen am National Palace Hotel versammeln.

Mit einem Bus sollten wir den Jordan überqueren, um mit unserer PLO-Führung zusammenzutreffen und zur jordanischen Delegation zu stoßen. Am Sonntag sollten der Rest unseres Mitarbeiterstabs und unsere Ratgeber nachkommen. Alles in allem waren wir eine stattliche Gruppe von 130 Personen. Damals kursierte folgender Witz: Wenn die ganze palästinensische Delegation erst einmal versammelt wäre, um nach Madrid zu fahren, könnte der Rest der palästinensischen Bevölkerung einen Kleinbus besteigen und ihr zum Abschied winken.

Tatsächlich kamen viele zu unserer Abreise. Familien, Freunde, Anhänger, jubelnde Menge und die Presse tauchten sehr früh am nächsten Morgen auf, um uns abfahren zu sehen, uns allerletzte Ratschläge zu erteilen oder uns zu interviewen – je nachdem. Ich fühlte, wie mich die Erregung und die starken Emotionen aus der Menge erfaßten und die Spannung und die Zweifel hinwegfegten, die sich meiner bemächtigt hatten. Statt dessen erfüllte mich eine merkwürdige und tröstende Ruhe. Zuhörend, lächelnd, redend, umarmend und ständig in Bewegung, wurde ich von Hochgefühl getragen und erfaßt. Als wir die Haupttreppen hinunterschritten, begannen einige Frauen, zwischen Ermunterungen, Schulterklopfen, Umarmungen, Küssen und Händeschütteln zu rufen:

»Möge Allah euch den Sieg schenken. *Allah yunsurkom.*«

»Unsere Herzen begleiten euch.«

»Bringt uns unsere Freiheit mit. Vergeßt nicht, daß wir einen Staat wollen.«

»Bleibt hart, *samdien* (standhaft), gebt nicht nach!«

»Ihr seid unsere Hoffnung, unsere *amal*, und wir sind stolz auf euch. Haltet euer Haupt stolz erhoben.«

Aber die eine Ermahnung, die in meinen Gedanken und in meinem Herzen widerhallte und meine Seele verfolgte, wie es nur eine reine, schneidende und quälende Melodie kann, wurde mir ruhig und direkt, ja fast leidenschaftslos gegeben: »Wir sind ein Gut, *amanah*, das wir in eure Hände legen. Wir haben unsere Zukunft eurer Obhut anvertraut. Laßt uns nicht im Stich.«

Amanah ist ein Wort voller Bedeutungen und Andeutungen. Es zieht eine Kette von Echos nach sich, die jenseits des Hörbaren liegen: Ein kostbarer Besitz wird in die Obhut eines Menschen gegeben, in den man sein Vertrauen setzt; da schwingen Vertrauen und Integrität, Aufrichtigkeit und Vertrauenswürdigkeit, ein Zufluchtsort und eine Freistätte, Sicherheit und sichere Furt mit ... und noch mehr. Nur ein solch einfaches, asketisches Wort konnte die Kühnheit besitzen, auf einmal ein so überwältigendes Gefühl von Hoffnung, Pathos und Verantwortung zu vermitteln. Ich fühlte das ungeheure Ausmaß seiner Bedeutung und ich weinte. Nicht zögernd oder verstohlen, ich weinte ohne Scham und hemmungslos. Ich weinte für ein ganzes Volk, das sich nach einem sicheren Hafen sehnte, für ein Volk, das dachte, daß ich, daß wir die Verwirklichung dieses Traumes einen Schritt näher oder eine Sekunde früher bringen könnten. Ich weinte um mich selbst, weil ich eine Mission auf mich genommen hatte, die mich in ihrer geistigen Falle versklaven oder sogar vernichten konnte. Ich weinte um die Delegation, die durch die Geschichte und die Umstände getrieben wurde, eine Flamme zu tragen, die sie wahrscheinlich verschlingen würde. Ich war auch einfach berührt von dem Vertrauen, und ich nahm dieses Wort *amanah* in mich auf, wie unsere ausgedörrten Hügel den ersten sanften Herbstregen aufsaugen, und es sickerte bis zu den Wurzeln meines Seins hinunter, aus denen ich gekommen war und die mich geformt hatten.

Mein Name bedeutet »Zartheit«. Treu nach der arabischen und allgemein semitischen Tradition messen wir Palästinenser Namen sehr große Bedeutung bei – ihrem Sinn und Klang, ihrer historischen Anspielung und der Authentizität, der Identifikation und der Identität. Sehr oft sind die Namen eine Form des Schwelgens im Wunschdenken und beschreiben nicht unbedingt die genauen Wesenszüge ihres Trägers. Dies gilt zum Beispiel für ziemlich reizlose Töchter, die dann *Hilweh* oder *Jamileh* genannt werden, was soviel wie »hübsch« oder »schön« bedeutet, und manche eher schüchterne Söhne tragen Namen wie *Nimr* oder *Laith*, sie heißen also »Tiger« oder »Löwe«. Manchmal konnte ein Name eine direkte Botschaft an Gott oder das Schicksal sein, wie man dies zum Beispiel bei Eltern sieht, die ihre Töchter, wenn sie erst einmal eine nach der anderen zur Welt kommen, *Tamam* oder *Kifayah* oder *Nihaya* nennen, was »genug«, »ausreichend« oder »das Ende« bedeutet. In den meisten Fällen bürdet man den Kindern Rollen auf, die sie nicht erfüllen und nicht leben können, und sie bekommen eine Identität in einer Tradition, die an die griechischen Epen erinnert: Wie soll man einen *Nasr* (Sieg) trösten, der ein Leben lang in nicht selbstverschuldetem Besiegtsein lebt? Wer kann *Khaled* (der Ewige) davon überzeugen, daß er Unsterblichkeit in dieser Welt nicht erreichen kann? Und wie versteht *Ni'meh* (das Geschenk der Gnade) die schändliche Diskriminierung, mit der ihr Geschlecht bewußt behandelt wird? Noch grausamer sind die Anspielungen auf historische Gestalten oder göttliche Attribute und Prophezeiungen in einem unheldenhaften und profanen Zeitalter des Verleugnens. Doch der wichtigste Aspekt ist, daß unsere Namen Beweis für die geradlinige Abstammung, für die Wurzeln eines entwurzelten Volkes sind, Beweis für die Kontinuität einer zerrissenen Geschichte und für die Legitimität einer verwaisten Nation. Der Nachweis der Vorfahren zusammen mit einer unerfüllten Sehnsucht nach allem, was uns verweigert worden ist, hat eine einzigartige semantische Epistemologie der Palästinenser hervorgebracht – einen geheimen Code des instinktiven Erkennens, das die Stücke des Wandteppichs einer Realität miteinander verknüpft, der durch Ungerechtigkeit zerrissen wurde. So ist *Falastien Muhammad Abdel-Rahim Barakat Nusseirat* der rätselhafte Name aus den Erzählungen für Palästina. Sie ist die Tochter von Muhammad (nach dem Propheten benannt), Sohn des Dieners des Barmherzigen (Verweis auf Gott) aus der Familie der Segnungen (was auch auf regionale Ursprünge hinweist), die aus der größeren Familie oder dem Geschlecht bzw. dem Stamm der Siege stammt. Dies ist die Geschichte der palästinensischen Nation, eine ironische Verschmelzung der Sicherheit einer erkennbaren Vergangenheit mit einer Zukunft, die geformt wird aus der Sehnsucht nach all dem, was uns in der Gegenwart verweigert worden ist.

Treu nach der semitischen Tradition ist die Namensgebung auch ein Zeichen der Macht, ein Ausüben von Autorität. Als Gott die Tiere erschaffen hatte, war es Adam, der ihnen Namen gab und so das Herrschaftsverhältnis und eine Hierarchie herstellte, die mit der einzigartigen Fähigkeit des Menschen verbunden ist, zu sprechen und Worte zu erschaffen. Für mich waren Macht und Mysterium der Sprache immer eine Quelle der Faszination. Ich habe versucht, den Erfahrungen und der Realität der Palästinenser in der Welt der Sprache als Ausdruck von Menschlichkeit und Wahrheit einen Platz zu verschaffen. Vor allem ging es mir dabei um die menschliche Dimension der Palästinenser.

Die semantische Dimension war auch ein wesentlicher Bestandteil und Ausdruck des Konflikts zwischen Palästinensern und Israel. Gegenseitige Verneinung war die zugrundeliegende Komponente in öffentlichen Äußerungen beider Seiten. Während die Israelis so weit gingen, daß sie unsere Existenz treu nach dem Mythos von »einem Land ohne Volk für ein Volk ohne Land« explizit verleugneten, verweigerten wir ihnen die verbale Anerkennung, indem wir in öffentlichen oder formellen Reden bzw. Abhandlungen nie die Worte »Israel« oder »Israeli« erwähnten. Willentliche Verneinung auf der einen Seite und willentliche Unterlassung auf der anderen brachten eine absurde Vogel-Strauß-Politik hervor, die zu einer Geschichte des gegenseitigen Ausschlusses und zu einer sehr gestelzten und künstlichen Sprache führte. Für uns bedeutete das bloße Erwähnen des Namens »Israel« das Zulassen und Legitimieren einer unaussprechlichen Realität. Wir behandelten gefürchtete Krankheiten und tödliche Beschwerden auf dieselbe oberflächliche Weise. Wie zum Beispiel Krebs »diese Krankheit« war, und jede Erwähnung gefolgt wurde von der Beschwörung *B'id ash-sharr* »Möge das Böse ferngehalten werden«. Für die Israelis war das Wort »Palästina« tabu, denn es bedeutete auch ein Zugeben der Schuld und der historischen Schuldhaftigkeit sowie die Anerkennung einer nationalen Identität, die eines Tages in dem gefürchteten palästinensischen Staat Wirklichkeit werden konnte. Euphemismen, Abstraktionen und Umschreibungen herrschten vor. Während in unserer Sprache Israel das böse »zionistische Gebilde« war, waren wir in den Worten der Israelis die »terroristischen Araber« oder »Bewohner der Gebiete«. Erst als wir mit der notwendigen sprachlichen Umformung begannen und anfingen, uns gegenseitig eher Signale der Zustimmung denn der Verneinung zu senden, kündeten wir indirekt unsere Bereitschaft zu nichtmilitärischem Kontakt an. Verbale Konfrontationen waren nicht nur der Beginn des Dialogs, sondern auch das Zulassen von Realitäten, die keine Seite bis dahin als zulässig angesehen hatte. Negative Anerkennung war der erste Schritt zu Verhandlungen und Lösung.

Hanan Daud Khalil Mikhail (Awwad)-Ashrawi ist meine persönliche und kollektive Geschichte. Ich bin Zartheit, die Tochter Davids, des Sohnes von Khalil (Abraham) aus der Familie von Michael (auch der Name eines Vorfahren), der aus dem Geschlecht von Awwad (der, der unausweichlich wiederkehrt) stammt, einem der sieben ursprünglichen Geschlechter, die von den Gründungsvätern der Stadt abstammen. Als ich Emile Ashrawi heiratete, habe ich »Ashrawi« mit Bindestrich angefügt, denn diesen Namen erhielt ich durch Heirat und nicht durch genetische Abstammung, obwohl unsere Töchter diesen letzteren Namensteil tragen werden. Die Ashrawis (von *Ashra* – zehn oder das Zehnt, das von den Steuereintreibern erhoben wird, oder von *Ishra,* was soviel wie Begleitung bedeutet) stammen ursprünglich aus der palästinensischen christlichen Stadt Nazareth oder seiner nahen Umgebung, und ihre wenigen noch lebenden Nachkommen sind vor allem außerhalb Palästinas verstreut. Doch sie haben eine andere Geschichte.

Für uns alle ist Palästina eine Mischung aus Geschichte und Mythos, aus Erinnerungen und Träumen, aus Nostalgie und Visionen, aus Besitz und Verlust. Sein Verlust hat uns alle berührt und mit unauslöschlicher Melancholie und Grimmigkeit erfüllt. Wir schrieben Gedichte und komponierten Lieder, wir schossen Kugeln ab und warfen Steine, wir beanspruchten Recht und brachen Recht, wir blieben im Land und gingen ins Exil; und in unserem großen Schmerz schlugen wir wild um uns und fügten anderen Leid zu. Mit der einen Hand bedeckte die Welt ihre Augen, mit der anderen schob sie uns beiseite, damit wir nicht unsere unziemlichen Wunden zeigten. Und doch wagten wir es, die Welt mit unserer Rede und unserer Vision von Frieden zu bestürmen, die nur ein Opfer als eine Art der Wiedergutmachung bieten kann, und wir fanden Gehör. Und dann hat man uns Bruchstücke unseres zerstückelten Landes angeboten, die langsam zusammengesetzt und in etwas Heilendes verwandelt werden müssen.

Ich wurde in der Güte der Heilung geboren und wuchs darin auf, gewiegt in der kurzlebigen Sicherheit der Unfehlbarkeit und des Schutzes der Eltern. Mein Vater, der seine Berufung als Arzt ernst nahm, und meine Mutter, eine Krankenschwester und dann Hausfrau, brachte fünf Töchter zur Welt. Ich war »Nr. Fünf«, wie mein Vater mich immer lächelnd nannte, wenn es jemand wagte, ihn mit dem kulturellen Klischee »Vater von Töchtern« zu bezeichnen. Er zeigte sich auch bewußt stolz darüber, Vater einer derartigen Nachkommenschaft zu sein. Unsere Eltern wählten unsere Namen sowohl nach ihrem Klang als auch nach ihrer Bedeutung und aus positivem Nationalismus aus. Während sich viele palästinensische Christen von den anderen absetzten, indem sie für ihre Kinder ausländische oder biblische Namen als Zeichen der sozialen, religiösen oder kulturellen Unterscheidung wählten, bestanden meine Eltern auf ausdrücklich arabischen Namen. (Ich kenne manche, die George oder Giselle heißen und die viel Zeit ihres Lebens damit verbracht haben, diesen George oder diese Giselle vergessen zu machen.) Alle Namen meiner Schwestern haben zwei Silben und enden mit einem langen offenen Vokal, als ob sie ankündigen wollten, daß da noch mehr käme: Muna (Hoffnung, Wunsch), Abla (die Heldin aus einer mündlichen römischen Erzählung), Huda (der gerade Weg, Führung) und Nada (Nadias richtiger Name, der »sanfter Tau« bedeutet). Sie alle gingen mir als Töchter von Daud und Wadi'a voraus. Als ich geboren wurde, sagten sie mit einem Sinn für das Endgültige, daß sie jetzt vollzählig seien; daher hört mein Name mit einem stimmlosen Laut auf.

Während Hanan im Arabischen ein Frauenname ist, dessen Bedeutung oft mit mütterlicher Zuneigung assoziiert wird, ist er im Hebräischen ein Männername, der mit einem harten Laut [kh] beginnt und an einen biblischen Heerführer erinnert. Ich habe mich immer über diese polarisierende Dualität gewundert. Wollte mir das Schicksal von Anfang an eine nicht zu leise Botschaft über die historische Konfrontation senden? Vielleicht war es die angemessene Verschmelzung der Dimensionen eines Konflikts, dessen Lösung die Schlichtung von Gegensätzlichkeiten und die Versöhnung von uralten Nöten verlangte. Trotz der Phonetik meines Namens war ich nie stimmlos, und ich habe nicht aufgehört. Das Schicksal hat mich nie meinen eigenen Vorhaben überlassen, und die Zeit hat ihren eigenen sardonischen Sinn für Erinnerungen hervorgebracht, in denen sich die mageren Spuren von Privatleben mit den ausgedehnten Dünen des gemeinschaftlichen Terrains vermischen.

*

Als wir unsere Plätze im Bus einnahmen, war keiner unter uns, der nicht Tränen in den Augen hatte: Wir waren Frauen und Männer, die zum ersten Mal in der Geschichte auszogen, um die Sache eines lange verleugneten und lange beschimpften Volkes zu vertreten. Wir zogen aus, um uns einzumischen, zu intervenieren und für unser Volk einen Platz bei dem Fest der Nationen zu bekommen. Ich war Sprecherin, und ich gelobte, mit der Stimme meines Volkes zu sprechen, den Mantel seiner offenkundigen Existenz anzulegen und vor den Augen der Welt Bilder seiner Melancholie und seiner Freude zu enthüllen. Ich würde seinen Geist in Sprache einfangen und vor Zeugen in Freiheit setzen. Ich würde Sprecherin und Überbringerin unserer menschlichen Wirklichkeit sein, ich würde die Schatztruhe unserer stillen Worte öffnen und damit auch die Herzen und Gemüter von Männern und Frauen. Und ich würde dies mit *amanah* tun. Wir waren auf dem Weg, bereit, den Jordan zu überqueren, wir waren bereits reingewaschen und suchten eine sichere Furt.

Aus den Tränen wurde langsam Gelächter. Wir machten spöttische Bemerkungen über den »Baker-Bus«, der nun den »Zug« ablöste, den wir laut Baker nicht verpassen sollten. Wir fuhren über die gewundene Straße nach Jericho, zum tiefsten Punkt auf der Erdoberfläche, und hielten unterwegs an, um das berühmte Jerusalemer *ka'k bsumsum* (Sesambrot), *za'tar* (Thymian) und *falafel* zu kaufen – ein Ritual, das meine Assistentin Nuha Awadallah-Musleh einführte und bei all unseren gemeinsamen Reisen beibehalten wurde. Wir sind mit unserer Nahrung sehr eigen und stolz auf sie, und deshalb sind wir sehr erbost, wenn sie als israelische Nahrung bezeichnet wird; das ist Kulturraub.

Die naturfarbene Straße in den Jordangraben war ein einfaches Band, das sich um die bizarren kahlen Hügelketten und durch die pockennarbige Mondlandschaft zog. Unvermittelt ließ eine Lücke zwischen den Hügeln das Tote Meer erkennen, zu seiner Linken erstreckten sich die saftigen Wiesen des fruchtbaren Tales, in dessen Mitte der irreführende Glanz der Altstadt von Jericho zu locken schien. Weder das Salz im Boden noch das Geisterstadtähnliche der verlassenen Flüchtlingslager war aus dieser Entfernung auszumachen. War der Frieden, den wir suchten, der legendäre Sodom-Apfel vom Toten Meer, außen golden und verlockend und innen hohl und untauglich? Als die Straße steiler nach unten führte, fühlten wir, wie sich das Gewicht unüberlieferter Schichten aus der Geschichte schwer auf uns legte.

Amman, das römische Philadelphia, die Stadt der brüderlichen Liebe, wurde unser zweiter Stützpunkt. Hier hielten wir lange Treffen zur Ausarbeitung von Strategien und zur Formulierung unserer Politik ab. König Hussein, Kronprinz Hassan und Premierminister Taher al-Masri (später Zeid Bin Shaker) empfingen uns auch als Gäste bei zahlreichen (oft endlosen) Sitzungen mit dem Ziel der gemeinsamen Abstimmung. Erst als die Frage der Souveränität aufkam, wurde die Atmosphäre gespannt. Wir hielten daran fest, daß Souveränität einem Volk eigen ist und daß die Palästinenser ihre Souveränität nie aufgegeben hatten, obwohl wir an ihrer Ausübung gehindert waren. Manche Jordanier waren der Ansicht, daß die Implementierung der UN-Resolution 242 das Umfeld souveräner Staaten erforderte, um einen Rückzug der Israelis zu bewirken, deshalb würde Jordanien ungeachtet des Verzichts vom 31. Juli 1988 die rechtliche Verantwortung über die Westbank behalten.

In Amman machte uns Faisal inmitten unserer Geschäftigkeit ruhig eine weitere Eröffnung: »Hanan, wir müssen heute nach Ägypten. Präsident Mubarak möchte uns sprechen.«

»Akram hat mir das mitgeteilt, und wir haben vereinbart, daß du und Haidar Abdel-Shafi als Teamchef bzw. Delegationsführer gehen werdet«, antwortete ich. »Außerdem haben wir heute mittag eine Zusammenkunft der gesamten gemeinsamen Delegation mit dem König und heute abend ein Treffen des Führungskomitees auf dem Plan. Wir haben für Madrid noch eine Menge vorzubereiten.«

»Ich weiß, aber Mubarak hat mit Abu Ammar telefoniert und ausdrücklich nach dir verlangt. Wir werden direkt nach der Zusammenkunft mit König Hussein losfahren und sollten rechtzeitig für das Treffen heute abend zurück sein.«

Mubaraks Beharrlichkeit überraschte mich. König Hussein bot uns an, daß uns sein Privatflugzeug zu dem Gespräch nach Kairo fliegen und dann unverzüglich wieder nach Jordanien zurückbringen könnte. Ich stimmte zu.

Unterwegs im Flugzeug konnte ich mich des Gedankens nicht erwehren, daß wir drei, Faisal, Haidar und ich, eine merkwürdige Parodie der »Flucht nach Ägypten« waren. Von dem eigenen Landeplatz am Flughafen Kairo wurden wir direkt zum Nil Hilton Hotel gefahren, wo wir von Abu Mazen erwartet wurden. Zu unserer Überraschung wies man uns Hotelzimmer zu.

»Aber wir fliegen direkt nach dem Gespräch mit Mubarak heute wieder zurück«, wandte ich ein.

»Ich fürchte, das wird nicht möglich sein«, meinte Abu Mazen. »Präsident Mubarak ist in Ismailia und hält dort alle Zusammenkünfte ab. Ihr werdet morgen zu ihm fahren, aber ihr habt heute abend einen Termin bei dem politischen Berater des Präsidenten, Osama al-Baz, und bei Außenminister Amr Moussa. Ihr werdet die Nacht in Kairo verbringen müssen.«

»Aber wir haben wichtige Zusammenkünfte in Amman, und wir sind nicht auf eine Übernachtung vorbereitet. Können wir Mubarak nicht heute nachmittag in Ismailia aufsuchen?«

»Wir werden in Amman Bescheid sagen, daß ihr auf jeden Fall später kommen werdet.«

Osama al-Baz empfing uns in einem vollgestopften Büro, das vor Büchern, Dokumenten und Zeitungen zu bersten drohte. Er räumte einige Akten und Papiere von der Couch und den Stühlen, um für uns Platz zu schaffen. Ich fühlte mich in diesem Durcheinander zu Hause. Mit seinen auf mich starrenden großen runden Augen schien er zu sagen: »Ich habe nichts zu verbergen, und Ihr?« Natürlich hatte er das. Obwohl er vorgab, nichts zurückzuhalten, gab er nichts preis – ein Politiker ersten Ranges. Seine entwaffnende Offenheit, sein beißender Humor und seine maßlose Ironie in Verbindung mit einer flinken, sezierend analytischen Intelligenz ergaben eine Kraft, mit der man rechnen mußte. Ägypten, so unterstrich er, sei gewillt und bestrebt, den Friedensprozeß nach seinen Kräften zu fördern, und werde uns alle sachdienlichen Dokumente und Erfahrungen aus den Verhandlungen in Verbindung mit dem Camp-David-Abkommen zur Verfügung stellen. Er gab uns auch Tips über die israelischen Verhandlungsstrategien. »Sie sind gerissene Händler und werden jeden Vorteil nutzen, den sie in den Verhandlungen haben. Bleiben Sie hart und geben Sie nicht auf. Sie müssen immer mit Gegenargumenten gewappnet sein; noch besser ist es, wenn Sie mit Ihren eigenen Vorschlägen kommen und den ersten Zug machen. Israels Eröffnungsgebot ist nie das letzte.« Aus bitterer Erfahrung lernten wir später, daß er recht hatte.

Wir gingen dann zu dem Treffen mit Amr Moussa, der die Aussichten auf einen Frieden optimistisch beurteilte und begeistert über die Rolle Ägyptens sowie die Abstimmung mit der palästinensischen Seite war. Dies war besonders wichtig, denn Ägypten war das erste arabische Land aus dem Golfkriegsbündnis, das seine Beziehungen zur PLO wieder aufnahm und Abu Ammar offiziell empfing. Ägypten wurde auch zu einem Kanal zu den Amerikanern und den übrigen Ländern des Bündnisses. Später auch zu Israel, nachdem die Arbeitspartei die Wahlen gewonnen hatte. Wir hielten eine gemeinsame Pressekonferenz ab und schickten uns dann an, auf Einladung von Osama auf einem Nilschiff zu Abend zu essen.

Der Nil war ein schimmerndes Juwel, das uns mit seinem Funkeln und seiner Schönheit den Atem raubte. Zum Abendessen gehörte eine verwirrende Einführung in die politische und intellektuelle Führung Ägyptens mit all den zahlreichen und unterschiedlichen Facetten. Faisal, Haidar und ich wurden in einem wahren Fest für Körper und Seele gleichermaßen bewirtet. Für uns war Ägypten ein wichtiger Verbündeter, aber einer, der bei den Palästinensern gegensätzliche Reaktionen hervorrief.

Die PLO im allgemeinen und Abu Ammar im besonderen standen Ägypten nahe und betrachteten seine Regierung als nachahmenswertes Modell und verläßliche Quelle für politischen Rat. Eine häufige Äußerung Arafats war: »Ich bin in Temperament und Neigung Ägypter«. Der Dialekt seines gesprochenen Arabisch war eher Ägyptisch als Palästinensisch – eine Tatsache, die ihm viele Kommentare aus dem palästinensischen Volk einbrachte. Doch die meisten Palästinenser aus dem »Inland« nagten noch an den Camp-David-Abkommen und warfen Ägypten vor, daß es aus den Rängen der anderen arabischen Länder ausgeschert war und einen separaten Frieden geschlossen hatte, der die arabische Position insgesamt schwächte. Viele hatten das Gefühl, daß Ägypten die Palästinenserfrage zu seinen eigenen Zwecken und zu seinem Vorteil manipulierte – hauptsächlich, um das Wohlwollen der Vereinigten Staaten zu gewinnen und seine regionale Position als die wichtigste Kraft in der arabischen Welt zu festigen. Somit wurden wir von der palästinensischen Öffentlichkeit wiederholt bei den Versammlungen davor gewarnt, zuzulassen, daß uns Ägypten an die USA auslieferte oder den Schein erweckte, in unserem Namen zu sprechen.

Die Fahrt nach Ismailia war unvergeßlich. Unsere Wagenkolonne raste mit Sirenen und aufgeblendeten Scheinwerfern durch den verrückten Kairoer Verkehr, als ob sie Selbstmord begehen wollte. Wir hatten das Gefühl, als hätten unsere tollkühnen Fahrer beschlossen, es mit jedem einzelnen Fahrzeug und jedem Fußgänger in Ägypten aufzunehmen. Jeder von uns dreien saß in einem eigenen Auto, davor und dahinter Fahrzeuge der Sicherheitspolizei, aus deren Fenstern sich junge Offiziere fast bis zur Taille herauslehnten, ihre Waffen schwenkten und jeden sich bewegenden Gegenstand anriefen und anbrüllten. Plötzlich kam diese irre Wagenkolonne zum Stehen. Gerettet, dachte ich.

Verzweifelt nach Atem ringend und mich darum bemühend, meinen Puls wieder auf vernünftige hundert Schläge abzusenken, fragte ich heiser flüsternd: »Sind wir da?«

Die geringschätzige Antwort unserer ehrgeizigen Stuntmen wies mich in meine Schranken: »Wir sind kaum losgefahren, wir sind immer noch in Kairo.«

»Warum halten wir dann an?« krächzte ich mutig.

»Es scheint, daß der Wagen hinter uns Hilfe braucht.«

Das war Haidars Wagen. Ich war entsetzt, denn ich stellte mir vor, daß dieser Fahrstil Haidar einen Herzanfall verursacht haben mußte. Trotz meiner wackeligen Knie und den lautstarken Protesten der Sicherheitsbeamten stieg ich aus und eilte zurück. Ich sah Haidar auf mich zukommen, er sah sehr lebendig und entrüstet aus.

»Sie werden uns alle umbringen«, sagte er. »Und um alles noch viel schlimmer zu machen, sagte mein Fahrer, er könne mit eurem Wagen nicht mithalten. So bat ich ihn anzuhalten und sagte ihm, ich würde in deinem Auto mitfahren.«

Wir saßen auf dem Rücksitz, die Augen fest geschlossen, hielten uns fest, um unser Leben zu retten, und schrien nur gelegentlich auf. Wir waren sicher, daß dies unsere letzte Fahrt irgendwohin war. Als wir nach Ismailia kamen, hatten Haidar und ich das Gefühl, daß wir mit unserem Leben gespielt und den Tod bis aufs äußerste herausgefordert hatten. Wann immer wir uns in einer gefährlichen Lage befanden, mußte ich ihn nur an die Wagenkolonne in Ägypten erinnern.

Das Treffen mit Mubarak war gelinde gesagt ungewöhnlich. Er ist für seine explizite Sprache und seinen direkten undiplomatischen Ansatz bekannt, doch er überraschte uns noch mit seiner Offenheit. »Dieser Shamir ist ein Lügner und ein Dieb!« rief er aus. »Ihr könnt ihm in nichts trauen.« Und er fügte hinzu: »Stellt euch vor, dieser Mann will nach Ägypten kommen. Ich lasse ihn nicht. Ich lege mich ihm gegenüber weiterhin nicht fest, aber es ist nicht möglich, daß er nach Ägypten eingeladen wird oder ich ihn in Israel besuche.« Er wiederholte auch seine berühmte Meinung dazu, wie man am besten mit den Israelis verhandelt: immer ununterbrochen einen Vorschlag im Kielwasser eines anderen machen (aber nicht in genau denselben Worten). Er drängte uns, aus den Erfahrungen Ägyptens zu lernen, und sagte uns Lebewohl. Da wir keine andere Möglichkeit für den Rückweg hatten, versuchten wir erneut unser Glück mit dem Selbstmordkommando und schafften es zum Flughafen und von dort zurück nach Amman.

Unsere Führungstreffen in Amman vor der Madrider Konferenz waren eine Enttäuschung. Wir merkten, daß die PLO keine klare Strategie für die Verhandlungen hatte, ganz zu schweigen von festumrissenen Zielen. Faruq al-Kaddoumi (Abul-Lutof), Chef des Politischen Departments der PLO, erklärte uns, daß sie die Delegation wahllos zusammengestellt hatten, da es bei Nichtanwesenheit der PLO keine Rolle spielte, wer zu der Delegation gehörte. Ohne die direkte und offizielle Teilnahme der PLO wäre der ganze Prozeß bedeutungslos und würde zu nichts führen. Viele von uns schluckten schwer an dieser Beleidigung, doch im Rückblick kann man sagen, daß Kaddoumi das Schicksal der Delegation und der Verhandlungen genau vorhergesagt hatte. Dennoch nahmen wir unsere Verantwortung ernst und bereiteten uns eifrig vor – von Strategiepapieren zu Szenarien, von Simulationen zu Gesprächspunkten und von Zielen zu Optionen.

Unsere dringendste und schwierigste Aufgabe war die Vorbereitung unserer Rede für die Madrider Konferenz. Die erste zu klärende Frage war, ob sie auf Arabisch oder auf Englisch gehalten würde. Während der hitzigen Diskussionen im Hause unseres Botschafters Tayyeb kristallisierten sich zwei Denkrichtungen heraus: die eine wählte Arabisch als Ausdruck unserer nationalen Identität und unseres Stolzes, die andere wählte Englisch als Weltsprache der Kommunikation und als ein Mittel, sich direkt an die Welt zu wenden. Abu Ammar unterstützte die arabische Option und sagte mir am Telefon, daß wir die Welt »als Ausdruck unserer nationalen Würde« in unserer eigenen Sprache ansprechen müßten. Ich sagte, daß unsere nationale Würde in der Substanz liege und daß die Medien unsere Rede direkt mit unserer eigenen Stimme und unseren eigenen Worten besser wiedergeben würden als durch einen unpersönlichen Dolmetscher gefiltert. Verschiedene Redenschreiber hatten Entwürfe auf Arabisch vorbereitet – manche davon höchst beeindruckend, jedoch so kulturell gefärbt, daß sie unübersetzbar waren. Haidar hatte einen vorläufigen Entwurf vorbereitet, verwarf ihn jedoch. Im Laufe der intensiven Debatte wandte er sich an mich und sagte: »Unabhängig davon, was hier passiert, du mußt mir versprechen, daß du eine wirkungsvolle Rede schreiben wirst, die ich in Madrid verlesen kann.« Ich versprach es. Wir bestiegen das Charterflugzeug nach Madrid. Ich hatte noch kein einziges Wort geschrieben.

Madrid war damals ein Zauberwort, ein Codewort, eine verschlüsselte Botschaft über ein enormes Unterfangen. Wir hatten den Stein zu geschäftig den Berg hinaufgerollt, um zu merken, daß wir auf dem steilen Abhang am Ende eines Absatzes angelangt waren. Ob wir erfolgreich eine Hochebene erreichen würden, eine Station auf dem Weg, damit wir wieder Atem holen könnten, oder ob der Stein den Berg hinunterrollen und uns alle zermalmen würde, war immer noch eine offene Frage. Ich wußte, daß diese letzte Etappe ein wahrer Ausdauer- und Geschicklichkeitstest sein würde. Wie sich herausstellte, war Madrid ein Wunder, das selbst im nachhinein kaum zu glauben ist, aber auch ein Ort, wo Illusion und Realität, Tatsache und Phantasie, Heiterkeit und Verzweiflung sich verführerisch vermischten und sowohl unsere Aufmerksamkeit als auch unsere Seelen forderten.

8

Schwungvoll und mit Olivenzweigen in den Händen stiegen wir aus dem Flugzeug und schritten zum Terminal. Hocherhobenen Hauptes, die Augen vor Entschlossenheit und Hoffnung leuchtend und Zuversicht in unsere historische Mission ausstrahlend kollidierten wir schnurstracks mit der Backsteinmauer engstirniger Bürokratie. Sehr amtlich aussehende spanische Beamte informierten uns, daß die von den Amerikanern vorgelegte offizielle Liste nur die vierzehn Namen der »berechtigten« Unterhändler enthalte. Die übrigen von uns waren inoffiziell, daher irgendwie »unberechtigt« und verdienten somit keine besondere Beachtung oder keine offizielle Behandlung. Dies traf natürlich auf das gesamte Führungskomitee zu – darunter Faisal und ich. Selbst in Spanien setzten sich die Vorbedingungen der Israelis gegenüber den Amerikanern durch. Ich schwor, die Schlacht um Rechtmäßigkeit in Madrid zu schlagen und zu gewinnen.

Wir hatten uns in literarischer Anspielung für das Victoria-Hotel entschieden, das irgendwie noch mit seinen Erinnerungen an Hemingway und den spanischen Bürgerkrieg erfüllt war. Als unsere Wagenkolonne am Eingang anhielt, hörten wir arabische Gesänge und sahen eine Menschenmenge aus Männern, Frauen und Kindern, die Olivenzweige und die palästinensische Flagge schwenkten. Wir eilten auf die Menge zu, umarmten und küßten Menschen, schüttelten Hände, tauschten Grüße aus und wischten Tränen fort. Ein kleines Mädchen kam zu mir und übergab mir schüchtern einen großen weißen Blumenstrauß. Ich umarmte es und dachte dabei an Amal und Zeina. Ich hatte das Gefühl, alle palästinensischen Kinder zu umarmen – die, die wir zurückgelassen hatten, und die, die Palästina nie gesehen hatten. Für dieses kleine Mädchen mit weißen Blumen und für alle unsere Kinder war ich verpflichtet, mich einzusetzen und im Sinne von *amanah* zu handeln.

Als Kind spielte ich oft folgendes Spiel: Ich hüpfte über die Fugen auf dem Bürgersteig und setzte jeden Fuß direkt auf die Steinplatte. Ich tat das in diesem unschuldigen Tanz, den alle Kinder auf der ganzen Welt instinktiv zu erfinden scheinen. »Tritt auf eine Platte, und du ißt Schokolade, tritt auf eine Fuge, und du ißt Katzenscheiße!« In meiner Heimatstadt Ramallah waren die Bürgersteige in meiner Kindheit ungleiche Steinplatten in verschiedenen Formen und Größen. Jahrhunderte lang hatten Fußgänger sie rutschig und glatt gemacht.

Heute hat Ramallah langweilige graue Bürgersteige, Symbole städtischer Einfallslosigkeit auf der ganzen Welt. Wir spielten Himmel und Hölle und erfanden *Dabke*-Tänze auf den Mustern dieser Steine. Manchmal dachten wir uns wunderbare und schreckliche Geschichten zu ihrer bunten Zusammensetzung aus. An nassen Wintertagen wurden die Bürgersteige zu unberechenbaren Hindernissen. Eine lose Platte konnte Schlammspritzer hochschleudern und unsere blauen Schuluniformen verschmutzen, oder eine glatte und glitschige Platte konnte uns in peinlichen und unvorteilhaften Stellungen in Pfützen fallen lassen.

Der Kurs zum Frieden erwies sich als ähnlich riskant. Historische Steinplatten waren sichere Stellungen, wenn auch schlüpfrig und tückisch, und Fugen waren unheilvolle Risse, die zu alles verschlingenden Abgründen aufbrechen konnten. Irgendwo entlang der Strecke wechselte unser Weg auf festen Boden, und die zementgraue Eintönigkeit der Zweckdienlichkeit und des engstirnigen Eigennutzes trat an die Stelle unserer glänzenden Träume. Der Verlust von Unschuld und Idealismus ist unvermeidlich, aber er kann fatal sein, wenn er Lebensfreude und Hoffnung untergräbt. Wir sind in der Vorfreude auf das nicht vorhandene Schwingen der Farbe und auf die Musik des *Dabke* als Attribut der Versöhnung aufgewachsen. Der Frieden muß Glaubwürdigkeit und Vielfalt aller Jahreszeiten enthalten.

Ob ich mein Leben gelebt habe oder ob das Leben mich gelebt hat, ist eine Frage, die noch zu beantworten sein wird. Wir als Palästinenser haben immer das Gefühl gehabt, daß wir gleichzeitig Gestalter und Opfer der Geschichte sind – Schreiber und Schrift -, austauschbar Gebrechen und Heilung. Nun, als wir in Madrid waren und Gefahr liefen, tatsächlich das zu erreichen, von dem man uns glauben ließ, es sei unser Ziel, hatten wir Todesängste, daß jemand die Spielregeln geändert haben könnte. Solche Entdeckungen hätten im allgemeinen in erlösenden Humor gehüllt werden sollen – ein Lächeln, ein Achselzucken oder sogar ein großspuriges Auftreten, als wir das Training für ein neues Spiel begannen. Aber Palästinenser hatten immer einen ungemein starken Hang zu Tragik und zu den schwarzen Nächten der Seele, sie konnten sich nie einer gewissen Aufmüpfigkeit erwehren.

»Hanan, komm schnell. Hunderte von Reportern draußen wollen mit dir sprechen, und die Sicherheitsleute wollen sie nicht hereinlassen.« Albert Agazarian sprach aufgeregt. »Du mußt rausgehen und zu ihnen sprechen.«

»Werde ich. Gib mir gerade noch Zeit, mich fertig zu machen. Wir sind kaum angekommen.«

»Schau aus dem Fenster. Sie sind aufgebracht. Sie werden nicht weggehen, und die Sicherheitsleute machen ihnen das Leben schwer.«

Albert und ich eilten hinaus. Es war bereits dunkel. Die spanischen Sicherheitsbeamten wurden rasend. Plötzlich war ich von einem Meer aus Gesichtern und Mikrophonen umringt, und der Lärm war ohrenbetäubend. Sie beruhigten sich, und ich sprach. Ich erklärte, daß wir gekommen seien, um die Herausforderung des Friedens anzunehmen und direkte Bestätigung als Volk zu erhalten.

Einige Stunden später versammelte sich um Mitternacht eine andere Gruppe in dem Park auf der anderen Straßenseite. Die spanischen Sicherheitsbeamten hatten beschlossen, keinen Journalisten zum Hoteleingang vorzulassen. Umringt von den Kollegen Penny Johnson und Albert, den Assistentinnen Suhair Taha und Nuha und vielen von unseren Mitarbeitern machte ich einen wilden Vorstoß in den Park, um meine Vorstellung zu wiederholen. Die Presse, so hatte ich beschlossen, würde in meiner Schlacht für Rechtmäßigkeit und Wahrheit ein Partner sein. Doch es war keiner mehr da, und ich blickte ins Leere.

Als wir uns später für die offizielle Akkreditierung einfanden, wurden wir von Molly Williamson gestoppt, die bereits mit ihrem Gepäck und den Instruktionen des State Department angekommen war. »Sie können keine Akkreditierung bekommen, und Sie sind nicht in den *Palast der Nationen* zugelassen«, erklärte sie.

»Wir sind von unserer Führung und von unserem Volk akkreditiert worden. Ich verstehe nicht, warum wir nicht überall nach Belieben hingehen können.« Unser großer Augenblick schien von Namensschildchen aus Plastik abzuhängen.

»Die Sicherheitsbeamten haben die Anweisungen, mit Ausnahme der offiziellen, von uns akkreditierten Delegierten niemanden in den Palast hineinzulassen. Aber ich sage Ihnen etwas. Ich gebe Ihnen einen Presseausweis, mit dem Sic in das Pressezentrum Efema hineinkommen.«

»Ihren Presseausweis können Sie behalten. Baker hat versprochen, den Führungsausschuß zu akkreditieren, und jetzt halten Sie dieses Versprechen nicht ein. Sogar dabei können Sie den Israelis nicht die Stirn bieten und Ihr Wort halten. Aber wir werden einen Ausweg finden. Wir haben schon vorher Fakten geschaffen.«

In dieser Nacht fuhr ich in einem Wagen des Senders CNN zum Palast und gab ein langes Interview, um den Beginn der öffentlichen

Debatte zu signalisieren. Danach kam unser erstes Treffen der Madrider Saison mit Baker und seinem Team, mit den arabischen Außenministern und den Vertretern der Europäischen Gemeinschaft. Das Veto der Israelis schien sich nicht auf sie zu erstrecken. In dieser Nacht beschlossen Albert, Penny und ich auch, am nächsten Tag die erste offizielle Madrider Pressekonferenz im Efema abzuhalten und unsere ersten Pressemitteilungen herauszugeben. Die nächsten Stunden verbrachten wir mit internen Zusammenkünften, und wie bei allem anderen, was wir taten, spielte die Frage der Rechtmäßigkeit eine große Rolle.

Die PLO in Tunis hatte eine Anzahl offizieller Vertreter aus der ganzen Welt geschickt, um eine Führung im Hintergrund zu bilden und unsere Rechtmäßigkeit sowie die unserer politischen Beschlußfassung sicherzustellen. Nabil Schaath, unser ernannter Leiter, mein guter Freund und Verbündeter Akram Haniyyeh, ein weiterer Berater von Arafat, Nasser al-Qidwa, der PLO-Repräsentant bei der UNO, sowie viele andere strömten nach Madrid. Manche kamen, um zu arbeiten, andere, um etwas zu beweisen, und wieder andere, um sicherzustellen, daß wir nicht begannen, eine »alternative Führung« zu bilden. Dazu kamen über einhundert »Berater« mit keiner klaren Funktion außer der, daß sie Ferngespräche führten, in der Lobby Kaffee tranken und scharf diejenigen von uns kritisierten, die Arbeit zu erledigen hatten. Die internen Handicaps schienen bald genauso schwierig zu werden wie die von außen. Die PLO wurde wie ein schuldbeladenes Geheimnis behandelt und vor den Augen der Öffentlichkeit versteckt. Mit Ausnahme von Akram, der verstohlen ins Hotel eingeschleust wurde und die ganze Zeit in seinem Zimmer verborgen blieb, wohnten alle offiziellen Vertreter der PLO in verschiedenen und weit entfernten Hotels und entwickelten alle möglichen Vorwände und Tarnungen, um mit uns Kontakt aufzunehmen. Wir waren anders, und man ließ uns diesen Unterschied spüren. Der Baker-Anzug hatte uns von den anderen unterschieden, und wir beschlossen, daß dieser Anlaß eine ganz neue »Kleiderordnung« verlangte, nämlich eine mit Substanz und Echtheit. Unsere merkwürdige Kleidung sollte so, wie sie den traditionellen Abendgarderoben der anderen Gäste gegenübergestellt wurde, zum Symbol der Kreativität und des Widerstandes werden. Wir mußten den Unterschied ausnutzen und unsere Nachteile in Stärke verwandeln. Dazu mußten wir kühne und waghalsige Initiativen ergreifen und alle unsere Fähigkeiten einsetzen. Und damit begann ich schon am nächsten Tag. Es war wichtig, daß wir die ersten waren, aber wenn wir warteten, bis die offizielle Form ausgearbeitet war, konnten wir die letzten sein, wenn überhaupt. Albert wußte, daß die gesamte Presse angekommen war, und kündigte unsere erste Konferenz für den Nachmittag an. Weder Faisal noch ich hatten als unrechtmäßige Delegierte eine offizielle Begleitung; Haidar hatte als Chef einer halben Delegation eine halbe Wagenkolonne. Wir erreichten das Pressezentrum, nur um zu erfahren, daß die Presseräume nicht fertig und Räumlichkeiten nicht verfügbar waren. Wir gingen durch unfertige Korridore und um freiliegende Kabel herum bis zum Haupttreppenaufgang. Da hielten wir an. Mehr als tausend Reporter scharten sich um uns, die Treppen und Treppengeländer gaben unter ihrem Gewicht fast nach. Suhair schrie auf, als jemand sie beinahe in eine offene Baugrube stieß. Schließlich bildeten Albert, der ABC-Produzent Ali Qa'dan und einige palästinensische Reporter eine Schutzkette um uns.

Ich begann mit der Ankündigung, daß wir, im Unterschied zu den anderen, eine Delegation aus dem Volk mit hauptsächlich Berufstätigen und Akademikern seien und daß wir hergekommen seien, um die Sache unseres Volkes zu vertreten. Wenn wir uns anders verhielten und auf diplomatische Artigkeiten verzichteten, dann genau deshalb, weil keiner von uns Berufspolitiker oder Diplomat sei. Ich bat sie um Geduld und Nachsicht und fuhr dann fort zu erklären, was für einen Frieden wir suchten. Es war für die Reporter schwierig, uns zu hören, aber sie hatten genug gehört, um noch mehr hören zu wollen. Wir zogen in das Untergeschoß um und beendeten das Briefing auf einem wackeligen Tisch stehend. Als die Meute näherrückte, sahen Haidar und ich uns an und tauschten diesen »Wir haben die Kairoer Fahrer überlebt«-Blick.

Ich kündete an, daß unser Briefing das erste des morgigen Tages um 14.00 Uhr sein würde, und wir reservierten diesen Zeitpunkt für alle Tage während der gesamten Konferenz. Ob es ihnen paßte oder nicht – die Organisatoren wußten, daß sie nichts dagegen tun konnten, da sie gerade gehört hatten, wie ich es vor der ganzen Welt ankündigte. Unsere improvisierte Eskapade jedoch kam bei dem israelischen Sprecher Benjamin Netanyahu oder bei Ministerpräsident Shamir nicht gut an. Beide waren zum Zeitpunkt unserer Pressekonferenz in Madrid angekommen und fanden, daß ihr Presse-Empfang am Flughafen recht dürftig ausfiel. Ich wollte eisern immer eine Nasenlänge voraus sein.

Am nächsten Tag hatten Faisal und ich große Schwierigkeiten, zum Pressezentrum zu gelangen, und wir kamen für das Briefing einige Minuten zu spät. Ohne Polizeieskorte konnten wir in Madrid fast unmöglich irgendwohin gelangen. Ich beschloß, dies zu berücksichtigen. Die Presse wußte von den Morddrohungen aus dem Iran gegen Faisal und mich, deshalb stand ich ruhig vor Tausenden von Reportern und Journalisten aus der ganzen Welt auf der Bühne und entschuldigte mich höflich für die Verspätung. Ich erklärte, wie wir jeder Wagenkolonne Platz machen und an jeder Ampel hatten anhalten müssen, da man uns weder eine Polizeieskorte noch öffentliche Anerkennung gewährt hatte. Erschreckt und ungläubig holte der ganze Raum tief Luft. Kaum hatten wir die Halle verlassen, in der das Briefing stattfand, als wir unvermittelt von zwei Dutzend Zivilschutzbeamten umgeben wurden, die wunderbarerweise zu unserem Schutz aufgetaucht waren. Zurück im Hotel, wurden wir vom Leiter des spanischen Sicherheitsdienstes und anderen hohen Beamten erwartet. Sie verkündeten, daß sie mehr als entzückt seien, jedem von uns eine volle Eskorte zu stellen. Sie teilten uns auch mehr Informationen über die Art des geplanten Mordversuches mit: Sie hatten den Hinweis bekommen, daß ein schwarzer Seat mit einer Sprengladung präpariert sei und per Fernsteuerung explodieren sollte, sobald wir ihm nahe genug wären. Wie sich herausstellte, war jedes zweite Auto in Madrid ein schwarzer Seat. Nach kurzer Zeit hörten wir auf, unsere Umgebung argwöhnisch zu mustern, aber nach dieser Warnung sollte jeder von uns einzeln fahren. Eine kleine Schlacht zwar, aber eine gewonnene Schlacht.

Wir hatten immer noch keine Rede, und ich hatte zwei Nächte lang nicht geschlafen. Ich saß auf dem Boden, benutzte das Bett als Tisch und schrieb von Hand die Rede auf Suhairs Schreibunterlage »Palästinensische Botschaft«, während Penny sie auf dem Laptop tippte. Mein Zimmer wurde zu einer geschäftigen Station, Leute gingen ein und aus, überprüften die Fortschritte und berieten sich. Ich war so völlig absorbiert, daß ich dies kaum wahrnahm. Ich war getrieben, ja besessen von dem Drang, den Kern der Erfahrungen der Palästinenser in Worten einzufangen und ihn so herauszuarbeiten, daß er zu einer zwingenden und unwiderstehlichen Kraft des Wandels wurde. Erst als ich auf den Seiten feuchte Flecken erblickte, merkte ich, daß ich weinte. Penny trieb mich weiter. »Es ist packend, es ist echt. Mach weiter.« Ich fürchtete, daß die Emotionen zu schmerzlich und zu nackt waren. »Mach dir keine Sorgen. Beende den ersten Entwurf und geh ihn dann im Hinblick auf die Politik noch einmal durch. Auf alle Fälle mußt du die Aufrichtigkeit und die Direktheit erhalten.«

Ich schrieb weiter. Gegen Morgen war der Entwurf fertig. Faisal, Haidar, Mamdouh, Nabil Schaath und andere kamen zur ersten Lesung.

»Es ist wunderbar, aber ich weiß nicht, ob ich das morgen lesen kann. Ich fürchte, ich werde weinen.« Haidars Stimme zitterte, und seine Augen waren feucht.

»Egal, *ma'lesh*, geh und weine. Der Himmel weiß, daß wir das Recht haben zu weinen; wir haben genug, worüber wir weinen können.« Haidars Aufrichtigkeit berührte mich.

»Es ist ein grausiger Schrei aus gequälten Herzen«, sagte Mamdouh. Auch er hatte Tränen in den Augen.

»Das ist genau die Rede, die wir brauchen«, bestätigte Faisal. »Aber wie können wir die Führung davon überzeugen?«

»Ich bin mit Faisal einer Meinung«, sagte Nabil. »Es ist eine großartige Rede. Ich werde sie Abu Ammar faxen und seine sofortige Reaktion erfahren.«

»Es ist nur der erste Entwurf. Wir werden ihn auf die politischen Notwendigkeiten hin überarbeiten und die entsprechenden Formulierungen hinzufügen, damit er politisch exakt wird. Aber das letzte, was wir brauchen, ist eine Rede voller politischer Slogans und Klischees. Die menschliche Dimension muß der Träger für die Übermittlung politischer Realitäten sein.« Ich fürchtete, daß die menschliche Integrität der Rede zugunsten des Herbetens der starren politisch korrekten Formeln aus der Vergangenheit geopfert würde. »Die Stimme des Volkes muß ohne Manipulation oder Kunstgriff durchdringen.«

»Überlaß es mir«, sagte Nabil. »Bereite einen zweiten Entwurf vor, und ich werde ihn zur Genehmigung nach Tunis schicken. Ich werde ihn überarbeiten, um sicherzustellen, daß er die politischen Anforderungen erfüllt.«

Abu Ammars erste Reaktion war Empörung, obwohl wir ihm den geänderten Entwurf geschickt hatten, der unserer Meinung nach alle politischen Erfordernisse enthielt. Mamdouh traf sich heimlich mit Nabil, um die Vorschläge und Gegenvorschläge zu bearbeiten. Viele Intellektuelle und Politiker aus dem »Ausland« steuerten ebenfalls ihren Teil bei. Dieses Herausschneiden und Zusammenkleben brachte mir einen verstümmelten Entwurf zurück, der viel an Kohärenz und Sinn verloren hatte. Einmal mehr blieb ich mit Penny die ganze Nacht auf und versuchte, der Rede wieder natürlichen Fluß und Leben zu verleihen. Um 6.00 Uhr morgens war die Rede mit intakter Integrität und Dynamik wiederbelebt, und ihre politische Dimension war einwandfrei. Eine halbe Stunde später erreichte mich ein Anruf von Nabil: Tunis wollte einen weiteren Verweis auf die PLO in expliziten, eindeutigen Worten, und es sollte eine Anspielung auf PLO-Chef Arafat hinzugefügt werden. Ich stimmte zu.

Eine Hürde hatte ich genommen, aber ich wußte, daß Baker Shamir versprochen hatte, daß bei Eröffnung der Konferenz keinerlei Hinweis auf die PLO gegeben würde. Shamir hatte mit einem Walkout der Israelis gedroht. Ich rief Baker an, der bereits im Konferenzraum war. »Wir müssen einen klaren Hinweis auf die PLO haben«, verkündete ich. »Und er wird in unserer Rede enthalten sein.«

Dennis Ross, Molly Williamson, Ed Djerejian, Margaret Tutwiler und Baker selbst, die alle an der Eröffnungssitzung der Konferenz teilnahmen, wechselten sich flüsternd am Telefon ab. Ich stand in ein Handtuch gehüllt in meinem Hotelzimmer, führte mehrere Telefongespräche gleichzeitig, während sich Suhair mit den Medien beschäftigte. Ich änderte einen Hinweis auf »unsere Führung« in »die PLO« und beendete die Rede mit dem Zitat vom »Olivenzweig«. Am Mittag war die Rede fertig. Mamdouh und Taisir Hammad (der Leiter der Abteilung Sprachen und Übersetzung der Universität Birzeit) begannen sofort mit der Übersetzung. Ich nahm eine saubere Abschrift und eilte mit Faisal zum Pressezentrum. Dort machten wir Kopien. Ich schickte das Original per Kurier zu Haidar. Wir ließen Albert und Rashid Khalidi, einen palästinensisch-amerikanischen Akademiker und Berater der Delegation, zurück, um sich mit der Presse zu befassen, und gingen zu den CNN-Studios.

In dem Augenblick, als Faisal und ich vor den Monitoren Platz nahmen, erfaßte mich die ganze Hektik des vorangegangenen Tages: Ich fühlte mich erschöpft, verwundbar und war versucht, die Augen zu schließen und meinen Kopf ausruhen zu lassen. Dies sollte der Moment der palästinensischen Offenbarung sein, Faisal und ich jedoch saßen im Kellergeschoß eines vorgefertigten provisorischen Gebäudes und verfolgten ihn aus der Entfernung durch das Auge der Kamera. Das Fest hatte begonnen, aber für uns war im Palast kein Platz. Ich versuchte, Faisal und mich davon zu überzeugen, daß wir dort waren: Durch unsere Rede, durch unsere Delegation – die ganze palästinensische Nation war anwesend.

›Sieh auf. Sieh ihnen in die Augen‹, beschwor ich Haidar in Gedanken, als er zu reden begann. Dies waren die Worte, die direkt aus dem Herzen geradewegs zu meinem Herzen zurückkamen. Obwohl ich sie still im Innern wiederholte, hatte ich das Gefühl, sie zum ersten Mal zu hören. Eine merkwürdige Verwandlung hatte stattgefunden – statt für das Volk zu sprechen, hörte ich meiner Rede mit seinen Ohren und in seinem Namen zu. Ich war wie verzaubert. Faisal ging es ebenso.

»Wir kommen zu Ihnen aus einem gefolterten Land und von einem stolzen, aber gefangenen Volk. Wir wurden gebeten, mit unseren Besatzern zu verhandeln, doch wir haben die Kinder der *Intifada* und ein Volk unter Besatzung und Ausgangssperre zurückgelassen, die sich uns angeschlossen haben, um sich nicht dem Vergessen preiszugeben. Während wir sprechen, schmachten Tausende unserer Brüder und Schwestern in israelischen Gefängnissen und Gefangenenlagern, die meisten werden ohne Beweis, Klage oder Verhandlung festgehalten, viele werden beim Verhör grausam mißhandelt und gefoltert, ihre einzige Schuld ist, daß sie Frieden suchen oder es wagen, sich der Besetzung zu widersetzen. Wir sprechen in ihrem Namen, und wir sagen: Laßt sie frei. Während wir sprechen, leiden Zehntausende, die verwundet wurden oder ewig Krüppel sein werden. Laßt den Frieden ihre Wunden heilen. Während wir sprechen, verfolgen uns die Augen Tausender palästinensischer Flüchtlinge, Deportierter und Vertriebener seit 1967, denn Exil ist ein grausames Schicksal. Bringt sie nach Hause zurück. Sie haben das Recht zurückzukehren. Während wir sprechen, hallt die Stille zerstörter Häuser in den Hallen und in unseren Gedanken wider. Wir müssen unsere Häuser in unserem freien Staat neu errichten...«

Als wir später von den Reportern über unsere Gefühle befragt wurden, sagten wir beide, daß wir an die Menschen zu Hause dachten. Wir hatten sie mit uns nach Madrid gebracht, und sie hatten gesprochen. Wir alle waren da in der Fülle unseres Menschseins, das vor der Welt bloßgelegt war, und wir waren bereit, den Prozeß der Versöhnung anzugehen. Aber unser Schmerz war groß.

Wir hatten die Möglichkeit untersucht, ob die ganze Delegation die *Hatta*, die traditionelle palästinensische Kopfbedeckung, als Symbol der eigenständigen palästinensischen Identität tragen sollte, aber wir hatten diese Idee als zu extravagant verworfen. Saeb Erakat jedoch beschloß, seine *Hatta* bei den offiziellen Treffen zu tragen. Shamirs empfindliche Psyche erlitt zwei Schläge: Er mußte anhören, wie der Name PLO ausgesprochen wurde, und er mußte eine palästinensische *Hatta* erblicken – ein Schicksal schlimmer als der Tod. Er unterrichtete Baker über unser empörendes Betragen und verlangte Vergeltung für den bösen Schock, den seine delikate Empfindsamkeit erlitten hatte.

Baker bestellte uns zu einem privaten Treffen heikler Natur. Er teilte uns vertraulich mit, daß Saeb für die ganze Konferenz nicht vor Shamir oder irgendeinem anderen der israelischen Delegierten erscheinen dürfe, da dies ernste Konsequenzen hätte. Ich stellte mir Shamir, Netanyahu, Elyakim Rubinstein und sie alle vor, wie sie sich in fließender Seide auf Samtsofas im Jugendstil zurücklehnten, sich die Brauen mit parfümierten Tüchern wischten und vornehm in Ohnmacht fielen. Es fiel schwer, ernst zu bleiben. Baker bat uns, ihnen dieses Grauen zu ersparen. Und er dachte, *wir* seien von Symbolen besessen! Er war tatsächlich so besorgt, daß er den saudischen Prinz Bandar sowie die ägyptische und europäische Delegation gebeten hatte, seine Bitte nachdrücklich zu unterstützen. Prinz Bandar überreichte Saeb die Einladung zu einem sofortigen Besuch in Saudi-Arabien. Saeb durchschaute dieses Manöver natürlich und war am Boden zerstört. Der Druck drang bis zu Arafat vor, der uns anrief und bat, Saeb nicht zu den nächsten Sitzungen zu schicken, um einen internationalen diplomatischen Zwischenfall zu vermeiden. Baker und sein Team verfolgten die Sache mit Nachdruck. Das Schicksal des gesamten Friedensprozesses hing an einer palästinensischen *Hatta*...

Später am Abend informierte uns Nabil Schaath, daß Abu Ammar uns sehen wollte – und zwar die ganze Delegation. Da ich an heimliche Treffen im Schutze der Dunkelheit gewohnt war, konnte ich mir nicht vorstellen, wie die über einhundert Personen unbemerkt aus Madrid verschwinden und zur Wiederaufnahme der Treffen mit einem unschuldigen Business-as-usual-Auftreten zurückkehren sollten. Bis dahin hatten wir mit Bravour die Politik des äußersten Risikos betrieben und elegant Fakten geschaffen. Doch das Verschwinden einer Delegation könnte ein etwas schwierigerer Trick werden.

Aber in dieser Nacht schickte uns Arafat ein marokkanisches Flugzeug und schleuste einhundert Stück menschliche Schmuggelware aus Madrid hinaus. Nabil erhob sich und verkündete mit unbewegter Miene und in ernstem Ton, daß das Flugzeug Kurs auf die Karibik nehme, wo wir einen wohlverdienten Tag in der Sonne verbringen sollten, und daß jeder von uns für den Aufenthalt Badezeug und ein Strandhandtuch bekommen würde. Unser Gelächter grenzte schon an Hysterie. Statt dessen landeten wir in Algier und fuhren geradewegs zum Amphitheater.

Erst dann erkannte ich, warum Abu Ammar darauf bestanden hatte, das Risiko eines solchen Treffens einzugehen. Es stellte sich als Marathon-Beschwerdesitzung für all jene »Berater« und Gefolgsleute heraus, die sich ausgeschlossen oder vernachlässigt fühlten. Er spielte den großen Zauberer und verwandelte sich selbst in einen riesigen Schwamm, der all den Ärger und all die Kleinlichkeiten in sich aufsog. Er scherzte über die astronomische Telefonrechnung der Nichtstuer, die den ganzen Tag in ihrem Zimmer saßen und Ferngespräche führten. »Natürlich sind viele von euch genau deshalb nach Madrid gefahren, damit ihr eure Eltern oder Kinder, eure besten Freunde und Familienangehörigen anrufen könnt, und ihr denkt vielleicht sogar an lange aus den Augen verlorene Verwandte, die ihr unbedingt in der ganzen Welt anrufen und darüber informieren müßt, daß Ihr in Madrid seid. Ich habe uns immer als das ›Null-Null-Volk‹ [Auslandsvorwahl] beschrieben. So geht hin und telefoniert.« Er beschwichtigte die angehenden Politiker, die sich darüber beklagten, daß wir sie nicht an den Entscheidungen beteiligten: »Ihr solltet meine Probleme sehen. Ich führe eine Nation von Führungspersönlichkeiten wie einen riesigen Sack voller Salat. Egal, wo ich meine Hand hineintauche, ich finde [Salat-]Köpfe. Also fühlt euch nicht ausgeschlossen. Jeder Palästinenser hat das Gefühl, daß er oder sie führen sollte.«

Und dann erzählte er noch einmal seine berühmte Geschichte von dem Palästinenser in Indien.

Eines Tages rief Indira Gandhi Arafat an und beklagte sich über einen Palästinenser, der ihr und der Kongreßpartei Schwierigkeiten machte. Abu Ammar ging nach Indien, um dem nachzugehen. Es stellte sich heraus, daß der Palästinenser ein »Gott« mit einer ziemlich großen Anhängerschaft war, die sich weigerte, für die Kongreßpartei zu stimmen, und gegen sie agitierte. Arafat ließ ihn rufen.

»Warum machst du Frau Gandhi Schwierigkeiten, die eine gute Freundin des palästinensischen Volkes und unserer Sache ist, und wie kommt es, daß du dich als ein Gott ausgibst? Weißt du nicht, daß ich dich zurückrufen oder ausweisen lassen könnte?«

»Ich kam nach Indien, um zu studieren, und wurde Schüler eines berühmten Guru. Als er starb, wählten mich seine Anhänger zu seinem Nachfolger. Ich will Indien nicht verlassen, und ich verspreche, Frau Gandhi keine Schwierigkeiten zu machen, wenn sie uns in Ruhe läßt.«

»Abgemacht!« sagte Abu Ammar.

»Sie denken, Sie seien ein bedeutender Anführer, aber ich habe siebzehn Millionen Anhänger. Über wie viele Palästinenser befehlen Sie? Sechs Millionen?«

»Richtig. Du magst siebzehn Millionen Anhänger haben, und mein Volk mag nur sechs Millionen Menschen ausmachen. Aber der Unterschied liegt darin, daß jeder einzelne dieser sechs Millionen wie du denkt, er sei ein Gott.«

Ob nun Salatköpfe oder Götter – eine beschwichtigte palästinensische Delegation kehrte im Schutze der Dunkelheit nach Madrid zurück, nachdem sie einen meisterlichen Regisseur bei der Arbeit erlebt hatte. Ich mußte immer noch den Bedarf der Presse decken, jeden Tag Briefings abhalten, an allen diplomatischen Treffen teilnehmen, den Dialog mit den Amerikanern weiterführen und bei Führungs- und Strategiesitzungen zugegen sein, während ich weiterhin offizielle Dokumente vorbereitete. Nachdem ich nun vier Nächte nicht geschlafen hatte, war ich kurz vor dem Zusammenbruch. Ich begann buchstäblich, Sterne zu sehen, während ich auf den Beginn eines Treffens des Führungskomitees wartete. Mich am Tisch festkrallend, flüsterte ich, daß ich unbedingt ein wenig schlafen müsse und auf mein Zimmer gehen würde. Kamil Mansour, ein guter Freund und brillanter Kollege aus Paris, der offensichtlich keine Ahnung von meinem verrückten Programm hatte, verkündete, daß er nicht bereit sei, auf eine Sitzung zu warten, während ich schlief, und daß er auch gehen würde, wenn ich ginge. Ich war sprachlos. Meine gesamte Erschöpfung und meine ganze Wut schienen sich in mir aufzubäumen, und ich fühlte mich wie geknebelt. Ich stand auf, und mit dem letzten Rest an Energie schleuderte ich meine Papiere und Akten durch den Raum, dann stolzierte ich hinaus und knallte die Tür hinter mir zu. Eine Stunde lang schluchzte ich, dann schlief ich eine Stunde, und danach stand ich auf, um verschiedene Interviews zu geben.

Dan Rather, Charlayne Hunter-Gault, ABC, NBC, BBC, TF1, das deutsche, holländische und spanische Fernsehen und Sender aus der ganzen Welt schienen heute mit mir einen Termin zu haben. Doch da die unerbittlichen Sicherheitsleute im Hotel jede Person, jede Tasche und jeden Ausrüstungsgegenstand, der in die Lobby kam, sorgfältig und lange durchsuchten, war es mir unmöglich, allen meinen Verpflichtungen nachzukommen. Suhair und ich hatten die hervorragende Idee, die verschiedenen Teams im Park gegenüber zu gruppieren, und ich würde einfach von einer Gruppe zur nächsten gehen, ohne Zeit zu verlieren. Die spanischen Sicherheitsbeamten bekamen Zustände. Sie wußten auch, daß ich verrückt genug war, meinen Plan durchzuführen. Plötzlich war der Park mit gelben Bändern und Unmengen von Sicherheitsbeamten in Zivil abgeriegelt, darüber schwebten Hubschrauber. Ich schritt aus dem Hotel, ging in den Park und begann dort, meine Interviews zu geben, als ob er mein eigener Garten sei. Die Palästinenser hatten es wieder geschafft! Zuerst hatten wir auf das Pressezentrum und Briefings zur Haupteinschaltzeit Anspruch erhoben, jetzt hatten wir einen öffentlichen Park für unsere Sonderinterviews in Beschlag genommen. Zwischen dem Park und dem Efema zählte Suhair an einem Tag über siebenundzwanzig ausführliche Ferseh-Interviews, die Briefings oder Fragen im Vorbeigehen nicht mitgerechnet.

In dieser Nacht sollte ich die Entgegnungsrede vorbereiten (nach den Eröffnungsreden sollte jede Delegation der Konferenz eine Antwort vorlegen). Auf mein Bett gelümmelt bereitete ich zuerst einen Überblick über die wichtigsten Punkte vor, dann konnte ich mich plötzlich an nichts mehr erinnern. Ich rief Nabil an, daß ich nicht mehr funktionieren könne. Er war unerbittlich und wollte, daß ich es versuche. Er würde mir heimlich zwei Leute schicken, die mir beim Schreiben helfen und mit mir aufbleiben würden. Es stellte sich heraus, daß es sich bei den beiden um Ilan Halevy, meinen militanten israelischen Kollegen aus alten Zeiten, und um Elias Sanbar handelte, einen weiteren alten Freund aus Paris, mit dem ich 1989 die Vorbereitung der Verhandlungen begonnen hatte. Beide ließen sich auf dem Boden nieder und innerhalb weniger Minuten hatten sie sich ausgestreckt und waren in tiefen Schlaf gefallen. Penny und ich arbeiteten weiter, doch ich nickte immer wieder ein. Penny weckte mich in regelmäßigen Abständen mit »Du kannst jetzt nicht einschlafen. Nur noch ein paar Absätze, du hast es fast geschafft«, und ich wachte auf, schrieb wieder ein paar Zeilen und sank zurück in meinen Schlaf. Als ich am nächsten Tag unsere Erwiderungsrede vernahm, hörte ich sie wie zum ersten Mal, als ob ich die ganze Rede im Schlaf geschrieben hätte.

Am Freitagnachmittag wurde ein improvisiertes arabisches Koordinationstreffen einberufen. Aus dem Führungskomitee konnte ich nur Ghassan al-Khatib finden; die anderen nahmen an verschiedenen Gesprächen in ganz Madrid teil. Ghassan und ich gingen zur Suite des jordanischen Außenministers Kamel Abu Jaber hinauf. Der Chef der jordanischen Delegation, Abdel-Salam al-Majali (der später Premierminister wurde), der syrische Außenminister Faruq al-Shara, der Chef der syrischen Delegation, Muwaffak al-Allaf und Vertreter der libanesischen Seite warteten alle auf uns. Thema war, ob wir uns verpflichten sollten, die erste Runde der bilateralen Gespräche in Madrid am Sonntag zu beginnen oder nicht. Die Amerikaner wollten, daß die Gespräche unverzüglich begannen, aber einige ließen sich Zeit. Ich war verwirrt. Da wir mit den Jordaniern dieses Datum vereinbart und die Amerikaner darüber in Kenntnis gesetzt hatten, hielt ich diese Frage für irrelevant. Mir wurde langsam klar, daß die Syrer ihre Antwort noch nicht erteilt hatten und daß sie etwas Bestimmtes bezweckten. Sie dürfen uns nicht trennen, insistierte Shara. Die arabischen Delegationen wollten, daß wir alle am selben Ort und zur selben Zeit zusammentrafen, denn wenn man uns trennte, würde die arabische Abstimmung schwieriger werden. Nach einer langatmigen Diskussion ging Shara ins Schlafzimmer, um mit Baker zu telefonieren.

Wir warteten. Ich wurde dann von der Gruppe gebeten nachzusehen, was ihn so lange aufhielt. Shara gab mir das Telefon, während er noch immer in den Hörer sprach, und ich hörte ihn sagen: »Hier, sprechen Sie mit Hanan.« Ich nahm den Hörer, völlig unvorbereitet auf die Tirade, die dann folgte, denn Baker brüllte buchstäblich am anderen Ende.

»Sagen Sie mir nicht, daß Sie auch hier dabei sind! Die Palästinenser haben ihr Wort gegeben. Sie fangen alle am Sonntag an, oder die ganze Sache ist vorbei!«

»Wo liegt das Problem?« fragte ich unschuldig. »Ich dachte, es sei nur eine technische Frage, die leicht geklärt werden könnte.«

»Technische Frage! Der Mann will, daß alle Delegationen sich gleichzeitig am selben Ort treffen. Wir könnten es in einem einzigen Gebäude schaffen, aber die Treffen müssen nacheinander stattfinden. So haben wir es vereinbart«, schrie Baker.

»Sehen Sie es doch mal so«, meinte ich, versuchte ruhig zu wirken und gab dem Gespräch eine aristotelische Note. »Er möchte zeitliche und örtliche Einheit. Sie sagen, Sie können die örtliche Einheit bieten. Nehmen wir das als Kompromiß und sehen wir, wie nahe wir dem zeitlichen Element kommen.« Ich hatte Glück, daß ich nie die Einheit der Aktion anführte. Ich konnte die Rauchwölkchen aus dem Hörer aufsteigen sehen.

»Sie sagen Herrn Shara jetzt einfach, daß die ganze Sache vorbei ist. Ich fahre nach Hause. Ich nehme das Flugzeug heute abend, und er kann nach Syrien zurückgehen. Was mich angeht, ist die Sache erledigt!« Und er legte einfach auf. (Ich muß hinzufügen, daß ich vieles von Bakers Worten dem Anstand zuliebe paraphrasiert habe.) Baker schrieb später einen Artikel über Diplomatie und Friedenstiften und sagte, daß dazu auch gehöre zu wissen, wann man einfach den Hörer auflegen müsse. Diese Botschaft kam bei mir an.

Ich ging ins Wohnzimmer und berichtete der arabischen Gruppe über die wesentlichen Punkte des Gesprächs. Alle waren überzeugt, daß Baker es ernst meinte, und wir drängten die Syrer, einen arabischen Kompromiß zu akzeptieren. So wurden die aristotelischen Elemente Teil der politischen Rede des Friedensprozesses. Wir sagten, daß ein einheitlicher Ort wichtiger sei als eine einheitliche Zeit, da wir nicht das Tempo der Verhandlungen garantieren, wohl aber für Koordinierung sorgen konnten, indem wir alle denselben Tagungsort und den gleichen breiten Zeitrahmen hatten. Ich wurde gebeten, Baker mitzuteilen, daß dies der von der arabischen Seite vorgeschlagene Kompromiß sei und daß wir unser Bestes geben würden, um die Syrer zu überzeugen, vorausgesetzt, die Amerikaner akzeptierten diesen Vorschlag. Ich gab die Botschaft weiter und nahm an, daß die Krise vorüber sei, vor allem in Anbetracht der Tatsache, daß die Amerikaner bereits den Grundsatz eines Tagungsortes für alle bilateralen Treffen akzeptiert hatten. Wir sollten am 3. November in Madrid beginnen.

Während des Treffens der palästinensischen Führung wurde die Frage als geklärt angesehen, und wir arbeiteten sowohl die Liste der Unterhändler für die erste Sitzung als auch die wichtigsten politischen Positionen aus, die darzulegen waren. Wie üblich hatte ich für 14.00 Uhr vor den anderen ein Briefing angesetzt. Um 13.00 Uhr kam ich im Pressezentrum an, um einige private Interviews zu geben, und man händigte mir dringende Nachrichten von Baker und Ross aus. Suhair fragte, ob wir die Telefone der MBC (Middle East Broadcasting Corporation) benutzen dürften, und bekamen das ganze Büro des Senders zur Verfügung gestellt. Auf der einen Leitung fragte Baker, ob wir an diesem Tag unsere Zustimmung ankündigen würden, und bestätigte, daß die Jordanier bereits positiv geantwortet hätten. Auf einer anderen Leitung rief ich Nabil Schaath an und teilte ihm mit, daß ich ein Problem mit den Syrern vermutete, da Baker auf der anderen Leitung auf einer öffentlichen

Ankündigung an diesem Tag bestand. Nabil sagte, daß er nichts von irgendeinem Problem wüßte, und bestätigte unsere Vereinbarung mit den Jordaniern; er blieb in der Leitung und versuchte weiterhin, die Syrer anzurufen, um dies zu prüfen. Auf einer dritten Leitung rief ich Abu Ammar an, der von einer einheitlichen arabischen Position begeistert und sicher war, daß dies auch stimmte, da man ihm nichts Gegenteiliges mitgeteilt hatte. Dennis Ross rief auf der vierten Leitung an (denn Baker war schon auf dem Weg zum Efema) und bat mich, Baker im Warteraum hinter der Bühne zu treffen. Ich sagte dies Nabil, der immer noch keine Antwort von den Syrern hatte, und wir vereinbarten, daß er mich in dem Warteraum oder während des Briefings anrufen würde, wenn er Neuigkeiten hätte. In der Zwischenzeit sollte ich weitermachen. Nachdem ich mit Baker gesprochen und ihm versichert hatte, daß sich unsere Position nicht geändert habe, ging ich auf die Bühne und machte mein Briefing.

Ich bezeichnete Shamirs Rede als absolutistisch und rückschrittlich. Sie war eher eine Rückblende auf die Vergangenheit als eine zukunftsorientierte Rede, eher Ausdruck einer unzugänglichen und anachronistischen Ideologie als ein expansiver und pragmatischer Führungsstil. In seiner Rede war er anklagend und aggressiv gewesen und machte die Welt für den Holocaust verantwortlich. Näher eingehend auf unsere Rede, die eher in die Zukunft denn in die Vergangenheit blickte, forderte ich die Anerkennung der menschlichen Dimension und verantwortliche Offenheit und Vorausschau im Dienste des Friedens. Als Antwort auf eine Frage über den Beginn der bilateralen Gespräche am 3. November kündigte ich an, daß wir bereit seien, die Gespräche in Madrid an diesem Datum aufzunehmen. Befragt über einen ständigen Tagungsort, antwortete ich, daß wir einen neutralen Ort außerhalb der Region akzeptieren würden, einen Ort, der keinen negativen Einfluß auf die Gespräche ausübe und die Palästinenser in keine nachteilige Position bringe.

Die Israelis wollten einen Tagungsort im Nahen Osten. Keine der arabischen Parteien würde dies akzeptieren, denn dies könnte den Prozeß in komplizierte regionale Politik verwickeln. Die Syrer und die Libanesen wollten Verhandlungen in Washington auf dem Boden des amerikanischen Mitschirmherrn führen, um eine Beteiligung der Amerikaner und ihr Interesse am Erfolg des Friedensprozesses sicherzustellen. Wir waren im Hinblick auf Washington unentschlossen, da die Vereinigten Staaten ihren Dialog mit der PLO ausgesetzt hatten und die meisten Mitglieder unserer Führung entweder nicht in die Vereinigten Staaten reisen durften oder ein spezielles Visum mit Genehmigung des Kongresses brauchten. Wir waren auch der Meinung, daß die USA angesichts ihrer besonderen

Beziehungen zu Israel und der extremen Befangenheit des Kongresses kein neutraler Boden seien. Die Amerikaner wollten sicherstellen, daß der Prozeß ein Gewinnlos war, bevor sie ihn nach Washington verlagerten; sie wollten keinesfalls das Risiko eingehen, eine Niete zu ziehen. Die Jordanier waren empört, daß ich die palästinensische Ankündigung gemacht hatte, bevor sie sich geäußert hatten.

Hinsichtlich des Zeitplans wollte Israel einen eigenen Zeitrahmen für jede bilaterale Verhandlungsschiene zusätzlich zu verschiedenen Tagungsorten, um sicherzustellen, daß es keine arabische Abstimmung gebe und daß die Teile-und-Siege-Strategie in den Verhandlungen vorherrsche. Alle arabischen Seiten wollten eine Koordinierung, allerdings aus unterschiedlichen Gründen und auf verschiedene Weise. Hier spielte das palästinensisch-syrische Mißtrauen eine große Rolle. In der arabischen Welt wurde Syrien immer als ein Hauptakteur und ein regionaler Führer gesehen und stellte sich selbst auch so dar. Die Feindseligkeit zwischen Assad und Arafat war kein Geheimnis, und Syrien spielte Gastgeber und Gönner für die Opposition gegen Arafat. Abu Ammar jedoch wollte die palästinensische Karte selbst unter dem Titel »die unabhängige palästinensische Entscheidung« ausspielen und Syrien daran hindern, sie für eine Verbesserung der eigenen Verhandlungsposition zu nutzen. Israel war natürlich ständig dabei, die eine Seite gegen die andere auszuspielen. Gelinde gesagt war die arabische Abstimmung ein Minenfeld, durch das man sich mit äußerster Vorsicht hindurchmanövrieren mußte.

Einmal fragte man mich, an wie viele Zuhörergruppen ich dachte, wenn ich öffentliche Mitteilungen machte oder offiziell auf Fragen antwortete. Ich begann zu zählen. Die Schicht der Zuhörer wurde zu einem Heer aus inneren Geistern, die um meine Seele und meine Worte kämpften. Erwartete man von mir, sie voneinander zu trennen, jeden zu erkennen und in seiner eigenen Sprache anzureden? Würde ich zu unserer Wählerschaft, einem Volk unter Besatzung, genauso sprechen, wie ich mich an die israelische Öffentlichkeit wenden würde? Übte ich Selbstzensur, wenn ich auf die Ohren der Führung in Tunis abzielte? Welche arabische Wählerschaft oder Regierung hatte ich im Sinn, wenn ich die Sprache unserer zerrissenen Welt sprach? Hatte ich als Frau eine besondere Sprache? Schlüpfte ich in westliche Kleidung und abendländisches Denken, wenn ich vor den ausländischen Medien stand? Welche Botschaften vermittelte ich Regierungen und Weltpolitikern im Gegensatz zu den Signalen, die ich an ihre Völker aussandte? War es möglich, daß ich mich der Tatsache schuldig machte, den Sprecher berühmter und wichtiger zu machen als die Rede?

Plötzlich fühlte ich mich als Gefangene des Wortes, das ich so lange Zeit verehrt und genossen hatte. Der *logos*, mächtig als Feind und überwältigend als Freund, war gleichzeitig Gebieter und Sklave geworden. Ich begann, die ursprüngliche Frage nach der Zahl der Zuhörergruppen übelzunehmen, die eine derartige Büchse der Pandora an linguistischer und existentieller Selbstbewußtwerdung geöffnet hatte. Dann erinnerte ich mich an *amanah* – als instinktiven Richtungsweiser und menschlichen Kompaß. Zu oft hatte man die Palästinenser als ein der Leidenschaft und der Übertreibung verfallenes Volk bezeichnet, als ein Volk des überspannt Tragischen – nun war es Zeit, das palästinensische Volk seine einfache Wahrheit schildern zu lassen. Da erkannte ich, daß es nicht so sehr um Pluralismus und Vielfalt der Zuhörerschaft ging, sondern vielmehr um Einheitlichkeit und Integrität der Botschaft. In diesem Drama waren Ort und Zeit lediglich technische Fragen.

Als Kind hatte Amal eine starke Vorliebe für eine Kindersendung entwickelt: Die Biene Maja, die auf der Suche nach ihrer Mutter durch die Welt schweifte. Amal ging so weit, daß sie weinte, wenn sie nur das Titellied des Programms hörte. Allmählich merkten wir, daß sie das Fernsehgerät abschaltete, bevor *Die Biene Maja* anfing. Verwirrt fragten wir sie, warum. Amal antwortete, daß sie die Sendung so sehr liebe, daß sie die Traurigkeit nicht ertrage, die sie jedes Mal am Ende der Sendung überfalle. Lieber würde sie auf das Vergnügen der Sendung verzichten als den Kummer über das Ende durchzumachen. War das eine kindliche Version der Geschichte von einem Volk und seinem Land? Hatte uns der Kummer über den Verlust Palästinas die Freude über seine Existenz geraubt?

Wir verließen Madrid mit einer Mischung aus Euphorie und Verlust. Wir fühlten, daß wir für uns selbst in diesem öffentlichen Forum einen Platz abgesteckt hatten, daß wir als Palästinenser gesprochen hatten. Aber wir wußten auch, daß dies erst der Anfang war und daß der schwierigste Teil noch vor uns lag. Wir wußten, daß die bilateralen Gespräche in Madrid eigentlich nichts bewirkt hatten und daß es immer noch keine konkrete Zusage gab.

Erkenntnisse und Umschwünge hatten die Handlung auf neue Höhepunkte gebracht. Ich begann, mir über die Ernüchterung Sorgen zu machen. Wir fuhren nach Hause zu einem Volk, dessen Hoffnungen sich über alle realistischen Erwartungen hinaus gesteigert hatten. Würden die Menschen in der Lage sein, den Kummer über das Ende dieser Folge zu ertragen, oder sollten wir (wie Amal) abschalten, bevor sie überhaupt begann?

9

Unsere Heimkehr war ein Fest. Tausende von Palästinensern planten, nach Jericho zu kommen, um die zurückkehrende Delegation zu empfangen. Doch die israelischen Behörden erklärten Jericho unverzüglich zu militärischem Sperrgebiet. Trotz der Abriegelung wurde Jericho zu einem menschlichen Fest der Hoffnung und des Friedens. Zeina und Emile warteten unterwegs auf uns, und Zeina stieg zu mir in den Bus. Wir umarmten uns lachend und weinend inmitten von Jubel und Rufen des Willkommens und der Ermutigung. Mit Olivenzweigen winkend und begeistert singend kamen Hunderte von jubelnden Menschen unserem Bus an der Brücke entgegen und begleiteten ihn zu Fuß durch die Stadt. Manche sprangen auf den Bus, andere hingen wie Trauben daran. Teile des Busses lösten sich allmählich unter den Händen der Menschen, als ob sie aus Pappe seien. Als wir in Jerusalem ankamen, sah unser Bus aus wie ein Skelett.

Jerusalem raste vor Begeisterung. All die Energie und die Ausgelassenheit, die jahrelang geschlummert hatten, brachen plötzlich hervor. Faisal wurde auf die Schultern der Menge genommen, und ich wurde mitgerissen. Am Nationaltheater *Al-Masrah* wurden wir auf die Bühne gehievt, die unter dem plötzlichen Gewicht ächzte. Das Theater war derart zum Bersten voll, daß ich mir über die Belüftung und die Sicherheit der Menschen Sorgen machte. Ich rief und gestikulierte verzweifelt, um Emile zu bitten, Zeina nach draußen zu bringen. Schließlich beruhigte sich alles soweit, daß wir sprechen und durch den Lärm gehört werden konnten.

Ja, wir hatten für diese Nation einen Platz zwischen den versammelten Nationen der Welt geschaffen. Ja, wir hatten weltweite Anerkennung als Volk mit Rechten und Hoffnungen gewonnen. Ja, wir hatten den Lügen und Zwängen der Israelis die Stirn geboten und den Tagessieg errungen. Aber all dies war gerade erst der Anfang einer langen und beschwerlichen Reise. Die eigentliche Herausforderung stand uns noch bevor. Während wir versuchten, das Gefühl von Rechtfertigung und Freude der Menschen zu unterstützen, bemühten wir uns gleichzeitig, die Gefahr durch übertriebenen

Optimismus und unrealistische Erwartungen einzudämmen, die, dessen war ich sicher, zu einer großen Enttäuschung führen könnten. In Gaza übermittelte Haidar dieselbe Botschaft sogar noch brutaler: »Es ist zu früh, um zu feiern«, warnte er die Massen. »Wir haben noch einen langen und beschwerlichen Weg vor uns.« Das waren wahre Worte.

Die Meinungsumfragen ergaben mit 87 Prozent positiver Stimmen ein bisher nie erreichtes Ergebnis. Während wir in Madrid waren, hatten Palästinenser begonnen, Blumen an Soldaten zu verteilen und Olivenzweige in die Läufe ihrer Gewehre zu stecken. Manche für den Frieden demonstrierende Palästinenser wurden beschossen und getötet. Aber andere, die Madrid in ihrem Herzen trugen, machten weiter und glaubten, daß es möglich sei, über Nacht alles zu verändern. Ich erinnerte daran, wie Joan Baez 1974 Ramallah besuchte. Damals riet sie den Palästinensern, Blumen an die Soldaten zu verteilen. Wir fragten sie, ob sie jemals unter militärischer Besatzung gelebt habe. Blumen verdorren und sterben angesichts eines Gewehres, genau wie unsere Kinder. Vielleicht, so dachte ich, würde Joan jetzt verstehen. Niemals wieder überreichten Palästinenser israelischen Soldaten Blumen und Olivenzweige. Wie Amal schalteten wir alle *Die Biene Maja* ab, bevor die Folge begann, da wir nicht gewillt waren, den Schmerz über ihre Vergänglichkeit zu ertragen.

Von Stadt zu Stadt, von Lager zu Lager durchreiste die Delegation alle besetzten Gebiete, um dem Volk den Inhalt unserer schweren Bürde darzulegen. Da wir keine freie Presse oder irgendwelche Medien wie Rundfunk oder Fernsehen hatten, griffen wir auf das primitivste und direkteste Kommunikationsmittel zurück: die mündliche Überlieferung. Unter Mißachtung der Sicherheitsrisiken hielten wir Open-air-Veranstaltungen, Stadtversammlungen sowie Sonderseminare und Debatten ab. Wir wurden zu den fahrenden Musikanten des Friedens, zu Evangelisten einer neuen Gospel-Art. Mit Beifall, Schmähungen, Fragen und Ratschlägen überhäuft, verteidigten wir unsere Sache und übernahmen schutzlos die unmittelbarste und aufrichtigste Form der Verantwortung. Unsere Häuser wurden zu Stationen zahlreicher Delegationen, die nach einer Möglichkeit der direkten Beteiligung suchten. Sie meinten, sie hätten das Recht auf Informationen und unmittelbares Eingreifen in die Führung der Gespräche. Und das hatten sie auch. Selten hat sich irgendeine Delegation so sehr bei ihrer Mission in die Anliegen ihrer Wählerschaft vertieft. Das war die Quelle unserer Glaubwürdigkeit und unserer Stärke, aber auch unserer Verwundbarkeit – unsere öffentliche Achilles-Ferse. Als die Saga – oder Seifenoper – der Verhandlungen weiterging, mußten wir jede Sendepause zwischen den

Folgen damit verbringen, die letzte Folge zu analysieren und uns auf die nächste vorzubereiten. Wir waren schließlich die Delegation des Volkes.

Wir hatten aber auch noch eine andere Verantwortung – gegenüber der PLO, unserer Führung, den Regisseuren hinter den Kulissen, die nicht auf der Bühne zugelassen waren. Während und zwischen den Runden sollten wir nach Tunis eilen, um dort zu beraten, Bericht zu erstatten, zu diskutieren und Entscheidungen vorzubereiten.

Es war Mitte November, und die Frage von Ort und Zeit der nächsten Runde war immer noch nicht völlig geklärt. Es wurde darüber diskutiert, daß Washington der nächste Tagungsort sein würde, und ich verhandelte eifrig mit den Amerikanern über die Frage der PLO-Visa und über gleichen Status und Gleichbehandlung. Shamir hatte sich zu seinem stürmischen USA-Besuch aufgemacht, und ich sprach in den CNN-Studios mit Rowland Evans. Am Morgen hatte ich einen Anruf aus Washington erhalten, in dem man mich fragte, ob der 4. Dezember als Anfangsdatum für die erste Washingtoner Runde akzeptabel sei. Nach Beratung mit Tunis hatte ich zugestimmt. Gleich nach dem Interview rief mich Molly Williamson an und bat um ein offizielles Treffen, um die Einladungen für die nächste Runde zu überreichen. »Am 4. Dezember in Washington?« fragte ich. »Woher wußten Sie das?« meinte sie. Als mich nun der ABC-Reporter beim Verlassen des Senders fragte, ob ich irgendwelche Neuigkeiten hätte, verkündete ich unbekümmert Ort und Zeit der nächsten Gesprächsrunde und verursachte eine größere diplomatische Krise mit Shamir in Washington. Aus dem Weißen Haus und dem State Department hatte niemand Shamir informiert – und Shamir hatte Israels Zustimmung nicht erteilt. Außerdem, so erfuhren wir später, hatte die US-Regierung versprochen, zuerst mit den Israelis irgendwelche Vorschläge oder Entscheidungen abzustimmen und sie nicht mit irgendwelchen plötzlichen Offenbarungen zu überraschen. Ich überraschte sie – ich hatte ja nichts versprochen.

Am 1. Dezember brach eine Delegation mit etwa 35 Palästinensern nach Washington auf. Einmal mehr wurden wir an der Brücke gestoppt, und die Überfahrt wurde erschwert. Mit wiederholten Verzögerungen, Durchsuchungen, Demütigungen und voller Haß forderten israelische Beamte vorsätzlich unsere Mission und unsere Würde heraus. In Amman stellten wir fest, daß die US-Visa nicht alle gewährt worden waren, die wir für eine Reihe von PLO-Vertretern einschließlich Nabil Schaath beantragt hatten. Nun begannen neue Verhandlungen darüber, daß Nabil und eine geänderte Liste zugelassen wurden. Abu Ammar kam um 2.00 Uhr morgens in

Amman an, und wir beschlossen, nicht abzureisen, bis wir nicht alle geforderten Visa beisammen hätten. Die Jordanier hatten für 11.00 Uhr ein Flugzeug gechartert. Um 18.00 Uhr wurden uns vier der fünf Namen genehmigt, und Abu Ammar entschied, daß wir ohne Nabil fahren sollten. Er betonte jedoch, daß ich weiterhin mit dem State Department in Washington verhandeln sollte, damit Nabil uns nachkommen könnte. Als wir am Flughafen ankamen, erfuhren wir, daß niemand die jordanische Delegation über unsere mißliche Lage informiert hatte. Sie hatten seit dem Morgen am Flughafen gewartet; man konnte also mit Sicherheit annehmen, daß sie nicht allerbester Laune waren. Abdel-Salam al-Majali war so außer sich, daß er nicht zu stoppen war, als er schließlich Worte fand und sich darüber ausließ, wie unverschämt und rücksichtslos wir seien und wie wir ihnen immer wieder Überraschungen bescherten. Das sollte aber nur die erste von vielen sein.

Nachdem wir die israelische, amerikanische und jordanische Episode alle an einem Tag überstanden hatten, stiegen wir ins Flugzeug nach New York. Auf dem Weg bereitete ich unsere offizielle Stellungnahme und Pressemitteilung vor und arbeitete mit anderen Mitgliedern der Delegation an einigen Papieren zur Lage der Dinge. Kurz vor der Landung bat ich die anderen, daß wir mit unserer Gruppierung zwei getrennte Delegationen deutlich machen sollten, und bat die Jordanier, als erste auszusteigen. Das kam bei Majali schlecht an. Am Flughafen versuchte Haidar, ihn mit einem alten arabischen Lied zu beruhigen: »Du und ich, wir kommen nicht ohneeinander aus!« Damit erreichte er, daß mein ungehöriges Benehmen zumindest teilweise wiedergutgemacht war, und er meinte: »Sie entscheidet und sagt allen, was sie zu tun haben.« Ich stieß einen Seufzer der Erleichterung aus.

Doch der Tag war noch nicht zu Ende. Am Flughafen wurden wir von unzähligen Reportern erwartet, die uns mit Fragen bombardierten. Ich war ein wenig zurückgeblieben und sprach mit einigen Frauen, die uns mit Blumen empfangen hatten. Die Reporter riefen meinen Namen, ich ging nach vorne und begann, ihnen Rede und Antwort zu stehen. Dann fragten sie: »Hat nicht jemand eine Pressemitteilung vorbereitet?« Ich schaute auf die Jordanier und wartete, aber sie hatten keine. So zog ich meine aus der Handtasche und verlas sie. Alle Sender nahmen sie auf. Majali war fuchsteufelswild. »Nicht genug damit, daß sie alle herumkommandiert, nein, auch wenn die Presse nach einer Stellungnahme fragt, zieht sie einfach eine aus der Handtasche. Sie hat es nicht einmal für nötig gehalten, mich vorher zu informieren!« Das war's dann, dachte ich. Ich war sicher, daß ich mir unabsichtlich einen Feind fürs Leben geschaffen hatte. Doch später zeigte sich, daß Majali (Al-Basha) und ich sehr gute Freunde wurden und dann oft gemeinsam über unsere turbulenten früheren Zusammentreffen lachten. Seine Großmütigkeit und seine Herzlichkeit waren so einnehmend wie seine Offenheit.

Um sofort klare Fronten zu schaffen, weigerten sich die Israelis, die Verhandlungen zu dem vereinbarten Datum aufzunehmen. Anstelle ihrer Delegation zogen sie Benjamin Netanyahu aus dem Hut, diesen zungenfertigen Meister der Weitschweifigkeit und der Verdrehung. Bewaffnet mit künstlichem Charme und den üblichen leeren Argumenten, berief der ehemalige »Liebling der amerikanischen Medien« an dem Tag, an dem die Verhandlungen beginnen sollten, für 11.00 Uhr eine Pressekonferenz ein. Die Nicht-Verhandlungen sollten um 10.00 Uhr beginnen, und so beschloß ich, zum State Department zu gehen, dort auf die Delegation zu warten und mit den Reportern zusammenzutreffen, die am Eingang Wache hielten und dabei Netanyahu in Beschlag nehmen wollten.

Dennis Ross war wütend. »Sie werden nicht in das State Department eingelassen«, verkündete er kategorisch. »Es ist gegen die Regeln, und die Israelis werden ein Foul reklamieren.«

»Ungeachtet der amerikanischen Gastfreundlichkeit habe ich keinerlei Absicht, das Gebäude zu betreten. Ich werde nur draußen auf die Delegation warten und in der Zwischenzeit ein bißchen mit der Presse plaudern«, antwortete ich. »Außerdem haben die Israelis nicht die Absicht aufzutauchen, also können Sie sich abregen. Sie werden nicht die Demütigung erfahren, daß sie tatsächlich ihre Augen auf meine Person richten müssen.« Er fand es überhaupt nicht komisch.

Fünf Minuten später rief Baker an: »Dennis hat mir gesagt, was Sie vorhaben. Ich bitte Sie, sich nicht dem Eingang des State Department in der C Street zu nähern.«

»Warum? Gibt es eine Ausgangssperre, oder glauben Sie nicht an die Bewegungsfreiheit?« Ich wurde langsam ungeduldig. »Gibt es ein Gesetz, das mir verbietet, dort auf dem Bürgersteig zu stehen?«

»Sie kennen die Antwort, aber ich möchte einen Zwischenfall mit den Israelis vermeiden«, versuchte er zu erklären. »Ich bitte Sie, sich nicht zu zeigen.«

»Das ist Ihr Problem. Sie wissen, daß ich meine Anweisungen nicht von Ihnen erhalte. Ich werde Ihre Bitte als wohlmeinenden Rat ansehen. Ich werde darüber nachdenken und dann tun, was ich als das Beste für die Palästinenser – nicht für die Amerikaner oder die Israelis – erachte.«

Akram und ich diskutierten über Bakers Bitte. Ich nahm mein Walkie-talkie, stieg in meinen Wagen und fuhr zum Eingang in der C Street, wo die Presse nichts Besseres zu tun zu haben schien, als mit mir zu sprechen. Ich erklärte, daß die Verhandlungen nicht zum vereinbarten Datum begonnen hatten, weil die Israelis nicht gekommen waren. »Statt ihren Sprecher zu schicken, um Pressekonferenzen abzuhalten, sollten sie ihn zum Verhandeln schicken. Sie sollten hier sein, um mit uns zu verhandeln, und nicht, um bei der Presse Punkte zu machen«, sagte ich. »Wir sind bereit, gewillt und fähig. Aber wo ist die israelische Delegation?« Und dann stellte ich die rhetorische Frage, auf die niemand öffentlich zu antworten wagte: »Ich möchte wissen, wer in diesem Friedensprozeß das Sagen hat, wer entscheidet? Sind es die Israelis oder die Mitschirmherren? Wann hören die USA auf, dem Schwanz zu erlauben, daß er mit dem Hund wedelt?«

Um sich an uns zu rächen, verkündeten die Israelis, daß sie bereit seien, die Verhandlungen am 9. Dezember aufzunehmen. Dies war der Jahrestag der *Intifada*, und sie wußten, daß wir die palästinensische Tradition der Streiks und Gebete an diesem Tag nicht brechen würden. In dieser Nacht beschlossen wir, den palästinensischen Streik aufrechtzuerhalten, der in den besetzten Gebieten ausgerufen wurde, und für unsere Toten in der Kathedrale von Washington und in der Moschee Gedenkgottesdienste abzuhalten. Das interreligiöse Dialog-Komitee, eine in Washington ansässige Gruppe aus Christen, Moslems und Juden, übernahm die Vorbereitungen und die Gestaltung des Programms. Wir informierten die anderen arabischen Delegationen, und sie wollten sich uns solidarisch anschließen.

In letzter Minute an jenem Morgen beschloß das Komitee, die Gottesdienste um eine halbe Stunde vorzuverlegen, versäumte jedoch, die jordanische Delegation darüber zu unterrichten. Diese kam eine halbe Stunde zu spät, und wir mußten für Majali in der ersten Reihe zwischen uns Platz machen. Als er sich neben mich quetschte, wisperte er: »Sie haben es schon wieder getan! Ich hoffe, Sie haben nicht noch mehr Überraschungen im Ärmel!« Ich konnte ihn nicht davon überzeugen, daß ich mit der Planung nichts zu tun hatte. Zwei Minuten später stand der Organisator auf und verkündete, daß ich mich nun an die Versammlung wenden und daß jeder Delegationschef eine Ansprache halten würde. Majalis Augen sprachen Bände! Hilflos hob ich die Hände. Irgend jemand war fest entschlossen, eine wunderschöne Freundschaft im Keim zu ersticken. Ich brauchte Monate, um Al-Basha zu überzeugen, daß ich genauso Opfer war wie er.

Als all dies hinter uns lag, dachten wir, die Verhandlungen würden schließlich beginnen. Aber dem sollte nicht so sein. Die israelische Delegation weigerte sich, mit der unseren zusammenzutreffen, das heißt, sie würden sich nicht mit uns separat treffen, sondern nur mit uns als Teil der jordanischen Delegation. Nun begann die Schlacht um »separate Verhandlungsschienen«. Einmal wurden wir als eine Unterabteilung der jordanischen Delegation behandelt, ein anderes Mal als Punkt auf der Tagesordnung. Ich protestierte: »Wir sind weder eine subhumane Spezies noch eine Sub-Delegation bzw. ein Anhängsel der jordanischen Delegation, noch ein Ad-hoc-Komitee oder ein Diskussionsthema in den Verhandlungen von anderen. Wir sind gekommen, um auf der Grundlage des Zwei-Schienen-Ansatzes, arabisch-israelisch und palästinensisch-israelisch, zu verhandeln, und nicht, um zwischen die Schienen zu fallen.« Das State Department weigerte sich, die Tür zu einem separaten Raum für die palästinensisch-israelischen Verhandlungen zu öffnen. Somit standen wir noch vor einer weiteren Schlacht. Durch Verschließen der Tür hatten die Vereinigten Staaten begonnen, Partei zu ergreifen. Bewaffnet mit dem Einladungsschreiben und dem Zusicherungsschreiben forderten wir die Amerikaner heraus, zu ihren eigenen Zusagen zu stehen, doch man sagte uns kategorisch, dies »mit den Israelis auszumachen«. Der Zwei-Schienen-Ansatz blieb eingleisig, und wir weigerten uns, den Raum zu betreten, den das State Department für gleichzeitige jordanisch-palästinensisch-israelische Verhandlungen offengelassen hatte. Dieses Zusammenlegen der Schienen bedeutete eine Vermischung der nationalen Identitäten, und wir waren nicht gewillt, die unsere aufzugeben. »Alles, was wir für jetzt erbitten, ist eine eigene Schiene und nicht ein eigener Staat. Wir fordern die Möglichkeit und unser Recht, uns von Angesicht zu Angesicht mit unseren Besatzern zusammenzusetzen und sie direkt als Gleichwertige anzusprechen. Wir wollen ihnen in die Augen sehen und sagen: ›Wir sind ein Volk mit Rechten, mit einer nationalen Identität und wir fordern unsere Freiheit‹«, deklarierte ich vergebens.

So fand die gesamte erste Runde im Flur statt und erinnerte an das Konzept der »Korridor-Diplomatie«. Unsere Delegation machte sich jeden Morgen pflichtschuldig zum State Department auf, ging zu dem verschlossenen Versammlungsraum, kehrte dann in den Warteraum zurück und wartete. Die Delegationschefs trafen sich im Korridor und spielten eine Wiederaufführung des Dramas Unwiderstehliche Kraft – Unbeweglicher Gegenstand. Als sie sich auf das Sofa im Korridor setzten, tauchte eine neue Variante der Korridor-Diplomatie auf – die Sofa-Verhandlungen. Haidar Abdel-Shafi und Elyakim Rubinstein, der Chef der israelischen Delegation, gerieten hart aneinander und hörten damit für die nächsten zwei Jahre nicht auf.

Haidar war ein Gentleman der alten Schule, ein Mann mit Grundsätzen und festen Überzeugungen. Hinter seinen buschigen

Augenbrauen und seinem unschuldigen Lächeln verbarg sich ein unnachgiebiger, eiserner Wille. Groß, schlank und gut gekleidet, trug er seine zweiundsiebzig Jahre mit Eleganz, aber seine Augen waren die eines jungen Mannes. Wir alle hatten Schwierigkeiten, mit ihm Schritt zu halten, und er wartete auf niemanden. Sobald er fertig war, ging er los. In dem Moment, in dem sein Wagen anhielt, stürzte er heraus, ohne sich umzusehen. Er hatte eine tiefe Abneigung dagegen, zu spät zu kommen, und schätzte dies auch bei anderen nicht. Er empfand jede Art der Schlampigkeit – sei es physische, intellektuelle oder verfahrensmäßige – als einen persönlichen Affront. Seine Strenge, Disziplin und Korrektheit waren oft ein Ausgleich zu Nabil Schaaths entspannterer und unstrukturierterer Haltung. Doch sein feinsinniger und oft bösartiger Humor im Gegensatz zu Nabils spaßigerem Witz traf mitten ins Ziel.

Ich nannte ihn *Hakiemna*, unseren Doktor oder unseren weisen Mann, und ich war ihm sehr zugetan, selbst wenn er noch so dickköpfig war und einen zur Verzweiflung brachte. Dafür gab es gute Gründe. Die Freundschaft mit unserer Familie ging auf die Zeit noch vor meiner Geburt zurück. Er und mein Onkel Ishaq Mikhail (der Bruder meines Vaters) hatten zusammen die medizinische Fakultät besucht und waren in Beirut Zimmergenossen gewesen. Ich drängte ihn oft, mir etwas aus jenen Tagen zu erzählen. »Dein Onkel«, sagte er, »hatte ein Auge für Frauen. Er war kühner und abenteuerlustiger als ich.« Bei einem Abendessen sagte er mir einmal: »Weißt du, warum ich gutes Essen wirklich genieße? Als bettelarme Medizinstudenten waren dein Onkel und ich oft hungrig. Wir schlugen uns die Bäuche mit Stärke und Kohlehydraten voll und phantasierten über all die reichhaltigen und tollen Schlemmerfeste, die uns nach dem Examen erwarten würden. Ishaq weckte mich doch tatsächlich nachts auf, um über Essen zu sprechen. Er hatte immer Hunger.« Mein Onkel, der Chirurg geworden war und sich zahlreiche Titel erworben hatte, kam vor dreißig Jahren bei einem Flugzeugabsturz vor der saudiarabischen Küste ums Leben. Mein Vater hatte ihn immer als brillant und außergewöhnlich talentiert beschrieben. Haidar brachte ihn stets in meiner Phantasie ins Leben zurück, aber er tat auch noch viel mehr. Dadurch, daß er einfach nur er selbst war, erinnerte Haidar mich in vielem an meinen Vater. Das reichte, um mich für immer in seiner Schuld stehen zu lassen.

Beide hatten die Angewohnheit, abwesend ihre Augenbrauen hochzuziehen, wenn sie in Gedanken versunken waren. Sie strichen sich auch beide über ihre kahlen Köpfe, als ob sie ihre nicht vorhandenen Haare in Ordnung bringen wollten. »Ich bin nicht kahl«, sagte mein Vater immer. »Vielmehr habe ich die höchste Stirn der

Welt.« Sie sprachen beide das formelle Englisch aus der britischen Mandatszeit mit viktorianischen Sitten und legten Wert auf korrekte Betonung und sorgfältige Diktion. Ihr aufrechter Gang und ihre geraden Schultern vermittelten nicht so sehr militärische Disziplin als vielmehr Würde und Selbstvertrauen. Beide waren Ärzte und Absolventen der Amerikanischen Universität in Beirut, und beide hatten eine Rolle in der palästinensischen nationalen Politik gespielt, obwohl Haidars Rolle aktiver und öffentlicher war. Ihre fortschrittlichen sozialistischen Hintergründe bildeten ein weiteres historisches Band. Mein Vater starb im Dezember 1988 kurz vor seinem 80. Geburtstag, und ich wünschte Haidar, der zehn Jahre jünger war, immer ein noch längeres Leben.

Drei Tage vor Weihnachten stand mein Vater während des heftigsten Sturms des Jahres aus dem Bett auf, fand eine offene Tür, ging aus dem Haus und verschwand in der Nacht. Die letzten Jahre hatten wir hilflos zusehen müssen, wie die gefürchtete Alzheimer-Krankheit trotz all unserer Bemühungen und der besten medizinischen Versorgung sein Gedächtnis und sein Gehirn zerfraß. Ich konnte den Kampf in seinen Augen sehen, wenn er um das richtige Wort rang und versuchte, die richtige Verbindung mit einer Welt herzustellen, die rasch unverständlich wurde. Das bin ich eigentlich nicht, schienen seine Augen zu sagen. Am schlimmsten war es für mich, mit seinen seltenen Momenten der Klarheit fertigzuwerden, in denen er die Sinnlosigkeit seines Kampfes erkennen konnte. Hilf mir, schienen seine Augen zu sagen, ich gehe unter.

Doch weiterhin herrschten sein guter Charakter und sein Sinn für Humor vor. Sie schienen Wege zu finden, ihn an die Oberfläche zu bringen und seine Menschlichkeit trotz des untergehenden Gedächtnisses und des gefolterten Geistes zu retten. Er und Emile entwickelten ihre eigene Sprache, und sie verbrachten Stunden mit Reden und Lachen. Sie strahlten eine Wärme aus, die die Bitterkeit auftaute, welche mein Herz angesichts der Sinnlosigkeit und der Ungerechtigkeit des Ganzen erfaßte. Ich beobachtete sie still, gab vor zu lesen oder zu schreiben, wenn sie ihren Zauber entfalteten und meine geistige Gesundheit wiederherstellten.

Diese Güte – von Emile und meinem Vater – erstrahlte und heilte mich sogar in den dunkelsten Momenten. Obwohl ich keinen Mann wie meinen Vater geheiratet hatte, wuchsen sie zusammen und glichen sich mit der Zeit immer mehr. Zufällig hatten sie am gleichen Tag Geburtstag. Emile, der Stadtmensch aus Jerusalem, mit seiner Rockband und seiner zeitgenössischen Theatergruppe, und mein Vater, ein Naturmensch, ein Intellekt und Mediziner, wurden unzertrennlich – Vater und Sohn nach freiem Willen. Umgeben von Frauen hatten diese beiden Männer meiner Familie und meines

Herzens genug Kraft und Vertrauen, um nicht das Gefühl zu haben, daß sie mit ihren Frauen konkurrieren oder sie unterdrücken müßten. Sie genossen vielmehr unsere Unabhängigkeit. Und sie hatten den notwendigen Mut, sensibel zu sein und Gefühle zu zeigen, ohne sich dadurch schwach oder schuldig zu fühlen.

Wie kam es, daß Daud, der palästinensische Rebell und kleinbäuerliche Arzt, Wadi'a, die aristokratische, für ihr eigenes Recht kämpfende Libanesin heiratete? Der junge Arzt hatte einen Angestellten auf einem Esel zum Bahnhof geschickt, um die neue Operationsschwester des Krankenhauses abzuholen. Später fragte er den Krankenpfleger, wie die Schwester aussehe. »Sie hat wundervolle große, schwarze Augen wie eine wilde Färse«, antwortete dieser. »Dann schick sie rein«, sagte mein Vater. Es war Liebe auf den ersten Blick. Daud brach seine Verlobung mit einer standesgemäßeren Frau und jagte seiner neuen Liebe nach. Ihre Familie war zunächst dagegen – er war ein »palästinensischer Bauer«. Doch sie hatte ihrer Familie bereits getrotzt, als sie das College besuchte, ihre Examen als Operationsschwester für Augenkrankheiten machte und dann tatsächlich zum Arbeiten nach Palästina ging. Seine Familie war dagegen, weil sie älter war und obendrein eine Fremde. Bis heute verwenden die Leute in Ramallah diese Bezeichnung für jeden, der nicht von Ramallahs Gründungsvätern abstammt – den sieben Brüdern, die die ursprünglichen sieben Großfamilien, *Hamoulahs*, vor über fünfhundert Jahren begründeten. Darüber hinaus gehörte sie der Episkopalkirche an und war Tochter eines Priesters und Missionars, während seine Familie griechisch-orthodox war wie der Rest der »echten« Bevölkerung aus Ramallah. Sie heirateten episkopal, bauten zusammen eine Klinik auf und bekamen fünf Töchter.

Unter den Briten ging mein Vater zur palästinensischen Armee und wurde Militärarzt. Alle zwei Jahre zog er von einer Stadt in Palästina zur nächsten und wurde fast mit derselben Regelmäßigkeit Vater einer weiteren Tochter.

Genau wie von dem jüdischen Herrn, der uns besucht hatte, um meinem Vater für seine freundliche Behandlung zu danken, als er 1948 ein Kriegsgefangener war, erfuhr ich noch aus anderer Quelle Neues über meinen Vater. In den Tagen des großen palästinensischen Aufstands sowohl gegen die Briten als auch gegen die bewaffneten jüdischen Banden half mein Vater häufig den Aufständischen, die sich in den Bergen versteckt hatten. Er nutzte die Bewegungsfreiheit, die er durch seine Zulassung als Arzt hatte, und schmuggelte Nahrungsmittel und Vorräte zu ihnen. »Wir verdanken ihm sehr viel«, erzählte mir Mustafa Geith, ein lebenslanger Freund meines Vaters, der einer der Rebellen war und heute Krankenpfleger ist.

»Er ging viele Risiken ein und ist verschiedene Male fast getötet worden.« Ich meinte: »Aber das hat er mir nie erzählt.« Mustafa antwortete: »Nun, du weißt, wie er war. Er sprach nie von sich selbst oder von seinen Taten. In manchen Dingen war er einfach zu bescheiden.«

Doch mein Vater erzählte mir, wie die Familie 1947 aus Tiberias entkam. Dort stationiert, dachten meine Eltern, daß sie das Paradies auf Erden gefunden hätten. Ich war noch ganz klein. Plötzlich zerstörte Gewalt ihre Idylle. Die Briten inhaftierten und hängten die palästinensischen Rebellen, während die jüdischen Banden mit ihren Waffen immer stärker wurden, die sie vor den Augen (und oft mit Hilfe) der Briten einschmuggelten. Terroristische Anschläge wie die Bombenexplosion im King David Hotel nahmen immer mehr zu. Als die Kämpfe schlimmer wurden, informierte ein jüdischer Arzt und Nachbar meinen Vater, daß ein bewaffneter Angriff gegen die Palästinenser in Tiberias geplant war. Er half, einen Lastwagen zu organisieren. Nachdem mein Vater seine Familie nach Amman geschmuggelt hatte, kehrte er nach Palästina zurück. Mit der Zeit fand die Familie nach Palästina und Ramallah, die Stadt der Vorfahren, zurück.

Kurz vor meinem dritten Geburtstag hörte ich auf, Fleisch zu essen. Keine noch so großen Schmeicheleien, Drohungen oder Strafen konnten mich dazu bewegen, einen Bissen herunterzuschlucken. Mit meiner Veranlagung zur Dickköpfigkeit blieb ich in meinem Stühlchen bis zum Abend sitzen, während alle anderen Kinder draußen spielten. Ich wurde dafür bestraft, daß ich dieses eine Stückchen Fleisch nicht aß. Meine Mutter dachte, es wäre reiner Trotz und Aufsässigkeit. Mein Vater erinnerte sich plötzlich an den Grund: »Sie muß gesehen haben, wie das kleine weiße Lamm geschlachtet wurde, das wir für sie geholt hatten.« Muß ich wohl, aber ich konnte mich nicht an den Schrecken erinnern. Ich konnte nur einfach kein Fleisch essen. Das Lamm war unter dem Maulbeerbaum im Garten unseres alten Hauses geschlachtet worden. Diesen hatte mein Großvater an dem Tag gepflanzt, als mein Vater geboren wurde, und so hatte der Baum eine mystische Bedeutung für die ganze Familie erlangt.

Als Kinder kletterten meine Schwestern und ich auf seine breiten und kräftigen Äste, pflückten seine köstlichen weißen Maulbeeren, ritzten unsere Symbole und geheimen Botschaften in seinen Stamm ein, versteckten unsere kleinen Schätze in seinen Spalten und betrachteten ihn ganz allgemein als unser zweites Zuhause. Vor allem meine Mutter schützte diesen Baum abergläubisch. »Er ist so alt wie euer Vater, er ist das Leben eures Vaters. Nichts und niemand darf ihm etwas antun.« In einem Sommer drängte mein Vater ganz besonders darauf, daß meine Mutter zum jährlichen Besuch ihrer Familie nach Beirut fuhr. Als sie zurückkam, war der Baum verschwunden, und ein großes Wohngebäude ragte statt dessen vor meiner Mutter dort auf, wo er gestanden hatte. Das war ein Trauma in ihrer Ehe, das ich erlebt habe. Hat sie die Alzheimer-Krankheit später mit dem Fällen des Baumes in Verbindung gebracht? Ich habe sie nie danach gefragt.

Ich fragte sie aber, wie sie zwei anscheinend so unterschiedliche Kulturen und Traditionen vereinen konnte, die in unserem Haus nebeneinander zu existieren schienen. Meine Mutter, die in der allerstrengsten viktorianischen Tradition aufgewachsen war, hatte ein ausgesprochenes Klassenbewußtsein und eine Kultur geerbt, an der sie treu festhielt. Sie ging sogar soweit, daß sie sich weigerte zu essen, wenn es der Haushälterin erlaubt wurde, zusammen mit uns an einem Tisch zu sitzen. Mein Vater war natürlich Sozialist, ein Verfechter des Egalitarismus, der sich zuerst als Bauer und erst dann als Arzt sah, und den unsterbliche Freundschaften mit Menschen aus allen Klassen und mit höchst unterschiedlichem sozialen Hintergrund verbanden. Meistens stellte er seinen Patienten gar keine Rechnungen und wollte auch keine Bezahlung in Form von Körben voller Tomaten, Trauben, Feigen oder was immer die Jahreszeit gerade hergab. Während meine Mutter eine fromme und praktizierende Anhängerin der Episkopalkirche war und nie einen Gottesdienst versäumte, beschränkten sich die Kirchenbesuche meines Vaters auf so sporadische Riten wie Hochzeiten, Taufen und Beerdigungen. Als er seinen Herzinfarkt erlitten hatte, kam der Priester zu ihm, um mit ihm zu beten. Mein Vater scherzte: »Wir könnten über unterhaltsame Dinge sprechen, um den Patienten ein wenig aufzumuntern, anstatt für seine Seele zu beten. Ich habe mich um diese Fragen bereits mit Gott gekümmert, und ich habe viele Leute dazu gebracht, daß sie für mich beten.« Wir waren eigentlich *die* urtypische ökumenische Familie: Mein Vater hatte zwei Schwestern, die katholische Ordensschwestern geworden waren; eine weitere gehörte den Quäkern an; eine weitere war griechisch-orthodox, ein Bruder war Baptist, eine Tochter hatte einen Moslem geheiratet, seine Frau gehörte der Episkopalkirche an, und es gab außerdem noch verschiedene Verwandte aller möglichen Glaubensrichtungen.

Meine Mutter und mein Vater hatten einen ausgeprägten Sinn für Gastfreundschaft. Jeden Nachmittag empfing meine Mutter nach der besten aller britischen Traditionen Gäste zum Tee. Wenn wir aus der Schule nach Hause kamen, fanden wir im Wohnzimmer eine Unzahl von Freunden des Hauses vor, die köstliche kleine Sandwiches und Knabbereien zu sich nahmen, welche auf einem mit Leinen gedeckten Teewagen angerichtet waren. Als wir dann jedoch auch noch weiße Handschuhe tragen sollten, rebellierten wir.

Die Gastfreundschaft meines Vaters ging auf die alte *Madafah*-Tradition zurück. Dabei ging es um ein Gästehaus, das jede *Hamoulah,* oder Großfamilie, einrichtete und pflegte, um darin Reisende und Gäste zu beherbergen und zu verköstigen. Mein Großvater hatte die *Madafah* der Awwad-Familie betreut, und mein Vater erhielt diese Tradition in unserem Haus aufrecht. Keinem Gast durfte Essen oder Unterschlupf verwehrt werden, und es wäre unverzeihlich gewesen, wenn uns jemand wieder verlassen hätte, ohne wenigstens eine Mahlzeit mit uns einzunehmen. Ich gewöhnte mich an den Anblick meiner Mutter und ihrer Haushaltsgehilfinnen, wie sie Essen für viele Menschen vorbereiteten und nie wußten, wer eigentlich kommen würde. Wir verbrachten selten einen Abend ohne Gäste zu Hause. Aus dem Nachmittagstee meiner Mutter und der *Madafah* meines Vaters lernten wir nicht nur, was eine doppelte Dosis von Gastfreundschaft bedeutete, sondern wir erfuhren auch, welch einen komplexen Anpassungsprozeß eine Ehe darstellen konnte.

Als mein Vater 1960 das neue Haus für unsere Familie baute, muß er gedacht haben, daß wir für immer zusammenbleiben würden. Das oberste Stockwerk war für meine Schwestern Huda und Nadia (Abla und Muna waren damals bereits verheiratet), das Hauptgeschoß war für meine Eltern und mich bestimmt, darunter kam die Etage für Bankette und Empfänge (wo ich heute wohne), und im Untergeschoß lagen Hudas Skulpturenatelier, Vaters Notfallpraxis und Räume für den Gärtner. Doch mein Vater versorgte fast den ganzen Garten weiterhin allein. Er überwachte die Anlegung der Terrasse im Garten, wählte selbst jeden einzelnen Baum aus und wußte genau, wo er gesetzt werden mußte. Er pflanzte auch die herrlich duftenden Blumenmeere, die am Eingang unseres Hauses ein Fest der Farben feierten. Es war eine palästinensische und eine Tradition der Familie Mikhail, als duftenden Willkommensgruß einen Jasminstrauch über dem Eingangstor zu ziehen. Auf der einen Seite des geschmiedeten Eisentores hatte mein Vater einen Jasminstrauch gesetzt, der das Tor wie eine Tiara aus Duft einrahmte. Auf der anderen Seite hatte er englischen Lavendel gepflanzt, den meine Mutter regelmäßig pflückte, trocknete und in kleine Stoffsäckchen füllte, die sie sorgfältig in allen unseren Kleiderschränken deponierte. Palästinensischer Jasmin und englischer Lavendel waren die Düfte meiner Kindheit, und obwohl mein Vater von Geburt an keinen Geruchssinn hatte, sorgte er dafür, das unserer besonders verwöhnt wurde. Als ein achtloser Gärtner nach dem Tode meines Vaters aus Versehen die beiden Büsche ausriß, fühlte ich mich bestohlen. Emile fand die gleichen Pflanzen und setzte sie neu, damit gab er mir und unseren Töchtern den Trost der Kontinuität und der Schönheit zurück. Er pflegte auch Vaters Rosengarten mit Hingabe und brachte sogar die herrliche Bougainvillea wieder zu üppiger Blüte, die nach dem Tode meines Vaters verwelkt war.

In manchen Phasen des Friedensprozesses war ich verzweifelt. Gerade dann sah ich meinem Vater durch das Fenster zu, wie er in den Garten spazierte, die Hände hinter dem Rücken verschränkt, ermunternd und zustimmend nickend. Ich hörte auch seine Worte, die in meinen Gedanken still widerhallten: »Sei mutig und strebe nach dem Recht.« Als seine Tochter, als Palästinenserin, sollte ich es wagen, die Herausforderung anzunehmen, unsere gequälte Realität in eine Version seines Gartens umzuformen, aus Minenfeldern Wiesen zu machen, und *amanah* – das Anvertraute – zu erhalten. Da er durch viele Minenfelder gegangen war, wußte mein Vater, genau wie auch ich es erkannte, daß Wiesen eine Domäne der Frauen sind.

Würden wir der nächsten Generation ein Erbe des Scheiterns hinterlassen, wie wir es oft und vielleicht ungerechterweise der Generation meines Vaters vorgeworfen haben? Du hast es versucht. Du bist gescheitert. Nun mußten wir das Steuer mit unseren eigenen Mitteln übernehmen. Bewaffneter Kampf und panarabischer Nationalismus hatten uns von einem Unglück ins nächste gestürzt. Unschuldige verloren ihr Leben und wurden geopfert. Vielleicht, so hoffte ich, könnte unsere Generation den überragenden Versuch unternehmen, den Kurs zu ändern. Wir könnten unseren Kindern die Rechtmäßigkeit des Lebens hinterlassen und die Zukunft neu definieren, statt mit dem *danse macabre* der Vergangenheit fortzufahren. Der Friedensprozeß, unser Mittel für den Wandel, hatte Fehler, das wußten wir. Er enthielt exakt die Mechanismen der Selbstzerstörung, die ihn zum Implodieren bringen könnten. Und ich wußte, daß eine Niederlage des Friedens viel tödlicher sein konnte als eine militärische Niederlage.

Zurück in Washington, war es uns nicht gelungen, die Tür zu direkten Verhandlungen zu öffnen. Der Druck auf uns wurde immer stärker, damit wir nachgaben und den Verhandlungen als Teil der jordanischen Delegation beiwohnten – aber wir blieben standhaft.

Wenn wir bereits vor dem ersten Zusammentreffen nachgäben, wäre der Prozeß verloren. Eine eigene Delegation und eine separate Schiene würden die erste und so bedeutende Anerkennung eines eigenständigen palästinensischen Volkes durch die Israelis bedeuten. Wir wären dann nicht mehr die »Einwohner der Gebiete«, die »Araber aus Judäa und Samaria« oder das übliche »demographische Problem« Israels. Es wäre auch die erste Umkehrung des zionistischen Mythos von »dem Land ohne Volk für ein Volk ohne Land«.

Wir wollten, daß sie »mit einem Volk« verhandelten und nicht »ohne ein Volk«, und wir weigerten uns, ihrer Bequemlichkeit zuliebe zu verschwinden.

Mein Vater, einer aus dem Volk dieses Landes, erzählte oft von Freundschaften zwischen Juden und Palästinensern und von nachbarschaftlichen Beziehungen in der Zeit vor *Nakba*, dem unglücklichen Verlust von Palästina: »Wir waren entsetzt über die Grausamkeit und die Diskriminierung unserer semitischen Brüder und Schwestern durch den Westen, und wir sahen es als unsere Pflicht an, ihnen Zuflucht und Gastfreundschaft zu gewähren – doch das war, bevor diese begannen, alles zu übernehmen.« Hat die legendäre arabische Gastfreundlichkeit zu unserer Enteignung beigetragen? Eine solche Annahme wäre zu stark vereinfachend. Anti-jüdische Stimmungen kamen auf und wandelten sich zu politischen Bewegungen, besonders, als bewaffnete jüdische Banden eine Schreckensherrschaft gegen die Menschen begannen, die von Lord Balfour drollig als die »einheimische Bevölkerung« von Palästina bezeichnet wurde. Massaker, Vertreibungen und ein Krieg aus Propaganda und Gerüchten führten dazu, daß der Großteil der Bevölkerung ins Exil ging und durch eine rasch zunehmende jüdische Minderheit ersetzt wurde. Die flüchtenden Palästinenser trugen die Schlüssel zu ihren Häusern, die Urkunden ihrer Ländereien und die unauslöschlichen Erinnerungen an ihre Identität und die Vergangenheit mit sich. Sie dachten, das Exil sei nur vorübergehend. Heute, ein halbes Jahrhundert später, sagen Palästinenser, die wie ihre Eltern in Lagern in Jordanien, Syrien und im Libanon oder in den Vorstädten von Washington und Los Angeles, in Großstädten wie London, Bonn oder Paris geboren wurden, immer noch, daß sie aus Haifa, Jaffa, Lydda oder einem längst vergessenen Dorf in Palästina kommen. Mit solch einer geschichtlichen Erinnerung sind wir zu einem Volk geworden, das sich weigert, aus dem Gedächtnis der Geschichte ausradiert zu werden.

Die Suche nach meinem Vater fand im schlimmsten Sturm des Jahres statt. Drei Tage und drei Nächte durchkämmten wir die Hügel um Ramallah und riefen laut seinen Namen, doch der wallende Nebel und der heulende Wind verschluckten und verzerrten unsere Stimmen. Der Regen prasselte erbarmungslos auf uns herab. Zerrissen, blutig, bis auf die Knochen durchgefroren und vor Erschöpfung völlig betäubt, schleppten wir uns weiter. Zuerst hatte ich die Polizei um Hilfe gebeten, aber die palästinensische Polizei zog sich auf Anweisung der Führung der *Intifada* zurück. Die israelischen Beamten sagten mir schlichtweg, ich solle mich an die *Intifada shabab* (Intifada-Jugend) wenden. Das tat ich, und alle Nachbarschaftskomitees aus Ramallah stellten freiwillige Suchtrupps zusammen. Doch die Armee begann, die jungen Männer vor allem nachts abzufangen und zu verhaften. Meine Schwester Nadia und ich gingen zum Militärgouverneur und setzten ihn über den Zweck der nächtlichen *Shabab*-Exkursionen in Kenntnis. Er versprach, den Soldaten die Anweisung zu geben, die jungen Männer in Ruhe zu lassen. Wieder gingen wir zur Polizei, diesmal aber zusammen mit Leah Tsemel, und baten zumindest um eine offizielle Erklärung, daß mein Vater als vermißt galt. So könnten wir im arabischen und israelischen Rundfunk und Fernsehen öffentliche Mitteilungen senden lassen. Die Polizei meinte, das würde einige Zeit dauern. So gingen wir zur Druckerei und ließen Tausende von Flugblättern mit Namen und Foto meines Vaters sowie der Bitte um Nachricht über seinen Verbleib drucken. Niemand gab uns irgendeinen Hinweis.

Wir suchten weiter. Von Haus zu Haus, über jeden Hügel und in jedes Tal. Nie hatte ich die Grausamkeit unseres Geländes so hautnah erfahren wie in diesen drei ewigen Tagen. Als der palästinensische Winter die Retter mit seiner ganzen Wildheit packte, schien das Land seinen eigenen Willen zu entwickeln und gegen uns arbeiten zu wollen. Doch das war das Land, das er liebte. Die Landschaft, die für ihn nicht von seinem Leben zu trennen war. Warum versteckte ihn das Land dann und wehrte uns ab? Als ich über die schroffen Felsen kletterte, gegen nadelspitze Disteln stieß und Hagel und Regen mich blind machten, schien es mir, als sei unser Leben so rauh wie diese Landschaft – stark, kompromißlos, mit Höhen und Tiefen und Extremen ausgeliefert. Wäre die Landschaft weich, mit wogenden grünen Ebenen und sanft plätschernden Flüssen, mit bewässerten Weiden und Frühlingsregen, wären wir dann gütigere, sanftere Wesen, eher zu Kompromissen bereit und weniger heroisch in unserer Haltung? Hätten wir weniger Dämonen und Götter, die um unsere Seelen ringen? Eines wußte ich: Unser Land hätte dann weniger Dichter und Propheten hervorgebracht, sondern vielmehr eine zufriedenere Rasse, die nicht durch die bloße Tatsache ihres Seins gefoltert wird.

Am Weihnachtstag waren wir zwischen zwei Suchwanderungen zu Hause, um unsere durchnäßten Kleider zu wechseln, als das Telefon schrillte. Der Klang war anders, und ich wollte den Hörer nicht abheben. Lisa Taraki, eine gute Freundin, hob ab und gab ihn mir dann still. Ich wußte Bescheid. Es war der Polizeichef, der mir sagte, daß mein Vater gefunden worden sei. Auf meine stumme Frage hin fügte er hinzu: »Tot.« Ich schrie. Jemand anders ließ sich die Einzelheiten schildern, die ich vor Entsetzen nicht aussprechen konnte. Wo, wann, wer hat ihn gefunden und unter welchen Umständen? Ich wollte nicht gehen, um ihn zu identifizieren. Emile und mein Vetter George machten sich statt dessen auf den Weg. Sie kamen rasch zurück, und Emile bestand darauf, daß ich gehen sollte, um meinen Vater anzusehen: »Ich will nicht, daß du mit Geistern und Vorstellungen lebst, die du nicht ertragen kannst.« Ich ging.

Plötzlich ließ der Sturm nach. Wir liefen einen schmalen, gewundenen Pfad auf den westlichen Hügeln Ramallahs entlang. Mit jedem Schritt eröffnete sich uns die Aussicht ein wenig mehr und ließ uns sanft in die geheimnisvolle Stimmung der sich hebenden Nebel und der blitzenden Täler ein, deren frischgewaschene Olivenbäume silbrig grün glänzten. Ein kleiner Wasserfall hatte eine geschützte Wasserstelle zwischen Steinformationen und wildem Gestrüpp geformt. Mein Vater lag neben dem kleinen Teich, sein Kopf ruhte auf einem Stein, sein Körper war teilweise von einer durchsichtigen dünnen Schneeschicht bedeckt. Ich zwang mich, ihn anzusehen, ihm ins Gesicht zu sehen. Er sah wunderschön aus. Mit einem heiteren Lächeln auf dem Gesicht und seinem entspannt ruhenden Körper schien er sich selbst gefunden zu haben. Die Spuren der Verwüstung durch die Alzheimer-Krankheit waren verschwunden. Ich fühlte, wie Spannung, Furcht und Wut der vergangenen drei Tage von mir abfielen und nur tiefen Kummer zurückließen. Ich konnte in Frieden trauern. »Deshalb wollte ich, daß du ihn noch einmal siehst«, flüsterte Emile. Ich war ihm dankbar.

Es stellte sich heraus, daß dieses Stück Land der Familie der Mutter meines Vaters gehörte. Hier war er als Kind mit seinem Vater oft auf der Jagd gewesen. Die Natur hatte einen Platz für ihn geschaffen, hatte einen Schrein für den Mann geschaffen, der hier wieder zum kleinen Jungen geworden war. Die Natur hatte ihn in ihre Arme aufgenommen. Wir begruben ihn drei Tage später, nachdem meine Schwestern Muna und Huda aus den USA angereist und der Rest der verstreuten Familie eingetroffen waren. Bei der Ansprache las Bischof Samir Kaf'ity Auszüge aus meines Vaters eigenen Schriften. Bei jedem Weihnachtsfest decken wir für meinen Vater am Kopfende der Tafel mit und erinnern uns daran, wie er den Truthahn zerlegte, wobei wir immer über seine chirurgische Präzision witzelten. An jedem 22. Januar feiern wir seinen Geburtstag zusammen mit dem von Emile. Aber jetzt bläst Emile allein die Kerzen für sie beide aus.

Nach langen Überlegungen und Diskussionen wählten meine Schwestern und ich folgende Inschrift für seinen Grabstein: »Dr. Daud Khalil Mikhail, Januar 1909 – Dezember 1988. Er liebte die Menschheit, und die Menschen liebten ihn/Er liebte die Natur, und die Natur nahm ihn in ihre Arme auf. Gott ist Liebe.« So hatte mein Vater gelebt und so war er gestorben.

Ich habe gelernt, mit der Tatsache seines Todes zu leben. Doch seine Abwesenheit trage ich überall in mir, zusammen mit der unbestreitbaren Tatsache seiner Existenz. Der Wandteppich des Lebens meines Vaters wird wie der von Palästina immer noch weiter entfaltet.

*

Das Stück der Washingtoner Nichtverhandlungen wurde weitergespielt. Korridor-Diplomatie und Sofa-Verhandlungen hielten sich durch die ganze Runde. Gleiches galt für unseren Kampf um »separate Schienen« und um die »Politik der offenen Tür« der Amerikaner. Auf dem Heimweg von Washington machten wir in Tunis für die üblichen Berichte und Beratungen Zwischenhalt. Die Meinungen waren geteilt: Manche dachten, wir seien unflexibel gewesen, obwohl die Mehrheit hinter unserer Entscheidung stand. Akram und ich besprachen uns mit Abu Ammar, und wir vereinbarten, bei unserer Politik zu bleiben. Zu Hause angekommen, rief ich Ed Djerejian an und teilte ihm mit, daß wir nicht bereit seien, für die neue Runde am 7. Januar zurückzukommen, solange wir nicht unsere separate Verhandlungsschiene bekämen. Ed bestand wie üblich darauf, daß wir dies direkt mit den Israelis diskutierten. Wie üblich antwortete ich, daß wir unter der Besatzung und außerhalb des Rahmens der offiziellen Verhandlungsrunden keine Verhandlungen führten. Er beharrte darauf, daß die USA nicht in bilaterale palästinensisch-israelische Gespräche eingreifen würden, und ich antwortete, daß ihre Tatenlosigkeit (mit Ausnahme des Verschließens der Tür) ein für uns nachteiliges Eingreifen darstelle. Ab der ersten Runde war deutlich geworden, daß die USA entschlossen waren, sich sehr im Hintergrund zu halten und uns den Israelis auszuliefern, indem sie Druck auf die palästinensische Seite ausübten, damit diese Israels Wünsche erfüllte. Dann erinnerte ich Ed daran, daß der Friedensprozeß mit zwei Schirmherren begonnen hatte, nämlich der Sowjetunion und den Vereinigten Staaten – einer war verschwunden, der andere zu einem Zuschauer geworden.

Der Ruf der palästinensischen Seite nach einer aktiveren und wirkungsvolleren Beteiligung Amerikas blieb unbeachtet – bis auf die Male, wenn Israel drohte ›auszusteigen‹. Diese Ineffizienz unterminierte die offiziellen Verhandlungen und war mit ausschlaggebend für die alternativen inoffiziellen Geheimverhandlungen zwischen der PLO und Vertretern der israelischen Regierung in Oslo. Sie begünstigte auch das kontinuierliche Steckenbleiben der Gespräche und der Umsetzung der Vereinbarungen nach der Washingtoner Unterzeichnungszeremonie. »An wen sollst du appellieren, wenn der Richter dein Gegner ist?«

Auf dem Weg zu einer Lösung der Zwei-Schienen-Frage wurden wir mit einem weiteren, von den Israelis geschaffenen Hindernis konfrontiert. Shamir beschloß, zwölf Palästinenser aus den besetzten Gebieten zu deportieren. Die Delegation traf sich in Faisals Haus zu einer Dringlichkeitssitzung, und wir faßten unverzüglich einen Beschluß: Wir würden nicht unter Druck verhandeln, während die Israelis ihre systematische Politik der Menschenrechtsverletzungen gegen eine gefangene palästinensische Bevölkerung fortsetzten. Wir ersuchten um ein Zusammentreten des UN-Sicherheitsrates, um die israelischen Behörden zurückzuhalten und die Deportationen zu verhindern. »Deportation – die erzwungene Verbannung von Palästinensern aus ihrem eigenen Land – ist der schlimmste Alptraum des palästinensischen Volkes. Diese Politik und diese Praxis müssen sofort aufhören, wenn es irgendeinen lebensfähigen Friedensprozeß geben soll.«

Am Ende dieses Jahres hatten wir Gelegenheit, fast dieselben Worte zu wiederholen, als der neugewählte Rabin in völliger Blindheit beschloß, Shamirs Fehler zu wiederholen, und am 18. Dezember 1992 über vierhundert Palästinenser deportieren ließ. Dazu kam Israels anhaltende Politik der Konfiszierung von Land und des Baus neuer Siedlungen, und so waren die Faktoren für den Kollaps des Friedensprozesses bereits vorhanden. Baker pflegte sich zu beklagen, daß die Israelis ihn jedesmal mit einer neuen Siedlung als Zeichen des Trotzes erwarteten, wenn er auf seinen Kurzreisen der Pendeldiplomatie die Region besuchte. Sie können sagen, was Sie wollen, und wir werden tun, was wir wollen, schienen die Israelis damit zu sagen. Bei jeder seiner Reisen verhängten die israelischen Behörden eine Ausgangssperre über die Palästinenser und erklärten die besetzten Gebiete zu »militärischem Sperrgebiet«. Es kam so weit, daß ich ankündigte, wir würden erwägen, Baker um eine Einstellung seiner Besuche zu bitten – wir konnten uns den Preis für seine Reisen nicht mehr leisten!

Wir schienen wenig Fortschritte zu machen. Unsere Entscheidung, nicht zur Januar-Runde zu gehen, überraschte sowohl die PLO als auch die anderen arabischen Teilnehmer. Einmal mehr war es uns gelungen, eine politische Krise heraufzubeschwören. »Hört auf, uns zu überrumpeln, und stimmt euch vorher mit uns ab«, sagten die Araber. Aber damals waren wir ernsthaft »anderweitig engagiert«, da wir versuchten, zumindest einen Teil des Schadens der Deportationen zu beheben.

Akram war sich sicher, daß sich die PLO schließlich für eine Rückkehr zu den Gesprächen entscheiden würde. »Dann laßt uns vorher eine Liste der durchsetzbaren Forderungen ausarbeiten, sonst werden wir mit leeren Händen zurückgeschickt.« Wir erarbeiteten eine Liste mit u.a. folgenden Punkten: Israel sollte die zwölf nicht deportieren, die Vereinigten Staaten sollten Nabil Schaath ein

Visum gewähren, der UN-Sicherheitsrat sollte eine Resolution zu den Deportationen und anderen Menschenrechtsverletzungen ohne ein Veto der Amerikaner verabschieden, die Gespräche sollten in Washington auf zwei Schienen beginnen, wobei die Jordanier auf der palästinensischen Schiene vertreten sein sollten und umgekehrt. Als Ergebnis bekamen wir am 6. Januar 1992 die einstimmig verabschiedete Resolution 726 des UN-Sicherheitsrates. Sie verurteilte aufs schärfste die Zuwiderhandlungen Israels gegen die Vierte Genfer Konvention, vor allem in bezug auf die Deportationspolitik. Die USA legten kein Veto ein, und Israel deportierte die zwölf Palästinenser nicht. Nabil Schaath erhielt sein Visum und wir das Versprechen einer eigenen Verhandlungsschiene.

Wir kehrten nach Washington zurück und nahmen am 13. Januar »Verhandlungen« auf. Am 15. Januar unterbreiteten wir unseren Plan für eine Palästinensische Übergangs-Selbstverwaltungskörperschaft (PISGA) und dachten optimistisch, daß wir etwas in Bewegung gebracht hätten. Doch die israelische Delegation hatte die Anweisung erhalten, nur über technische Fragen zu sprechen – also Ort und Zeit des nächsten Treffens. Ich nannte dies den Beginn einer »unendlichen Übung in Sinnlosigkeit«: Wenn wir uns nur dazu trafen, um Ort und Zeitpunkt des nächsten Treffens zu besprechen, würden wir vielleicht eine Menge an Reisekilometern zurücklegen, aber keinen wesentlichen Schritt nach vorne machen. Shamirs Blockade setzte ein. Wir sandten Warnsignale aus, aber niemand beachtete sie.

Wir begannen auch, jeden Tag zu Beginn der Sitzung der israelischen Delegation eine täglich aktualisierte Liste der Menschenrechtsverletzungen vorzulegen. Sie weigerte sich, diese Liste anzunehmen. So beschloß ich, jedes Briefing mit der Aufzählung dieser Menschenrechtsverletzungen zu beginnen, und versuchte damit, den Medien die menschliche Dimension der laufenden Gespräche zu vermitteln. Penny Johnson und unser Presseteam hatten ein effizientes Kommunikationssystem mit Menschenrechtsorganisationen zu Hause aufgebaut und versorgten uns immer mit den genauen, aktualisierten Berichten. Ich lieferte Namen und keine Statistiken, und ich hoffte, damit die Prioritäten der Welt hochzuhalten – Leben und Rechte der Völker, und weniger abstrakte, findige politische Argumente. »Wir dürfen nie den letztendlichen Zweck jeder politischen Unternehmung aus dem Auge verlieren, nämlich das Wohlergehen des Menschen.«

Auch das funktionierte nicht. Die Amerikaner meinten, es wäre dem Friedensprozeß nicht dienlich, wenn man die Israelis an ihre Grausamkeiten erinnerte. Wir waren der Meinung, daß die Maßnahmen der Israelis an sich eine direkte Verletzung der Grundsätze und Ziele des Friedens darstellten. Die Israelis fühlten sich weiterhin frei, unsere Gefangenen als Geiseln zu nutzen, als ein Faustpfand, das für politische Vorteile in den Verhandlungen eingesetzt wurde. Die Amerikaner waren an dem Prozeß als solchem interessiert, wir suchten nach einem Mittel, Gerechtigkeit zu bekommen. Die Israelis wollten Zeit schinden, bis der Prozeß irrelevant würde. Viele in der PLO beäugten immer noch argwöhnisch die »Delegation des Volkes« und arbeiteten jeglichem Fortschritt unsererseits entgegen, der den Status der PLO untergraben könnte. Das Zusammenkommen all dieser Haltungen und ihr hartnäckiges Fortbestehen mußten zwangsläufig dazu führen, daß die Gespräche zwischen der PLO und Israel zu einer Farce verkamen und die Krise von 1994 unausweichlich wurde.

10

Wer war diese palästinensische Delegation, die jeder genauen Definition zu trotzen schien, während sie der ganzen Welt politische Kopfschmerzen bereitete? Waren wir eine »willkürliche Handvoll«, wie Abul-Lutof uns beschrieben hatte? Oder waren wir die besten und hervorragendsten, wie es in der Presse geheißen hatte? Es stimmt, daß wir eine Delegation des Volkes waren, die von dessen Führung (zu dieser Zeit immer noch hinter der Bühne) ernannt und ausgesandt worden war, um in ihrem Namen und im Namen des palästinensischen Volkes mit den erfahrenen Politikern und Diplomaten Israels und der Welt zu verhandeln. Zusätzlich zu den Verrenkungen durch den Baker-Anzug, den Zwängen der mehrfachen Verantwortlichkeit und der Vielfalt unserer Aufgaben wurden wir buchstäblich über Nacht zusammengewürfelt und sollten als kohärentes Team wie geschmiert funktionieren. Zu unserer Verwunderung taten wir das auch. Es war unvermeidlich, daß persönliche, berufliche, politische und regionale Faktoren unsere interne Dynamik störten und nicht nur Komplikationen und Probleme schafften, sondern auch einen ungeheuren Erfahrungsschatz und ein breites Meinungsspektrum mit sich brachten. Trotz unserer Unterschiede gelang es uns jedoch, eine feste Einheit zu bilden, die entschlossen das Ziel verfolgte, für das sie ins Leben gerufen worden war.

Neben Faisal, Haidar und mir gehörte dem Führungskomitee auch der widerstrebende Sari Nusseibeh an. Er war Chef des Technischen Komitees, das der Delegation Daten und Alternativen bieten und sie bei den Verhandlungen unterstützen sollte. Halb gehörte Sari der Delegation an, halb nicht. Als Jerusalemer (dessen Vorfahren mindestens über dreizehn Jahrhunderte hinweg in dieser Stadt gelebt hatten) war er im Verhandlungsraum nicht zugelassen. Er war Organisator in der Fatah, hatte aber auch Philosophie in Oxford und Harvard studiert, und so wechselte er ohne Vorwarnung zwischen seinen Rollen, womit er uns alle überraschte. Ich sagte oft zu ihm, daß mich ständig die Frage quälte, welche Person nun gleich zum Vorschein käme. Seit Mitte der 70er Jahre waren wir Kollegen an der Universität Birzeit gewesen, danach hatten wir als politisch Unabhängige die Angestellten-Gewerkschaft gegründet und mit den verschiedenen politischen Splittergruppen verhandelt, um gerechte und repräsentative Wahlen zu gewährleisten. Er trat der Fatah bei und wurde in die Politik der Splittergruppen verwickelt, während ich meine Arbeit mit dem Rechtshilfeausschuß und der Gewerkschaft weiterführte.

In den ersten Tagen meiner Amtszeit als Dekanin für Kunst wurde Sari von einer Studentengruppe aktivistischer Hard-liner aus seiner eigenen Splittergruppe angegriffen, weil er Gespräche mit der israelischen Likud-Partei geführt und mit einem ihrer Mitglieder, Moshe Amirav, eine Vereinbarung unterzeichnet hatte. Faisal, der an den Gesprächen teilgenommen hatte, kam in administrative Haft. Moshe Amirav wurde aus der Likud-Partei ausgeschlossen, Sari bekam die Prügel. Ich berief unverzüglich den Rat der Kunst-Fakultät ein, und wir veröffentlichten eine Stellungnahme, in der wir die Freiheit der Meinungsäußerung und der politischen Aktivität verteidigten und den Einsatz von Gewalt, besonders Gewalt auf dem Campus, verurteilten. Wir drängten Sari, zur Universität zurückzukehren und seine Kurse in Philosophie und Landeskunde wiederaufzunehmen. Als Mitglied des Universitätsrates unterschrieb ich auch die in den Zeitungen veröffentlichte Stellungnahme und wurde Mitglied des Untersuchungsausschusses, der sich mit dieser Frage befassen sollte. Ich besuchte Sari im Krankenhaus, versicherte ihn der Unterstützung des Rates und sagte ihm Schutz und Respekt zu. Als er später zur Universität zurückkam, legte ich Wert darauf, ihn am Tor zu erwarten und zu seinem Kurs zu begleiten. Was das Ganze noch schlimmer machte, war die Tatsache, daß die Kontakte zur Likud-Partei auf Anweisung der PLO hergestellt worden waren, und die Führung ließ sich Zeit mit der Veröffentlichung irgendeiner offiziellen Stellungnahme, die die palästinensischen Teilnehmer entlastet hätte.

Doch dies war weder die letzte noch die geringste von Saris Sorgen. Während des Golfkrieges wurde er aufgrund eines zufälligen Telefongesprächs von den Israelis der Spionage für den Irak angeklagt und inhaftiert. Wir versuchten, bei der Verhandlung dabei zu sein, doch man ließ uns draußen warten, während Sari auf die Beschuldigungen antwortete. Seine Freiheitsstrafe wurde von sechs auf drei Monate herabgesetzt. Als Gründungsmitglied des Politischen Komitees behielt Sari eine ambivalente Einstellung zu diesem bei, vergleichbar mit seiner wechselhaften Einstellung zu den Verhandlungen. Manchmal schlug er kreative und kühne politische Initiativen vor, dann wieder richtete er sich buchstabengetreu nach dem Parteibuch. Manchmal schlug er wagemutige unilaterale Entscheidungen vor, dann wieder beharrte er darauf, daß wir nur ein Informationskomitee seien und nicht befugt waren, Politik zu machen. Bei seiner Arbeit mit mir zeigte er oft die gleiche Ambivalenz. Entweder brandmarkte er mich zusammen mit der Opposition und wenigen unsicheren Politikern als ein Mediengeschöpf oder er unterstützte und verteidigte meine politischen Arbeiten und Entscheidungen. Die ganze Zeit über empfand ich eine unerschütterliche Freundschaft und Hochachtung für Sari, der der Vorstellung von einem palästinensischen Machiavelli am nächsten kam.

Deshalb war ich über Saris ausweichende Taktik nicht überrascht, als ihn Abu Ammar im November 1993 zum Stellvertreter des Generaldirektors des Palästinensischen Wirtschaftsrates für Entwicklung und Wiederaufbau (Palestinian Economic Council for Development and Reconstruction – PECDAR) ernannte. Als Woodrow-Wilson-Schüler in Washington entschloß sich Sari, die turbulente Phase des Übergangs abzuwarten und sich statt dessen noch weiter seiner akademischen Laufbahn zu widmen. Ich hatte Gelegenheit, die Vermittlerin zu spielen, wenn es ihm schwerfiel, eine direkte Anweisung/Bitte von Abu Ammar abzulehnen oder zu umgehen. Aus meiner Sicht hatte der PLO-Chef trotz der Höhen und Tiefen in ihrer langen Beziehung Sari immer sehr geschätzt und nahm sich oft das Recht heraus, diesen kontroversen Philosophen/Politiker als selbstverständlich hinzunehmen, wie er dies mit anderen in der Fatah tat, die er als »seine Leute« ansah. Typisch waren für Sari nicht nur die Art, wie er seine brennende Zigarette zwischen Daumen und Zeigefinger drehte, sondern auch sein graumelierter Haarschopf sowie sein sardonisches Lächeln und Auftreten. Er sollte aber noch eine wichtige Rolle spielen, die in der palästinensischen Politik-Landschaft der Zukunft auf ihn wartete. Bezeichnenderweise gelang es ihm, nicht in die Palästinensische Nationalbehörde berufen zu werden, da er es vorzog, in seinem Investment-Beratungsunternehmen zu arbeiten. Er wird uns vielleicht noch überraschen.

Zahira Kamal, die zweite Frau im Führungskomitee, beschloß nach einigen Monaten, die Verhandlungen zu verlassen. Grund dafür war nicht ein Sinneswandel oder ein politisches Umschwenken (sie war weiterhin eine der treuesten Befürworterinnen des Friedensprozesses); sie meinte vielmehr, zu Hause mit Frauenarbeit an der Basis mehr bewirken zu können. Ich achtete sie für eine solche Entscheidung, denn viele andere sahen im Friedensprozeß eine Chance, die politische Karriereleiter hinaufzuklettern. Auch sie hatte ich Mitte der 70er Jahre nach meiner Rückkehr aus den Vereinigten Staaten kennengelernt. Sie durfte damals die Stadt nicht verlassen. In dieser Zeit begann eine Gruppe von Frauen, Workshops zur

Stärkung des Bewußtseins abzuhalten. Diese Gruppe arbeitete auch an einem Frauenprogramm, das rein palästinensisch sein sollte. Es sollte aus richtiger Beurteilung und Verständnis der Bedürfnisse der Palästinenserinnen hervorgehen und gleichzeitig Frauen in der ganzen Welt ansprechen, die dieselben Anliegen teilten. Einige der Frauen aus ihrer eigenen politischen Splittergruppe (damals die Demokratische Volksfront für die Befreiung Palästinas – PDFLP, heute FIDA – das Palästinensische Demokratische Bündnis) bezeichneten Zahira als Aktivistin und Vorreiterin. Erst Ende der 70er Jahre hatten wir Gelegenheit, bei der Einrichtung des Frauenkomitees zusammenzuarbeiten, das sich über den politischen Parteigeist hinwegsetzen und unsere Anliegen an die oberste Stelle auf dem nationalen Programm setzen sollte. Zu unseren Prioritäten gehörten Sozialarbeit und innere Strukturierung. Zahira trat auch als Vertreterin ihrer Splittergruppe dem Politischen Komitee bei und arbeitete aktiv für die Förderung des palästinensisch-israelischen Dialogs insbesondere zwischen Frauen. Zahira und hauptsächlich die Frauen aus der PDFLP legten 1988 als erste das politische Programm vor, das wir an die PLO in Tunis schickten und in dem eine palästinensische Friedensinitiative/-offensive auf der Grundlage der Zwei-Staaten-Lösung gefordert wurde. Seine Auswirkungen waren in den Resolutionen des Palästinensischen Nationalrates von November 1988 deutlich zu erkennen. (Geschichtlich gesehen war es die PDFLP, die 1974 als erste eine Lösung auf dem Verhandlungsweg und den stufenweisen Ansatz vorschlug.)

Im Rahmen des palästinensisch-israelischen Frauendialogs arbeiteten Zahira und ich eng zusammen. Wie auf vielen internationalen Konferenzen repräsentierten wir oft gemeinsam die palästinensische Seite. Wir bildeten ein gutes Team und vertraten sowohl die organisatorischen als auch die theoretischen Dimensionen der palästinensischen Frauenbewegung.

Wie ich stand auch sie unter direktem Beschuß der politischen Opposition und der anti-feministischen Kreise. In gewisser Weise war sie durch ihre klare politische Zugehörigkeit geschützt, somit wurden ihre politischen Überzeugungen nicht angezweifelt. Doch ihre direkte Arbeit mit Frauen aus allen sozialen Schichten und an hochumstrittenen Frauenfragen brachten sie auf Kollisionskurs mit den traditionelleren und religiösen Elementen unserer Gesellschaft. Geduldig, hartnäckig und unbeirrt drängte Zahira vorwärts, entschlossen, sich nicht einschüchtern oder ablenken zu lassen. Nie habe ich erlebt, daß sie ihre Fassung oder ihre gutmütige Toleranz verlor, selbst dann nicht, wenn sie ernsthaft provoziert wurde. Derzeit widmet sie sich der Einrichtung eines Frauenrates innerhalb der PNA, der genügend Befugnisse haben soll, um die Nichtdiskriminierung sicherzustellen und den Frauen mehr Rechte zu geben.

Haidar gewann allmählich zwei Mitstreiter, die in der Delegation Gegenpole bildeten: den reservierten, wortkargen und ungemein korrekten Physiker Nabil Kassis und den extrovertierten, wortreichen und ungehemmten Politologen Saeb Erakat. Nabil war ein Freund aus meiner Kinderzeit, er stammte ebenfalls aus Ramallah und auch aus der Familie Awwad. Sein gestutzter Bart und der stark zurücktretende Haaransatz ließen ihn wie die Nahost-Version von Lenin aussehen. Aber er war kein Revolutionär. Korrekt, beherrscht und tüchtig brachte er seine Brillanz und seinen streng wissenschaftlichen Ansatz in die oft unklare Aufgabe der Verhandlungen ein. Seine Präzision und sein Hang zur Perfektion ließen ihn manchmal ungeduldig auf die nachlässigen Haltungen und Arbeitsgewohnheiten anderer reagieren, doch er wurde nie intolerant. Ich nannte ihn gewöhnlich das »Stachelschwein« und flüsterte, »deine Stacheln stellen sich auf«, wenn er in Versammlungen oder Sitzungen bei Provokationen oder Beleidigungen wütend wurde. Das Entwerfen von Lageberichten oder Textanalysen erledigte er, als ob er ein Experiment in Kernphysik durchführte. Hinter allem lauerte ein schelmischer und beißender Humor. In einer ernsten Sitzung im State Department, bei dem wir die israelische Unnachgiebigkeit in puncto Siedlungen und Menschenrechte diskutierten, versuchte Ed Djerejian, uns davon zu überzeugen, daß wir nicht zulassen sollten, daß diese Maßnahmen die Gespräche zum Entgleisen brachten. Er wollte sagen: »Sie dürfen sie nicht zu einem *casus* ... [*belli*]«, doch bevor er das gesuchte Wort finden konnte, warf Nabil »*interruptus*« ein, und trotz des ernsten Augenblicks brachen wir alle in Gelächter aus. Nichts konnte die Verhandlungen besser beleben als lateinische Wortspiele. Nabil sprach normalerweise abgehackt und äußerst knapp, aber seine kurzen Volleys trafen immer ins Ziel. Heute ist er Präsident einer Kommission für Wirtschaftsstrategien und Mitglied im Board of Governors des PECDAR.

Saeb Erakat, die Nemesis von James Baker, war Nabils Gegenstück. Er überschüttete einen mit seinem Wortschwall und erwartete, daß man selbst auswähle und ordne. Dieser Vollblutpolitiker liebte Intrigenspiele und politische Virtuosität, vor allem dann, wenn er herausgefordert wurde, seine Fähigkeiten mit anderen zu messen. »Spielen wir sauber oder faul?« fragte er Akram gewöhnlich, seinen Mentor und Freund, dem er in einer Loyalität verbunden war, die er sonst nur Abu Ammar entgegenbrachte. Groß, stämmig und ungestüm, zielte er erst und überlegte dann. »In dieser Delegation gibt es zwei irreführende Charaktere«, sagte ich einmal. »Faisal ist nicht so unschuldig, wie er wirkt, und Saeb nicht so gemein, wie er aussieht.«

Trotz seines ungestümen, bravourösen Auftretens und seines buschigen Bartes war Saeb eigentlich äußerst empfindlich. Nur Menschen, die er mochte, konnten ihn wirklich verletzen; die anderen würde er entweder gnadenlos attackieren oder schlichtweg ignorieren. Doch auch wenn er getroffen war, blieb er bei seiner tapferen und oft harten Haltung. In einem berühmten Treffen, in dem sich die Delegation Abu Ammar widersetzte und verkündete, sie wolle die Gespräche boykottieren, griff Arafat Saeb an; er glaubte, dieser könne seinen Zorn aushalten. Saeb war völlig zerknirscht, und es brauchte viel Überzeugungsarbeit, um ihn versöhnlich zu stimmen. Doch als Abu Ammar und Faisal den Witz über Saebs Memoiren aufbrachten und ständig wiederholten, reagierte er gutgelaunt und positiv. Saeb soll gesagt haben, er würde sich zurückziehen und seine Memoiren schreiben, wenn Abu Ammar sich entschließen sollte, zu den Gesprächen zurückzugehen. Als er am nächsten Tag auftauchte, fragte ihn jemand: »Was machen deine Memoiren?«, und Abu Ammar antwortete: »Er hat sie über Nacht geschrieben! Was er niederzuschreiben hat, braucht nicht sehr viel Zeit.« Manchmal schmückte er den Witz noch aus und fügte hinzu: »Ich habe mir die Memoiren angesehen, es sind nur leere Blätter!«

Saeb erbot sich immer freiwillig, mir mit meinem schweren Handgepäck von einem Flughafen zum anderen behilflich zu sein. Aber er konnte in der Öffentlichkeit auch seine schlechte Laune zeigen. Er war der erste, der beleidigt war, aber auch der erste, der eine Kränkung vergaß. Als man ihm die Aufgabe übertrug, als Mitglied unserer Delegation mit den anderen arabischen Delegationen Absprachen zu treffen, stürzte er sich mit Hingabe und nicht geringer Spiellaune darauf. Er hatte seine Bühne gefunden. Nach der Unterzeichnung der Grundsatzerklärung, und als noch Skepsis unter den inländischen Palästinensern vorherrschte, erklärte er sich bereit, die Delegation zu leiten, die in Washington die Verhandlungen über Selbstverwaltung führen sollte. Abu Ammar ernannte ihn auch zum Leiter des offiziellen Komitees zur Vorbereitung der Wahlen. Das Resultat beider Aufgaben sollte ungewiß bleiben. Saebs frühere Arbeit an der Al-Najah-Universität und seine verlegerische Tätigkeit bei der Zeitung *Al-Quds* gehören aller Wahrscheinlichkeit nach der Vergangenheit an. Als die PNA 1994 gegründet wurde, bekam Saeb den Posten des Ministers für Gemeindeverwaltung. Er ist weiterhin einer der loyalsten Gefolgsleute von Abu Ammar.

Ghassan al-Khatib sah man sein Alter nicht an, doch er war ein erfahrener Politiker; er hatte sowohl die israelischen Gefängnisse kennengelernt als auch die Kommunistische Partei (später Volkspartei) durchlaufen. Als ich ihm zum ersten Mal an der Universität

Birzeit begegnete, hatte er sein Studium erst vor relativ kurzer Zeit begonnen, da er eine weitere vierjährige Inhaftierung in einem israelischen Gefängnis hinter sich hatte. Er konnte furchtbare Geschichten über Mißhandlungen und Folter erzählen, doch am meisten beeindruckte mich, daß er weder verbittert noch rachedurstig war, was seine Seele mehr als jede Folter hätte zerreißen können. Ghassan war ruhig und zurückhaltend, hinter seiner Gelassenheit verbargen sich jedoch feste Überzeugungen und ein eiserner Wille. Vor der doppelten Versuchung der Wut und des Selbstmitleids rettete ihn allerdings seine subtile Ironie. Als Fakultätsvertreterin im Studentenrat konnte ich besonders nach seiner Wahl in den Rat seinen politischen Scharfsinn und seine manipulatorischen Fähigkeiten aus nächster Nähe beobachten. Als Vertreterin der Anglistik-Fakultät befürwortete ich, daß ihm ein Universitätsstipendium gewährt wurde, obwohl seine Leistungen nicht die besten waren. Seine größte Stärke waren seine Führungsqualitäten, und die Universität förderte gerne derartige Eigenschaften bei den Studenten und unterstützte ihre Entwicklung. Als er mit einem Examen in Landwirtschaft an die Universität zurückkam, war ich die Dekanin, die seine ersten Unterrichtsleistungen in der Fakultät für Landeskunde verfolgte.

Die ganze Zeit über blieb er bei seiner aktiven Parteiarbeit. Diese fand hauptsächlich im Untergrund statt, da die israelischen Besatzungsbehörden alle politischen Parteien und Aktivitäten verboten hatten. Er trat dem Politischen Komitee als Vertreter seiner Partei bei, und alle seine späteren Tätigkeiten gingen aus dieser Aufgabe hervor. Selbst wenn er nicht völlig überzeugt von einer Entscheidung der Partei oder nicht vollkommen mit ihr einverstanden war, fügte er sich stets. Der tüchtige Politiker verdeckte ein wenig den Menschen, der begeistert hinter dem neuesten Film, Theaterstück oder Konzert her war und auch gutes Essen und fröhliche Gesellschaft schätzte. Doch man mußte Ghassan schon gut kennen, um dies zu merken. »Wie fühlst du dich, wenn du deinen Feinden gegenübersitzt und mit ihnen verhandelst und noch die physischen Narben aus deinen Gefängnisjahren spürst?« fragte ich ihn einmal beim Abendessen. »So sollte es sein«, erwiderte er. »Erstens haben wir ihr Schlimmstes überstanden und überlebt und sind so nicht einzuschüchtern. Zweitens können sie nichts vor uns verbergen. Und drittens: Wenn die Opfer verhandeln, dann kann niemand unser Engagement für den Frieden anzweifeln. Es wäre nämlich schwierig, irgendeinen Palästinenser zu finden, der nicht irgendwann einmal Opfer war.« Und in einer persönlicheren Bemerkung fügte er hinzu: »Manchmal denke ich daran, und ich frage mich, ob sie überhaupt wissen, was dies für einen Menschen bedeutet oder kostet. Erinnerst du dich noch, als ich von der israelischen Armee auf dem Campus zusammengeschlagen wurde?«

Nach einer Studentendemonstration hatten die Soldaten einige Studenten aus den Schlafsälen herausgeschleift und begonnen, mit Fäusten und Gewehrkolben auf sie einzuschlagen. Wir versuchten einzuschreiten, aber wir konnten sie nicht aufhalten; es gelang uns jedoch, die Verhaftung der Studenten zu verhindern, und einige zogen wir wieder aus Armee-Jeeps heraus.

Ghassan war damals nur noch eine blutige Masse aus Schnitten und Blutergüssen. In den Verhandlungen würde ich wenigstens nicht zu seiner Rettung eilen müssen, und er würde auch keine sichtbaren Narben davontragen.

Ein weiterer ehemaliger Student und »Gefängnisabsolvent« war Nathmi al-Ju'beh, der für Zahira ins Komitee kam. Auch er hatte einen Jerusalemer Ausweis und war somit ein »Nicht-Unterhändler«. Dieser ursprünglich aus Hebron stammende, leise sprechende und warmherzige Archäologe versuchte, seinen Blick auf den Silberstreifen am Horizont zu konzentrieren, was man bestimmt nicht von Bakers »liebem Doktor« Zakariyya al-Agha sagen konnte. Der aus Gaza stammende Zakariyya brachte stets die Skepsis und das fehlende Vertrauen in die Israelis zum Ausdruck, welche die Bewohner von Gaza aufgrund ihrer langen und bitteren Qual unter der Besatzung angenommen hatten. Der Gaza-Streifen war zum Inbegriff ungemilderten Leidens und großer Entbehrung geworden, und deswegen neigten seine Bewohner eher zu Aufstand und Kampf. Niemand konnte jedoch weniger militant als Zakariyya aussehen mit seiner gesunden Gesichtsfarbe, seinem breiten Lächeln, seinem behaglichen Bäuchlein und seinem runden, kahlen Kopf. Später wurde er zum Führer der Fatah in Gaza gewählt und mußte sich in dieser Funktion mit den Anführern der Straßengruppen befassen, Aktivisten, die während der *Intifada* aufgetaucht und stark geworden waren. 1994 kam Zakariyya als Wohnungsbauminister zur PNA. Haidar und ich vervollständigten die Mitgliedergruppe des Komitees aus dem ›Inland‹.

Zwei der vermeintlich ausländischen Mitglieder des Komitees wie Akram waren eigentlich »Inländer«: Taisir Aruri aus der Volkspartei und Azmi Shu'aibi von der FIDA stammten beide aus der Westbank und hatten in Ramallah gelebt, bis sie von den israelischen Behörden in den 80er Jahren deportiert wurden. Taisir war Physikdozent, der im gleichen Jahr wie ich an die Universität Birzeit kam. Wir waren auch gemeinsam auf dem Konzert gewesen, bei dem ich Emile zum ersten Mal sah. Taisir war damals der einzige Kommunist, mit dem meine Mutter nicht nur sprach, sondern zu dem sie auch eine fast mütterliche Zuneigung entwickelte. Sie war schmerzlich getroffen, als er verhaftet und später deportiert wurde. Nur ein Jahr, nachdem er an die Universität gekommen war, wurde

Taisir unvermittelt in administrative Haft genommen. Diese Art der Inhaftierung war ein Überbleibsel aus den Notverordnungen des britischen Mandats, die sogar von den Briten widerrufen wurden, als sie Palästina verließen. Auf der Grundlage dieser Verordnungen kann eine Person für verlängerbare und bis zu sechs Monate dauernde Fristen ohne Anklage, Beweis oder Gerichtsverhandlung ins Gefängnis gesteckt werden. Als wir den Militärgouverneur nach den Gründen für Taisirs Verhaftung fragten, erwiderte er: »Wir glauben, daß er daran denkt, etwas zu unternehmen.« Und für diesen bloßen Gedanken, der einigen israelischen Militärbeamten darüber durch den Kopf gegangen war, was Taisir gedacht haben könnte oder nicht, verbrachte dieser vier qualvolle Jahre seines Lebens in einem israelischen Gefängnis. Nach seiner Freilassung war er lange genug in Freiheit, um zu heiraten und Vater zu werden, bevor er 1987 mit seiner ganzen Familie deportiert wurde. Als ich ihn 1988 in Tunis wiedersah, wirkte er so gebrochen und so entwurzelt, daß mir die Tränen kamen. »Ein Tag zu Hause ist ein ganzes Leben im Exil wert«, sagte er. Dieselben Worte hatte ich auch von vielen anderen Deportierten gehört. Sie und er lebten für den Tag ihrer Heimkehr. Von Amman aus warteten Taisir und die anderen ungeduldig. Am 6. April 1994, zusammen mit der Mandel- und Obstblüte, kehrten Taisir und fünfundvierzig weitere Deportierte nach Hause zurück. Dies erfolgte im Rahmen der ersten Phase der Umsetzung der Grundsatzerklärung, die von der PLO und der israelischen Regierung am 13. September 1993 auf dem Rasen vor dem Weißen Haus unterzeichnet wurde.

Azmi Shu'aibi dagegen durfte bereits 1993 zu Beginn der neunten Verhandlungsrunde und im Zuge der Vereinbarung über die Rückkehr der Deportierten und die Wiederaufnahme der Gespräche zurückkehren. Bis dahin war er Mitglied des Führungskomitees gewesen und für seine hervorragenden Ideen und seinen Einsatz für den Friedensprozeß bekannt geworden. Er kannte Gefängnis und Exil und zog wie viele andere Deportierte ersteres vor. Er war zum Mitglied des al-Bireh-Stadtrates gewählt worden, der von den Israelis nach jüdischen Terroranschlägen gegen drei der gewählten Bürgermeister aufgelöst worden war. Der erfolgreiche Zahnarzt hatte sich an einem Wohnungsbauprojekt beteiligt, das vom Zahnärzteverband unterstützt wurde. Als ich ihn fragte, warum er das Untergeschoß so sorgfältig ausbaute, erwiderte er: »Angenommen, ich werde von den Israelis deportiert – dann will ich, daß Suheir das Untergeschoß vermieten und somit sich und die Kinder versorgen kann.« Einen Monat später wurde er deportiert. Seine Frau Suheir, eine meiner langjährigen Freundinnen und Mitglied der ersten Frauenarbeitskreise, nahm die Kinder und reiste ihm bald nach Amman nach. Sie mußten das ganze Haus vermieten. Heute ist Azmi Minister für Sport und Jugend in der PNA.

Haidars Pendant aus dem Ausland war Nabil Schaath, den Abu Ammar mit der Führung des palästinensischen Teams für die bilateralen Verhandlungen betraut hatte. Der »sonnige« Nabil stellte als Gegensatz zu dem bedrückten und pessimistischen Haidar die optimistische Version der Realität dar. Ausgelassen und redegewandt, war er süchtig nach Wortspielen und ägyptischen Witzen. Er hatte ein Talent für Parodien aus dem Stegreif, die Haidar mit einem zaghaften Lächeln oder ungläubigem Stirnrunzeln über sich ergehen ließ. Seine Leistungsfähigkeit war enorm, er verfügte über grenzenlose Energie und Schwung. Zu jeder Tages- und Nachtzeit konnte man sehen, wie er Möglichkeiten entwarf, Versammlungen abhielt, Interviews gab, nach Tunis Bericht erstattete und mit seinen verschiedenen »Kontakten« und »Informanten« jonglierte. Der Chef eines Management-Unternehmens in Ägypten, genannt das »Team«, schien es mit unserer schwer lenkbaren Mannschaft nicht leicht zu haben. Er selbst neigte dazu, die Strukturen jedes von ihm begeistert entworfenen Organisations- oder Funktionsplans wieder durcheinanderzubringen. Sein Problem war, daß er es allen recht machen wollte. Unter uns kursierte der Witz, daß in der 1001. Runde der Verhandlungen nur noch Haidar und Nabil von der palästinensischen Delegation übrig sein würden. Haidar würde die Sitzung verlassen, sich an die mittlerweile mit uns gealterte Presse auf ihrem Posten beim State Department wenden und feierlich erklären: »Ich bedaure, sagen zu müssen, daß wir in den Gesprächen keinerlei Fortschritte erzielt haben; sie scheinen festgefahren, und ich empfehle eine Aussetzung.« Nabil dagegen würde eine Pressekonferenz einberufen und fröhlich verkünden: »Ich bin zuversichtlich, daß wir uns am Ende dieser Runde auf eine gemeinsame Grundsatzerklärung einigen können. Wir haben von der israelischen Seite viele Signale für Zugeständnisse und zwischen den Zeilen stehende Vorschläge erhalten.« Nabil wurde Chefunterhändler und Minister für Planung und Internationale Zusammenarbeit in der PNA. Er bleibt einer der engsten politischen Berater von Abu Ammar.

Akram Haniyyeh war das ausländische und innere Gegenstück zu Nabil. Als weiterer Berater von Abu Ammar wurde er zu Nabils Stellvertreter ernannt. Der zurückhaltende, unauffällige und sparsam mit Worten umgehende Akram scheute das Rampenlicht, vermied Menschenansammlungen und sprach nur, wenn es unumgänglich war. Während Nabil hauptsächlich Abu Mazen als Chef des Leitausschusses Bericht erstattete und manchmal mit Hassan Asfour, dem Sekretär des Ausschusses, konferierte, unterstand Akram direkt Abu Ammar. Zunächst wollte Abu Mazen unbedingt den Erfolg der Washingtoner Gespräche und bezog flexible politische Positionen und Verhandlungslinien, da er sich keine Sorgen um eine »alternative Führung« machte. Später jedoch, als die Geheimverhandlungen eine ernste Wendung nahmen und sich tatsächliche Fortschritte abzeichneten, begann Abu Mazen, strengere Anweisungen zu erteilen. Dies war ein bewußter Versuch, die Washingtoner Gespräche zu blockieren und den Weg für die Geheimverhandlungen zwischen Vertretern der israelischen Regierung und der »offiziellen« PLO freizumachen. Das war natürlich die ganze Zeit über Abu Ammars Strategie gewesen. Arafat hatte beweisen wollen, daß Gespräche ohne die PLO nicht die geringste Aussicht auf Erfolg hatten. Er war der Drahtzieher und entschlossen, keinen Zweifel daran zu lassen, wer das Sagen hatte. Ich hatte – allerdings einzeln und vertraulich – oft mit beiden über diese Frage gesprochen.

»Wenn Sie das bezwecken, dann sagen Sie es wenigstens der Delegation«, drängte ich Abu Ammar. »Es sind Ihre besten Leute, und sie haben ihre Verantwortung sehr ernst genommen. Sie können sie politisch nicht verheizen.«

»Die Israelis haben uns keinerlei Hinweise über ihre ernsten Absichten gegeben. Sie verhandeln nicht ehrlich. Wenn sie etwas vorlegen, das im entferntesten akzeptabel ist, dann sehen wir weiter.«

»Geben Sie wenigstens der Delegation nicht das Gefühl, daß sie benutzt wird. Seien Sie offen zu ihr und sagen Sie es ihr, wenn Sie nicht wollen, daß sie die Gespräche zu einem Abschluß bringt. Machen Sie sich keine Sorgen, wir werden Strategien ausarbeiten, um in Ihrem Sinn zu handeln.«

»Das kann ich jetzt noch nicht, aber wir werden sehen, wie sich die Dinge entwickeln.«

»Die Möglichkeiten sind klar: Entweder wollen Sie, daß diese Gespräche Erfolg haben, und wir unterzeichnen zur gegebenen Zeit ein Abkommen, oder Sie wollen, daß die Gespräche in eine Sackgasse geraten, aus der nur die PLO sie herausführen kann. Dann gewinnen wir Zeit, bis die PLO an den Gesprächen beteiligt wird und endlich die ernsthaften Verhandlungen beginnen. Oder Sie wollen den Friedensprozeß wirklich nicht und lassen uns dies nur pro forma durchexerzieren. Oder Sie wollen, daß die Gespräche gänzlich scheitern. Jede Option erfordert ihre eigenen Strategien und Pläne. Sie müssen es uns nur sagen. Aber wir brauchen klare politische Anweisungen.«

»Wir haben uns für den Friedensprozeß engagiert, aber dies beinhaltet viele Faktoren – interne palästinensische, arabische und internationale Fragen. Viele Dinge müssen jeweils am rechten Ort zur rechten Zeit geschehen.«

Diese Faktoren bildeten das Minenfeld, durch das Arafat mit äußerster Präzision und Vorsicht steuerte. Er mußte mit der palästinensischen Opposition kämpfen und sie beschwichtigen, während er auch seine Wählerschaft, vor allem diejenige in den besetzten Gebieten, erhalten wollte. Die arabische Politik war ebenfalls ein komplexes und schwer erschließbares Treibsandgebiet, dessen Wege und Gewichtungen sich ständig verschoben. Auf der einen Seite standen die Anrainerstaaten zu Israel, die mit all ihren internen Rivalitäten und wechselnden Bündnissen sowie dem Kampf um die Führungsposition an den Gesprächen beteiligt waren. Hatte Syrien das Sagen, oder war die palästinensische Seite das Problem? Würde Syrien weiterhin die Opposition beherbergen und fördern, und was hätte das für Konsequenzen? Würde Jordanien hinter unserem Rücken einen Handel abschließen? Würde es die Westbank beanspruchen? Wie würde Ägypten sein politisches Gewicht einsetzen, vor allem in einem größeren arabischen Kontext? Und gerade in diesem größeren arabischen Kontext war das Hauptanliegen der PLO, mit Saudi-Arabien und den Golfstaaten nach der durch den Golfkrieg angerichteten Verwüstung Frieden zu schließen. Würde Ägypten da seine guten Positionen nutzen, und wie würde es dies mit seinem syrischen Bündnis sowie den instabilen syrisch-jordanischen und den gleichermaßen unvorhersehbaren jordanisch-ägyptischen Beziehungen in Einklang bringen? Die Maghreb-Länder konnten ebenfalls eine ausgleichende Rolle spielen.

In der Region gewann der Iran nach der Schwächung des Iraks durch den Golfkrieg an Bedeutung. Er setzte seine Unterstützung für radikale Oppositionsgruppen einschließlich der Hamas und der anderen fundamentalistischen Organisationen als Machtmittel ein und war durch seine Verbindungen zu Syrien ins Spiel gekommen. Die Türkei kontrollierte die Wasservorräte, war jedoch ein NATO-Mitglied und unterhielt weitere Bündnisse mit westlichen Ländern. Mit der Auflösung der Sowjetunion gewann die Türkei in den früheren islamischen Republiken, die nun unabhängige Nationen wurden, an Bedeutung, und zwar auch im Hinblick auf die Versuche des Irans, in dieser Richtung an Einfluß zu gewinnen. Die arabische Welt insgesamt hatte drei nichtarabische Nachbarstaaten mit unterschiedlichen Ausprägungen und Beziehungen zu den verschiedenen arabischen Ländern: den Iran, die Türkei und Israel. Aber jedes arabische Land hatte inmitten dieser turbulenten Regionallandschaft seine eigenen wirtschaftlichen und politischen Probleme im Innern. Alle sahen in diesem Friedensprozeß allerdings eine Möglichkeit, nicht nur regionale, sondern auch Probleme im Inland zu lösen. Alle sahen ihn als ein Angebot, das sie nicht ausschlagen konnten, und jeder nutzte ihn zum eigenen Vorteil.

Dies galt auch für die PLO. Um wieder als Hauptakteur in die arabische und internationale politische Arena Einlaß zu finden und um die Organisation vor der finanziellen und politischen Vernichtung zu bewahren, die man für sie nach dem Golfkrieg vorgesehen hatte, war der Friedensprozeß für sie eine »Pflichtschiene«, wie dies Faruq al-Kaddoumi, Chef des Politischen Departments der PLO, auszudrücken pflegte. Der Friedensprozeß war tatsächlich ein Angebot, das man nicht ausschlagen konnte. Gleichzeitig könnte er jedoch auch den Untergang der PLO bedeuten. Richtig gesteuert, könnte der Prozeß ihr Lebensretter sein, den sie brauchte, um sich aus dem Morast der Folgen des Golfkrieges herauszuziehen. Ein fehlgeleiteter Friedensprozeß könnte jedoch die PLO vernichten, wenn wir der Bildung der »alternativen Führung« zustimmten (woran wir nie auch nur im entferntesten dachten). Oder die PLO könnte für gewisse Zeit gerettet und dann nach Erfüllung ihres Zwecks – Unterzeichnung (und Umsetzung) der Vereinbarung – fallengelassen werden. Abu Ammar bediente sich in diesem Zusammenhang gerne des Bildes von der Drohne, die die Königin befruchten darf und dann sterben muß. Ein weiteres Bild war das von der Wiederbelebung des Patienten gerade für eine ausreichend lange Zeit, damit er seinen letzten Willen unterschreibt und dann sein Leben aushaucht oder dabei von anderen noch »Sterbehilfe« bekommt. Es ging um die Frage, wie der Patient wiederbelebt und bei guter Gesundheit gehalten werden könnte. Abu Ammar war sich dieser komplexen Situation und der verschiedenen Szenarien genauestens bewußt, und er kämpfte um das Überleben der PLO – nicht um ihre vorübergehende Wiederbelebung. Wir wußten, daß wir ohne die PLO politische Waisen wären und die palästinensische Nation dann zerfallen würde. Dennoch warfen manche Palästinenser der PLO vor, sie würde ihre Spaltung selbst herbeiführen und die Sache der Nation schwächen, wenn nicht sogar dem Ausverkauf preisgeben. Die Opposition warf ihr vor, das Volk für ihr eigenes Überleben zu opfern.

Während der Washingtoner Gespräche und in den Tagen der seligen Unwissenheit waren wir immer noch von einem Sendungsbewußtsein beseelt, begeistert von der Erhabenheit unserer Berufung und unbefleckt von den Vorahnungen über die Ergebnisse. Wir hatten engagierte Leute in der Delegation wie zum Beispiel die Architektin Suad al-Amery, die später zu den Verhandlungen hinzukam. Neben ihren intellektuellen und politischen Fähigkeiten sorgte sie dafür, daß keine geschlechtsspezifischen Vorurteile die Gespräche beherrschten. Der Urologe Mamdouh al-Aker brachte auch eine menschliche Dimension und eine Sensibilität für Anliegen und Stimmung des Volkes in die Gespräche ein. Der Dekan der technischen Fakultät an der Universität Birzeit, Abdel-Rahman al-Hamad, sowie der Dozent für Anglistik Jabr Fadda (ich gehörte zu seinem Prüfungsausschuß) vervollständigten das Kontingent aus Gaza. Aus Hebron hatten wir den (von den Israelis) abgesetzten und (von den Palästinensern) gewählten Bürgermeister Mustafa al-Natshe. Nach dem Massaker in der Al-Ibrahimi-Moschee wurde er auf der Grundlage eines Abkommens zwischen der PLO und Israel wieder in sein Amt eingesetzt. Einige Zeit lang gehörte auch der Zahnarzt Nabil al-Ja'bari zu uns, der auch Leiter des Kuratoriums der Universität Hebron war. Er hatte nach seiner administrativen Haft auf die Frage, was er am meisten vermißte, gesagt: »Mein Gesicht. Ich vermißte mein Gesicht.« Nach sechs Monaten ohne Spiegel konnte das ausschließlich innere Selbstbild zu einer weiteren Form der Gefangenschaft werden; man mußte sich fragen, wie wohl die anderen einen sahen. Aus Nablus hatten wir Sameh Kan'an (den Rekordhäftling) und Sami al-Kilani, einen anderen ehemaligen Häftling und aktiven Schriftsteller. Oft fanden wir bewegende Gedichte oder Kurzgeschichten in unseren Briefkästen, vor allem wenn es heiß herging und Sami sich abreagieren wollte. Wir dagegen mußten daran erinnert werden, daß es noch eine andere Sprache und eine andere Realität gab.

Ein fahrendes Volk von Beratern strömte zu den Gesprächsrunden nach Washington. Allmählich reduzierte sich die Anzahl auf wenige herausragende Akademiker. Alle bildeten das lose definierte »Strategiekomitee«, das letztendlich kleinere Fachgruppen einrichtete, zu denen auch Mitglieder der Verhandlungsdelegation stießen. Diese Fachgruppen bereiteten Stellungnahmen, Gesprächspunkte und detaillierte Analysen der israelischen Texte vor. Eine derartige Mobilisierung palästinensischer kluger Köpfe und ihrer Fähigkeiten brachte uns einen beeindruckenden und umfassenden Schatz an Literatur und Strategien für die Verhandlungen. Wir sammelten auch unzählige Erfahrungen, die der palästinensischen Führung in zukünftigen Verhandlungen hätten dienen können. Einmal rieten wir Abu Ammar: »Wenn Sie erst die offizielle Anerkennung der PLO erreicht haben, wäre es das Beste, Sie würden dieselbe Delegation behalten. Dies würde die Botschaft von der nationalen Einheit und die Tatsache, daß die Delegation die ganze Zeit über die PLO-Delegation gewesen ist, unterstreichen. Die Verhandlungen könnten auch von unseren gesammelten Erfahrungen profitieren.« Aber dem sollte nicht so sein. Mit der Anerkennung kam später eine Überprüfung der inländischen Palästinenser, und es wurde versucht, das Rad der Verhandlungen neu zu erfinden. Die Konsequenzen sollten nicht unbeträchtlich sein.

Unser Pilgerzug verlief in die entgegengesetzte Richtung – eine bunte Mischung aus Palästinensern machte sich weit entfernt vom Heiligen Land in der Kälte des Winters in das Neuland der westlichen Diplomatie und der Friedensstiftung auf. Die Prüfungen, die noch bevorstanden, waren immer noch Teil einer externen Suche nach Anerkennung und Bestätigung. Erst nachdem sich der Kreis unserer Reise geschlossen und uns zum Ausgangspunkt zurückgebracht hatte, kehrten wir unseren Spiegel nach innen und erkannten, daß Gnade und Befreiung Elemente unserer inneren Realität waren und daß die Büßerreise im eigenen Selbst stattfand. Dies war das Gesicht, das wir vermißt hatten.

Die Frage, wen wir repräsentierten, war ein immer wiederkehrendes Thema. Welche Beziehung hatten diese Pilger des Friedens zu dem gemarterten Volk in den Flüchtlingslagern, zu dem belagerten Volk in den Städten und zu den ihres Landes beraubten Bauern aus den Dörfern Palästinas? Wo war in unseren Mythen, in unseren Erzählungen, Heldensagen und Abenteuergeschichten, in unserer Erinnerung an verlorene Heimat und an Träume, die wir auf dem Weg ins Exil am Wegesrand zurückgelassen hatten, die geschichtliche Erwähnung oder Prophezeiung von einer furchtlosen Streitertruppe, die dem Frieden nachgejagt war wie nur Träumer es konnten?

Wo blieb ich – mit meinem Erbe aus Jasmin und Lavendel, meinem bescheidenen Saldo in puncto Verhör und Haft und meinem unerbittlichen Beharren auf meinem ureigenen Schmerz? Der rote Faden des Lebens, das ich phasenweise gelebt habe, hatte mich unvorhersehbar zwar, aber unausweichlich in diese jüngste Phase geführt. Wie »typisch« war eine Christin – Tochter und Ehefrau von Verfechtern der Rechte der Frauen, eine westlich erzogene Akademikerin und Kämpferin für die Menschenrechte; Mutter zweier Töchter, die mich drängten, trotz meiner eigenen Vorbehalte meine Rolle anzunehmen, weil sie gewollt hatten, daß ihre Mutter die erste Frau auf diesem Posten war; und eine Mediävistin, gefangen in der zeitgenössischen Politik, doch mit der festen Überzeugung, daß die poetische menschliche Vision Quelle rechtmäßigen Bewußtseins und Handelns ist? Ich war entschlossen, die Legitimität meiner Vertretung und meiner Anwaltschaft auf genau diesen disparaten Elementen zu begründen, welche ein Beweis für Reichtum und Vielfalt des palästinensischen Daseins waren.

Wir waren das Volk, das mit dem Alter nicht milder geworden war, dessen Verleugnung Schritt für Schritt unseren Vorrat an Freude geplündert hatte. Eingeschlossen in dem Schmerz, auf den wir ausschließliches Recht beansprucht hatten, wurden wir zu Gefangenen unseres Leids und zu Sklaven unserer eigenen Version des unerbittlichen Schicksals. Wir hatten die Züge unserer Landschaft angenommen, zerklüftet und schroff, scharfkantig, ohne unsere umgelenkten und ausgetrockneten Quellen allerdings, und in der unbarmherzigen Glut einer sengenden Sonne sehnten wir uns nach Regen. Somit war unsere Weichheit verdorrt, und wir ersetzten Mitgefühl durch kompromißlose Leidenschaft.

Unsere Bäuerinnen pflegten zu sticken, nicht aus nationalistischem Antrieb, sondern als greifbare Preisung der Farben und der Formen. Wir pflegten hingebungsvoll den *Dabke* als den Fruchtbarkeitsritus zu tanzen, der er sein durfte, und nicht als willentliche Äußerung einer folkloristischen Erneuerung. Unsere damals frivolen und heute verbotenen Liebeslieder brauchten keine politische Lehrhaftigkeit zu beanspruchen. Lachen war damals erlaubt, es kam unzensiert und ohne Verlegenheit tief aus uns heraus, ungehindert von Schmerz oder der Schicklichkeit der Beraubten. Wir feierten Hochzeiten und klagten vorbehaltlos, bevor die Schuld unsere Sinnlichkeit blockierte und die Scham uns zum Schweigen brachte. Einst zitterten und erbebten unsere Kinder in Vorfreude und Entdeckungslust, bevor sie die Instrumente der Gerechtigkeit ergriffen und in Gegenwart des Todes selbstgerecht wurden.

Ich wollte nicht nur Anspruch auf ein verlorenes Land erheben, sondern auch auf ein verlorenes Leben. Wir mußten Anspruch auf unsere Seele erheben. Wie könnten wir sonst der Gewalt und dem Abschlachten Unschuldiger ein Ende setzen, Unterdrücker und Unterdrückte gleichermaßen heilen und aufhören, unsere Vergehen und Freveltaten als vernunftwidrig abzulehnen? Sich selbst zugefügte Wunden konnten mehr schmerzen als diejenigen durch ein empörendes Schicksal. Wir schuldeten uns selbst Vergebung, bevor wir anderen vergaben. Das war die eigentliche Mission unserer im Kreis verlaufenden Büßerreise.

11

Drei Tage und drei Nächte waren wir in ständiger Alarmbereitschaft und warteten auf die Entscheidung der PLO über die Teilnahme der palästinensischen Seite an den multilateralen Verhandlungen, die am 28. Januar in Moskau geführt werden sollten. Das Führungskomitee beriet in meinem Wohnzimmer, während wir in ständigem Telefonkontakt mit Tunis standen. Obwohl wir es gewesen waren, die auf einer Beteiligung der Palästinenser an den Gesprächen und auf einer gleichberechtigten Position in den Verhandlungen bestanden hatten, hatte sich das Gewicht mit der Entscheidung gegen eine Teilnahme seitens Jordaniens und folglich des Libanons verschoben. Die Entscheidung des Libanons war direkt mit der Syriens verknüpft. Die bilateralen palästinensisch-israelischen und arabisch-israelischen Gespräche sollten die politische Grundlage für eine Lösung des Konflikts liefern, während die multilateralen Gespräche (die ursprünglich über dreißig Länder betrafen, deren Anzahl noch ständig zunahm) die Anreize für eine regionale Beteiligung und Entwicklung beisteuern sollten, damit auf regionaler Basis die Zusammenarbeit und der Aufschwung zugunsten des Friedens ermöglicht wurden. Man erkannte folgendes: Wenn Israel bei den bilateralen Gesprächen hauptsächlich auf der Grundlage der berühmten Formel »Land für Frieden« etwas geben würde, dann würde es bei den multilateralen Gesprächen etwas erhalten. Es bekäme vor allem regionale Akzeptanz und internationale Anerkennung sowie die Belohnung für ein Teilen des Wirtschaftskuchens (diplomatische Beziehungen und Anerkennung durch Länder, mit denen vorher nichts dergleichen bestanden hatte, sowie umfassende Entwicklungsprogramme für die gesamte Region, von denen auch Israel profitieren würde). Das syrische Lager argumentierte, daß die multilateralen Gespräche einer verfrühten »Normalisierung« gleichkämen, die nicht betrieben werden sollte, bevor Israel nicht seine politischen Schulden in den bilateralen Gesprächen beglichen hätte. Die Jordanier sahen die multilateralen Gespräche als Ansporn für die schwierigen bilateralen Gespräche in der Erwartung der Früchte des Friedens an. Unsere Meinung lag irgendwo dazwischen. Eine politische und wirtschaftliche »Normalisierung« vor Durchsetzung unserer Ziele würde unsere Verhandlungsposition empfindlich schwächen. Aber eine Nichtteilnahme an dem internationalen Unterfangen der Neuordnung der Region würde unseren Ausschluß besiegeln und unsere Möglichkeiten für den Anspruch auf einen gleichberechtigten Status verringern. Wir waren uns alle darüber einig, daß ein Fortschritt bei den multilateralen Gesprächen erst dann möglich war, wenn konkrete Ergebnisse aus den bilateralen Verhandlungen vorlagen.

Wir begannen mit dem Countdown. Abu Ammar, dem Faisal später folgte, war zu einem Treffen der arabischen Staaten, die ihn nicht vom Haken lassen wollten, nach Marokko gereist. Kaddoumi schloß sich der syrischen Position an. Abu Mazen stand voll hinter einer Beteiligung. Am 27. Januar um 1.45 Uhr klingelte das Telefon mit nervtötender Hartnäckigkeit.

»Rate mal!« sagte Amjad, der Kontaktmann auf Zypern.

»Ich weiß es, und ich werde nicht fahren«, erwiderte ich.

»A*l-Waled*, der Vater, will, daß du die folgenden Leute anrufst und sie bittest, heute morgen als erstes nach Amman zu fahren.«

»Ich rufe überhaupt niemanden an. Ich gehe wieder schlafen. Die anderen können dann dich anbrüllen, nicht mich.«

»Aber hier geht es um etwas anderes. Die Delegation wird aus Jerusalemern und im Ausland lebenden Palästinensern bestehen. Wir brauchen dich, um das Führungskomitee zu informieren und Zakariyya, Saeb, Zahira und Ghassan startbereit zu machen. Ihr werdet über die Brücke nach Amman fahren, wo Anis Fawzi Kassem [ein Rechtsberater der Delegation] zu euch stößt, und dann ein Charterflugzeug nach Moskau nehmen.«

»Wir sind nicht fertig. Sag Abu Ammar, daß wir kein Gepäck sind, das je nach Laune hierhin und dorthin verfrachtet wird. Bringt erst eure eigenen Angelegenheiten in Ordnung.«

»Ich weiß, ich bin ganz deiner Meinung. Das kannst du ihm später selbst sagen, aber jetzt liegt eine dringende Aufgabe vor uns.«

»Wie sollen wir denn ohne Strategie, ohne Rede, ohne offizielle Stellungnahme dahin fahren? Die Frage, ob wir gehen oder nicht, verbraucht all unsere Energie und Zeit, und wenn wir letztendlich dort sind, wissen wir nicht, was wir tun oder sagen sollen.«

»Mach dir keine Sorgen. Du schreibst die Rede und die Stellungnahmen im Flugzeug. Du kriegst das schon hin, du hast das schon öfter gemacht.«

»Bitte sehr, nehmt meine Zustimmung einfach als selbstverständlich an! Vielleicht wäre es das Beste, wenn ihr nicht immer jemanden hättet, der euch aus der Klemme hilft. Vielleicht trefft ihr dann eure Entscheidungen einmal anders.«

»Mag sein, daß du recht hast. Aber gerade jetzt steht unsere Teilnahme an den multilateralen Gesprächen auf dem Spiel. Akram, Yasser Abd Rabbo, Suleiman al-Najjab, Nabil Amr und andere offizielle PLO-Vertreter treffen mit euch in Moskau zusammen. Dort gibt es keine Visa-Probleme.«

»Gerade das könnte ein Problem sein. Auf alle Fälle werde ich niemanden benachrichtigen. Du rufst sie an, und ich mache mich fertig. Wer braucht schon Schlaf!«

»Ich rufe Saeb an und melde mich später wieder bei dir.«

»Ich brauche Penny und Suhair. Wenn wir die Arbeit eines Monats über Nacht bewältigen sollen, brauchen wir ein gutes Team.«

»Es gibt nur begrenzt Platz im Flugzeug. Versuche, ob du das mit Akram und dem Alten klären kannst.«

Ich wartete bis 5.00 Uhr morgens und rief dann Penny an, um ihr zu sagen, daß sie weniger als zwei Stunden Zeit hätte, sich und ihr Gepäck zu sammeln, um für einige Tage nach Moskau zu fliegen. Noch vor 7.00 Uhr war sie bei mir. Wir holten Ghassan ab (der ausdrücklich erklärte, daß seine Partei nicht teilnahm, daß er aber mitkäme, um uns bei der Pressearbeit zu helfen), danach Zahira und trafen uns dann mit Saeb in Jericho. Wir fuhren über die Brücke und stießen bei der palästinensischen Botschaft in Amman zu den anderen. Am Flughafen deutete der palästinensische Botschafter Tayyeb auf ein Flugzeug am Rande der Startbahn, das wie ein Spielzeug aussah, und meinte, dies sei unseres.

Zwischen Ungläubigkeit und Schrecken hin- und hergerissen, versuchten wir uns vorzustellen, ob es rein physisch möglich wäre, daß acht voll ausgewachsene Personen ohne nennenswerte akrobatische Fähigkeiten, jedoch mit erheblichem Gepäck in solch ein Miniflugzeug passen würden. Später erfuhren wir, daß die gecharterte Maschine für fünf Passagiere mit leichtem Gepäck gedacht war.

Halb im Scherz fragten wir, ob die PLO die perfekte Lösung für ihr Problem der Teilnehmeranzahl gefunden hätte: das Entsenden einer Delegation, die niemals ankommen sollte. Wir stellten uns Suchtrupps in den Alpen vor, die verzweifelt nach der vermißten palästinensischen Delegation suchten. Wir konnten in Gedanken Mitglieder des Exekutiv-Komitees tief bekümmert die Köpfe schütteln sehen. »Ein tragischer Verlust«, war das Mindeste, was wir an Anerkennung erwarten konnten. Verwegen und etwas selbstmörderisch verrenkten, verdrehten und zwängten wir uns in das Flugzeug, nur um festzustellen, daß unser Gepäck in und vor der Toilette aufgetürmt war. Wir wußten, daß es schwierig werden würde, wieder einmal würden wir uns alles verkneifen müssen. Aber unsere Entschlossenheit kam nicht ins Wanken. Saeb und Zakariyya, die schwereren aus unserer Gruppe, beanspruchten die beiden einzigen Sessel, und wir baten sie inständig, sich nicht zu bewegen, vor allem nicht bei Turbulenzen. Anis und ich saßen auf einem Arbeitssitz einander gegenüber und durch ein winziges Tablett voneinander getrennt, wir hatten jedoch keinerlei Beinfreiheit. Zahira, Ghassan, Penny und Suhair saßen auf einer schmalen Bank, die normalerweise für die Stewardessen gedacht war. Sie rutschten und glitten buchstäblich ihren Weg nach Moskau dahin. Die erschrockene Stewardeß konnte sich weder bewegen noch sitzen, so blieb sie die gesamte Zeit über im Cockpit und rief der Gruppe auf der Bank Anweisungen zu, wie sie den Kühlbehälter finden und somit an die Imbisse und Getränke kommen könnten. Als das Flugzeug tapfer zu starten versuchte, bemühten wir uns nach besten Kräften, unbekümmert auszusehen, Penny flüsterte jedoch: »Seid ihr sicher, daß dieses Ding fliegen soll?«

Es flog, aber wir mußten in Ankara auf einem eingeschneiten Flugplatz zwischenlanden. Nachdem wir nach einem wilden Ansturm auf die Toiletten wieder auftauchten, sah ich verwundert eine lange Reihe von Offizieren der US-Air Force auf uns warten. Sie hatten mich im Fernsehen gesehen und wollten die Gelegenheit nutzen, uns zu begrüßen und Glück zu wünschen! Sie müssen über das plötzliche Auftauchen der palästinensischen Delegation an diesem unvermuteten Ort genauso erstaunt gewesen sein wie wir über das amerikanische Empfangskomitee. Die türkischen Offiziere, die keinerlei offizielle Mitteilung über unseren unerwarteten Besuch erhalten hatten, waren am meisten überrascht. Aber es gelang ihnen irgendwie elegant, zwei hochrangige Offiziere zu unserem Empfang aufzutreiben. Wir schafften es wieder, uns im Flugzeug zu stapeln, und sobald ich mich hingesetzt hatte, sagte Penny: »schreib«, und ich schrieb.

Hätte ich absichtlich eine Situation heraufbeschwören müssen, die ernsthaften Schreibarbeiten überhaupt nicht förderlich war – ich hätte nichts Besseres finden können. Doch irgendwie, sobald ich mich auf die Reise in die Welt der Wörter einließ, wich meine Umgebung zurück, und an ihre Stelle trat ein Universum, in dem der Zauber der Sprache herrschte.

Schon als kleines Kind war ich von Worten fasziniert. Als jüngstes von fünf Mädchen mußte ich mitansehen, wie meine älteren Schwestern ein Wort erschlossen, das mir noch verschlossen blieb. Mit drei Jahren stellte ich meiner Mutter ein Ultimatum: Entweder sie schenkte mir einen kleinen Bruder, oder sie schickte mich mit meinen Schwestern zur Schule.

»Warum das?« fragte sie.

»Meine Kusine Maha hat einen kleinen Bruder, und meine Schwestern gehen zur Schule«, erwiderte ich. »Eins von beiden muß sein.«

»Du bist noch zu klein für die Schule. Sie nehmen keine Dreijährigen auf. Und Maha hat inständig um ihren kleinen Bruder gebetet.«

»Ich kann auch beten«, verkündete ich selbstbewußt und kniete nieder, um auf der Stelle zu beten. Aber es erschien kein kleiner Bruder.

»Du mußt Geduld haben«, erklärte meine Mutter. »Maha hat neun Monate lang gebetet, bevor ihr Bruder geboren wurde.«

»Dann mußt du mich in die Schule schicken.«

Als Kompromiß erklärte sich meine Schwester Abla bereit, mir etwas beizubringen. Ich weiß noch, wie wir auf dem Sims des zurückgesetzten Bogenfensters in unserem alten Haus saßen und in das Entschlüsseln des Geheimnisses der Bücher vertieft waren. Bei mir war es eine Liebe auf den ersten Blick. Ich wußte, daß ich das Rätsel gelöst hatte, und wurde in das Geheimnis der Sprache eingeweiht. Ich erkannte, daß es mich mein Leben lang gefangenhalten würde. Mit nicht einmal vier Jahren wurde ich in die Vorschule aufgenommen, und als meine Lehrer merkten, daß ich sowohl Arabisch als auch Englisch lesen und schreiben konnte, förderten sie mich unermüdlich. In den Lesestunden gab unsere Lehrerin Bilderbücher aus, die wir still lesen sollten. Ich verschlang eines nach dem anderen und holte mir neue. Irgendwann sah mich die Lehrerin spöttisch an und meinte, die Bücher seien zum Lesen da, und ich sollte nicht nur die Bilder anschauen. »Aber ich habe sie gelesen«, protestierte ich. »Lüg mich nicht an«, sagte sie streng. »Du kannst sie nicht alle in so kurzer Zeit gelesen haben.« Ich war am Boden zerstört. Zum ersten Mal in meinem Leben bezichtigte man mich einer Lüge. Es war ein Schock, daß man mir nicht glaubte, weil ich die reine Wahrheit gesagt hatte. Doch wichtiger war: Ich lernte, daß in dieser neuen Welt Leistung ein zweischneidiges Schwert sein konnte. Ich begriff, daß es notwendig ist, Verteidigungsstrategien aufzubauen und nicht aufzufallen. Während meiner gesamten Schulzeit untertrieb ich mit meinen Noten. Die Diskriminierung wegen Erfolg war noch beißender als die Schande wegen Versagen. Mein Vater warnte mich: »Sehr wenige Menschen vertragen es, wenn sie im Vergleich herabgesetzt werden. Du darfst es auf keinen Fall persönlich nehmen.« Dann sagte er mir, daß er bei dem Büchergeschäft, an dem wir jeden Tag auf dem Schulweg vorbeikamen, ein Konto für uns eröffnet habe. »Von Büchern kannst du nie genug haben. Da gibt es keine Beschränkung.«

Mit acht Jahren begann ich meine ersten schriftstellerischen Versuche. Mein Vater sagte zu mir: »Nimm stets ein Notizbuch mit. Schreibe alles auf, was du liest oder hörst und was dich besonders interessiert. Aber du mußt auch alle Beobachtungen oder Gedanken zu Papier bringen. Das werden deine eigenen Aufzeichnungen, und du wirst Gelegenheit haben, oft darauf zurückzukommen.« Ich führte dieses Notizbuch, und mein Vater nahm sich die Zeit, es zu lesen und zu kommentieren. Besonders mochte er eine Kurzgeschichte über einen Landstreicher. »Die Geschichte zeugt in Sprache und Inhalt von Sensibilität und Gefühl«, sagte er mir. Das war meine erste Kritik. Obwohl ich mich heftig bemühte, ihm diesen Gefallen zu erwidern, indem ich kritisch den Reden zuhörte, die er und seine politischen Freunde vom Balkon aus hielten, gelang mir dies nicht. Zu sehr war ich wie der Rest der Menge von der Musik, der ergreifenden Rhetorik, der Bedeutung des Augenblicks und der in der Luft liegenden Spannung gepackt, um objektive Distanz zu wahren. Darüber hinaus ließ der Stolz einer Achtjährigen auf ihren Vater nicht viel Raum für Worte.

Im Flugzeug nach Moskau wie auch in dem engen Hotelzimmer in Madrid und in unseren Jerusalemer Versammlungsräumen war die Sprache, mit der ich mich herumschlug, die Literatur der Politik und die Politik der Menschheit. Meine palästinensische Sichtweise formte meine Sprache, wurde jedoch von Gefühlen geleitet, die die ganze Welt umfaßten.

Nach einer heiklen Landung auf der vereisten Landebahn des Moskauer Flughafens stolperte eine aufgelöste und erschöpfte Gruppe von Palästinensern auf die Rollbahn. Die Russen bestanden darauf, daß ich in die offizielle Limousine stieg und mich zum Hotel eskortieren ließ. Mit heulenden Sirenen und aufgeblendeten Scheinwerfern kamen wir bei dem riesigen Hotel an, das den Amerikanern gehörte und von ihnen geführt wurde. Vom Toilettenpapier bis zur Speisekarte bestand alles aus bekannten amerikanischen Marken. Suleiman al-Najjab und Yasser Abd Rabbo vom Exekutiv-Komitee sowie Akram Haniyyeh und mehrere Botschafter und offizielle Vertreter der PLO erwarteten uns. Keiner hatte eine offizielle Eskorte bekommen. Sie witzelten mit Abu Ammar, daß sie ihre Terminpläne mit meinem abstimmen mußten, um die Wagenkolonne benutzen und damit herumfahren zu können. In einem Telefonat fragte er mich, ob dies wahr sei. »Natürlich«, sagte ich. »Diese Russen sind sehr gewitzt. Normalerweise sind Eskorten und Sicherheit dazu da, die Regierung vor dem Volk zu schützen. In diesem Fall haben sie einen kurzen Blick auf die Mitglieder des Komitees geworfen und beschlossen, das Volk vor einer solchen Regierung zu schützen. Und ich war das einzige Volk.« Er lachte, und dies blieb einer unserer persönlichen Scherze.

Vom Hotel aus gingen wir zu verschiedenen Treffen. Außenminister Baker informierte uns fast gleich bei unserem Eintreffen, daß unsere Delegation inakzeptabel sei.

»Sie haben uns eine Liste vorgelegt, auf der hauptsächlich Palästinenser aus Jerusalem und von außerhalb der besetzten Gebiete stehen. Dies verstößt gegen die Regeln. Ich fürchte, wir können diese Delegation nicht akkreditieren«, sagte er und tat, als hätten wir ein Verbrechen begangen.

»Es gibt keine Regeln für die Zusammensetzung unserer Delegation außer der Bestimmung, daß nur die Palästinenser die Mitglieder ihrer Delegation auswählen dürfen, und wir haben ausgewählt«, erwiderte ich.

»Aber Sie wissen sehr gut, daß keine Seite gezwungen werden soll, mit jemandem zusammenzusitzen, mit dem sie nicht zusammensitzen will, und die Israelis würden keinen Jerusalemer und keinen Palästinenser aus dem Ausland akzeptieren.«

»Dann lassen Sie die Israelis einen Walk-out machen! Wir haben versucht, in den bilateralen Gesprächen entgegenkommend zu sein, weil es sich nur um die beiden Seiten allein handelte. Aber jetzt nehmen über vierzig Länder an den multilateralen Gesprächen teil, und kein einziges Land, einschließlich der Vereinigten Staaten, stellt dieselben Bedingungen wie Israel. Wollen Sie die israelischen Vorschriften der ganzen Welt aufzwingen?«

»Wir können uns keinen Walk-out der Israelis leisten. Sie haben drei geeignete Leute – Zakariyya, Saeb und Ghassan. Wir werden diese drei akkreditieren, und damit können Sie teilnehmen.«

»Das ist für uns inakzeptabel. Wenn Sie die israelischen Beschränkungen auf die multilateralen Gespräche ausdehnen, halten Sie Ihr Versprechen nicht ein. Sie haben gesagt, die Bedingungen für eine palästinensische Beteiligung würden sich ändern, wenn wir mit der Erörterung regionaler Fragen beginnen. Sie bringen uns dadurch nicht nur in eine nachteilige Position, sondern Sie geben Israel auch den Vorteil, für die ganze Welt festzulegen, wie mit den Palästinensern umgegangen werden sollte. Für uns ist dies eine gefährliche Vorbedingung.«

»Das ist nur vorübergehend. Die Dinge werden sich ändern. Die Teilnahme an den multilateralen Gesprächen dient Ihrem Vorteil, und die einzige Möglichkeit hier ist die Entsendung nur dieser drei Leute. Weder Sie noch Faisal, noch die Palästinenser aus dem Ausland dürfen zur Delegation gehören.«

»Unsere Delegation besteht aus acht Palästinensern, und niemand sollte die Delegationsmitglieder überprüfen oder ablehnen. Entweder nehmen wir alle teil oder keiner.«

»Dann eben keiner.«

Zu ähnlichen Gesprächen kam es in den Zusammenkünften mit den Europäern, die sich um eine Kompromißlösung bemühten. Die arabischen Außenminister boten moralische Unterstützung an, aber handeln wollten sie nicht. Sie wollten teilnehmen, aber sie wollten auch die Zusicherung, daß wir sie dafür nicht öffentlich angriffen. Wir würden keinen Rückzieher machen. Nach einem Treffen der Palästinenser zur Vorbereitung der Eröffnungszeremonie kamen wir um 3.00 Uhr morgens wieder ins Hotel zurück. Ich mußte immer noch die endgültige Rede abfassen sowie die offizielle Stellungnahme und die Pressemitteilung vorbereiten. Penny blieb mit mir wach und arbeitete wie besessen an ihrem Laptop. Um 7.00 Uhr kam Akram herein und erwischte mich dösend im Sessel. »Ertappt beim Schlafen!« rief er aus. »Paß auf, sonst wird das noch zu einer Gewohnheit. Bevor du dich versiehst, könntest du jede Nacht schlafen wollen!«

Das russische Außenministerium rief um 8.00 Uhr an und teilte uns mit, daß wir nur noch zwei Stunden Zeit hätten, um die Namen der drei zu akkreditierenden Delegierten einzureichen. Wir erwiderten, daß wir zu acht seien, und gaben alle Namen an: »Alles oder nichts, und das ist kein Bluff.«

»Planen Sie eine Pressekonferenz?«

»Selbstverständlich.«

»Sie brauchen die Akkreditierung als offizielle Delegation, um diese Einrichtungen nutzen zu können.«

»Dann geben Sie uns die erforderliche Akkreditierung, und alles ist in Ordnung.«

»Das können wir nicht. Die Amerikaner haben uns nur drei Namen mitgeteilt, und Ihrer ist nicht darunter.« Mein Gesprächspartner klang langsam frustriert.

»Dann halten wir unsere Pressekonferenz im Hotel ab. Geben Sie mir Außenminister Kosyrew, oder sagen Sie es ihm selbst.«

Suhair und einige unserer freiwilligen Mitarbeiter für die Pressearbeit informierten das Hotel, begannen, einfache Plakate von Hand zu malen und Mitteilungen auszugeben, um die Presse zu unserem neuen Veranstaltungsort zu führen. Die fiebernde Erregung erinnerte uns an Madrid; einmal mehr wurden wir geprüft.

Eine Stunde später rief der stellvertretende Außenminister an und verkündete: »Wir haben vereinbart, Ihnen Presseausweise zu geben, somit können Sie Ihre Pressekonferenz im Ministerium abhalten.«

»Nein danke«, erwiderte ich. »Das kennen wir bereits. Es hat in Madrid nicht funktioniert, und es wird auch hier nicht funktionieren. Wir machen nach Plan weiter, und ich möchte keinerlei Akkreditierung von Ihnen.«

»Das können Sie nicht tun. Die Presse ruft bereits an und stellt Fragen über den Grund Ihres ungewöhnlichen Treffpunktes. Sie haben bereits ziemliches Aufsehen erregt.«

»Das ist mir egal. Wenn die Reporter zur Pressekonferenz kommen, werde ich erklären, warum wir auf derartige Treffpunkte und Mittel zurückgreifen mußten. Anscheinend haben die Russen Probleme damit, selbst zu entscheiden, wen sie akkreditieren und wen sie im Außenministerium zulassen. Ich dachte, Sie seien ein souveräner Staat.«

Sein Rückruf ließ nur fünf Minuten auf sich warten.

»Sie sind für Ihre Pressekonferenz im Ministerium mehr als willkommen. Wir geben einen hochoffiziellen Empfang für Sie, und alle Einrichtungen stehen zu Ihrer Verfügung. Teilen Sie mir nur die Namen der Delegationsmitglieder mit, die mit Ihnen erscheinen werden. Wir erwarten Sie bis 13.00 Uhr.«

Ob nun die Russen ihre Unabhängigkeit ausgerufen oder die Amerikaner ihnen grünes Licht gegeben hatten, wurde nie verraten.

Die gesamte Delegation betrat das Pressezentrum des Außenministeriums. Munter, obwohl wir die letzten beiden Nächte kaum geschlafen hatten, und mit der Zuversicht derer, die im vollen Recht waren, stiegen Suhair und ich auf das Podium. Als Suhair mich vorstellte, blickte ich in die vielen Gesichter vor mir und fühlte mich wohl. Ich hatte keine Angst vor der Presse und nie Lampenfieber. Die Presse war hinter der Wahrheit her, und die Wahrheit war meine Verbündete. Die Sache der Presse war die Herausforderung, die meine, sie anzunehmen. In gewisser Hinsicht war dies eine perfekte Beziehung. Beim letzten Briefing in Madrid hatte ich mit den Worten geendet: »Sie haben mir und dem palästinensischen Volk fair zugehört, und dafür bin ich zutiefst dankbar.« Sie hatten mir stehend applaudiert.

Nun blickten die Reporter erwartungsvoll herauf. »Wir kamen und klopften an die Tür, aber wir wurden abgewiesen. Bei dieser Versammlung der Nationen scheint es keinen Platz für ein Volk zu geben, das nicht in die vorgegebene Form paßt. Wir sind bereit, aber die Welt ist auf uns nicht vorbereitet. Israel darf nicht gestattet werden, weiterhin für uns und für die Welt zu entscheiden, wer in der palästinensischen Delegation sein sollte. Wir haben uns willentlich dem Frieden verschrieben, aber wir sind nicht bereit, unseren Willen in dem Prozeß aufzugeben.« Wir verteilten Kopien der Pressemitteilung und der Rede, »die wir gehalten hätten, wenn wir zugelassen wären«.

Niemand vermutete auch nur im entferntesten, daß unsere Arbeit auf den letzten Drücker fertiggeworden war. Ein Reporter sagte mir doch tatsächlich: »Es ist beachtlich, wie die Palästinenser immer pünktlich und bestens vorbereitet sind.« Die Israelis hatten ein Vorab-Team mit unzähligen Profis geschickt, um zu vermeiden, daß sie noch einmal so eine Schlappe erlitten wie in Madrid. Aus jener Runde waren sie klar als Verlierer hervorgegangen, ihre aggressive Haltung und ihr riesiges Team hatten ihnen bei der Presse Minuspunkte eingebracht. Mit zwei Freiwilligen gelang es uns, ihnen erneut den Wind aus den Segeln zu nehmen. Benachteiligt, herausfordernd und unberechenbar, waren wir die Außenseiter, die gegen die Regeln verstießen und damit durchkamen.

Bei unseren Treffen mit den Amerikanern in Moskau erreichten wir die Zustimmung der USA dazu, in mindestens zwei Arbeitsgruppen Palästinenser aus dem Ausland zuzulassen. Wir erhielten auch Zusagen hinsichtlich der Flüchtlinge und der wirtschaftlichen Entwicklung. Es gelang uns allerdings nicht, eine Zusage für die beiden Arbeitsgruppen über Menschenrechte und Jerusalem, die wir vorgeschlagen hatten, zu erhalten (und auf die wir weiterhin drängten). Israel erhob gegen beides Einwände, und für viele Länder in und außerhalb dieser Region waren die Menschenrechte ein heikles Thema. Moskau hatte uns nicht nur ein öffentliches Forum verschafft, sondern auch Gelegenheit gegeben, mit Vertretern zahlreicher Regierungen zusammenzutreffen und zu sprechen. Während ich von einem Termin zum nächsten hetzte, versuchte ich kurze Eindrücke von der Stadt zu erhaschen.

Für mich waren die Russen ebenfalls ein Volk mit tragischem Einschlag. Schrecken und Drama ihrer Literatur und ihres Daseins durchtränkten sogar den Alltag. Doch als ich durch Moskaus Straßen fuhr und später lange Spaziergänge über den Roten Platz und die Straßenmärkte machte, frappierte mich die träge Lethargie, die die Füße der Menschen schleppend machte und ihre Schultern herunterhängen ließ. Ein Schock schien ihre Lebendigkeit und ihre Farben geraubt zu haben. Weder Dostojewski noch Tolstoi hatten mich auf die Unbeweglichkeit der langen Menschenschlangen vorbereitet, die in hoffnungsloser Vorahnung erstarrt waren, oder auch auf das teilnahmslose, ziellose Schlurfen der Fußgänger, die nirgendwohin gehen konnten und es dorthin auch nicht eilig hatten. Ich fragte mich, was geschehen würde, wenn die Auswirkungen der Erstarrung nachließen. Wenn der heroische Drang nach Rebellion die russische Seele einmal mehr ergriff, welche Form oder Gestalt würde diese dann annehmen und wen würde sie zu ihrem Gegner erklären?

Als ich durch die eisigen, in Nebel gehüllten Straßen Moskaus wanderte, verfolgte mich auch eine phantastische Vorstellung von dieser Stadt, die ich als Kind hatte. Die in meiner Familie erzählte Geschichte vom Heiligen Nikolaus begann mit meinem großen

Onkel Nikolaus (*Ammi Nqula*), der jedes Weihnachtsfest beladen mit Geschenken und guter Laune in unser Wohnzimmer schnaufte. Er stampfte mit den Füßen und hauchte sich in die Hände, um sie zu wärmen, rief aus, er sei müde und schier erfroren, da er den ganzen langen Weg aus dem vereisten Land von *Mascobia* mühsam gekommen sei, nur um uns unsere Weihnachtsgeschenke zu bringen. Wir drängten zu ihm und tanzten um ihn herum, bevor wir uns auf seinen Knien und um ihn herum niedersetzten, um Weihnachtslieder zu singen und ihn mit Fragen über *Mascobia* zu bombardieren. Im reifen und friedvollen Alter von einhundertsechs Jahren und mit dem Beschluß, er habe lange genug gelebt, blieb *Ammi Nqula* in seinem Bett und starb im Schlaf. Mein Vater und Onkel Jad vertraten ihn abwechselnd als Heiligen Nikolaus aus *Mascobia*. So hielten sie die Tradition aufrecht, ein magisches Phantasiegebilde über diese vereiste und verzauberte Welt zu erfinden, die solche warmherzigen, großzügigen und humorvollen Wunder wie den Sankt Nikolaus hervorbrachte. Nun durchforstete ich mit den Augen des Kindes von einst die Straßen des heutigen *Mascobia* und versuchte, das verlorene Bild und die verlorene Erfahrung meiner Unwissenheit wieder einzufangen. Hatte ich schließlich die Heimat all dieser guten Menschen erreicht, die jedes Weihnachten in fieberhafter Aktivität auferstanden, nur um Kindern auf der ganzen realen Welt Freude und Geschenke zu bringen? Würde es mir gelingen, die Hände auszustrecken und den Schleier vom Gesicht dieses Moskaus zu reißen? Würde ich das wiederentdecken, was ich bisher als das eigentliche Gesicht von *Mascobia* gekannt hatte? Der Schmerz über Moskaus Verwandlung berührte einen empfindlichen Nerv in meinem eigenen, unersetzlichen Verlust meiner Kindheit. War es das, was den Palästinensern bevorstand?

In Tunis hatte die Führung das Gefühl, daß die Ambivalenz der Antwort »Jein« auf die Frage der Beteiligung sowohl für die Befürworter als auch für die Gegner die Lage gerettet hatte. Abu Mazen jedoch war aus Protest über unsere Pseudobeteiligung in eine seiner Phasen des Ärgerns und Rückzugs verfallen. Er sagte, daß die politisch vernünftige Entscheidung ein klares Ja gewesen wäre, da wir von Anfang an zugestimmt bzw. darauf gedrängt hatten, an den multilateralen Gesprächen teilzunehmen. In der für ihn typischen Weise unterstrich Abu Ammar bei den Gegnern das Negative und bei den Befürwortern das Positive, und es gelang ihm, sich aus einer heiklen Lage zwischen zwei Polen zu befreien. Daß er so handeln würde, wußten wir in dem Augenblick, als er uns bat, Teilnehmer für die verschiedenen Arbeitsgruppen vorzuschlagen.

Nach der ganzen Korridor-Diplomatie in Washington schien es, daß wir auch eine separate Schiene für die bilateralen palästinensisch-israelischen Gespräche gesichert hatten. Im Januar 1992 kehrten wir nach Washington zurück, um eine Reihe von Verhandlungssitzungen mit der sprunghaften Likud-Delegation zu führen, allerdings völlig ergebnislos. Wir fanden keinerlei gemeinsame Basis. Die Israelis konterten unseren Vorschlag für den PISGA mit ihrer Version von dem allgemeinen Konzept mit dem Titel: »Gedanken zu einer friedlichen Koexistenz in den Gebieten während der Übergangsphase« und einem »informellen Entwurf für ein gemeinsames Programm« (denn das Wort »palästinensisch« war tabu). Wir legten einen »Erweiterten Entwurf« vor und schlugen als Teil eines vollständigen Zeitplans allgemeine Wahlen in Palästina unter internationaler Aufsicht vor. Die israelische Delegation bot uns Kommunalwahlen und die Verwaltung unserer Schulen und Krankenhäuser an. Während die Welt dieser plötzlichen Großzügigkeit applaudierte, konnten wir nur erklären, daß wir unsere Gesundheits- und Erziehungseinrichtungen bereits selbst führten. Wir mußten auch darlegen, daß uns Israel ja seit 1976 die Abhaltung von Kommunalwahlen verweigert hatte, als von der PLO unterstützte Kandidaten überwältigende Wahlsiege errungen hatten. Für uns war das Schicksal der gewählten Stadträte und Bürgermeister eine Lehrbuchlektion in israelischer Demokratie geworden: Eine israelische terroristische Siedlerorganisation versuchte, drei Bürgermeister durch Bombenattentate in ihren Autos und Garagen zu töten; zwei von ihnen wurden verstümmelt. Zwei andere wurden von den israelischen Behörden deportiert. Die gewählten Kommunalräte wurden aufgelöst und durch von Israel ernannte Personen ersetzt. Die israelischen Terroristen wurden unter bedingter Aussetzung ihrer Strafe entlassen und später begnadigt.

Unser täglicher Lagebericht zu den Menschenrechten wurde fortgesetzt, die Israelis weigerten sich immer noch, ihn in schriftlicher Form entgegenzunehmen. So griffen wir darauf zurück, ihnen zu Beginn jeder Sitzung sowie am Anfang jedes Treffens mit der Presse den Text vorzulesen. Die israelische Delegation versuchte hartnäckig, unsere Delegation als Bittsteller hinzustellen, die für Einzelfälle Fürbitte einlegten, während wir dagegenhielten, daß wir nur Kategorien und Themen auf der Grundlage der Vierten Genfer Konvention behandelten. In der Zwischenzeit ließen wir den Strom von politischen Stellungnahmen an die israelische und die amerikanische Seite nicht versiegen. Sie behandelten Fragen wie Siedlungspolitik und Beschlagnahmung von Land, Deportationen, Folter und Mißhandlung von Häftlingen, administrative Strafen, die de jure-Anwendbarkeit der Vierten Genfer Konvention und der Haager Bestimmungen, verschiedene Formen der Bestrafung, Schnellverfahren, die Aktivitäten der getarnten Einheiten (Todeskommandos) sowie konkrete Vorschläge und Pläne für die Durchführung. Sie blieben unbeachtet.

Somit wurden die ersten fünf Washingtoner Runden zu einer Schlacht um »Engagement«. Wie verzweifelt wir auch versuchten, die Israelis zu einem »Engagement« in wesentlichen Fragen zu bewegen: sie blieben ausweichend. Wir beschlossen, unsere Vorschläge in rechtlichen Segmenten erneut vorzulegen. Diese befaßten sich mit spezifischen israelischen Militärbefehlen in den vier Bereichen Landeintragung, Städte- und Gemeindeplanung, Wasserbehörde und Zugang zu öffentlichen Informationen. Es führte zu nichts. Statt dessen tadelte uns das State Department für das Patt mit der Behauptung, unsere »Unerfahrenheit« bei Verhandlungen und unsere Unfähigkeit bzw. Unwilligkeit, spezifische, konkrete Fragen statt Grundsätze zu behandeln, sei Ursache für die festgefahrenen Gespräche. »Die Israelis haben keinerlei Absicht, sich zu engagieren oder zu verhandeln«, protestierten wir. »Es ist Zeit, daß die Schirmherren endlich beteiligt werden, damit die Gespräche zum Laufen kommen und etwas Dynamik erhalten.« Die Antwort war ein kategorisches Nein. Wir waren dafür verantwortlich, daß die Gespräche sich bewegten, und die Amerikaner würden weder in die Gespräche eingreifen noch irgendwelchen Druck auf die Israelis ausüben.

Diese Nichteinmischungspolitik der USA und ihre automatische pro-israelische Haltung schürten die Flammen der palästinensischen Empörung und führten direkt, wenn auch schrittweise, zu den geheimen direkten Gesprächen zwischen der PLO und der israelischen Regierung. Diese Gespräche hatten Ende 1992 begonnen, aber erst im Sommer 1993 nahmen sie ernsthaften Charakter an. Obwohl ich geholfen hatte, verschiedene Hintergrundgespräche zwischen den Israelis und der PLO in die Wege zu leiten, wußte ich nicht, welche davon zu etwas führten und welche nicht. Die ganze Zeit über nahm ich weiter an den offiziellen Verhandlungen teil, wobei mir völlig bewußt war, daß sie zu keinem Ergebnis führen würden. Es war klar, daß ohne die PLO nichts Wesentliches geschehen konnte.

Zur selben Zeit hieß es von einem nicht genannten amerikanischen »höheren Verwaltungsbeamten«, er habe »im Nahost-Friedensprozeß eine heftige Attacke gegen die Palästinenser in die Wege geleitet«. Er beschuldigte uns mangelnder Ernsthaftigkeit und des »Posierens für die Medien«, anstatt zu verhandeln. Eine Gruppe von Reportern brachte mir das Band mit der Erklärung des anonymen Beamten, und als ich die Stimme von Ed Djerejian erkannte, ging ich auf den Kriegspfad. Ich rief ihn an und warf ihm Foul-Spiel, Parteilichkeit und irreführende Darstellung vor. Ich schickte ihm auch eine politische Stellungnahme mit Kopie an Außenminister Baker, in der ich ihn an alle unsere konkreten Vorschläge einschließlich des jüngsten zu den Wahlen erinnerte und die Richtigkeit der amerikanischen Beurteilung über Verlauf und Führung der Verhandlungen in Frage stellte. Ed versprach, die Dinge offiziell richtigzustellen.

Später einigten die Sprecherin des State Department, Margaret Tutwiller, und ich uns über den Wortlaut der Stellungnahme für die Kurzmitteilung am kommenden Tag. Darin erklärte sie, daß die inoffiziellen Kommentare eines nicht identifizierten Beamten des State Departments weder die offizielle Politik bzw. Beurteilung darstellten noch die Position von Außenminister Baker wiedergaben. Bei verschiedenen Gelegenheiten hatte sich Baker erstaunt an seine Assistenten gewandt, weil sie ihm Informationen vorenthielten. Einmal war ich nach Washington geschickt worden, um einen palästinensischen Vorschlag über Wahlen zum PNC in den besetzten Gebieten zu erörtern. Nach ausführlichen Gesprächen mit Dennis Ross, Dan Kurtzer, Aaron Miller und anderen wurde mir gesagt, daß sie sich mit Baker beraten und mich benachrichtigen würden. Bei einer späteren Sitzung in Jerusalem zeigte sich Baker über diese Idee sichtlich überrascht und fragte sein Team, warum man ihn nicht informiert habe. In einem anderen Fall hatten Faisal und ich bei einem Treffen in Moskau begonnen, die jüngsten israelischen Verstöße gegen die Menschenrechte und deren Auswirkungen auf die Glaubwürdigkeit des Friedensprozesses sowie auf die palästinensische Öffentlichkeit detailliert zu schildern. Wieder war Baker überrascht und bat uns, ihm bestätigende Berichte über diese Maßnahmen zukommen zu lassen. Wir mußten ihn daran erinnern, daß wir diese Berichte bereits geschickt, daß wir wiederholt ihre Auswirkungen auf die Gespräche aufgezeigt und um Intervention gebeten hatten. Baker war sichtlich verärgert, daß man ihn darüber im ungewissen gelassen hatte. Von da an achtete ich darauf, Baker direkt zu informieren, wann immer ich meinte, die Frage verdiene seine persönliche Aufmerksamkeit. Margaret Tutwiller bemühte sich sehr konstruktiv und aufrichtig darum, Mißverständnisse und Kommunikationslücken zu vermeiden. In Bakers Team war Margaret die einzige, die nicht in einen persönlichen politischen Machtkampf verwickelt schien oder an einem Karriereplan arbeitete, dem der Friedensprozeß dienlich sein konnte. Unsere Freundschaft gründete weiterhin auf den die Menschen betreffenden Fragen.

Schnell zeigten die Gespräche Symptome der Lähmung und Trägheit. Der israelischen Delegation fehlten Wille und Anweisungen zum wirklichen Verhandeln. Elyakim Rubinstein war eifrig damit beschäftigt, Haidar zu zermürben, und wahrte den Anschein einer Beteiligung, ohne die eigentlichen Fragen anzusprechen. Zu Hause kam es zu einer gewollten Eskalation der Verletzung von

Menschenrechten, die angesichts des Fehlens irgendeiner Verantwortlichkeit oder Intervention höchst wirkungsvoll war. Am Verhandlungstisch besprachen die Israelis lediglich das Delegieren von verwaltungstechnischen Aufgaben, statt sich mit irgendeiner tatsächlichen Übertragung von Befugnissen zu befassen. Abschweifen in Triviales und Umgehen des Wesentlichen – dies wurden die wichtigsten Schachzüge (Nicht-Züge!) in den Ausweichmanövern der Israelis.

All dies war der palästinensischen Delegation im Verlauf der Gespräche schmerzlich klargeworden; der Rest der Welt bestritt es jedoch heftig, bis Shamir im Sommer 1992 die Wahlen verlor. Danach gab Shamir zu, daß er die ganze Zeit beabsichtigt hatte, die Gespräche zehn Jahre lang hinzuziehen oder so lange, bis Israel die besetzten Gebiete mit Siedlungen okkupiert und die Gespräche irrelevant gemacht hätte. Einmal mehr mußte ich den Amerikanern und der Welt sagen: »Wartet nicht damit, uns zu glauben, bis sich erweist, daß wir recht haben; dann könnte es nämlich zu spät, und der Preis könnte zu hoch sein.«

Nach der vierten Runde in Washington wurden Nabil Schaath und ich vom früheren schwedischen Außenminister Sten Andersson und der Sozialistischen Partei nach Stockholm eingeladen (Andersson war ein enger persönlicher Freund und ein wichtiger Akteur in der palästinensisch-israelischen Friedensarena). Wir sollten mit der neuen Außenministerin Margaretha af Ugglas zusammentreffen. Damals galt nach palästinensischer Politik, daß kein Palästinenser aus dem Inland eine offizielle Einladung annahm, wenn er nicht von einem offiziellen PLO-Vertreter begleitet wurde. Wir hielten uns mehr oder weniger streng an diese Politik, teils, um die PLO auf die Bühne der internationalen Diplomatie zurückzubringen, teils, um jegliche Vorwürfe über die Schaffung einer alternativen Führung abzuwenden. Faisal litt am meisten unter dieser Einschränkung, und einem wiederkehrenden Witz zufolge hatte niemand so viele offizielle Einladungen und Treffen abgelehnt wie die Palästinenser. Faisal fügte hinzu: »Kein Wunder, daß sie gegen die Idee eines palästinensischen Staates sind. Wenn wir uns schon ohne Staat so benehmen, könnt ihr euch dann vorstellen, wie unerträglich wir erst mit einem Staat sind?« Ich sagte daraufhin: »Dann können wir uns nicht mehr leisten, so unverschämt zu sein.«

Damals war Nabil Schaath das international anerkannte Gesicht der PLO-Diplomatie oder zumindest für viele westliche Regierungen am wenigsten unerwünscht. Also bildeten wir ein dynamisches Duo, symbolisierten Inland und Ausland, Volk und Führung. Obwohl er die äußerst aufreizende Angewohnheit besaß, mich als »unseren Star« vorzustellen und meine politische Rolle herunterzuspielen, gelang es ihm immer, eine gefällige und informelle Atmosphäre zu schaffen und die Fragen anzusprechen, die für den jeweiligen Gastgeber von besonderem Interesse waren.

Im April 1992 suchten wir Margaretha af Ugglas auf. Dies erfolgte vor dem Hintergrund einer langen und festen persönlichen und politischen Freundschaft zu ihrem Vorgänger Sten Andersson und einer langjährigen Beziehung zwischen Schweden und den Palästinensern. Man hatte uns gewarnt, daß die schwedische Politik sich unter der neuen Regierung geändert habe und daß wir uns auf einen kühlen Empfang gefaßt machen sollten. Wir wappneten uns für ein Treffen, das mit dem skandinavischen Wetter vergleichbar wäre. Doch die Herzlichkeit und Großzügigkeit, mit der man uns empfing, taute augenblicklich das angebliche Eis auf und ließ die Saat einer neuen und dauerhaften Freundschaft sprießen. Während Nabil auf offizieller Ebene arbeitete, herrschte zwischen Margaretha und mir sofort ein besonderes Verständnis, das meinen Erfahrungen nach nur unter Frauen möglich ist. Ein unsichtbarer Faden der Verständigung und der gemeinsamen Auffassungen schien sich seinen Weg unter der Oberfläche der offenen Worte zu bahnen und ein vereinendes Band zu bilden. Frauen in der Politik – sofern sie nicht die männliche Haltung des Dominierens und des Ausbeutens einnehmen – tendieren dazu, diese versteckte Dimension in ihre Handlungen einzubringen und eine Gemeinschaft der Frauen ohne Grenzen oder nationale Schranken zu schaffen. Und zum Wohle dieser Vision gingen wir die notwendigen Risiken ein. Solchen Frauen konnte ich das Geheimnis offenbaren, daß das Land Palästina trotz seiner harschen und kompromißlosen Landschaft in seinen Senkungen eine unbändige Vielfalt wilder Blumen verbarg, die jedes Frühjahr den Felsen und Dornen trotzten und ungestraft zu erblühen wagten. Auch diese Frauen kannten das Geheimnis der wilden Blumen.

Margaretha af Ugglas und ich tauschten Geschenke von schwedischem Kristallglas und palästinensischen Stickereien, und als sie auf unsere Einladung hin Jerusalem besuchte, nahmen sie und ich zum Kummer einiger palästinensischer Politikerkollegen einen privaten Lunch ein. Als sie durch die verwahrlosten Wege der Flüchtlingslager in der Westbank ging, nahm sie sich die Zeit, auf dem Rücken eines Fuhrpferdes Mais zu essen. Mit diesem Bild gewann sie die Herzen der Palästinenser, und Abu Ammar erwähnte diese Begebenheit ausdrücklich, als wir über ein Jahr später Stockholm besuchten. Manche Männer teilten diese Vision, wie zum Beispiel der australische Außenminister, Senator Gareth Evans, der sein Jackett auszog und mit den Kindern aus einem Flüchtlingslager auf einem gottverlassenen Weg Fußball spielte. Trotz unserer beharrlichen Einladungen ist kein amerikanischer Minister oder hochrangiger Beamter jemals wirklich durch unser Land gegangen oder hat uns auf eigenem Boden getroffen. Doch der belgische Außenminister Willy Claes (heute Generalsekretär der NATO) versprach, das erste palästinensische Philharmonieorchester zu dirigieren, und Norwegen schenkte uns die unermeßliche Freundschaft des mittlerweile verstorbenen Außenministers Johan Holst.

Nabil und ich beendeten unsere Treffen in Stockholm und bereiteten uns auf die Abreise nach Norwegen am nächsten Morgen vor. Wir kamen kurz vor 1.00 Uhr von einem unterhaltsamen und politisch geprägten Abendessen mit den arabischen Botschaftern in Schweden ins Hotel zurück und fanden dringende Mitteilungen vor. Jeder stürzte zu seinem Telefon, um sie zu beantworten. Die schwedischen Sicherheitsbeamten auf dem Flur sahen dann, wie sich die Türen zu den drei Zimmern von Nabil, Suhair und mir lautlos und gleichzeitig öffneten. Wir traten aus den Zimmern und starrten uns entsetzt und in äußerster Ungläubigkeit an – wir hatten alle dieselbe Nachricht erhalten: Abu Ammars Flugzeug war irgendwo in der libyschen Wüste abgestürzt, und er wurde vermißt.

Die Nacht nahm kein Ende. Palästina ohne Abu Ammar war undenkbar, und die Möglichkeit seines Todes überstieg alles Vorstellbare. Nabil blieb optimistisch, genau wie Kaddoumi am Telefon. Sie waren der festen Überzeugung, daß Abu Ammar gesund und wohlbehalten gefunden würde. Suhair, für die Abu Ammar wie ein Vater war, der nach dem Martyrium ihres eigenen Vaters für sie und ihre Schwestern gesorgt hatte, weinte und stand am Rande eines Zusammenbruchs. Wann immer sie kurz davor schien, sich ihrem Schmerz hinzugeben, erinnerte ich sie: »Verlier nicht die Hoffnung. Jetzt ist Zeit für die Arbeit, nicht für Tränen. Solange eine Chance besteht, daß er lebt, dürfen wir nicht aufgeben.« Allmählich füllte sich die Hotel-Lobby mit Reportern. Unsere Telefone standen nicht still. Akram, der mich als erster angerufen hatte, klang so unnatürlich gedämpft, daß ich fürchtete, er wüßte etwas, was er mir nicht mitteilen wollte. »Er wird gefunden werden«, war alles, was er sagte.

Irgendwann rief Ted Koppel an und wollte ein Live-Interview. In dieser Nacht war die ganze Stimmung bei der *Nightline* so gedrückt, als ob Arafat tot sei. Ich beharrte darauf, daß noch Hoffnung bestünde. Koppel fragte mich, angenommen, Arafat sei tot, ob dies den Beginn eines Machtkampfs und das Totengeläut für die PLO bedeutete. Ich erwiderte, daß Arafat unersetzlich sei und daß die PLO weitermachen würde und es Wahlen für einen Nachfolger gäbe, obwohl sein Tod ein äußerst schwerer Schlag für die PLO und das ganze palästinensische Volk wäre. Weder Nabil noch Suhair, noch ich fanden diese Antwort problematisch. Man bat mich, die

Amerikaner um eine Durchsuchung der Wüste mittels Satelliten zu bitten. Nachdem wir Presseberichte über ein vom amerikanischen Geheimdienst gesichtetes abgestürztes Flugzeug gehört hatten, rief ich Ed Djerejian an. Er bestritt die Berichte, versprach uns jedoch seine Hilfe.

Bei Morgendämmerung erhielt Suhair einen Anruf aus Amman. Es hieß, daß das Kontaktbüro auf Zypern eine verstümmelte Botschaft über das Flugzeug erhalten habe, es sei von Spurensuchern gefunden worden und der *Waled* sei unversehrt. Wir brauchten zwei Stunden, um dies zu prüfen, aber die Fakten bestätigten, daß er gerettet war. Wir meldeten dies dem PLO-Büro in Stockholm, dann riefen wir Norwegen an und baten um Entschuldigung dafür, daß wir unseren Besuch absagten, da wir direkt nach Tunis reisen und Abu Ammar treffen mußten. Über Paris flogen wir nach Tunis. Aufregung und Erschöpfung bescherten mir eine Kehlkopfentzündung, und ich verlor rasch meine Stimme. Am Abend kamen wir am Flugplatz Charles de Gaulle an und fanden zwei dringende Mitteilungen von Emile und Faisal vor, die wir sofort anrufen sollten. Nach zahlreichen Versuchen bekamen wir endlich eine Verbindung.

Emile war wütend. »Israelischer Rundfunk und Fernsehen in arabischer Sprache melden, daß du Wahlen gefordert hast, noch bevor du wußtest, ob Abu Ammar tot ist oder lebt.«

»Das ist lächerlich. Ich habe auf eine hypothetische Frage über das Ende der PLO geantwortet. Das ist offensichtlich und absichtlich verzerrt und aus dem Zusammenhang herausgerissen zitiert. Ich habe nie Wahlen gefordert.«

»Sie verwenden nicht deine eigene Stimme und deine Worte. Es ist alles indirekte Rede. Schlimmer ist, daß einige Leute angefangen haben, auf das, was du gesagt haben sollst, zu antworten, ohne zu fordern, dich direkt zu hören.«

»Ich kann nicht glauben, daß jemand so naiv und unverantwortlich sein kann, in eine so offensichtliche israelische Medienfalle zu stolpern. Sie sind schon lange hinter mir her, und anscheinend hat Yossi Olmert [der Zuständige für Information im Stab des Ministerpräsidenten] endlich seine Chance bekommen, mit mir abzurechnen. Er hat jetzt eine ganz schön lange Zeit leiden müssen, bis er diese Frau erwischt hat.«

»Nimm die Dinge nicht auf die leichte Schulter. Die ganze Gegend hier ist in Aufruhr. Du wirst aller möglichen Scheußlichkeiten angeklagt. Ein gewisser Bassam al-Sayeh war im Fernsehen und hat dich scharf angegriffen. Er fordert, daß du deiner politischen Aufgaben entbunden wirst.«

»Ich nehme an, er sieht darin seine Chance, meinen Platz einzunehmen. Er ist nicht der einzige, der glaubt, daß meine Arbeit eine direkte Bedrohung und ein Affront gegen ihn persönlich und das gesamte männliche Ego ist.«

»Die Israelis wissen das, und sie benutzen ihn und seinesgleichen, um dich in Mißkredit zu bringen. Du mußt dich äußern. Die Leute hier müssen dich mit deiner eigenen Stimme hören, bevor die Lawine ins Rollen kommt.«

»Ich werde es versuchen und etwas von hier aus unternehmen.«

Zu diesem Zeitpunkt war meine Stimme nur noch ein heiseres Krächzen. Während Suhair versuchte, den arabischen Sender von Monte Carlo anzurufen, um eine Stellungnahme für mich zu erwirken, erreichte ich schließlich Faisal.

»Mach dir keine Sorgen darüber. Ich habe bereits eine schriftliche Stellungnahme herausgegeben, die dich entlastet und vor solchen unverantwortlichen Beschuldigungen wie Bassams und seinesgleichen warnt. Die Stellungnahme wird morgen in allen Zeitungen erscheinen.«

»Aber wie wird in der Zwischenzeit der Bericht richtiggestellt, bevor es noch größere Aufregung und Schaden gibt?«

»Hast du das nicht erfahren? Das israelische Fernsehen sendete schließlich glücklicherweise dein vollständiges Interview, und Bassams Stellungnahmen klingen nun völlig unfundiert und nach persönlicher Rachsucht. Das jordanische Fernsehen hat auch andere Interviews von dir gezeigt. Die Schadensbegrenzung hat also bereits begonnen.«

Nach meinem Interview beim Sender Monte Carlo rief ich Akram an und erfuhr, daß die PLO über ihre Presseagentur Wafa bereits eine offizielle Stellungnahme verbreitet hatte, in der sie mich verteidigte und meine Ankläger vorschneller und ungerechtfertigter Kommentare beschuldigte. Ich hatte immer behauptet, daß Akrams und Faisals Vertrauen, Loyalität und Unterstützung der Hauptpfeiler meiner politischen Tätigkeit waren, und wieder einmal wurde mir Recht gegeben. Mittlerweile war ich nicht nur erschöpft, sondern auch zutiefst angewidert. Diejenigen, die mit gewetzten Messern hinter mir her waren, lehrten mich eine unvergeßliche Lektion über Hinterlist und Neid und über die Gefährlichkeit des politischen Lebens, vor allem für eine Frau. Den Frauen gegenüber im Westen, die mir ihre schmerzliche Erfahrung von der »Glasdecke« mitteilten, sagte ich immer, daß unsere Grenzen im Orient manchmal wie Zellen aus Stein aussahen. Ob unsichtbar oder konkret, ist der Widerstand gegen uns weniger schmerzlich, wenn wir ihm trotzen, als wenn wir uns ihm ergeben. Wenn wir erreichen, daß wilde Blumen aus den Spalten der Steinmauern wachsen, können wir groß genug werden, um Glasdecken zu zerbrechen und frischen Wind einzulassen.

Die geheime Reise, die dann von Paris nach Tunis folgte, war eine weitere surrealistische Erfahrung. Ich wurde aus dem Flugzeug in Hakam Bal'awis Haus geschmuggelt, um dort Abu Ammar bei seiner Rückkehr aus Libyen zu empfangen. Hakam, der PLO-Botschafter in Tunis, spielte für die Palästinenser die Rolle des Innenministers und war immer ein äußerst großzügiger und freundlicher Gastgeber. Ich konnte das Empfangskomitee aufgrund des aufsehenerregenden Ereignisses und der Anwesenheit der Presse nicht zum Flughafen begleiten. Ein Kontakt zur PLO war damals immer noch illegal, obwohl wir versuchten, diese Verbindung »natürlich zu machen«. Als ich wartete, hörte ich den fernen Lärm von freudigem Gehupe näherkommen. Dann erklangen trillernde Rufe aus dem Garten, und ich wußte, daß es Zeit war. Als die Wagenkolonne unter Rufen und Gesängen heranfuhr, stand ich am Tor. Plötzlich hörte ich den leisen Mißton blökender Schafe, und direkt vor mir sah ich drei weiße Lämmer, die am Pfosten angebunden waren. Mit schwerem Herzen wußte ich, was kommen würde: Das war sicherlich nicht die erste Gelegenheit, bei der ich das arabische Ritual des Lämmerschlachtens erlebte, um eine Heimkehr oder eine Einweihung zu feiern. Als sich die Tür der kugelsicheren Limousine öffnete und Abu Ammar, *al-Waled*, auftauchte, wurde das Blöken unvermittelt durch das Schwingen dreier scharfer Messer zum Schweigen gebracht. Ich weigerte mich, nach unten zu sehen. Ich hielt meinen Blick fest und geradeaus auf Abu Ammar gerichtet. Als er die drei langen Schritte über die toten Tiere machte, trafen sich unsere Blicke, und er lächelte.

Am Tor umarmte er mich und zog mich ins Haus. Er setzte sich in seinen gewohnten Sessel und bestand darauf, daß ich mich direkt neben ihn setzte. Der Raum füllte sich mit Gratulanten und der obersten palästinensischen Führung. Nach dem üblichen Small talk wandte sich Abu Ammar mit lauter Stimme an die Menge: »Die Hand Gottes hat mich und meine Begleiter gerettet. Mein Herz ist voller Schmerz über den Verlust meiner drei Brüder; der Pilot und die Besatzung haben ihr Leben geopfert, um meines zu retten. Ich werde euch die ganze Geschichte dieses Wunders zu gegebener Zeit erzählen. Aber zunächst will ich euch sagen, daß von all den Stellungnahmen und Kommentaren der letzten zwanzig Stunden diejenigen unserer geliebten Schwester Hanan die verantwortungsvollsten und intelligentesten waren. Wie üblich erfüllt sie uns alle mit Stolz, und wie ihr wißt, ist sie nicht nur eine teure Schwester, sondern auch die Krone auf euren Häuptern, *taj rasna*.« Dann blickte er mich an und zwinkerte. Ich wußte damals, daß einige bereits darauf sannen, mir Schaden zuzufügen, und daß Abu Ammar bewußt diesen Augenblick gewählt hatte, um sie ein für alle Mal zum Schweigen zu bringen. Ich war gerührt.

Ich erinnerte mich auch an die frühen Tage, als böswillige Zungen gegen meine Arbeit protestierten und ihm sagten, daß ich rauchte, Hosen trug und meine Beine bei offiziellen Treffen übereinanderschlug. »Unsere Frauen sollten sittsam und unauffällig sein«, meinten sie. Seine Antwort darauf war: »Wir brauchen mehr Frauen wie Sie, mit ihrem Selbstvertrauen und ihrer Intelligenz.« Damals verwendete er zum ersten Mal den Begriff *taj rasna* und fügte in meiner Gegenwart hinzu: »ob es Ihnen gefällt oder nicht.«

Obwohl Auferstehung im Heiligen Land ein vertrautes Thema ist, war die Auswirkung auf die Vorstellungswelt des Volkes verblüffend, als es um einen Führer ging, der aus den Trümmern seines zerschellten Flugzeugs auferstand. Jene dreizehn Stunden seines Verschwundenseins wurden zum Beweis für Abu Ammars Macht über sein Volk. Der Phönix war für den Alten immer eine der Lieblingsgestalten aus den Mythen gewesen. Mit dem Phönix hatte er das palästinensische Volk beschrieben; nun bezeichnete das Volk ihn – den Überlebenden – als Phönix.

12

Ende April wurden alle Gespräche angesichts der in Israel bevorstehenden Wahlen auf Eis gelegt. Abu Ammar litt unter furchtbaren Kopfschmerzen und Schwindelanfällen. Die Delegation traf sich, um die Ereignisse und die Äußerungen in der israelischen Öffentlichkeit zu verfolgen und festzustellen, ob es irgendwelche Anzeichen über das Ergebnis der bevorstehenden Wahlen gab. In den Vereinigten Staaten standen auch die Präsidentschaftswahlen ins Haus. Es schien, als würde der Friedensprozeß durch einen äußeren Zeitrahmen in der Schwebe gehalten. Die Stimmung wurde düsterer, weniger hoffnungsvoll, und zwang uns ihr eigenes Tempo und ihre eigenen Prioritäten auf.

Sogar Ostern verlor seine festliche Atmosphäre. Unsere Prozessionen waren zu entmutigten Mäandern gehetzter und aufgewühlter Pilger geworden. Wann begannen wir, der Kreuzigung mehr Aufmerksamkeit zu widmen als der Auferstehung? Kummer und Grübelei hielten uns gefangen, und wir waren zu matt geworden, um es zu merken und uns zu wehren. Zu Hause weinte Zeina bittere Tränen, weil sie ihre Schwester vermißte. Amal war als Austauschstudentin für ein Jahr nach England gegangen. Wir waren entschlossen, die Tradition des Feierns in unserer Familie aufrechtzuerhalten. Tagelang bereiteten wir die mit Zuckerguß überzogenen Osterplätzchen vor – mit Datteln gefüllte Ringe, die die Dornenkrone symbolisierten, und Nußhäufchen für den in Essig getränkten Schwamm, *ka'k* und *ma'moul*. Das Eiersuchen, das für die Mädchen immer der Höhepunkt jedes Osterfestes gewesen war, verlor in diesem Jahr seinen Reiz. Es war, als ob der Mißton im Friedensprozeß und die verlorene Hoffnung auf irgendeine Linderung des Schmerzes über die Besetzung jeden einzelnen und das ganze Volk mit einem unheilvollen Zauber belegt hatten. Wir waren nicht fähig, die Umwandlung der Dornen und des Essigs in das herrlich süße Gefühl der Hoffnung zu empfinden.

In diesem Jahr fuhr ich mehrere Male nach England, um Amal in ihrem Internat bei Bristol zu besuchen, und bereits beim allerersten Anruf nach ihrer Ankunft dort hörte ich in ihrer Stimme das Heimweh mitklingen. Sie rief uns an, nachdem sie in absolute Nöte geraten war.

»Mutti, mit diesen Briten stimmt etwas nicht«, meinte sie. »Ich glaube nicht, daß die Kinder hier in der Schule normal sind.«

»Was ist passiert, *habiebty*? Kinder sind überall gleich.«

»Nein. Hier sagen die Kinder häßliche Dinge über ihre Eltern. Sie lieben ihre Mutter und ihren Vater einfach nicht. Ich halte das nicht aus.«

Mein Schmerz wandelte sich langsam in einen warmen Schimmer äußerster Wonne. Gibt es ein größeres Lob für eine Mutter?

»Ich bin auch nicht mit dem einverstanden, was sie tun«, fügte Amal hinzu. »Sie rauchen und trinken, dabei sind sie erst vierzehn oder fünfzehn. Ich will nicht richten und mich nicht ausschließen, aber ich kann nicht wie sie sein.«

Da konnte ich die Stimme der Frau vernehmen, die aus der Unschuld der Kindheit auftauchte.

»Amal, wenn du unglücklich bist, kannst du jederzeit nach Hause kommen.« Ich war überzeugt, daß sie noch zu jung war, um ohne uns zu leben. »Du hast immer noch die Möglichkeit, später wieder dorthin zu fahren. Du hast recht, du mußt nicht wie die anderen sein. Du kannst deinen eigenen Grundsätzen und Einstellungen treu bleiben, in denen wir dich erzogen haben, aber ich bin über deine Toleranz und deinen Willen froh, daß du nicht urteilen willst.«

»Nein, ich werde jetzt nicht zurückkommen. Es wäre wie das Eingeständnis einer Niederlage. Es ist eine Herausforderung, und ich werde es durchhalten. Aber sie haben auch andere Prioritäten. Sie wissen überhaupt nichts über uns und die *Intifada*. Für sie besteht das Leben aus Partys und Spaß. Aber ich mache mir über euch Sorgen und versuche, euch im Fernsehen zu sehen. Geht es zu Hause allen gut?«

Da erfaßte mich eine tiefe Melancholie und legte sich wie eine dumpfe Hülle um mein Herz. Ich weinte um die verlorene Kindheit meiner Töchter und ihrer Altersgenossen. Anstatt als junge Teenager auf Partys zu gehen, machten sie sich über die Sicherheit ihrer Familien und Freunde Sorgen oder wichen israelischen Geschossen aus. Als Amal und Zeina elf bzw. sieben waren, nahmen Emile und ich sie zu Verwandten in die USA mit. Als erstes fiel ihnen auf, daß es keine Besatzung gab: »Hier gibt es keine Soldaten und keine Kontrollposten!« hatten sie ausgerufen. Dann merkten sie, daß die Geschäfte nicht streikten und bis spät abends geöffnet waren: »Hier kann man ja nachts einkaufen und nach Einbruch der Dunkelheit durch die Straßen gehen!« Erst als sie die Situation der Nichtbesetzung voll wahrgenommen hatten, begannen sie, sich das eigentliche Land anzusehen. Als ein Reporter Amal später fragte, ob sie lieber in den USA als in Palästina leben würde, sagte sie: »Ich möchte nirgendwo anders als in Palästina leben. Das ist meine Heimat, da gehöre ich hin und da weiß ich, wer ich bin.« Nach ihrer Meinung über die USA befragt, meinte sie: »Hier ist alles zu leicht. Die Leute sehen alles als selbstverständlich an, und alles ist im Überfluß zu haben. Uns fällt nichts leicht zu. Wir müssen uns bemühen und uns alles verdienen. Deshalb schätzen wir selbst die kleinsten Dinge.« Was für eine Quelle der Inspiration fand ich in der kindlichen Theorie von Wert und Überdruß. Nachdem sie sich mit ihrer Schwester geeinigt und Palästina als ihren Platz auf der Welt bestimmt hatte, machte Zeina teilweise einen Rückzieher und rief aus: »Da gibt es noch einen anderen Ort, an dem ich vielleicht gerne leben würde – in Disney World!« Die Welt unserer Kinder war nie ein Vergnügungspark, und sie wuchsen nicht in Freiheit auf. Sie waren mit einem Wissen belastet, das sie nicht hätten haben sollen, und mit Erfahrungen, die ihre Kindheit nicht verschonten. An wen sollten wir die Rechnung und die Klage über eine verlorene Kindheit richten?

*

Im Mai 1992 war ich in London. Dort hielt ich Reden und führte Gespräche über den Friedensprozeß. Zusätzlich zu dem vollen politischen und öffentlichen Programm, das mein enger Freund und PLO-Vertreter Afif Safieh arrangiert hatte, hatte er auch ein Paket aus Theater-, Kino- und Restaurantbesuchen zusammengestellt. Amal nahmen wir zu ihrer besonderen Freude mit. Wir aßen mit Vanessa Redgrave zu Abend, nachdem wir ihr Stück gesehen hatten. Sie ist eine treue und langjährige Freundin der Palästinenser. Amal und sie freundeten sich sofort an. Während dieser unglaublich schönen Reise erreichte mich ein dringender Anruf aus Amman. Der palästinensische Botschafter Tayyeb Abdel-Rahim teilte mir mit, daß Abu Ammar ins Krankenhaus eingeliefert worden sei und operiert werden müsse. Ich hatte schon vorher Gerüchte über seine Gesundheit gehört, aber Tayyeb hatte sie dementiert. Akram bestand darauf, daß ich unverzüglich zurückkam, und ich nahm das nächste Flugzeug nach Amman. Vom Flugplatz aus ging ich sofort ins Krankenhaus. Dort erholte sich Abu Ammar bereits von der Operation, die ihn von dem Druck, wenn auch nur dem physischen, in seinem Kopf befreit hatte.

»Es ist Zeit, die Scharade zu beenden«, vertraute mir Akram unter absoluter Geheimhaltung an.

»Wir werden den Rest der Delegation herbeirufen und sie öffentlich mit Abu Ammar zusammentreffen lassen.«

»So ist es jetzt an der Zeit, den Schleier zu lüften oder die Spiegelverhandlungen zu beenden.« (Wir hatten unsere Gespräche oft als Verhandlungen durch Spiegel und Schleier beschrieben.) »Meinst du, es wird uns gelingen? Es wird sich auf die israelischen Wahlen in der nächsten Woche auswirken. Das ist wohl auch der Sinn, nehme ich an.« Die Folgen eines öffentlichen Eingeständnisses könnten beträchtlich sein.

»Das und die Tatsache, daß es der passendste Zeitpunkt ist, um die Beziehungen zwischen der Delegation und der PLO öffentlich zu verkünden. Wir müssen allerdings unbedingt darauf achten, daß die Sache nicht ins Auge geht.«

»Das meine ich auch. Wir brauchen umsichtige Planung und Beurteilung. Vielleicht sollten wir einige diskrete Befragungen bei der anderen Seite vornehmen. Es liegt in unserem und im Interesse des Friedensprozesses, daß der Likud-Block die Wahlen verliert und die Arbeitspartei in Israel an die Regierung kommt. Würde eine solche Verschiebung Israels inneres Gleichgewicht erschüttern oder würde es ihm dienlich sein? Die Umfragen sagen ein Kopf-an-Kopf-Rennen voraus, und wir müssen dem Ganzen einen Stoß in die richtige Richtung geben. Aber man darf nicht sehen, daß wir in die internationale Politik Israels eingreifen.«

»Setze dich mit deinen Kontaktleuten in Verbindung, wir werden dasselbe tun. Wir müssen jedoch sehr vorsichtig sein, damit nichts ans Licht kommt. Nur Abu Ammar weiß Bescheid, und wir werden uns mit Yasser Abd Rabbo und Tayyeb Abdel-Rahim beraten.«

»Was ist mit der Delegation?«

»Wir werden sie informieren, wenn sie hier sind. Es geht hier nicht nur um eine politische, sondern auch um eine menschliche Frage. Die Delegation kann nicht daran gehindert werden, den PLO-Chef nach seiner Operation zu besuchen und ihm Gesundheit und ein langes Leben zu wünschen.«

Die Delegation kam am nächsten Tag, am 18. Juni 1992, an, genau eine Woche vor den israelischen Wahlen, und der Vorsitzende Arafat empfing uns offiziell und öffentlich. Zum ersten Mal seit Juni 1967 offenbarten Palästinenser aus den besetzten Gebieten öffentlich ihre Verbindung zur PLO. Es hatte ein Vierteljahrhundert gedauert, bis das Volk nicht nur verbal, sondern auch offensichtlich und vor den Augen der ganzen Welt Anspruch auf seine Führung erhob. Als wir einer nach dem anderen eintraten und von Abu Ammar und Mitgliedern des Exekutiv-Komitees umarmt wurden, verwandelte sich das Ritual des öffentlichen Bekenntnisses in eine emotionale Erfahrung der Anerkennung und Vereinigung. Als ich an der Reihe war, ging ich zu Abu Ammar, und er gab mir die symbolischen drei Küsse auf die Stirn und auf die Wangen, dann legte er in einer herzlichen Umarmung meinen Kopf an seine Schulter und klopfte mir liebevoll und beruhigend auf den Rücken. Dieser Augenblick war so merkwürdig friedlich, losgelöst von Ort und Zeit, als ob er endlich die Illusion von Frieden schaffen wollte. Wenn man die Fotografie betrachtet, die diese Stimmung eingefangen hat, würde man nicht im entferntesten den Tumult vermuten, der bevorstand. Der Wendepunkt der Anerkennung hatte nur vorübergehende und täuschende Erleichterung gebracht.

*

»Wissen Sie eigentlich, was Sie da tun?« fragte Dan Kurtzer in unterdrücktem Zorn mit der deutlichen Aussprache und dem gemessenen Tempo von jemandem, der kurz vor dem Explodieren steht. »Sind Sie alle wahnsinnig geworden?«

»Ich weiß nicht, wovon Sie sprechen. Wir haben viel getan. Was meinen Sie genau?«

»Sie sind auf jedem Fernsehkanal und in jeder Schlagzeile mit dieser Umarmung zwischen der Delegation und der PLO zu sehen. Warum haben Sie das getan? Sie haben wirklich Öl ins Feuer gegossen!«

»Wir sind von Natur aus Gefühlsmenschen! Was wäre natürlicher für die Delegation, als den Vorsitzenden zu besuchen und ihm eine baldige Genesung zu wünschen? Er ist gerade operiert worden, das ist doch nur menschlich.«

»Die Wahlen finden in nicht einmal einer Woche statt. Haben Sie daran gedacht, was dies für Auswirkungen auf die Wahlergebnisse haben kann?«

»Bestimmt haben wir das! Das wird Shamir mit seiner Vogel-Strauß-Politik eine Lektion sein. Er wußte doch die ganze Zeit, daß es die Delegation der PLO war. Er wollte nur anderes vorgeben und seinen Kopf in den Sand stecken. Vielleicht ist es an der Zeit, daß er den Tatsachen ins Auge sieht. Rabin sagt wenigstens, daß es ihm egal ist, mit wem er zusammentrifft und von wem wir unsere Anweisungen bekommen. Es ist jetzt an der Zeit, sich mit Fakten zu befassen und nicht mehr mit selbstgestrickten israelischen Fiktionen.«

»Aber warum gerade jetzt? Das wird ein Gratiswahlgeschenk für Shamir. Sie haben versprochen, bei den israelischen Wahlen nicht dazwischenzufunken.«

»Weil jetzt der günstigste Zeitpunkt ist. Und wenn es für irgend jemanden ein Geschenk ist, dann bestimmt nicht für Shamir, ganz im Gegenteil. Wir haben uns nicht in die israelischen Wahlen eingemischt – oder haben Sie irgendwelche Kommentare von unserer Seite gehört? Irgendeine Aussage über Präferenzen? Wenn die israelische Wählerschaft irgendwelche Schlüsse aus dieser Umarmung ziehen möchte, dann ist es ihre Sache. Der offensichtlichste Schluß für mich ist jedoch, daß die Likud-Regierung ihnen Sand in die Augen gestreut hat. Die große Lüge ist ans Licht gekommen. Vielleicht wollen sie jetzt lieber mit einer ehrlichen Alternative handeln – wenn es so etwas gibt.«

»Aber jetzt werden Sie die ganze Delegation oder zumindest die drei Schlüsselfiguren – Faisal, Haidar und Sie – verhaften müssen. Was glauben Sie, was dies für den Friedensprozeß bedeutet?«

»Nun fängt wieder alles von vorne an. Das klingt doch bekannt. Sollen sie uns doch festnehmen – das ist uns gerade recht. Es ist an der Zeit, daß wir die ganze Sache mal an die große Glocke hängen. Das Gesetz gegen den Kontakt zur PLO ist undemokratisch und ungerecht. Außerdem sind wir Palästinenser und keine Israelis, und die PLO ist unsere Führung. Wir weigern uns, uns einem solchen Gesetz zu fügen, und jetzt ist alles offengelegt.«

»Versuchen Sie jetzt nicht, Ihr Wort zurückzunehmen und die Israelis zum Handeln zu zwingen. Es muß jetzt eine ganze Menge an Schadensbegrenzung erfolgen, und wir werden sehen, was wir tun können.«

»Auch das klingt vertraut. Machen Sie sich über uns keine Sorgen, wir wissen, was wir tun. Wir kehren nach Hause zurück, wenn wir mit unserer Arbeit und unseren Gesprächen hier in Amman fertig sind.«

*

Ich verfolgte die Wahlen in Israel von Jordanien aus. Als die Arbeiterpartei den Sieg errang, wurden auf allen Wellen optimistische Vorhersagen gesendet, als ob der Frieden unmittelbar vor der Tür stünde. In meinen Stellungnahmen warnte ich vor Euphorie und unrealistischen Erwartungen. »Die eigentliche Prüfung kommt erst noch, man wird sehen, ob der Knochenbrecher Rabin zum Friedensstifter Rabin werden kann.« Niemand kannte die Kehrseite der Medaille besser als die Palästinenser, wenn es um die israelische Arbeitspartei ging. »Likud ist ein sehr viel leichterer Gegner«, sagte ich. »Ihre Ideologie, ihre extremistische Politik und ihre Praktiken sind leicht zu berechnen und zu entlarven. Die Arbeiterpartei jedoch weiß, wie man eine bittere Pille versüßt und eine zivilisierte Tünche zur Schau trägt, selbst wenn die Realität alles andere als zivilisiert ist. Außerdem gibt es bereits eine internationale Tendenz, die Arbeiterpartei freundlich zu betrachten, besonders in ihrer Eigenschaft als erfrischendes Gegenmittel gegen die starre Likud-Ideologie und angesichts ihrer langjährigen freundschaftlichen Beziehungen zum Westen.« Wir machten uns keinerlei Illusionen darüber, daß die

Arbeiterpartei ein schwieriger und fordernder Verhandlungspartner sein würde – schließlich hatten wir auf der Empfängerseite gestanden, wenn es um ihre Verletzungen der Menschenrechte und die Dynamik der Siedlungspolitik ging, und wir wußten, daß uns schwere Zeiten bevorstanden. Aber wir erkannten auch, daß die Arbeiterpartei in einem Friedensforum gewonnen hatte und daß sie in Koalition mit der Meretz-Partei (einem Zusammenschluß aus drei Parteien des linken Spektrums und den lautesten Befürwortern des Friedens in Israel) versuchen könnte, dem Wunsch ihrer Wählerschaft nach Frieden zu entsprechen. Zumindest freuten wir uns auf das Ende der Vogel-Strauß-Politik und der schwammigen Verhandlungen sowie auf den Beginn eines ehrlichen Engagements auf der Grundlage der Einhaltung von Richtlinien und der zugrundeliegenden Prinzipien des Friedensprozesses.

Zu unserer Bestürzung wurden selbst diese bescheidenen und heruntergeschraubten Erwartungen zutiefst enttäuscht. Anstatt die erwartete Einstellung der Siedlungspolitik zu verkünden, führte Rabin die feine Unterscheidung zwischen »politischen« Besiedlungen im Gegensatz zu solchen »aus Sicherheitsgründen« ein. Anstelle einer von der Vernunft geleiteten Diskussion über Jerusalem wiederholte Rabin die absolutistische ideologische Position der Propheten: »die ewige Hauptstadt Israels für alle Zeiten«. Anstelle der Menschenrechte erhielten wir »Israels Sicherheit«. Anstelle einer neuen Delegation als Signal einer neuen Situation und einer neuen Politik hatten wir es immer noch mit Elyakim Rubinstein und seinen Leuten zu tun. Und als besonderer Leckerbissen wurden wir auf der Heimfahrt beim Überqueren der Brücke mit Vorladungen empfangen: Wir sollten zum Verhör im Polizeihauptquartier erscheinen.

So wie die Dinge lagen, hatten wir bereits genug mit dem Versuch am Hals, unsere eigenen Friedensanhänger bei der Stange zu halten und auf das vorzubereiten, was wir als eine neue und beschleunigte Phase ansahen. Es kamen zahlreiche Besucher und Heimsuchungen quälender und verwirrender Natur. Bei seinem ersten Besuch nach der Bildung der neuen israelischen Regierung kam Baker im August, um dem Friedensprozeß neuen Schwung zu geben und uns für Ende des Monats zu einer neuen Runde einzuladen. Die Republikaner hatten mit ihrer eigenen Präsidentschaftswahl Probleme und brauchten jede erdenkliche Hilfe. Mit Israel als innenpolitisches Thema in den Vereinigten Staaten gehörte es zur üblichen Wahlkampfpolitik, über Tel Aviv die amerikanisch-jüdische Gemeinde zu hofieren und sich um die Gunst des Kongresses zu bemühen, indem man Israel uneingeschränkte Unterstützung und einen großen Batzen aus der Tasche der amerikanischen Steuerzahler versprach. Bush und Baker waren hier keine Ausnahme.

Nachdem sie (nicht allzu untätig) auf Rabins Wahl gewartet hatten, überschlugen sie sich jetzt, um ihm zu gefallen. Baker war voller Lob über Rabins »neue politische Maßnahmen« und versuchte, sie uns en gros als Antwort auf unsere Gebete zu verkaufen. Unsere Befürchtungen und Anliegen, insbesondere Fragen der Siedlungspolitik und der Menschenrechte, stießen auf taube Ohren. Bush lud Rabin in die USA ein und genehmigte unverzüglich die Darlehensbürgschaften über 10 Milliarden Dollar.

Dies schlug sich nicht in Wählerstimmen nieder; Clinton hatte Israel nämlich ein besseres Angebot gemacht: Jerusalem. Eine solche Großzügigkeit war unserer Meinung nach in einem Wahlkampf nichts Ungewöhnliches, aber mußte sie denn auf unsere Kosten gehen?

In einer Sitzungspause im Jerusalemer Konsulat erzählte mir Baker von seinem Dilemma: Sollte er als Stabsleiter für Präsident Bushs Wahlkampf ins Weiße Haus umziehen, oder sollte er im State Department bleiben und sich mit Außenpolitik und somit auch dem Friedensprozeß befassen? Er konnte sein Zögern nur schlecht verbergen. Ich brachte meine Bedenken darüber zum Ausdruck, daß er dem Prozeß nur sporadisch Aufmerksamkeit gezollt hatte, wenn es politisch günstig war. Doch gleichzeitig sah ich ein, daß er wohl im Wahlkampf gebraucht wurde. Sicherlich suchte er nicht meinen Rat, sondern vielmehr die Gelegenheit, noch bis zum letztmöglichen Moment laut darüber nachzudenken.

*

Mein Haus empfing zahlreiche unterschiedliche Besucher. Einmal kam eine Frau aus dem Flüchtlingslager Al-Am'ari. Eines ihrer Kinder war deportiert, ein anderes lebenslänglich inhaftiert, ein drittes verwundet und verhaftet worden, das vierte wurde vermißt. Im dritten und vierten Fall mußte unverzüglich gehandelt werden. Ich fand einen Anwalt für das dritte Kind und bemühte mich um dessen medizinische Versorgung. Das vierte fanden wir im Krankenhaus von Ramallah im Leichenschauhaus; dem Leichnam wurde die Beerdigung verweigert. Davon erfuhr die *Shabab*, die Jugendgruppe des Opfers, die den Leichnam aus dem Leichenschauhaus entführte. Irgendwie gelangte er auf den Rücksitz unseres Autos und wurde (zumindest, was von ihm übrig war) der Familie übergeben, um ihre Trauer zu legitimieren und für ein würdiges Begräbnis zu sorgen. Es schien, daß wir Leichenraub als Teil der letzten Reise gerechtfertigt hatten, denn die Verweigerung der öffentlichen Trauer und des heiligen Begräbnisses war moralisch anstößiger und grausamer als der gemeine Raub. Antigone hätte uns zugestimmt.

Eine andere Frau brachte eine noch schrecklichere brennende Wunde in mein Haus. Ihre Augen schienen nichts fest ansehen zu können, ihr Blick huschte und flackerte wie der eines gefangenen Wildtiers, das auf den Todesstoß des Jägers wartet. Sie war von einigen maskierten palästinensischen Aktivisten des »unmoralischen Verhaltens« und der Kollaboration mit dem israelischen militärischen Nachrichtendienst angeklagt worden. »Wie kann ich meine Unschuld beweisen? Sag es mir!« flehte sie. »Sie haben mir das Leben zur Hölle gemacht. Sie sind bei mir eingedrungen und haben mich vor meinen Kindern geschlagen.« Sie hob ihre langen Haare von Nacken und Schultern und zeigte mir bläuliche Narben und entstellte Haut, bei deren Anblick mein eigener Körper zusammenzuckte. Ich erkannte das unauslöschliche Mal ätzender Säure. »Sie kamen zurück und haben mir dies angetan. Sie haben gesagt, daß sie mich das nächste Mal in Stücke schneiden werden, wenn ich nicht meine Verirrungen zugebe und meine Aktivitäten einstelle. Wie soll ich denn etwas zugeben, wenn ich nicht schuldig bin, und mit etwas aufhören, was ich gar nicht tue? Wenn sie mich und meine Kinder in Ruhe lassen, gebe ich zu, was sie wollen. Sag mir, was ich zugeben soll, wie ich es zugeben soll, und ich tue es, wenn sie uns nur verschonen. Aber ich bin sicher, wenn ich gestehe, werden sie mich töten und sich dann im Recht fühlen. Wie werden meine Kinder leben? Welche Erinnerung werden sie an ihre Mutter haben?«

Eine andere Frau kam nach vollstreckter Tat. Ihr Mann war bereits von den Handlangern der »Gerechtigkeit der Revolution« »hingerichtet« worden, aber sie war wie wahnsinnig, besessen von dem Zwang, seinen Namen reinzuwaschen, damit ihre Kinder keine Schande erben würden. »Ich weiß, daß er kein Kollaborateur war, aber er wurde gefoltert und getötet. Wie kann ich seine Unschuld beweisen? Erzähle dies Abu Ammar. Bitte ihn um ein öffentliches Dekret, das meinen Mann zum Märtyrer erklärt und seinen Namen reinwäscht. Wir sind nun alle Ausgestoßene. Was soll ich seinen Kindern erzählen, wenn sie größer werden? – ›Euer Vater war ein Verräter?‹ – Er war keiner, und ich werde es nie glauben.« Weniger gejagt als heimgesucht, hatte sie das weltfremde Aussehen einer Fanatikerin angenommen. Ihre dunklen Augen hatten den Schimmer eines in die Ferne gerichteten Blicks, der durch das Hier und Jetzt hindurchging wie durch einen trüben Schleier, der die Zukunft verdunkelte. Sie packte meinen Arm so fest, daß es schmerzte, hatte meine Realität aus Fleisch und Blut vergessen und sah in mir nur ein potentielles Werkzeug zur Verteidigung.

Die Bürde und die Erkenntnis ihres Schmerzes, ihres Schreckens und ihrer Furcht waren mehr, als ich ertragen konnte, und gingen über die üblichen moralischen Vorwürfe hinaus. Wer könnte ihren Schmerz ungeschehen machen? Welche Worte, welche Sprache könnten erschaffen werden, um solche offenen, bloßliegenden Wunden der Seele und des Fleisches zu lindern, die über Generationen weitergegeben werden? Unser geschichtliches Gedankengut war bereits durch das Erbe des Bösen und der Schuld entstellt, das unschuldigen Kindern auferlegt wurde; unser kollektives Bewußtsein war bereits mit dem scharlachroten Mal der unaussprechlichen Ungerechtigkeit einer derart oberflächlichen »Gerechtigkeit« gebrandmarkt. Ich erinnerte mich daran, wie in den frühen Tagen der *Intifada* die Untergrundhandzettel Tage der Buße ankündigten, an denen die Kollaborateure zu Moscheen, Kirchen oder öffentlichen Plätzen gehen und vor der ganzen Gemeinschaft beichten und büßen würden. Dann würden sie Absolution bekommen und wieder in die Herde aufgenommen werden. Was war mit den Eigenschaften Gnade oder Vergebung geschehen? Je mehr Kollaborateure Israel anwarb, desto rasender wurden Furcht und Jagd. Hatte Israel schließlich die höchste Strafe für uns gefunden – nämlich zu sehen, wie wir uns gegen uns selbst richteten und unser eigenes Fleisch zerrissen? Ob schuldig oder unschuldig – ihre Bestrafung war unsere Bestrafung. Vielleicht waren einige unschuldige Leben gerettet worden, aber wie viele waren in dem Prozeß verloren worden? Und welche Erlösung würden diese kompromißlosen Werkzeuge der »Gerechtigkeit« finden, wenn sie einmal entdeckt hatten, daß auch sie nur Sterbliche waren?

Mein Haus, unsere Heimstatt, die mein Vater als ein Geschenk der Liebe und ein Pfand des Glaubens gebaut hatte, hielt uns alle in einer sicheren Umarmung. Fester Stein, auf Fels gebaut – das Haus schien mit dem Leben seiner Bewohner und mit dem Versprechen der Kontinuität zu atmen. Auf der anderen Seite der Straße ragte die blinde und düstere Monstrosität der Taggert-Festung drohend auf. Sie war von den Briten während ihres Mandats gebaut worden und diente als Gefängnis und militärisches Hauptquartier. Die Jordanier nutzten sie als Gefängnis und bauten daneben ein unauffälliges Gebäude, das dann zum Offiziersclub wurde. Ich weiß noch, wie ich zehn Jahre alt war und meine Mutter mich hübsch anzog und mir Bänder ins Haar flocht, damit ich meinen Vater besuchte, der von den Jordaniern inhaftiert worden war. Wir brachten ihm Essen und Lesestoff, und mir wurde eingeschärft, während des Besuchs tapfer und fröhlich auszusehen. Als ich durch die dunklen Gänge und Kellerräume ging, ließ ich meiner Vorstellungskraft freien Lauf, um die Bilder des unaussprechlichen Grauens heraufzubeschwören, das sich hier heimlich ereignete. Als zwanzig Jahre später die Reihe an mir war, angeklagt und dort verhört zu werden, diesmal jedoch von den Israelis, erinnerte ich mich an das Kind von damals und weigerte mich, dem Alptraum zu erliegen. Doch beide Male haftete diesem Ort deutlich der Geruch des Bösen an.

Unter der israelischen Flagge, eingezäunt mit Stacheldraht und merkwürdige Geräusche von sich gebend, war der Platz auf der anderen Straßenseite seelenlos. Als Peter Jennings mich 1974 im Hause meines Vaters besuchte, war er über die Suchscheinwerfer entsetzt, die die Privatsphäre meines Hauses durchbrachen. Was an diesem Platz auf der anderen Straßenseite in der Dunkelheit geschah, war noch entsetzlicher – so versuchte ich zu erklären. Der Platz schien sich unter den Israelis auszudehnen und wurde 1982 zum Hauptquartier der israelischen »Zivilverwaltung«. Meine Mutter war immer aufgebracht, daß die Leute die »Zivilverwaltung« als Wegweiser nutzten, wenn sie den Weg zu unserem Haus erklärten. »Der Wegweiser ist das Haus von Dr. Daud Mikhail. Das andere ist eine künstliche Beleidigung für das Auge«, sagte sie. Wir waren uns alle einig, daß dieses Gebäude am Ende der Besetzung abgerissen würde und ein Spielplatz an seiner Stelle entstehen sollte. Egal, wie grün oder farbenfroh unser Garten wurde, und ganz egal, wie viele palästinensische Fahnen Zeina auf unserem Dach hißte oder auf den Bürgersteig malte, der elektrische Stacheldraht und der Anblick der israelischen Flagge jenseits der Straße erinnerten beständig und aufdringlich an das Übel der Besetzung.

Die Maschine der Besetzung lief auf vollen Touren, sie nagte an unschuldigem Fleisch, um ihre Widerlichkeit wie ein Feuer zu schüren. Sie zerfleischte sowohl Besatzer als auch Besetzte. »Es gibt kein Monopol auf Schmerz, kein Vorrecht auf Leid«, sagte ich einmal zu einem Reporter, der versucht hatte, Ähnlichkeiten und Unterschiede zwischen dem Leid der Palästinenser und dem der Juden zu finden. »Jeder Schmerz ist einzigartig und entzieht sich einer Quantifizierung oder Rechtfertigung.« Als die Menschenrechtsverletzungen als ein Instrument der Gewalt und ein Element der politischen Zweckdienlichkeit sanktioniert worden waren, wurden unschuldige Leben auf beiden Seiten Opfergaben für die profansten Idole der Manipulation und der Rache. Immer wiederkehrende Zauberformeln wurden in Form von Denunzierungen und Verurteilungen gefordert, als ob Lippenbekenntnisse die Invasion der Dunkelheit abwehren könnten. In der Zwischenzeit fuhr Israel mit seiner Politik fort, die uns als Geiseln und die Menschenrechte als Faustpfand bei den Verhandlungen einsetzte. Die Versuche der extremistischen Palästinenser, Rache zu üben und den Friedensprozeß zu vernichten, indem sie auf israelische Zivilopfer zielten, gingen weiter. Weder die israelischen Schulmädchen aus Affula noch die Opfer von Hadera hatten sich eines anderen Vergehens schuldig gemacht, als zur falschen Zeit am falschen Ort zu sein. Die Abrechnung bei der Vergeltung der Schändigungen wurde mit menschlichem Blut geschrieben. Gefangen in diesem Teufelskreis der gegenseitigen Aberkennung der Legitimität, der aus der offiziellen »gegenseitigen Anerkennung« eine Farce und eine sinnentleerte formalistische Übung machte, waren wir gezwungen, eine sich steigernde menschliche Tragödie zu erleiden, die nicht einmal die Läuterung von Schande und Furcht kannte. Uns wurde der Abstand und die relative Sicherheit einer ästhetischen Distanz verweigert, da die unwilligen Akteure wahllos bestimmten, daß die Reihen der Opfer länger wurden – die namenlosen Leichen, die auf dem Schlachtfeld des »Spielglücks« verstreut lagen.

Wieder einmal entkam ich zufällig einer weiteren Begegnung mit dem gewaltsamen Tod durch jene Kach-Extremisten, die einen Dialog nur mit dem Gewehr führen konnten. Am Ende von Bakers Besuch hielt ich die übliche Pressekonferenz im palästinensischen Al-Masrah-Theater in Ost-Jerusalem ab. Mitten in meiner Rede brach im Theater die Hölle los, und einige der freiwilligen Sicherheitsleute der *Shabab* sprangen auf die Bühne und versuchten, mich wegzuzaubern. Andere stürzten zur Tür. Reporter waren ihnen auf den Fersen. Zwei der jungen Männer kämpften unbewaffnet mit einem Israeli, der eine Maschinenpistole schwenkte; zweimal drückte er auf den Abzug und zweimal hatte das Gewehr Ladehemmung. Schließlich gelang es, ihn zu überwältigen und der israelischen Polizei zu übergeben. Trotz der Zeugenaussagen der jungen Männer und der ausländischen Presse wurde der Möchtegern-Attentäter wieder einmal freigelassen. Ich sah ihn später wieder, als ich direkt nach dem Massaker von Hebron von der Presse interviewt wurde. Er gab gleichzeitig dem Schweizer Fernsehen ein Interview, in dem er den Massenmörder Baruch Goldstein lobte und das Gemetzel als Akt des Mutes und des Glaubens begrüßte, während er die geringe Anzahl der getöteten Araber beklagte. Langsam und bedächtig drehte ich mich um und sah ihm in die Augen. Ich fand nur Leere. Er machte weiter, als ob nichts geschehen sei. Ich ging davon, mir war bis ins Innerste kalt, ich hatte in das Vakuum des äußersten Bösen geblickt.

Andere potentielle Attentäter blieben abstrakt, anonym, sie bereiteten Hitlisten von ihnen unbekannten Menschen vor. Ich konnte meinen Namen auf einigen dieser Listen lesen, aber ich erkannte mich nicht wieder. Ich wurde von der PLO gewarnt, die wiederum von anderen gewarnt wurde. Ich sollte auf diese Killer achtgeben, aber ich lehnte es ab, diese Warnungen persönlich zu nehmen. Und wenn genaue Beschreibungen vorlagen, weigerte ich mich, dieses Bild zu verinnerlichen und die anderen um mich herum mit Argwohn zu betrachten. Als einige in anderen Ländern und Welten verhaftet wurden, gewährte ich ihnen zu meinem eigenen Universum keinen Zutritt. Weder in dem Bild meines eigenen Schicksals noch in dem der Menschen, die ich liebte, war Raum für die Anerkennung einer solch profanen Entweihung.

*

Die Friedensgespräche brachten keine wundersame Wandlung und konnten auch keine herbeiführen. Sie verliefen stoß- und ruckweise je nach dem Diktat des politischen Umfelds und trugen eine unausgewogene Last. Unsere sechste Washingtoner Runde machte jegliche noch verbliebene Hoffnung auf eine qualitative Änderung in Haltungen und Strategien zunichte; die Arbeitspartei machte da weiter, wo Likud aufgehört hatte. Ihr am 20. August vorgelegtes »Konzept« über den »Verwaltungsrat« war ein Abklatsch des Likud-Vorschlags, der die territoriale Dimension völlig außer acht ließ. Wir antworteten mit einem überarbeiteten »Vorschlag über eine Rahmenvereinbarung«, der auf taube Ohren stieß.

Wir stritten uns über die Richtlinien. Die Angebote der Israelis waren in einer anderen Sprache abgefaßt und standen im Widerspruch zu dem Grundsatz ›Land für Frieden‹ und zu dem Ziel der Beendigung der Besetzung gemäß den Resolutionen 242 und 338 des UN-Sicherheitsrates. Diese sollten eigentlich die Basis für die amerikanische Politik in der Region sein, doch die Amerikaner weigerten sich bedenklicherweise, sie erneut anzuführen. Weder Israel noch die Vereinigten Staaten waren zu der Erklärung bereit, daß die Übergangsphase und der dauerhafte Zustand ineinander übergriffen, noch waren sie gewillt, sich für das Ziel der Gespräche in Form der Umsetzung (statt der Auslegung oder Erörterung) der Resolution 242 einzusetzen. So wurden unsere Versuche vereitelt, die Amerikaner an ihre Zusicherungen zu binden, daß keine einseitigen Aktionen zugelassen würden, die die Verhandlungen über den dauerhaften Zustand unterlaufen oder beeinträchtigen könnten. Israel beschlagnahmte weiterhin Land und Ressourcen und dehnte die Siedlungen aus, und wir protestierten weiterhin vergebens. Jerusalem wurde umgeformt und mit einer heuchlerischen aufgezwungenen Wirklichkeit verunstaltet, und die einseitige illegale Annektierung der palästinensischen Stadt durch Israel wurde rasch zu einer unumstößlichen Tatsache.

Gegen Ende der zweiten Hälfte der Runde vereinbarten wir die Einrichtung informeller Arbeitsgruppen, um einzelne Aspekte des Vorschlags der israelischen Seite zu sondieren und ihre praktischen Auswirkungen und Folgen aufzudecken. Am 14. September legte die israelische Delegation schließlich den detailliertesten Vorschlag mit der Überschrift: »Informelles Konzept über die Vereinbarungen für die Selbstverwaltung in der Übergangszeit: Bausteine für ein Abkommen« vor. Für uns war dies der unwiderlegbare Beweis dafür, daß Israel die Verhandlungen manipulierte, um seiner eigenen Version der Realität zu entsprechen, und daß beide Seiten immer noch eine abgrundtiefe rechtliche und gedankliche Kluft trennte. Für uns wurde es immer dringender, die Frage der Gebietshoheit konkret anzusprechen, insbesondere in bezug auf die Siedlungen und Jerusalem, und die eigentliche Übertragung von Befugnissen (statt das Delegieren von Verwaltungsaufgaben) im Rahmen eines gewählten palästinensischen Gesetzgebungsrats zu definieren.

Die Anweisungen der PLO wurden strenger und fordernder. Während wir an unserer grundlegenden Verhandlungsstrategie festhielten, war die Führung sogar dagegen, einen Eindruck von Fortschritt bei technischen Fragen zu vermitteln. Ich begann mich zu fragen, ob Hintergrundgespräche bereits liefen, und wollte dies von Abu Mazen und Abu Ammar wissen. Beide stritten dies ab. Abu Mazen wollte, daß wir vorwärtsdrängten, doch Abu Ammar war bezüglich der Resolution 242 unnachgiebig (»Und wenn sie sich weigern, dann haltet ihnen 181 vor« – den UN-Plan für die Aufteilung Palästinas). Er bestand auch darauf, daß die Blauhelme die besetzten Gebiete von Israel übernehmen sollten und daß die Übergangsphase auf sechs Monate begrenzt würde. Ich war überzeugt, daß die Gespräche ohne die PLO eine hohle Scharade, ein Spiel im Rampenlicht blieben, das darauf wartete, daß die Realität es einhole, und zwar hinter den Kulissen und im verborgenen.

*

Die siebte Runde vom 21. Oktober bis zum 20. November war lang und ereignisreich. Die Arbeitsgruppen führten ausführliche informelle Diskussionen und Sondierungsgespräche, aufgrund derer wir ein Flußdiagramm und eine schematische Darstellung erarbeiteten. Das amerikanische Team erklärte sich »beeindruckt« und schilderte uns bei den Verhandlungen als angemessen »ernsthaft und kompetent«. In der Zwischenzeit waren die amerikanischen Präsidentschaftswahlen im Gange, und als Bill Clinton gegen George Bush gewann, verhieß das für uns nichts Gutes. Während wir keinerlei Wunsch verspürten, uns in die Innenpolitik der Vereinigten Staaten einzumischen und keine klaren Präferenzen hatten, gaben wir uns doch keinerlei Illusionen darüber hin, daß der Ausgang dieser Wahlen Einfluß auf die ganze Welt einschließlich unserer Region und insbesondere auf den Friedensprozeß haben würde.

Auf der einen Seite war der Friedensprozeß eine Initiative der Republikaner und eine größere Investition in die Außenpolitik; auf der anderen Seite waren die Demokraten in Außenpolitik schwach und wollten sich die Gewinnerposition sichern, sofern sie den Prozeß als erfolgversprechendes Unternehmen betrachteten. Ein Präsident in seiner zweiten Amtszeit wäre vielleicht selbstbewußt genug für kühne Entscheidungen und Initiativen und vielleicht relativ unabhängig von dem Druck besonderer Interessengruppen wie den AIPAC (American-Israeli Political Action Committees/Amerikanisch-israelische Aktionskomitees für politische Angelegenheiten) gewesen. Ein neuer Präsident jedoch, insbesondere ein Demokrat, hätte enorme politische Schulden zurückzuzahlen, vor allem gegenüber den AIPAC und der pro-israelischen Lobby, die seinen Wahlkampf und den der Kongreßkandidaten unterstützt hatten. Clinton hatte Israel einen Blankoscheck versprochen – strategische Bündnisse, Beihilfe zum Erhalt der militärischen Stärke und Jerusalem, aber Bush hatte Israel Darlehensbürgschaften gegeben und den Friedensprozeß auf seine Bedürfnisse zugeschnitten. Nachdem sie den Prozeß in Gang gesetzt hatten, hatten Baker und Bush ihn aufgegeben und Israel gestattet, seine Macht zu seinem eigenen Vorteil auszunutzen. Die Demokraten verfügten über ein starkes Forum für die Menschenrechte, das die Ungerechtigkeit der israelischen Zuwiderhandlungen abstellen und eine Manipulation dieser Frage in den Verhandlungen verhindern könnte. Unterm Strich stand jedoch immer, daß keine amerikanische Regierung jemals Israel die Stirn bieten würde – es gab keine Zahlung politischer Dividenden. In der Geschichte waren die Palästinenser immer entbehrlich gewesen – als fremde Kultur, als Volk und auch als vernachlässigbarer Faktor beim Schmieden oder Vernichten politischer Karrieren im Kapitol oder im Weißen Haus.

Unser alternativer, inoffizieller Dialog mit den Israelis außerhalb der Verhandlungen ging weiter. Die Frauengruppen waren immer am beständigsten und hartnäckigsten, nie verloren sie die Notwendigkeit aus den Augen, Realitäten neben den offiziellen Dialogen zu schaffen und sich mit kühner Vision und festem Schritt ins Niemandsland vorzuwagen. Viele der politischen Parteien, die zur Zeit der Likud-Regierung unsere inoffiziellen Gesprächspartner gewesen waren, waren nun Teil der Regierungskoalition. Die drei Parteien Mapam, Ratz und Shinui hatten die Meretz-Fraktion gebildet und waren in der neuen Regierung zum wichtigsten Partner der Arbeiterpartei auf dem linken Flügel geworden. Shulamit Aloni, eine der frühen Teilnehmerinnen der Brüsseler Frauenkonferenz, war nun Mitglied des Kabinetts, wie auch Ya'ir Tsaban und Amnon Rubinstein, während das Ratz-Mitglied Yossi Saried auf der Warteliste für einen Kabinettsposten stand. Unser erstes Versöhnungstreffen nach der Entzweiung durch den Golfkrieg fand in Jerusalem inoffiziell statt. Unsere Gesprächspartner aus der »Mashov-Fraktion«, dem linken Flügel der Arbeitspartei, wurden von Yossi Beilin, der stellvertretender Außenminister geworden war, sowie von den beiden Akademikern Ya'ir Hirschfeld und Ron Pundik vertreten. Während eines Treffens mit Ya'ir bei mir zu Hause wurden die Osloer Hintergrundverhandlungen in die Wege geleitet. Es wurde eine Zusammenkunft in London geplant, die später nach Oslo verlegt wurde und sich zu dem Kanal entwickelte, aus dem die Osloer Vereinbarung hervorging.

Rabin hatte die bilateralen Verhandlungen übernommen. Außenminister Shimon Peres wurde angewiesen, sich nebenbei mit den multilateralen Gesprächen zu befassen. Ya'ir hatte an Projekten für wirtschaftliche Entwicklung und Zusammenarbeit mit den Europäern gearbeitet und war stark in den multilateralen Gesprächen engagiert. Er sollte nach London zu einem Treffen des Planungsausschusses gehen. Abu Ala (Ahmad Qrei), der von der PLO zum Leiter des palästinensischen Teams in den multilateralen Gesprächen ernannt worden war, sollte ebenfalls nach London fahren, um unsere Delegation dort zu betreuen. Ich schlug Ya'ir vor, mit Abu Ala in London zusammenzutreffen und an einigen der wirtschaftlichen Fragen in Verbindung mit den multilateralen Gesprächen zu arbeiten, um deren Klärung er mich gebeten hatte. Er sagte, er würde darüber nachdenken und mir dann seine Entscheidung mitteilen, obwohl er immer noch mit direkten Kontakten zur PLO zögerte, die nach israelischem Gesetz illegal waren.

Über drei Jahre lang hatten wir versucht, einen Hintergrundkanal zwischen der PLO und Yossi Beilins Gruppe innerhalb der Arbeitspartei herzustellen. Vor allem sollte dies über die »Holländische Connection« mit Max van der Stoel (dem früheren niederländischen Außenminister) und seinem Assistenten Robert Serry erfolgen, einem Beamten des Außenministeriums, der für den Nahen Osten zuständig war.

So tauchte der Osloer Kanal, der sich unabhängig von den offiziellen Verhandlungen in Washington entwickelte, keineswegs aus dem Nichts auf. Die Geschichte der geheimen Gespräche und Kanäle im Rahmen des palästinensisch-israelischen Dialogs ist lang und komplex. Ich war teilweise daran beteiligt. Anfang Februar 1989 hatte das Politische Komitee beschlossen, mit den Treffen, die es mit einigen der »etablierteren« Israelis abhielt (hauptsächlich Mitglieder der Knesset und weniger unsere üblichen Aktivisten), an die Öffentlichkeit zu gehen. So fanden die berühmten Notre-Dame-Treffen ab Mitte Februar zwischen einigen lokalen palästinensischen

Führungspersönlichkeiten und bis zu siebzehn Knesset-Mitgliedern statt. Das Hotel Notre Dame galt als geeigneter Tagungsort, denn es lag auf der grünen Linie, die das palästinensische Ost-Jerusalem vom israelischen West-Jerusalem trennte. Vor diesem Hintergrund setzten Yossi Beilin und seine Fraktion einschließlich Ya'ir Hirschfeld separate bilaterale Gespräche mit uns fort, die vergleichbar waren mit dem älteren Dialog, den wir mit israelischen Aktivisten und kleineren Parteien geführt hatten. Als Robert Serry auf Initiative von Max van der Stoel Annäherungsgespräche vorschlug, hatten wir folglich das Gefühl, daß die Zeit jetzt reif sei. Beide hatten enge Beziehungen zu uns und der israelischen Arbeitspartei aufrechterhalten und den Plan der Aufnahme indirekter Gespräche mit der PLO unter niederländischer Vermittlung entworfen. Im Juni jenes Jahres fanden in Holland die ersten Annäherungsgespräche statt, bei denen Max van der Stoel zwischen den israelischen und palästinensischen Hotelzimmern hin- und herpendelte. Für die Palästinenser nahm Abdallah Hurani, ein Mitglied des Exekutiv-Komitees, in Abstimmung mit Abu Mazen für die PLO teil. Afif Safieh war damals der PLO-Vertreter in den Niederlanden, und als die Zeit des Treffens zwischen Ya'ir und Abu Ala in London näherkam, war Afif nach England versetzt worden und nahm auch an jenem ersten Treffen in London teil. Solche Geheimgespräche hatten es an sich, daß sie Spiralen zeichneten, die schrittweise größer wurden, während sie kontinuierlich weitergingen.

Im Dezember war der einjährige Zeitrahmen für den Abschluß der Gespräche über die Übergangsphase überschritten, ohne daß ein Ende abzusehen war. Trotz unserer wiederholten Versuche, die Schirmherren zur Aushandlung eines neuen Zeitplans zu bewegen, erhielten wir keine andere Antwort als »Halten Sie sich daran«. Natürlich nutzten die Israelis absichtlich die Verzögerungen aus, um neue Fakten vor Ort zu schaffen und ihren politischen Vorteil auszubauen. Und zu Hause zogen sie den Schraubstock an: mehr Verhaftungen, Deportationen und weitere Verletzungen der Menschenrechte. Demzufolge wandte sich unsere öffentliche Meinung zunehmend gegen die Gespräche und machte uns in gewisser Weise für die Eskalation der Unterdrückung verantwortlich. Das Nichteinhalten von Zeitplänen wurde zu einem wiederkehrenden Muster in der israelischen Verhandlungsstrategie.

Unsere Unterhändler (nun aufgrund der Entscheidung der PLO zahlenmäßig reduziert) wechselten sich in den drei Arbeitsgruppen über das Konzept der Vereinbarungen für die Selbstverwaltung in der Übergangszeit, die Gebietshoheit und Befugnisse sowie Zuständigkeiten des gewählten Rates ab. Wir legten weiterhin unsere Lageberichte zu den Menschenrechten vor und drängten mit unserer

Arbeit auf der Tagesordnung und zu Fragen gemeinsamen Interesses vorwärts.

Am 15. Dezember alarmierte mich eine Reihe dringender Telefonanrufe von zu Hause über eine ungewöhnliche Aktivität der israelischen Armee. Diese trieb die Anhänger der Hamas, der Bewegung des Islamischen Widerstands, infolge der Entführung und Hinrichtung eines israelischen Soldaten durch diese Organisation zusammen.

»Die Busse fahren zu allen Gefängnissen. Es gibt Gerüchte über eine beabsichtigte Massendeportation von Palästinensern aus den besetzten Gebieten. Es wurde eine sehr strenge Ausgangssperre verhängt«, berichtete Ahmad dringlich per Telefon. Er verfolgte dies mit den Arbeitsgruppen, die sich mit den Menschenrechten befaßten.

»Wir werden versuchen, von hier aus einzugreifen. Halte mich bitte über alle Entwicklungen auf dem laufenden«, antwortete ich.

Einige Minuten später rief unser Pressemann Nasser an, der für diese Runde zu Hause geblieben und ebenfalls Mitglied einer Menschenrechtsgruppe war. »Unsere Leute vor Ort berichten, daß eine große Anzahl von Häftlingen in Busse mit verdunkelten Scheiben verfrachtet wird. Alle vermuten eine Deportation.«

Ich rief Dan Kurtzer an. »Hat das State Department irgendwelche Nachrichten über Massendeportationen? Wir erhalten gerade alarmierende Berichte von zu Hause.« Ich teilte ihm die Einzelheiten mit.

»Wir haben keine Informationen über einen derartigen Vorgang. Ich werde dies prüfen und Sie benachrichtigen. Sind Sie sicher, daß Ihre Quellen zuverlässig sind?«

»Es sind Augenzeugen. Ich bin sicher, Ihr Konsulat in Jerusalem und die Botschaft in Tel Aviv könnten davon wissen. Wir bitten Sie, Rabin anzurufen und ihn zu stoppen, bevor es zu spät ist. Haidar hat Elyakim Rubinstein bereits gesagt, daß er morgen keine palästinensische Delegation sehen wird, wenn sich die Gerüchte über die Deportationen als wahr erweisen.«

Während ich sprach, klingelte ein anderes Telefon. Es war Yoram Binun, der israelische Journalist, der das Buch *My Enemy, My Self* (Mein Feind, mein Selbst) geschrieben hatte.

»Ich habe es selbst gesehen. Rabin beabsichtigt, mit den Deportationen weiterzumachen. Meine Quellen bestätigen das. Er hat eine Kabinettssitzung einberufen.«

Ich rief Leah Tsemel an: »Kannst du da etwas tun? Kannst du eine einstweilige Verfügung oder gerichtliche Anordnung erwirken, um die Deportation zu verhindern?« fragte ich.

»Ich versuche es. Ich habe bis jetzt vier Richter angerufen, aber keine Antwort erhalten. Ich wurde gebeten, eine Liste der potentiellen Deportierten zu beschaffen und das Gesuch in ihrem Namen einzureichen. Die Armee sollte uns die Namen mitteilen, aber sie kooperiert nicht.«

»Überprüfe das mit den Familien der kürzlich Inhaftierten. Dies muß von unserer Seite geschehen.«

Ahmad Sayyad, ein palästinensischer Anwalt, der mit dem Mandela-Institut zusammenarbeitete, das sich mit den Rechten palästinensischer Häftlinge befaßte, war mein nächster Anrufer: »Wir versuchen, die Informationen zu bekommen, und werden sie an Leah weitergeben. Wir halten euch auf dem laufenden.«

Ich rief Saeb im State Department an, während die Delegationen noch verhandelten, und bat ihn, Haidar zu informieren und Rubinstein anzuweisen, Rabin den Ernst dieser Maßnahme deutlich vor Augen zu führen.

In der Zwischenzeit war Yazid Sayegh, das einzige im Hotel verfügbare Mitglied unseres Teams, eingetroffen, um uns bei Krisenmanagement und Verständigung zu helfen. Dan Kurtzer rief zurück.

»Ich fürchte, wir können Ihre Informationen nicht belegen. Weder das US-Konsulat noch die Botschaft berichten über irgendwelche ungewöhnlichen Aktivitäten«, verkündete er gelassen.

»Entweder ist dies eine Vertuschung oder eine ungeheuerliche Unfähigkeit. Erlauben Sie mir vorzuschlagen, daß Sie jeden Ihrer Leute dort feuern. Wir haben Bestätigungen aus israelischen Quellen und auch immer neue Augenzeugenberichte. Leah Tsemel und andere Anwälte befassen sich bereits mit dem Fall. Bitte rufen Sie Rabin an und halten Sie ihn von der Durchführung der Deportationen ab. Ich kann Ihnen jetzt nicht erklären, was Deportation für uns bedeutet. Es ist der schlimmste Alptraum eines Palästinensers. Wir können nicht verhandeln, wenn Rabin seinen Plan durchführt.«

Leah Tsemels Ehemann Michel Warsovski mit dem Spitznamen »Mikado« rief an: »Leah ist jetzt gerade bei Gericht. Ich bin über ihr tragbares Telefon mit ihr in Kontakt und werde auch mit euch in Verbindung bleiben, um euch auf dem laufenden zu halten. Ich soll euch mitteilen, daß die Regierung plant, die Leute in den Libanon auszuweisen.«

Ich rief Tunis an. Abu Ammar war außer Landes und Abu Mazen auf der Hochzeit seines Sohnes. Ich sprach mit Yasser Abd Rabbo, setzte ihn über die Krise in Kenntnis und bat ihn, die libanesische Regierung anzurufen. Dann telefonierte ich mit Suheil Shammas, dem Chef der libanesischen Delegation.

»Bitte setzen Sie sich mit Ihrer Regierung in Verbindung«, drängte ich. »Die Israelis wollen eine große Anzahl Palästinenser in den Libanon deportieren. Ersuchen Sie bitte Ihre Regierung, unverzüglich zu verkünden, daß sie sie nicht aufnehmen wird. Dies ist eine Verletzung Ihrer Souveränität. Israel darf dies weder Ihnen noch irgendeinem anderen Land aufzwingen. Die Jordanier haben bereits offiziell angekündigt, daß sie keine Deportierten mehr aufnehmen.« Suheil handelte unverzüglich, und die libanesische Regierung ließ eine dementsprechende Entscheidung verlautbaren. Dan rief erneut an.

»Die israelische Regierung ist in einer Sitzung, und Rabin nimmt keinerlei Telefonanrufe entgegen.«

»Das hätte ich Ihnen sagen können. Eine Anhörung bei Gericht findet bereits statt. Lassen Sie [Außenminister Lawrence] Eagleburger anrufen, informieren Sie Bush. Dies ist ein Notfall.«

»Das haben wir versucht, aber soweit es Rabin betrifft, ist diese Regierung keine lahme Ente, sondern eine tote Ente! Sie hören nicht zu.«

Nabil Schaath kam zurück und begann, seine israelischen Kontaktleute anzurufen. Wir waren besonders entrüstet, als Mitglieder der Meretz-Fraktion Rabins Entscheidung unterstützten und sagten, es gäbe schlimmere Alternativen. »Nichts könnte schlimmer sein«, erwiderten wir. Dann führten sie die schwache Entschuldigung an, daß sie keine Ahnung von den Zahlen (über vierhundert) gehabt hätten. »Was ist aus Ihren Grundsätzen geworden?« fragten wir. Zwischen den Telefonanrufen nach Palästina, Israel, Washington, Tunis und bei Bedarf jeder anderen Hauptstadt startete ich eine Informationskampagne. Für diese Nacht war meine Teilnahme an der Sendung *Larry King Live* geplant, und ich nutzte die Gelegenheit für die Ankündigung, daß am nächsten Tag keine palästinensische Delegation erscheinen würde, wenn die Deportationen durchgeführt würden.

»Aber es sind doch Leute der Hamas, die gegen den Friedensprozeß sind«, sagte Larry.

»Es sind Palästinenser, und sie haben das Recht auf ihre eigene Meinung«, erwiderte ich. »Nur weil wir politisch verschiedener Meinung sind, bedeutet dies nicht, daß sie ihrer Menschen- und Bürgerrechte beraubt werden. Außerdem sind sie nicht vor Gericht gestellt und verurteilt worden. Das ist nur eine kollektive Bestrafung der allerschlimmsten Sorte. Sie rächen sich an unschuldigen Menschen und ihren Familien.«

Ich erinnerte mich an Larrys Besuch bei mir zu Hause in jenem Sommer. Damals war es eine andere Welt und eine andere Zeit gewesen. Larry war zusammen mit seiner Familie und seinem Freund Tom Wolf gekommen (der später sein Versprechen hielt und Zeina einen Basketball mit dem Autogramm von Larry Bird schickte). Beim Tee verglichen wir die Erziehungsmethoden in Ramallah und Brooklyn. Von unserer Veranda aus betrachteten wir meine Stadt, die sich friedlich an die welligen Hügel der palästinensischen Landschaft schmiegte. Unsere weißen, aus der Erde auftauchenden Steinhäuser standen friedlich zwischen den Gärten und Bäumen, die sie sanft und zärtlich zu umarmen schienen, als ob sie Schutz vor Zerstörung und Vertreibung versprachen. Dies war eine trügerische Idylle, doch wir gönnten uns den Luxus vorübergehenden Friedens. Ein Augenblick in der Sonne mit Larry Kings und meiner Familie war der unsichtbare Hintergrund des schmerzlichen Interviews am Vorabend der Deportation.

In Washington wurden die Gespräche ohne Abschlußsitzung abgebrochen. Wir eilten zu einem weiteren trüben Weihnachtsfest nach Hause, während unsere Landsleute buchstäblich draußen in der Kälte standen und ihre Zelte im schneebedeckten Bergland im Südlibanon aufschlugen. Tägliche Demonstrationen, Streiks und Zusammenstöße mit der Armee waren die Realität in dieser Zeit des Friedens. Ein Aufschrei der Öffentlichkeit und unablässiger Protest begleiteten unsere Rückkehr. Der UN-Sicherheitsrat trat zusammen und verabschiedete die Resolution 799, die die unverzügliche Rückkehr der Deportierten, Israels Einhalten der Vierten Genfer Konvention und die Einstellung derartiger Strafmaßnahmen forderte. Wie zu erwarten war, mißachtete Israel diese Resolution genauso wie alle anderen, die sich auf sein Verhalten in den besetzten Gebieten und gegenüber dem palästinensischen Volk bezogen. Wir lebten in Angst davor, entwurzelt zu werden, in Furcht vor dem unsicheren und haltlosen Treiben im feindlichen Raum. Einem Volk wie dem unseren, das weder Wanderer noch Seefahrer ist, gab das Land unseren Halt und bestimmte unsere Sicherheit. Wir entwickelten Erinnerungen – greifbarer als unsere Gegenwart – an eine Vergangenheit, die wiederhergestellt werden müßte, wenn wir Anspruch auf eine Zukunft erheben sollten. Die Wellenbewegung von Familie, Gemeinschaft, Stadt und Nation bildete die konzentrischen Kreise unserer individuellen Sicherheit, und wir nahmen jede Deportation persönlich. Jeden Tag durchlebte jeder von uns erneut die Tragödie der Vertreibung von 1948 und die Umwandlung einer Nation in enteignete und enterbte Verbannte. Das Schicksal eines Flüchtlings war ein Fluch, und der Status der Staatenlosigkeit machte uns gefährlich verletzbar. Wenn mein Schwager, der Leiter meiner Universität, der Bischof meiner Kirche, meine Freunde und Kollegen von der Universität und selbst völlig Fremde deportiert wurden, lastete ihre Abwesenheit auf mir, und jeder Palästinenser fühlte die Minderung seines eigenes Erbes.

13

Sonntage waren für uns die Tage der wilden Blumen. Jedes Frühjahr machte die ganze Familie Ausflüge in die Hügellandschaft rund um Ramallah und in Richtung Jericho. Für uns Kinder waren diese Picknicks reine Abenteuer und Entdeckungsreisen und boten uns direkten Umgang mit der Natur in ihrer vielversprechendsten und verwundbarsten Form. In sanfter und schüchterner Entfaltung und mit einem Versuch des Lebens im Sonnenlicht blinzelten die kleinen Knospen ins mediterrane Licht, bevor sie zu dem herrlichen Wiesenteppich mit seinen strahlenden Farben explodierten. Das Einfangen dieses Übergangs zum plötzlichen Dasein war für uns wie ein Besitz des Lebenselixiers, wie das Geheimnis des Landes. Meine Eltern brachten uns bei, wie man die wilden Blumen pflückte, ohne dabei ihre Wurzeln zu zerstören, zeigten uns die wenigen, die man nicht pflücken durfte, erklärten uns die Heilwirkungen der einzelnen Arten und erzählten Sagen aus der Zauberwelt der Überlieferungen unseres Volkes, die seine reichhaltige Geschichte offenbarten. Wilde Tulpen, Veilchen, Anemonen, Lilien und andere Blumen nickten und wogten in einem Tanz in Rot, Weiß und Lila mit grünen Intermezzi aus Gewürz- und Heilpflanzen.

Genau wie die Deportationen unsere Wurzeln beschädigten, so entwurzelten die Bulldozer unsere wilden Blumen, wenn sie durch die Hügel pflügten, um die israelischen Siedlungen zu errichten. Die Landschaft um Jericho war voller unsichtbarer tödlicher Minen, und ich konnte mit meinen Töchtern nicht die Erfahrungen aus meiner Kindheit auf der Suche nach den Wildblumen wiederholen. Bewaffnete Siedler durchstreiften die Hügel, die bereits in Hebräisch für die frisch angekommenen Juden aus Moskau und New York gezähmt und markiert worden waren, die unser Land entdecken und zu dem ihren erklären wollten. Wir hatten diese Hügel instinktiv kennengelernt, jeder Pfad und jede verborgene Quelle waren eine intime Offenbarung unserer gemeinsamen Kontinuität. Wir brauchten keine Zeichen in Hebräisch, um unseren Weg zu finden, wir dachten auch nie daran, mit Stacheldraht das Fleisch der Erde zu durchbohren und unseren Eingang mit der Androhung der Todesstrafe zu versperren. Das war unser Los geworden, und ich trauerte für unser Volk und für meine Töchter, die keinen Zugang zu einem der Mysterien meiner Kindheit hatten und auch die unschätzbaren Erbstücke nicht in Besitz nehmen konnten, die eigentlich ihr eigenes Erbe hätten werden sollen.

Doch mein überwältigender Schmerz war anderen, weniger privilegierten palästinensischen Kindern vorbehalten, deren Verlust so weit ging, daß er selbst die Quellen der Hoffnung in ihren Herzen versiegen ließ und das Reich ihrer Erfahrungen auf ein verdorrtes Gebiet ewigen Verlustes zusammenschrumpfte. Sie waren zu beweglichen menschlichen Zielen für die israelische Besatzung geworden, deren vollendetste Form des Heroismus darin bestand, einen schießwütigen Soldaten vor ihre entblößten Oberkörper zu stellen. Einfache Schlagstöcke und Holzgewehre waren die Spielzeuge derer geworden, die die Rolle der Soldaten spielten, diejenigen in der Rolle der *Intifada shabab* (Intifada-Jugend) hatten Schleudern. Eine Scheinwelt tödlicher Dimensionen hatte sich ihrer Phantasie bemächtigt, konnte jedoch einen sehnsüchtigen Blick nicht endgültig aus ihren Augen vertreiben, ein Sehnen nach etwas Unbekanntem und Undefiniertem, das in anderen Welten und Sprachen unter dem Namen Kindheit existierte. Weder sie noch ihre Eltern hatten irgendwelche Erinnerungen an wilde Blumen oder friedliche Wiesen, da Gewalt in ihr geheimstes und heiligstes Inneres eingedrungen war und ihre Träume im Keim erstickt hatte. Sie mußten die Entweihung ihrer Häuser – waren sie auch noch so bescheiden und anspruchslos – und die Demütigung ihrer Eltern mitansehen, deren Nimbus der Unbesiegbarkeit sofort ausgelöscht wurde. Ihre Brüder und Schwestern waren getötet oder inhaftiert worden, und sie nahmen die Bürde von Konfrontation, Widerstand, Martyrium und Vergeltung auf sich. In der Nacht schrien sie vor Entsetzen in ihren sie heimsuchenden Alpträumen auf. Objektive wissenschaftliche Studien hatten nachgewiesen, daß Palästinenserkinder häufiger an Alpträumen litten als andere Kinder auf der Welt. Die gleichen nüchternen Studien belegten auch, daß unter ihnen die meisten Fälle von Bettnässern auftraten. In jeder anderen Hinsicht war ihre Kindheit unter der aufgepfropften Erwachsenenwelt aus unverdienter Grausamkeit verschüttet. Sie nahmen ihren Weg durch das Minenfeld ihrer erschütterten Leben, sie genossen nie den Luxus der Suche nach wilden Blumen.

Das galt auch für unsere Frauen. Die Palästinenserinnen entwickelten den scharfen Grimm eines verleugneten, aber ungebrochenen Geistes. Doppelt diskriminiert als Frauen und als Palästinenserinnen, nahmen sie – wenn sie nicht in Widerstand um sich schlugen – die irreführende Haltung der Bezwungenen an. Darunter schwelte die Glut eines in Schach gehaltenen Feuers. Im verborgenen genährt, würde es bei den ersten Anzeichen eines Eingreifens auflodern. Seit den frühen Tagen der Besetzung waren es die Frauen gewesen, die auf die Straße gingen und die Armee herausforderten. Die Frauen hatten auch die Initiative zur Einrichtung der Volkskomitees und alternativer Organisationsformen ergriffen. Sie waren es, die mit den Soldaten rangen, um ihre Sprößlinge oder die Kinder anderer Frauen zu retten. Viele griffen zu den Waffen, andere wurden politisch aktiv, alle mit der gleichen Eindringlichkeit und Zielstrebigkeit. Inhaftiert, gefoltert, gequält, gedemütigt oder völlig ausgeschlossen und ihrer Bürgerrechte beraubt, zeigten unsere Frauen einen Stolz, der über Opferung hinausging und in ihren Augen und ihrem Gebaren sichtbar war. Sogar diejenigen, die in der Tradition gefangen waren, konnte man beobachten, wie sie mitten im Teigkneten oder Wäschewaschen aufblickten, mit diesem in die Ferne gerichteten Blick eines Menschen, der einer unhörbaren inneren Stimme lauscht und diese Botschaft bis zu einem günstigeren Moment in sich verschließt. Durch all die klaren Botschaften, die ich erhalten hatte, war ich sicher, daß dieser Moment unweigerlich kommen würde.

Manchmal wandten sich die Frauen in Pein und Zorn gegen sich selbst und gegeneinander. Richteten sich Zorn und Ablehnung mancher Frauen gegen mich, war dies für mich in gewisser Weise verständlich. Doch ich fühlte auch meinen Schmerz und das Gefühl des Verratenseins sehr deutlich. Nach der Ankündigung der beabsichtigten Deportation von zwölf palästinensischen Aktivisten im Jahr 1992 organisierten wir ein Treffen mit ausländischen Diplomaten und eine Pressekonferenz, um gegen die Deportationen vorzugehen. Anwälte, Familienmitglieder der Deportierten und Vertreter der politischen Führung sollten dabei zu Wort kommen. Obwohl ich einen Großteil der Vorarbeit geleistet hatte, beschloß ich, mich nicht zu Wort zu melden und somit mehr Redezeit für die Familien zu lassen, damit sie die menschliche Seite darstellen konnten. Die Ehefrau eines Deportierten, der Angehöriger der Volksfront für die Befreiung Palästinas, einer größeren oppositionellen Gruppe, war, erhob sich und begann ihren Beitrag mit einem vernichtenden Angriff gegen mich und den ganzen Friedensprozeß: »Hanan Ashrawi vertritt uns nicht. Vielleicht hat die PLO sie als Sprecherin gewählt – wir haben das nicht getan!« Ich empfand ihre verletzenden Worte wie einen harten Schlag in den Magen, aber ich weigerte mich, wegzugehen. Ich blieb und hörte mit gespielter Gelassenheit einem Ausbruch von Groll und Bosheit zu. Als mich die Presse um eine Antwort bat, sagte ich: »Ich kann ihre Verbitterung und ihren Schmerz verstehen.« Als andere versuchten, sie mit den Worten »Es geht hier um Deportationen und nicht um Hanan oder den Friedensprozeß« zum Schweigen zu bringen, verschärften sie und die anderen Frauen ihre Angriffe noch. Ich wartete, bis sie geendet hatte, dann wandte ich mich mit Ausführungen über die Konsequenzen der Deportationen für den Friedensprozeß an die Presse. Ihr Ehemann, ein alter Freund und ehemaliger Student von mir, schickte mir über seinen Anwalt aus dem Gefängnis eine Entschuldigung. Obwohl diese Botschaft guttat, machte sie meinen Schmerz über den Angriff unter Frauen noch heftiger.

Auch die Frauen der Hamas waren aktiv und widersetzten sich der Deportation ihrer Männer, aber sie ließen nie zu, daß ihre politischen Überzeugungen auf das Niveau persönlicher Beschimpfung abglitten. Nach der Massendeportation vom Dezember 1992 beschlossen die Frauen, auf einer ihrer Demonstrationen zu meinem Haus zu kommen. Faisal, ich und einige andere Mitglieder der Delegation sowie Mitarbeiter gingen hinaus, und wir trafen uns mit ihnen vor dem Haus. Ihre Plakate und ihren Schmerz trugen sie weithin sichtbar, aber sie waren seelisch ungebrochen. »Im Namen deines Vaters, des großen Freiheitskämpfers und Märtyrers, Abdel-Qader Husseini, bitten wir dich, nicht zu den Gesprächen zu gehen. Bring unsere Männer zurück!« sagten sie zu Faisal. »Im Namen deines Vaters, des humanen Menschen, der die Menschen heilte und seine letzten Tage verloren in der Natur verbrachte, bitten wir dich, allen Gesprächen fernzubleiben, die solche Ungerechtigkeiten wie Deportation zulassen. Bring unsere Männer zurück!« sagten sie zu mir. »Unsere Männer sind tapfere Ehemänner, Väter, Brüder und Söhne, und wir sind noch tapferer. Sie werden aushalten und alle lehren, wie man aushält und nicht kapituliert. Wir werden ihre Abwesenheit ertragen, und sie werden noch gestärkt zurückkommen.« Ihre Wut und ihre Argumente hatten Kraft und Logik eines unerschütterlichen Einsatzwillens und klarer Zielsetzung. Sie glaubten, daß unser Friedensprozeß Kapitulation bedeutete. Ich achtete und bewunderte sie, doch wir blieben freundschaftlich geteilter Meinung.

Die Deportationen hatten zwar den Friedensprozeß zum Stillstand gebracht, dafür aber fieberhafte internationale diplomatische Aktivitäten ausgelöst. Sie bestanden hauptsächlich in Schadensbegrenzung und sollten die Gespräche wieder ins Gleis bringen. Nach dem Austausch von Schreiben mit Eagleburger und später Clintons Außenminister Warren Christopher wurde ich von der PLO in Tunis gebeten, nach Washington zu reisen und mit den Amerikanern über Möglichkeiten zur Umsetzung der Resolution 799 zu verhandeln, welche die unverzügliche Rückführung der Deportierten forderte. Wir waren gewillt, eine stufenweise Rückkehr der Deportierten zu erwägen, aber nur, wenn der Sicherheitsrat einen zügigen Zeitplan für die Umsetzung seiner Resolution abfaßte. Wir nagten immer noch an der Art und Weise, wie rasch die Amerikaner eingeschritten und einen Handel mit Israel geschlossen hatten, um es davor zu bewahren, sich dem Willen der Völkergemeinschaft fügen zu müssen. Israel und die Vereinigten Staaten hatten gegenseitig vereinbart, daß die Strafen der Deportierten auf die Hälfte herabgesetzt wurde und diese im Dezember 1993 zurückkehren könnten. Dieser Handel, der unmittelbar auf die Resolution des Sicherheitsrats folgte, die eine Rückkehr forderte und verlangte, daß Israel die Vierte Genfer Konvention, insbesondere die Einstellung kollektiver Bestrafungen, einhielt, war nicht nur illegal, sondern auch eine klare Umgehung des Völkerrechts und der zentralen Fragen. Was würde passieren, wenn es an der Zeit war, die Resolution 242 in die Praxis umzusetzen, die die Grundlage der Gespräche bildete? Würden die USA eingreifen und eine weitere bilaterale Vereinbarung mit Israel treffen, damit dieses erneut die Befolgung der Resolution umgehen konnte?

Anfang Februar 1993 schilderte ich dieses Anliegen vor dem State Department und dem Team des National Security Council (Sicherheitsrat), dessen Zusammensetzung sich unter der neuen Regierung der Demokraten mit Ausnahme der Erweiterung durch Samuel Lewis und Martin Indyk noch nicht geändert hatte. Lewis war Leiter der Politischen Planung, Indyk vertrat den NSC. Als ehemaliger Botschafter in Israel war Lewis ein treuer Verbündeter dieses Landes. Der Australier Indyk hatte hastig und rechtzeitig die amerikanische Staatsbürgerschaft gewährt bekommen, damit er seinen neuen Posten antreten konnte. Er kam frisch von dem Washingtoner Institut für Nahost-Politik, einer von den AIPAC eingerichteten und gegründeten Denkfabrik.

Für uns schien es ironisch, daß die politische Landkarte des Friedensteams eher direkt das innenpolitische Terrain Israels als irgendeine amerikanische politische Vorstellung widerspiegelte. In bezug auf Washington brauchten wir uns überhaupt nicht zu fragen, ob es pro-israelische oder pro-arabische (oder pro-palästinensische) Tendenzen und Strömungen gab, aber wir mußten sehen, ob die Akteure mit Peace Now, der Arbeitspartei oder der Likud-Partei sympathisierten. Einige arabische und palästinensische Kreise störten sich an der Tatsache, daß die meisten (und später alle) Angehörigen des Teams, das die USA bei Fragen der Nahost-Politik und des Friedensprozesses vertrat, jüdischer Abstammung waren. Mir machte das keine Kopfschmerzen. Für mich und andere war klar, daß die Positionen auf der Grundlage dessen definiert wurden, was aus den verschiedenen Blickwinkeln des israelischen politischen Spektrums für

Israel gut war. Es entbehrte insbesondere nicht einer gewissen Ironie, wenn das US-Team glaubte, es wisse besser als Israel selbst, was für Israel gut sei.

Damals diskutierten wir über die wichtigsten palästinensischen Forderungen für die Wiederaufnahme der Gespräche über Menschenrechte und Verantwortlichkeit. Ich warf auch die Frage nach der Glaubwürdigkeit und der Rolle der Vereinigten Staaten als Mitschirmherr auf, und zwar zusätzlich zu den anderen immer wiederkehrenden Themen wie Wiederaufnahme des Dialogs zwischen den USA und der PLO und Aufhebung der Wirtschaftsblockade gegen die PLO, die vor dem Golfkrieg verhängt worden war. Während des Krieges war die Blockade verschärft worden, und es drohte der Zusammenbruch der palästinensischen Institutionen.

Das amerikanische Team führte die Ratifizierung des israelischen Obersten Gerichts an, die als Mittel diente, die Unrechtmäßigkeit des Deportationsbefehls der Regierung zu rechtfertigen. Demnach ging es jetzt um die Frage, ob das israelische Rechtssystem die Resolutionen des Sicherheitsrates aufheben und das Völkerrecht so verdrehen dürfe, daß es dem nationalen Recht untergeordnet würde, egal, wie ungerecht und ungesetzlich dieses wäre. Daraufhin fragte das Team, ob wir zufrieden wären, wenn die UNO die israelisch-amerikanische Vereinbarung genehmige oder annähme. »Das würde endgültig beweisen, daß die UNO ein Instrument der US-Politik ist, und es würde so aussehen, als ob Sie die Völkergemeinschaft und ihre Organisationen für Ihre eigenen Zwecke und zugunsten Israels manipulierten. Es würde das Ende der UN-Resolution 799 und folglich der Resolution 242 sowie des gesamten Friedensprozesses bedeuten.«

Als ich die Rolle Amerikas mit der Presse erörterte, führte ein Reporter das Argument an, daß die Vereinigten Staaten nicht eingreifen könnten, um die Deportationen zu verhindern, weil sie sich in der Übergangsphase nach der Wahl befänden und die Regierung eine Art lahme Ente sei.

»Für eine lahme Ente ist die Entsendung von Truppen mit mehreren tausend Soldaten nach Somalia ein ziemlich lautes Quaken. Wir wollen keine militärische Intervention, wir wollen lediglich die Achtung der Menschenrechte und der Richtlinien des Friedensprozesses. Wir möchten seine Integrität bewahren und ihm Glaubwürdigkeit verleihen.«

Während wir noch sprachen, erhielt ich die Mitteilung, daß die derzeitige Spitze des Sicherheitsrates eine Stellungnahme zugunsten der amerikanisch-israelischen Vereinbarung gegeben hatte, sie als positiven Schritt zur Umsetzung der Resolution 799 bezeichnete und die Wiederaufnahme der Gespräche auf dieser Grundlage forderte. Da erkannte ich, daß meine Bemühungen hoffnungslos waren. Wir wußten, daß die USA die Einberufung des Sicherheitsrates auf Israels Bitte hin blockieren würden (das hatten sie uns vorher gesagt), doch nun machten sie den Sicherheitsrat zum Ja-Sager zu diesen illegalen und ungerechten bilateralen Abmachungen. Um es noch schlimmer zu machen, erklärte ein anonymer Beamter gegenüber der Presse, ich hätte im Namen der PLO einer solchen Vereinbarung zugestimmt. Ich gab ein Dementi heraus und kehrte noch desillusionierter und Böses ahnend nach Hause zurück.

*

Der neu ernannte Außenminister Warren Christopher verkündete, sein erster Auslandsbesuch würde ihn in den Nahen Osten führen, um das amerikanische Engagement für den Friedensprozeß und dessen Priorität in der Außenpolitik zu unterstreichen. Wir stellten eine größere und eine kleinere Delegation zusammen und bereiteten detaillierte Papiere und Informationen über die Deportationen sowie die Verletzungen der Menschenrechte im Zusammenhang mit dem Stand der Gespräche vor. Unser erstes Treffen war eher formaler Art; wir stellten Christopher unsere Prioritäten und Sichtweisen vor.

Ich versuchte, seine Sprache und Körpersprache genau zu studieren, um seine Haltung und Politik abzuschätzen, doch es gab nur so wenige und so beherrschte Signale, daß keinerlei persönliche Beteiligung herauszulesen war. Christopher war mit seinem sehr beherrschten Auftreten ein Mann knapper Worte und noch knapperen Ausdrucks. Er vermied beharrlich jeglichen Blickkontakt; selbst wenn er seine Worte an uns richtete, schien sich sein Blick auf irgend etwas anderes zu heften. Mit der Zeit merkten wir auch, daß sein Ausdruck ständiger Überraschung ein Dauerzustand war.

Beim zweiten Treffen begann Christopher, auf unsere langen Schriften zu den Menschenrechten und unsere Auflistung der israelischen Verstöße zu antworten. Vielleicht, so dachten wir, würden wir nun etwas ernsthaftes Interesse und Maßnahmen seitens der amerikanischen Regierung sehen. Vielleicht würde Israel jetzt zu Verantwortlichkeit und Zurückhaltung gezwungen und wir als Volk behandelt werden, das Recht auf Schutz und Anerkennung hat. Die ganze Zeit hatten wir den USA vorgeworfen, daß sie uns so behandelten, als seien wir ein Nicht-Volk und somit entbehrlich und keiner moralischen Betrachtung wert. Wir hatten sogar einen gängigen Witz: Die amerikanische Regierung schicke uns immer »Nicht-Papiere«, weil sie uns als Nicht-Volk ansah, und sie antworte auf die meisten unserer Schreiben nicht, weil sie uns als Nicht-Delegation behandelte. Unsere Erwartungen in bezug auf Christopher waren nur von kurzer Dauer.

Vielleicht war Christopher über die offene Kommunikation und die guten Beziehungen zwischen Baker und Faisal unterrichtet worden und bestand deshalb von Anfang an auf Gesprächen mit Faisal unter vier Augen, obwohl Faisal und wir auf einer größeren Gesprächsrunde beharrten. Es war, als besäße er ein unsichtbares orientalisches Lehrbuch mit stereotypen Richtlinien über die palästinensische und arabische Mentalität, die alle Gespräche und Handlungen auf die Ebene kultureller Klischees und gesellschaftlicher Rituale reduzierte. »Laß das Wesentliche beiseite: Hier sind durchsichtige Schmeicheleien und gängige Komplimente der Schlüssel, um die Entscheidungsträger zu erreichen.« Ich konnte mir im Geiste fast die Anweisungen vorstellen, die er bekommen hatte. Dazu kam Christophers bekannte Abneigung gegen große Versammlungen und seine Scheu vor der Menge, und so konnte man verstehen, welche Motivation hinter seinem Beharren auf Einzeltreffen stand. Auf der anderen Seite wollten wir Faisal vor dem Vorwurf der PLO oder der Öffentlichkeit schützen, er schließe geheime Handel ab, und wir wollten vollständige und genaue Aufzeichnungen über alle Gespräche und Vereinbarungen. Wir wollten den Amerikanern auch keine Möglichkeit zu der bequemen Entschuldigung bieten, an späteren Mißverständnissen oder Komplikationen seien Faisal oder sein »schwaches Englisch« schuld. Wie sich herausstellen sollte, waren unsere Bedenken durchaus angebracht.

Vor der großen Sitzung am Nachmittag des 23. Februar holte Molly Williamson Faisal zu einem privaten Treffen mit Christopher ab, obwohl er darauf bestand, daß noch mindestens eine weitere Person mitkomme. Faisal kam später zurück und teilte uns mit, Christopher habe einen Vier-Punkte-Vorschlag unterbreitet. Bei näherer Betrachtung stellte sich heraus, daß es sich um eine Imitation der israelischen Haltung handelte, die mit den USA nach der durch die Deportation ausgelöste Krise ausgearbeitet worden war.

Wir gingen mit der Entschlossenheit zu dem Treffen, unseren Standpunkt deutlich zu machen. Hinsichtlich des Verfahrens brachten wir unsere Empörung darüber zum Ausdruck, daß Israel sich weiterhin weigerte, palästinensische Sachverständige aus Jerusalem und von außerhalb der besetzten Gebiete zu den Gesprächen zuzulassen. Daß es ablehnte, Informationen und Berichte offenzulegen, die öffentlich sein sollten und unser Leben betrafen. Zu diesen Informationen gehörten Personenregister, Landeintragung und Flächenaufteilung sowie der Haushalt der besetzten Gebiete. Hinsichtlich des Inhalts erörterten wir Besiedlungen und die Jerusalem-Frage im Rahmen der Landes- und Gebietshoheit und der Legislative, während wir weiterhin drängend die Frage der Deportation und anderer Menschenrechtsverletzungen aufwarfen.

Am Ende des Treffens bat Christopher um eine Unterredung mit Faisal unter vier Augen. Hastig kritzelte ich sechs Punkte auf einen Zettel und bat Faisal, nur diese Themen anzusprechen. Ich unterstrich die besondere Terminologie und schrieb wörtlich:

1.Unrechtmäßigkeit der Deportation – USA.

2.Bindende Zusage, daß Israel in Zukunft keine Deportation vornimmt – Israel.

3.Gemäß 799 unternehmen die Israelis: Schritte – beschleunigte, vereinbarte.

4.Vereinbarte Liste der Deportierten seit 1967, die in beträchtlicher Zahl zurückgeführt werden müssen.

5.Konkrete, umfassende und wirkungsvolle Maßnahmen für die Menschenrechte – zu vereinbaren.

6.Verhandlungen, schriftliche erneute Bestätigung 242, Land für Frieden – JERUSALEM.

Diese Punkte sollte Faisal als unsere Forderungen für die Wiederaufnahme der Gespräche vorlegen und erläutern. Nach seinem Treffen mit Christopher zeigte uns Faisal die Liste, die Christopher mit Ausnahme von Punkt 2 durchgegangen war. Punkt 2 konnte er nicht aus dem Stegreif billigen, weil der Begriff »bindende Zusage« für Israel nicht annehmbar sein könnte. Die beiden Forderungen an die Vereinigten Staaten waren die Punkte Nr. 1 und 6, die die offizielle amerikanische Haltung zu Deportation und den Richtlinien für den Friedensprozeß betrafen. Faisal erzählte, Christopher habe diese zuerst geprüft. »Hat er irgendwelche anderen Formulierungen oder besondere Wortlaute besprochen?« fragten wir. »Als er es versuchte, sagte ich ihm, ich könnte das nicht allein und bräuchte andere dazu, und erwähnte insbesondere Hanan. Aber wir haben den Wortlaut so besprochen, wie er da steht.« So kehrten wir beträchtlich ermutigt zum Orient-Haus zurück, um der PLO in Tunis Bericht zu erstatten und auf Christophers Nachricht nach seinem Treffen mit Rabin zu warten.

In einem bewußten Versuch, Anspruch auf unsere Geschichte zu erheben, und zwar nicht als Waisen der Zeit, sondern als ihre berechtigten Erben, hatten wir 1992 im Neuen Orient-Haus in Jerusalem unser Hauptquartier aufgeschlagen. Faisal, der ein Nachkomme der alten Familie Husseini war, die seit Jahrhunderten beständig in dieser Stadt gelebt hatte, wählte diese Villa der Husseinis aus dem 19. Jahrhundert als Denkmal für Glaubwürdigkeit und Engagement für Kontinuität. Es war auch eine Geste des Widerstands. Wir richteten einen Regierungssitz im palästinensischen Jerusalem ein, der Zentrum der palästinensischen politischen und diplomatischen Aktivität und Anschrift für die Delegation/das Team der Palästinenser war. Das Orient-Haus, in dem um die Jahrhundertwende Kaiser und Könige geweilt hatten, war nicht nur Veranstaltungsort für unsere Treffen und die politische Basis, sondern war auch das offizielle palästinensische Gästehaus, in dem wir Premierminister, Ministerpräsidenten und Außenminister empfingen, die von Deutschland bis Japan, von Portugal bis Dänemark, von Schweden bis in die Türkei, von England bis Australien und von Frankreich bis Äthiopien zu uns kamen. Wir hißten unsere Fahne, kleideten die Sicherheitswachen in offizielle Uniformen und vervollständigten die Symbolik mit antiken Möbeln und zeitgenössischen Bräuchen.

Christopher rief an diesem Abend an. Faisal nahm den Hörer ab, und ich hörte zu und schrieb das Gespräch wortwörtlich mit. »Wir können Ihre sechs Punkte erfüllen, vorausgesetzt, wir kommen heute abend voran«, verkündete Christopher. »Zusätzlich zu der Stellungnahme der Israelis werden wir Ihnen ein Schreiben von höchster Stelle geben, das Ihnen nochmals die Haltung der USA und die Rolle einer vollwertigen Partnerschaft versichert.« Faisal antwortete, wir würden ihn in Kürze über die Antwort unserer Führung unterrichten. Wir waren überglücklich, doch bevor wir das Exekutiv-Komitee anriefen, einigten wir uns, daß ich zurückrufen und mich rückversichern sollte. Molly Williamson war am Telefon.

»Ich möchte bitte mit Außenminister Christopher sprechen und bestätigt bekommen, was er Faisal soeben über die sechs Punkte gesagt hat«, teilte ich Molly mit.

»Sie brauchen nicht noch einmal mit ihm zu sprechen«, sagte sie. »Ich kann bestätigen, was immer Sie benötigen.«

»Sind Sie sicher, daß Sie befugt sind, uns die offizielle Antwort zu erteilen? Wir möchten, daß dies von höchster Stelle erfolgt, bevor wir es an unsere Führung weitergeben. Wir möchten jegliche Mißverständnisse ausschließen.« Es muß lange gedauert haben, ihr Ego zu besänftigen.

»Ich bin befugt, Ihnen die offiziellen und bindenden Antworten zu geben, aber Sie müssen uns Ihre endgültige Antwort über die Wiederaufnahme der Gespräche heute nacht mitteilen.«

»Das werden wir, wenn Sie mir nur bestätigen, daß Christophers Nachricht eine Annahme aller sechs Punkte bedeutet.«

»Ja, selbstverständlich«, versicherte Molly. »Zwei Punkte waren an uns gerichtet und die anderen vier an die Israelis. Christopher sagte, wir können alle sechs Punkte erfüllen. Können Sie uns Ihre Antwort heute nacht geben?«

»Da allen sechs Punkten zugestimmt wurde, werden wir Ihnen

die Antwort bald geben«, versprach ich, völlig überzeugt, daß wir uns auf dem Weg zu einer gerechten Lösung befanden.

»Aber Sie verstehen, daß die Einzelheiten noch heute nacht ausgearbeitet werden müssen, wenn Sie wollen, daß wir uns engagieren, bevor Christopher morgen früh abreist.«

»Ich habe verstanden.«

Eine Stunde später rief ich sie an und gab ihr die offizielle Antwort in Form einer Notiz an Faisal, die mir Abu Ammar und Yasser Abd Rabbo über Telefon diktiert hatten. Die ganze Zeit hatten wir die Verbindung mit dem Exekutiv-Komitee in Tunis aufrechterhalten, und Abu Ammar hatte das Telefon lautgestellt, damit alle mithören konnten. Wir hatten dasselbe getan, und bei uns nahmen Faisal, Nathmi al-Ju'beh, Ghassan al-Khatib und ich teil. Das Exekutiv-Komitee war mit den sechs Punkten und dem Briefentwurf der USA zufrieden und bat, die Einzelheiten endgültig in Jerusalem zu klären. Molly freute sich über unsere sogenannte »grundsätzliche Zustimmung« und versprach, uns wiederum die Absprachen für die Arbeitstreffen zum Abschluß der Vereinbarung vor Christophers Abreise um 7.30 Uhr mitzuteilen. Um 3.00 Uhr morgens gingen wir nach Hause.

Um 7.00 Uhr rief Christopher an und dankte Faisal für die Zustimmung. Er teilte ihm mit, Molly würde ihm an diesem Morgen einen Brief von Präsident Clinton und einen von Außenminister Christopher überreichen. Auf die Frage nach der israelischen Stellungnahme mit den verbleibenden vier Punkten sagte Christopher, daß die Israelis ihren Text zu Punkt 2 abgefaßt hätten, ihn jedoch erst freigeben würden, nachdem wir uns bereit erklärt hätten, an der nächsten Runde teilzunehmen. Was die vollständige Stellungnahme anging, so würde Molly dies mit uns weiterverfolgen.

Alarmiert bat Faisal mich, zum Orient-Haus zu gehen und die anderen zu rufen. Er vermutete ein abgekartetes Spiel. Von da an begann sich alles zu entwirren. Die Briefe von Clinton und Christopher enthielten keine klare Stellungnahme zu Jerusalem. Molly sagte uns, wir könnten die israelische Stellungnahme nicht sehen und die Israelis könnten nicht den Wortlaut bieten, den wir gewollt hatten. KEINE der Einzelheiten oder kein Durchführungsschritt würde weiter behandelt werden, bevor wir nicht unsere öffentliche Zusage erteilt hätten. Um es noch schlimmer zu machen, stellte Molly kategorisch fest, alles wäre ein Sprachproblem gewesen, und Faisal hätte Christopher am Telefon falsch verstanden. Ich erinnerte sie daran, daß es Zeugen gab und sie nur ihr die wesentlichen Punkte noch einmal bestätigt hätte. Nach vier ergebnislosen Treffen rieten wir Christopher, keine öffentlichen Ankündigungen zu machen oder irgendwelche Daten für die nächste Runde festzusetzen. »Sprechen Sie keine Einladungen aus, die wir dann ablehnen müssen.« Wir schickten ihm einen ausführlichen Brief mit einer chronologischen Aufzählung der Ereignisse und unserer Interpretation der Vorgänge. Er antwortete nie darauf.

Der Verlauf dieser berühmten Sechs-Punkte-Episode war ein bedeutungsvolles Vorzeichen für die zukünftigen palästinensisch-amerikanischen Beziehungen und die nachteilige Rolle des neuen »vollberechtigten Partners«. Er signalisierte auch einen geänderten amerikanischen *Modus operandi*, der von Unschlüssigkeit und Unbestimmtheit charakterisiert war und in dem Unklarheiten blieben, die den ganzen Prozeß bedrohen sollten. Wir hatten wiederholt erklärt, daß der Prozeß einen Schirmherrn brauche, der in der Lage sei, mutige und entschlossene Maßnahmen zu ergreifen, und der über klare Visionen und Führungsqualitäten verfüge. Anonym bleibende Mitglieder des Teams begannen auch, hier und da zu verbreiten, daß Faisal ursprünglich zugestimmt habe, ich jedoch eine unnachgiebige Stellung bezogen und Faisal zu einem Rückzieher gezwungen hätte. Ich schien für die Amerikaner ein bequemer Sündenbock zu sein. Sie hatten wohl noch nie eine unbeugsame Haltung erlebt. Für den Zwischenfall mit den sechs Punkten gab es sechs entsprechende mögliche Interpretationen, aber keine davon konnte uns trösten. Entweder hatten die Israelis ursprünglich zugestimmt und dann ihr Wort gebrochen und ließen Christopher die Sache ausbaden; oder sie hatten ihn die ganze Zeit über getäuscht; oder er hatte sie mißverstanden und sich folglich selbst in diese Verlegenheit gebracht; oder er hatte von Anfang an versucht, uns hinters Licht zu führen; oder er verstand uns wirklich nicht und stolperte auf der Grundlage fälschlicher Annahmen vorwärts. Auf jeden Fall, so meinten wir, mußte das Friedensteam und sein Lehrbuch den größten Teil der Verantwortung übernehmen. Christopher erschien zu den Treffen immer mit seinen sicheren Gesprächsthemen bewaffnet und wagte sich nie über ihre Grenzen hinaus. So sehr wir es auch versuchten, wir konnten ihm keine spontane Antwort oder gar einen kreativen Meinungsaustausch entlocken. Christopher blieb ein Mann für Gespräche unter vier Augen.

Am 9. März, nach einem langen Schweigen der Vereinigten Staaten auf unser Schreiben und unsere *Démarche* in bezug auf die sechs Punkte, Jerusalem, die Wirtschaftsblockade und andere wichtige Fragen, erhielt ich einen Anruf, daß die amerikanische Generalkonsulin Molly Williamson um einen Termin bat. Zunächst wurde ein Treffen für den darauffolgenden Tag bei mir zu Hause anberaumt. Später vernahm ich Gerüchte aus Washington, daß ein Datum für die nächste Runde angesetzt worden war, obwohl man mit uns nichts ausgemacht hatte. Ich rief beim Konsulat an und fragte, ob

Molly alleine käme. Es stellte sich heraus, daß Alexei von der Russischen Botschaft sie begleiten würde. Ich verlegte den Treffpunkt unverzüglich ins Orient-Haus und rief Tunis an.

»Es sieht so aus, als sei das Treffen offiziell und daß sie uns ein Angebot machen werden, das wir ablehnen müssen.«

»Sie überraschen uns plötzlich mit einer Einladung, ohne die sechs Punkte geklärt zu haben?« Akram war empört. »Das geht zu weit! Sie übergehen uns einfach, das ist demütigend.«

»Dann sollten wir das Treffen ablehnen, bis sie antworten«, schlug ich vor.

»Laß mich mit dem Alten reden, ich rufe wieder an.«

Eine Stunde später rief er aus Abu Ammars Büro zurück. »Du solltest zu dem Treffen gehen und anhören, was sie zu sagen haben, aber du darfst die Einladung nicht annehmen.«

»Seid ihr sicher? Das wäre eine diplomatische Ohrfeige. Vielleicht sollten wir das Treffen absagen oder die Einladung annehmen, und dann schriftlich eine begründete Absage schicken.«

Arafat war nun am Telefon: »Ich habe alles sorgfältig bedacht, du mußt die Einladung ablehnen. Wenn sie glauben, sie könnten uns ignorieren, übergehen oder demütigen, dann haben sie sich geirrt. Wir müssen ihnen dies mit einer deutlichen Antwort klarmachen.«

»Ich bereite mich auf das Treffen vor und werde Sie morgen früh noch einmal anrufen, für den Fall, daß Sie Ihre Meinung ändern sollten.«

Ich rief Ghassan al-Khatib und Zahira Kamal an, um sie kurz zu informieren. Faisal war nicht in der Stadt. Saeb war zu der Zeit in einer öffentlichen Versammlung. Ich rief noch zweimal in Tunis an, aber sie blieben bei ihrer Haltung. Ghassan, Zahira und ich gingen zu dem Treffen. Molly gab uns eine genaue Übersicht über den vorgelegten Plan für das multilaterale Treffen und legte uns eine Einladung für Beratungen im Vorfeld der Verhandlungen in Washington vor. Noch bevor sie weitermachen konnte, entschuldigten wir drei uns und zogen uns zu Beratungen in ein Nebenzimmer zurück. Wir riefen Akram mit dem mobilen Telefon an, aber die Entscheidung war immer noch dieselbe.

Als wir zurückkamen, gab mir Molly die Einladung für die nächste Runde der bilateralen Gespräche. Ich verweigerte die Annahme, und wir erklärten des längeren und des breiteren, warum wir ihr Verhalten inakzeptabel fanden. Alexei fielen fast die Augen aus dem Kopf. (Ich erfuhr später, daß die Welt einen Atomkrieg erlebt hätte, wenn sich so etwas während des Kalten Krieges zwischen Vertretern ihrer Länder ereignet hätte.) Molly legte den Umschlag auf den Tisch, ich gab ihn ihr zurück. Sie legte ihn erneut hin und ging dann weg. Ich rief jemanden aus der diplomatischen Vertretung, und derjenige brachte den Umschlag eilig zum amerikanischen Konsulat zurück und übergab ihn dem diensthabenden Beamten.

Wir schockierten alle, auch uns selbst. »Was wird der nächste Schritt sein? Eine Kriegserklärung?« fragte Penny. Wir wollten keine Wiederholung des Films *Die Maus, die brüllte*. »Nein«, meinte ich, »wir können uns keinen Sieg leisten.« Aber wir stellten eine kleine Delegation zusammen, die nach Washington reisen und sich mit Christopher und seinem Team zusammensetzen sollte, um die offenen Fragen zu klären. Die Amerikaner weigerten sich, offiziell die US-Haltung zu Ost-Jerusalem bekanntzugeben, und wir argwöhnten einen Kurswechsel in ihrer Politik. Der Handel mit Israel stand und war nach ihrer Aussage nicht zu überarbeiten oder zu ändern. Würden wir uns jedoch verpflichten, an den Verhandlungstisch zurückzukehren, so versprach man uns, daß Israel eine Reihe von Maßnahmen in bezug auf Deportation und Menschenrechte ankündigen und uns darüber informieren würde und daß diese Maßnahmen sofort nach Wiederaufnahme der Gespräche greifen würden. In diesen Gesprächen würden die USA ihre Rolle des »vollwertigen Partners« effizienter spielen und bei der Frage der palästinensischen Fachleute aus Jerusalem und von außerhalb der besetzten Gebiete sowie bei der Frage der öffentlichen Berichte mit Informationen über unser Leben eingreifen. Und wie üblich baten sie uns, direkt mit den Israelis zu sprechen.

Zu dieser Zeit hatten wir beschlossen, geheime Sondierungsgespräche mit den Israelis zu führen. Faisal und ich begannen, uns in Jerusalem mit Außenminister Peres und Ephraim Sneh, einem Abgesandten von Ministerpräsident Rabin, zu treffen. Sowohl der Öffentlichkeit als auch unserer Führung gegenüber war die Frage der Geheimtreffen mit offiziellen Vertretern Israels immer ein heikles und potentiell explosives Thema gewesen. In unserer Geschichte hatten immer nur Kollaborateure oder Menschen mit fragwürdigen nationalen Leumundszeugnissen Gespräche mit offiziellen israelischen Vertretern geführt, insbesondere, da solche Treffen als »Normalisierung« unter der Besetzung oder als verdächtige geheime Abmachungen/Ausverkauf angesehen wurden. Selbst als die PLO insgeheim unsere Gespräche billigte, hatten uns die Angriffe auf Sari Nusseibeh und andere Zwischenfälle dieser Art gelehrt, daß dies keinen ausreichenden Schutz bot. Solche »Pfadfinder« der PLO waren oft »entbehrlich« und häufig für ihre Bemühungen gebrandmarkt oder bestraft worden. Deshalb zögerten wir, als Abu Mazen uns bat, einen geheimen Kanal für Gespräche auf höchster Ebene in Jerusalem einzurichten, und wir baten um Abu Ammars ausdrückliche Bitte und Zustimmung. Er genehmigte keine politischen Treffen, die die Einrichtung eines Hintergrundkanals zur PLO verhinderten. Als Rabin uns die Mitteilung schickte, er sei bereit, mit Faisal und mir zusammenzutreffen, um die Frage der Deportierten zu erörtern, stimmte Abu Ammar unter der Bedingung zu, daß wir vorher und mittels Gesandten die Einzelheiten ausarbeiteten, damit wir mit einer akzeptablen Lösung und positiven Ergebnissen aus den Gesprächen hervorgehen würden. Rabin weigerte sich, und wir mußten das vorgeschlagene Sondierungstreffen mit der Begründung ablehnen, daß der politische Preis zu hoch und die Ergebnisse ungewiß seien.

Peres brachte einen Vorschlag Frankreichs ein: Die Rückkehr der Deportierten sollte unverzüglich und in zwei Gruppen beginnen, später sollten die Deportierten von 1967 in großer Zahl schrittweise rückgeführt werden. Tunis lehnte den Vorschlag ab, und der viel üblere amerikanisch-israelische Handel trat in Kraft. Sneh erhielt die eng gesteckte und klar definierte Aufgabe, im Rahmen dieser Abmachung zu agieren, während dazu die Rückkehr der fünfundzwanzig bis dreißig früheren Deportierten und die unverzügliche Übernahme von Verantwortung für Wirtschaftsprojekte kamen, die der Delegation vorgelegt werden sollten, bevor sie den israelischen Behörden unterbreitet wurden. »Wenn die Gespräche erst einmal wieder am Laufen sind, wird sich alles erheblich verbessern«, erklärte Sneh, doch Einzelheiten waren ihm nicht zu entlocken. Laut Sneh war der Handel mit den Amerikanern für Rabin unantastbar und keinesfalls Gegenstand einer Diskussion oder Änderung. Wir erkannten damals, daß die Zusammenarbeit zwischen den USA und Israel und ihre besonderen Beziehungen eine wichtige Komponente im Friedensprozeß und ein entscheidender, die Politik bestimmender Faktor auf beiden Seiten geworden waren. Ich war nun überzeugt, daß sich ein Eingreifen der Amerikaner in die Gespräche immer deutlicher zum Nachteil der Palästinenser und des Prozesses auswachsen würde. Unterdessen gingen in Oslo die Gespräche zwischen Ya'ir Hirschfeld und Abu Ala still hinter der Bühne weiter, obwohl sie immer noch inoffizieller und sondierender Art waren. Die USA nahmen diese Hintergrundgespräche noch nicht ernst, sie glaubten, es ginge einfach um zwei miteinander sprechende Akademiker.

Nach einem Treffen in Washington reisten wir mit einem bitteren Bericht über die israelischen und amerikanischen Positionen zur Deportationskrise und ihre Folgen für zukünftige Verhaltensmuster nach Tunis. Die neunte Runde der Washingtoner Gespräche war von den Schirmherren für den 20. April anberaumt worden. Die Außenminister der an den Gesprächen teilnehmenden arabischen Länder trafen sich in Kairo, um sich abzustimmen und eine einstimmige Antwort zu finden. Abu Ammar wartete die Ergebnisse unserer Gespräche in Washington ab, fürchtete jedoch gleichzeitig, daß die Araber Einladungen zu einer Wiederaufnahme der Gespräche ohne uns annehmen könnten. Wir drängten Abu Ammar, hart zu bleiben und keine Zusage für unsere Teilnahme an den Gesprächen zu geben, bevor wir nicht die geforderten Zusicherungen erhalten hätten und die Runde um den Verhandlungstisch ausgewogener wäre. Abu Ammar beschloß, die arabischen Parteien um einen Aufschub zu ersuchen. Um 3.00 Uhr morgens verkündete er, er würde zu den Außenministern nach Kairo und zum syrischen Präsidenten Hafez al-Assad nach Latakia fliegen. Zu mir sagte er: »Du kommst natürlich mit. Wir treffen uns um 6.00 Uhr am Flughafen.« Dann erteilte er die Anweisung, die ganze Delegation sollte aus den besetzten Gebieten zu einer großen Sitzung am nächsten Tag nach Amman fahren. Er verkündete: »Wir werden die Entscheidung gemeinsam treffen.«

Der kleine Privatjet hob kurz nach der Morgendämmerung in Tunis ab und erreichte Kairo gerade rechtzeitig zu dem Dringlichkeitstreffen mit den arabischen Außenministern in der VIP-Lounge der Regierung. Osama al-Baz traf mit einer Mitteilung des ägyptischen Präsidenten Mubarak ein. Abu Ammar telefonierte mit Mubarak. Ich rief Ed Djerejian an, um ihm mitzuteilen, daß ein Aufschub unvermeidlich schien. Die Außenminister stimmten einer zweitägigen Verschiebung zu. Im Flugzeug des syrischen Außenministers Faruq al-Shara flogen wir in Begleitung der größeren Delegation, die an den Kairoer Treffen teilgenommen hatte, nach Damaskus. Faisal war zu einem Gespräch mit dem saudiarabischen Außenminister Prinz Saud al-Faisal über den Beginn einer Wiederherstellung der Beziehungen mit den Golfstaaten und die Beendigung der Wirtschaftsblockade in Kairo gewesen. Prinz Saud hatte Faisal einen saudischen Beitrag in Höhe von 10 bis 20 Millionen Dollar für den Jerusalem-Fonds versprochen (der verschiedenen Jerusalemer Institutionen und religiösen Gruppen Unterstützung für den Wiederaufbau gewährte), die mit Aufnahme der Gespräche freigegeben werden sollten, und Mittel für andere Fonds auf der Grundlage besonderer Projekte und Machbarkeitsstudien zugesagt. Die jetzige Rolle Faisals als Geldbeschaffer und die Verknüpfung jeglicher Unterstützung und Handlungen mit der Wiederaufnahme der Gespräche begann vielen auf der palästinensischen Seite zu mißfallen. Die Wirtschaftsblockade und die Aussetzung des Dialogs zwischen den USA und der PLO zusätzlich zu den Verletzungen der Menschenrechte durch Israel waren zu Druckmitteln und Faustpfändern geworden, die gegen politische Zugeständnisse der Palästinenser eingetauscht wurden. Die ersten beiden Punkte waren die Achillesferse der PLO, der dritte Punkt die unsrige.

Von Damaskus aus nahmen wir den Hubschrauber ins atemberaubende Latakia zur Residenz von Präsident Assad, die hoch auf den Steilklippen über dem Mittelmeer lag. Wir verbrachten fast sechs Stunden mit politischen Plaudereien, Erinnerungen, Scherzen und versteckten Botschaften – ohne dies einstudiert zu haben – bevor wir endlich zur Sache kamen. (Allerdings muß ich zugeben, daß ich nach vier Stunden ankündigte, ich würde das Unsägliche tun, ich stand auf und spazierte um das Sofa herum, um meine betäubten Glieder wieder zu bewegen.) »Was ist mit Ihrer Delegation los?« fragte Assad. »Geben Sie Ihren Leuten einfach Ihre Instruktionen und schicken Sie sie aus, um ihre Aufgabe zu erfüllen.« Dann wandte er sich an Saeb, dessen Familie gerade von Unbekannten bedroht worden war, und sagte: »Wenn Sie Angst haben, bringen Sie Ihre Familie hierher und gehen zu den Verhandlungen. Dies ist ein politischer Prozeß, in den wir verwickelt sind. Die Besetzung per definitionem ist schwierig. Echte Revolutionäre widerstehen und verhandeln.« Schließlich stimmte Assad einem kurzen Aufschub zu. »Wir wollen einen umfassenden Frieden, und wir müssen dabei bleiben, wie lange es auch dauern mag. Wir haben es nicht eilig.«

Nach einem üppigen Abendessen wurden wir zum Flughafen gefahren, von dem aus Assads Flugzeug uns zurück nach Amman brachte.

Wir kamen nach Mitternacht in Jordanien an und begannen mit der Vorbereitung der kommenden Gespräche. Der Rest der Delegation hatte sich zu Hause versammelt und eine Stellungnahme gegen eine Rückkehr an den Gesprächstisch ausgearbeitet. Als Arafat das abendliche Treffen mit der gesamten Delegation einberief, stellte er fest, daß er es mit einer ausgewachsenen Meuterei zu tun hatte. Acht Stunden lang versuchte er, die Delegationsmitglieder zu einer Rückkehr zu den Verhandlungen zu überreden, aber sie weigerten sich. »Mandela hat Gespräche vier Monate lang wegen Grundsatzfragen ausgesetzt«, meinte Mamdouh al-Aker. »Wir können es uns leisten, die Gespräche eine Weile auszusetzen, bis die Israelis Respekt vor den Menschenrechten und der rechtlichen Grundlage der Verhandlungen beweisen.« Haidar Abdel-Shafi war unnachgiebig: »Wir müssen die Gefühle unseres Volkes respektieren und unsere Öffentlichkeit berücksichtigen. Ich habe bereits angekündigt, daß ich erst dann zu Gesprächen zurückkehre, wenn die Deportierten zurückgeführt worden sind. Hier steht meine Integrität auf dem Spiel.« Die meisten waren empört darüber, daß sie zur Entscheidungsfindung herbeizitiert worden waren, nur um zu erfahren, daß Abu Ammar bereits entschieden hatte. Dieser war wütend: »Andere Führer geben einfach ihren Delegationen Anweisungen, und sie gehorchen. Ich muß gut zureden, überzeugen und mit euch diskutieren. *Meine*

Glaubwürdigkeit steht hier auf dem Spiel – ob ich mein Wort geben und halten kann oder nicht. Gibt es hier zwei Führungen?«

Faisal und ich versuchten zu vermitteln: »Wir können nicht auf der einen Seite fordern, daß die PLO unsere einzige legitime Führung ist, und auf der anderen Seite Abu Ammars Fähigkeit, sein Wort zu halten, unterminieren. Wir können weiterhin auf die Rückkehr der Deportierten im Gesamtkontext der Menschenrechte drängen, eine arabische Abstimmung aufrechterhalten, während wir an der Beendigung der Wirtschaftsblockade und für die Anerkennung der PLO arbeiten, und die israelischen und amerikanischen Absichten über die Führung künftiger Verhandlungen testen.« Irgendwann verkündete Haidar, daß die Delegation gerne alleine beraten und zu ihrer eigenen Entscheidung kommen würde. Abu Ammar stürmte hinaus. Wir eilten ihm nach und versuchten, ihn zu einer Rückkehr zu überreden. Die Presse hatte sich in den Gängen und Nebenräumen versammelt und bemühte sich, aus dem Lärm schlau zu werden, der aus dem Versammlungsraum drang. Hin und wieder ging ich hinaus, um einen Anruf vom State Department entgegenzunehmen oder eine Nachricht vom Vorsitzenden zu übermitteln. Verschiedene Regierungschefs aus der ganzen Welt riefen an und drängten Abu Ammar, uns gegenüber hart zu bleiben und das Treffen zu einem positiven Abschluß zu bringen. Die Russen setzten eine Frist. Abu Ammar kochte. »Was denkt ihr, wer ich bin?« donnerte er. »Jetzt habe ich zwei Ultimaten, eines von den Amerikanern und eines von den Russen. Ich bin kein Selbstmörder. Was glaubt ihr, was mit der Führung geschehen wird? Wo wird die PLO hingehen? Welches Land wird uns aufnehmen? Könnt ihr euch vorstellen, was mit den palästinensischen Flüchtlingen passieren wird, die ihren Gastgebern auf Gedeih und Verderb ausgeliefert sind? Wenn wir die Gespräche abbrechen und eure Landsleute im Exil ausgewiesen werden, wo sollen sie dann hin? Denkt nicht nur an euch selbst. Denkt an andere – dies ist eine Verantwortung, die ihr auf euch genommen habt, und ihr müßt weitermachen. Wenn ihr um euch und eure Familien Angst habt, werden wir sie und euch schützen. Ich muß an das ganze palästinensische Volk denken und ich weiß, daß wir uns den Preis für ein Verlassen der Gespräche nicht leisten können.« Andere Mitglieder des Exekutiv-Komitees und des Zentralrates, die in Amman waren, brachten dasselbe Argument vor. Allmählich begannen wir zu sehen, wie man uns als feige und selbstsüchtig betrachten könnte statt als integre und mutige Menschen. Bei Tagesanbruch gaben wir unsere Zustimmung, und ich wurde gebeten, die Amerikaner zu informieren. Abu Ammar reiste nach Kairo ab, um mit den arabischen Außenministern zu sprechen, und wir gingen nach Hause, um uns auf die nächste Runde vorzubereiten. Die ganze Zeit über verfolgte Rabin ruhig und aus der Nähe die Ereignisse. Die Israelis hatten schließlich das Gesetz aufgehoben, das sie daran hinderte, mit der PLO zusammenzutreffen, nun wäre der nächste unvermeidliche Schritt für die israelische Regierung die Herstellung eines offiziellen Kontakts mit unserer Führung. Das lange und turbulente Treffen in Amman öffnete die Augen und war ein Anstoß in diese Richtung.

*

Nach einem weiteren stürmischen Treffen mit dem ganzen Team bei mir zu Hause in Ramallah bereiteten wir uns auf die neunte Runde in Washington vor, die vom 20. auf den 27. April verschoben worden war. Der kollektive Aufschrei »O nein, wir werden nicht gehen!« wich einem zögernden »Wir werden sehen, was getan werden kann«. Doch nicht nur in Haltung und Stimmung der Delegation, sondern auch im politischen Kalkül der Führungen auf beiden Seiten war es zu einer unverkennbaren Verschiebung gekommen. Weitere Entwicklungen verstärkten diesen Trend noch, da der Friedensprozeß zeigte, daß er rasch nirgendwohin führte. Gleichzeitig mehrten sich unsere Rufe nach einer Neubewertung und Änderung des Madrider Rahmenwerks sowie nach einer unparteiischen und aktiveren Rolle der USA. Mit dem schwachen Widerhall eines Saxophons in der Ferne konnten wir einen Reiter in einer irgendwie angelaufenen Rüstung ausmachen, der sich auf einem weißen Schlachtroß mit lahmem Gang näherte und ein Banner mit der Inschrift »vollwertiger Partner« trug.

Die Amerikaner begannen, die Ärmel hochzukrempeln und sich an Verhandlungen im Stil des Nahen Ostens zu versuchen. Sie beschlossen, mit der israelischen und der palästinensischen Delegation getrennt zu verhandeln und dann in einer neuen Art der Ping-Pong-Diplomatie den Vermittler zu spielen. Jeder Delegation wurde ein besonderes Teammitglied als Kontaktperson und zur Erleichterung des Übergangs in diese neue Partnerschaft zugewiesen. Wir bekamen Aaron Miller, der häufig von Dan Kurtzer und manchmal von Molly Williamson begleitet wurde. Automatisch verlagerte sich der Schwerpunkt allmählich von den Verhandlungen mit den Israelis zu den täglichen Verhandlungen mit den Amerikanern. Zunächst sahen wir Anzeichen für Fortschritte und Flexibilität. Die Israelis führten dreißig der frühen Deportierten zurück, begannen, Fragen über Land und territoriale Unversehrtheit zu diskutieren, erweiterten ihr Konzept der palästinensischen Selbstverwaltung auf die Gesetzgebung und schienen nun der palästinensischen Position näher, die Verhandlungen der Übergangsphase mit denen des dauerhaften Zustands so zu verknüpfen, daß die Umsetzung der UN-Resolutionen 242 und 338 gewährleistet wären. Wir antworteten mit der Bildung von Arbeitsgruppen (in denen auch Palästinenser von außerhalb der besetzten Gebiete saßen), mit der Ausarbeitung eines flexiblen Entwurfs einer Grundsatzerklärung und möglicher Verhandlungsthemen und mit dem Beginn einer Sondierung gemeinsamer Fragen. Dies dauerte eine Woche. Plötzlich schwenkten die Israelis unerwartet um und weigerten sich, weitere Maßnahmen bei den Menschenrechten wie früher versprochen durchzuführen, daneben legten sie uns einen Erklärungsentwurf vor, in dem keiner der früher in den Diskussionen der Arbeitsgruppen bewilligten Punkte auftauchte. Als Reaktion darauf erhielten wir verzweifelte Anrufe aus Tunis, die gegen den »optimistischen Ton« meiner Briefings aus der ersten Woche protestierten, uns anwiesen, die Arbeitsgruppe für Menschenrechte auszusetzen, und Faisal nach Tunis zurückriefen. Außerdem wurden wir gebeten, unsere bereits geschrumpfte Delegation noch zu verkleinern (die Volkspartei hatte bereits nach der achten Runde beschlossen, nicht mehr teilzunehmen). Der frühere Weg zum Kompromiß schien sich rasch in einen Kollisionskurs zu verwandeln. Wir wandten uns an unseren »vollwertigen Partner« und baten um sein Eingreifen, doch man sagte uns, die Frage der Menschenrechte oder der Verhandlungspositionen sei mit den Israelis zu klären. Die Amerikaner erklärten sogar, ihre Hände wären in bezug auf das Versprechen einer Beendigung der Wirtschaftsblockade gebunden – dies ginge die Saudis an. Selbst nachdem Faisal in Washington ein weiteres Gespräch mit Prinz Saud al-Faisal geführt hatte, gab es Versprechungen, jedoch keine Mittel. Wir beschuldigten öffentlich sowohl die Amerikaner als auch die Israelis, ihre Versprechungen und ihre Verpflichtungen nicht einzuhalten. Aber es sollte noch schlimmer kommen.

In der dritten Woche erhielt ich eines Abends eine telefonische Mitteilung, daß die Amerikaner ein trilaterales palästinensisch-amerikanisch-israelisches Treffen anberaumen wollten, um uns den Entwurf einer gemeinsamen Erklärung vorzulegen, den sie als Ergebnis ihrer ausführlichen Beratungen mit beiden Seiten vorbereitet hatten. Nabil Schaath hatte aus seinen amerikanischen und israelischen Quellen Informationen darüber erhalten, daß das Dokument bereits im voraus mit den Israelis erörtert und zur Zustimmung an Rabin geschickt worden war. Ich rief das Team mehrere Male zwecks Bestätigung an, aber alle leugneten dies. Wir baten darum, das Dokument auch im voraus zu sehen und die Möglichkeit einer Besprechung mit den Amerikanern sowie einer Stellungnahme vor der öffentlichen Verkündung zu haben, aber sie weigerten sich. Wir sollten unseren Delegationschef zu einem Gespräch mit dem israelischen Delegationschef in Anwesenheit von Aaron und Dan schicken. Die Amerikaner würden jeder Seite eine Abschrift der Erklärung ohne Diskussion oder Verhandlungen überreichen. Jede Seite sollte sich dann gesondert mit den Amerikanern zwecks einer Erörterung des Entwurfs treffen. Nach diesen Zusammenkünften sollte der Text seine endgültige Fassung erhalten.

Abu Ammar und das Leitkomitee wiesen uns an, das Treffen abzulehnen, bis wir ein vorbereitendes Gespräch mit den Amerikanern geführt und wie die Israelis die Möglichkeit einer vorherigen Prüfung des Dokuments hatten und es unserer Führung zwecks Stellungnahme zusenden konnten. Die Amerikaner lehnten dies ab. Wir schlugen die Einladung zu dem trilateralen Gespräch aus (das überhaupt kein Gespräch, sondern eine Übergabe von Dokumenten war). In dieser Nacht kamen drei Mitglieder des Teams in unser Hotel und gaben uns das Dokument. Auf den ersten Blick war offensichtlich, daß es sich bei der gemeinsamen Erklärung keineswegs um etwas Gemeinsames handelte, auf jeder Seite prangte klar der Stempel »Made in Israel«. Wir reagierten mit Empörung: Es enthielt nicht nur Israels Prioritäten, Diktion und Positionen, es hatte sich sogar so rückläufig entwickelt, daß es die israelischen Positionen anführte, welche die israelische Delegation selbst in den bilateralen Verhandlungen geändert oder aufgegeben hatte. Wir bereiteten unverzüglich anhand einer sorgfältigen Textanalyse des amerikanischen Dokuments eine ausführliche Antwort vor und begannen, sie in einer Unterredung mit Aaron, Dan und Molly zu erläutern. Mitten in diesem Gespräch erhielt ich eine Notiz mit einer Mitteilung von Abu Ammar, die besagte, daß wir das amerikanische Dokument nicht einmal diskutieren, sondern unmißverständlich erklären sollten. Es sei inakzeptabel und bilde deshalb nicht einmal eine Diskussionsgrundlage. Yasser Abd Rabbo hatte zu diesem Zweck schon eine öffentliche Stellungnahme herausgegeben. Ich hatte bereits eine Erklärung abgegeben, daß wir den Entwurf prüfen und zu gegebener Zeit seinen Verfassern antworten würden.

Widersprüchliche Verlautbarungen waren aufgrund unserer ungewöhnlichen Lage für uns nichts Ungewöhnliches. Aber sie verrieten auch unterschiedliche Einstellungen. Wir drängten auf eine stärkere Betonung des Inhalts und weniger auf technische Fragen. »Uneinigkeit, Protest und Ablehnungen sollten im Text und in den Verhandlungen zum Ausdruck gebracht werden und nicht durch ein Verkleinern der Delegation oder durch Ablehnen von Dokumenten und Gesprächen oder durch Auflösen von Komitees.« Doch die Sprache von Tunis wurde im gleichen Maße schärfer, wie die geheimen Gespräche in Oslo stille Fortschritte verzeichneten. Die Delegation kam immer mehr unter Druck, der entweder von der öffentlichen Meinung zu Hause ausgeübt wurde, deren Unterstützung und Vertrauen hinsichtlich der Gespräche abbröckelte, oder von der Führung, deren unberechenbare und oft sprunghafte Anweisungen eine kohärente Strategie verhinderten.

Während die israelischen undichten Stellen weitere undichte Stellen nach sich zogen, entwickelten »anonyme« palästinensische Quellen die Angewohnheit, Dokumente je nach Notwendigkeit zu enthüllen, und die Verhandlungen wurden öffentlich. Sogar vorsichtig frisierte oder genaue Sitzungsprotokolle wurden in Zeitungen und Zeitschriften veröffentlicht. Somit blickten wir bei den Verhandlungen in zwei Richtungen; ein Auge blickte auf unsere Wählerschaft, das andere auf unsere Gesprächspartner, und dies alles unter dem prüfenden Blick von Tunis. Unsere Presse-Briefings wurden zu Stellvertreter-Debatten, und der Inhalt unserer Gespräche wurde zum öffentlichen Eigentum aller beteiligten Parteien und Einzelpersonen. Nun war ich noch mehr von der Notwendigkeit überzeugt, den Verhandlungsrahmen zu ändern und ernsthafte und geheime Verhandlungen zwischen der PLO und der israelischen Regierung aus dem Scheinwerferlicht herauszurücken. Ironischerweise begannen genau zu dieser Zeit im Mai die Osloer Gespräche, ernsthaft zu werden, während wir im Rückblick unsere Aufgabe zu ernst genommen hatten.

Wir merkten dann auch, daß wir das amerikanische Zusicherungsschreiben zu wörtlich genommen hatten. Als wir darauf hinwiesen, daß Haltung und Entwürfe der Amerikaner im Widerspruch zu ihrem Schreiben standen, sagte man uns glatt, daß es sich nicht auf Verhandlungen anwenden lasse. Es sei nur eine Erklärung der amerikanischen Politik, die keinen direkten Einfluß auf die Gespräche habe und nicht einmal auf die amerikanischen Versuche der »Überbrückung« anwendbar sei. Wir fanden auch heraus, daß unsere Führung in Tunis zwar hartnäckig weiter an den Gesprächen teilnehmen, aber keinerlei Überbrückungsvorschlag der Amerikaner behandeln wollte. Bei einer Reise nach Tunis in dieser Zeit erfuhr ich auch von Hassan Asfour, daß ein Kanal der Geheimgespräche erfolgreich und in vollem Gange war. »Das ist gut«, antwortete ich beiläufig. Abu Mazen gab seiner Enttäuschung darüber Ausdruck, daß wir uns geweigert hatten, zu Hause geheime Verhandlungen mit Rabin zu führen. »Das konnten wir nicht«, erwiderte ich. »Es fehlte uns der entsprechende Auftrag.«

Im Flugzeug von Tunis nach Amman, um danach die Brücke nach Hause zu überqueren, überfiel mich die Frage nach unserem Auftrag und unserer Mission. Wir hatten eine große Suche nach Frieden durch historische Rechtfertigung und Versöhnung in Gang gebracht und wurden doch schrittweise Gefangene eines immer enger werdenden Strudels engstirniger Manipulationen und des Eigennutzes. Eingesogen in diese nach unten führende Spirale liefen wir Gefahr, unsere Orientierung zu verlieren. Unsere Gruppe bestand aus Berufstätigen und Intellektuellen. Wir waren aus unseren Büros, Kliniken und Bibliotheken weggerissen worden, um im Sinne von *amanah* für unser Volk mit der Geschichte zu ringen und einen offenkundigen Kurs zur Ehre zu entwerfen. Die verwickelten Machenschaften der sterilen Politik waren nicht nur unserer Natur fremd, sondern auch ebenso unfähig, Träume von wilden Blumen zu nähren.

Mahmoud Darwish, unser Volksdichter, hatte einmal traurig den Verlust unserer kollektiven Erinnerung beklagt. »Was wir brauchen, ist eine Erinnerung für die Zukunft«, darin stimmten wir beide überein. Manche von uns sahen unsere Spiegelbilder in zerbrochenen oder zersplitterten Spiegeln, während andere (wie Mahmoud) den Zauber beherrschten, durch den Spiegel über das reflektierte Bild hinauszugehen und auf der anderen Seite das Wesen zu finden. Was ich damals und heute sogar noch mehr beklagte, war das Reduzieren unseres Traumes und das Schrumpfen unseres Erbes, um sie durch das Nadelöhr zeitgenössischer Notwendigkeit und des Überlebens zu führen – das Gefängnis des Pragmatismus. Wiederholt ermahnt, uns nicht darin zu verlieren, vom Ruhm der Vergangenheit zu singen oder über ihren Ruinen zu weinen, gaben viele von uns letztlich den Einfluß der Vergangenheit auf und verleugneten sie, noch bevor der Hahn einmal krähte. In unserer Hast, beweisen zu wollen, daß wir zur Zukunft gehörten, hatten wir unsere unschätzbaren Erbstücke aufgegeben, einschließlich der Schlüssel zum Königreich. Als Waisen der Zeit konnten wir keine Zukunft beanspruchen und auch nicht auf ihre Ansprüche auf uns verzichten. Vielleicht – so versuchte ich mich zu trösten – könnten wir den Fortgang unserer Erzählung offenbaren, wenn sich der Wandteppich des Friedens entfaltete. Doch die ganze Zeit über verstümmelten die Scheren des Schicksals eifrig das Gewebe, lösten die Stoffstreifen unserer Gegenwart aus ihrem Rahmen und drohten, die Fäden aufzutrennen, die die Stickerei zusammenhielten.

14

Jerusalem verwandelte sich direkt vor unseren Augen: Seine Menschen wurden vertrieben und enteignet, seine alten Mauern mit Soldaten besetzt, seine wallenden Hügel mit Siedlungsfestungen geschändet, seine offenen Straßen mit Kontrollposten versperrt und sein Geist als Beute des Eroberers durch Inbesitznahme beschmutzt. Es erstickte unter der Belagerung, wurde langsam erdrosselt, war des Bluts seiner eigenen Kinder beraubt und ächzte unter den Stiefeln der Militärbesatzung. Wir sahen, wie diese Stadt, die einst unser Herz gewesen war, ihrer Seele beraubt wurde.

Jerusalem – das waren für mich gepflasterte Straßen, Wege unter Bogengängen, unendliche Variationen von Türmen und Kuppeln, versteckte Höfe und Brunnen, die sich im hellen Sonnenlicht plötzlich hinter Steinmauern und täuschend verschlossenen Fassaden offenbarten. Eine byzantinische Kirche und eine alte Moschee blickten ungerührt auf unsere Veränderung und verströmten zeitloses Wohlwollen.

In Jerusalem fühlte ich mich immer klein, jedoch nie unbedeutend oder herabgesetzt. Als Kind schüchterten mich das zeitlose Geheimnis und der Weihrauch des Glaubens sowie die vielen Menschen ein. Jerusalem war ein Ort, an dem sich ein Kind fest an die Hand der Mutter klammerte, aus Angst, in diesem Irrgarten und der Menschenmenge verlorenzugehen. Es war der Ort, an dem die Menschen in dunkle, obskure Kirchen gingen und zur Erfüllung von Gelübden Kerzen anzündeten, wo Weihrauch und Wunder zum Leben gehörten, wo Lippen und Knie der Gläubigen sanfte Mulden in den Steinen formten. Es gab Rituale mit Prozessionen und Symbolen, bei denen Kreuze und Ikonen geschwungen und Koranverse und Passionsgeschichten in stets wiederkehrender Routine erklangen. Hunderttausende folgten jeden Freitag dem Gebetsruf, füllten Moschee und Höfe und knieten in Einigkeit vor Allahs Herrlichkeit nieder. Ebenso viele folgten den Kirchenglocken in zeitloser Ergebenheit zu Gott.

In Jerusalem war Emile geboren worden. Er kam in einem bescheidenen Raum in der Christus-Kirche zur Welt, in der seine

Eltern nach dem Krieg 1948 Zuflucht gefunden hatten. Er wuchs in einem einfachen Heim im St.-Georgs-Hospiz auf, das einen offenen Hof hatte, in dem die Bewohner ihre Feste feierten, ihre Backwaren und Konserven zubereiteten und ihre Kinder aufwachsen sahen. Emile und ich trafen uns gewöhnlich dort, wir heirateten in Jerusalem, und auch unsere beiden Töchter wurden dort geboren. Später brachten wir Amal und Zeina zu ihrer Großmutter und ließen sie in dem Hof spielen. Von dort aus gingen sie zu ihren ersten Prozessionen am Palmsonntag und an Ostern, und von dort aus sahen sie auch die ersten jüdischen Siedler ankommen und die Nachbargebäude neu aufbauen, die neben dem Kloster und dem Armenierviertel standen. Meine Schwiegermutter bekam orthodoxe Israelis als Nachbarn. Nach einer Weile ging ich nicht mehr dorthin; mein Gesicht war zu bekannt geworden und forderte die israelischen Siedler in der Nachbarschaft heraus. Allmählich kamen viele Palästinenser nicht mehr nach Jerusalem, denn entweder hatten sie ihr Heim und Eigentum an die israelische Regierung und Siedler verloren, oder sie wurden durch die Belagerung gehindert bzw. durch Steuern und Abgaben in den Bankrott getrieben.

Im bäuerlichen palästinensischen Dialekt heißt Jerusalem *Mdineh*, die Stadt (*Madinah*) aller Städte. Es gab nur diese eine Definition. In der mündlichen Überlieferung meiner Familie gibt es eine Geschichte von einem meiner Vorfahren. Auf seinem Weg nach Jerusalem traf er einen Mann, der zwar eine Schiffsfahrkarte in die USA hatte, im letzten Moment aber kalte Füße bekam. Er fragte meinen Vorfahren, ob er an seiner Stelle nach Amerika gehen wolle. »Nur wenn du meinen Esel zu meiner Frau nach Hause bringst und ihr sagst, daß ich auf dem Weg nach *Mdineh* kurz in Amerika haltgemacht habe.« Das Gerücht ging um, daß er viele Dollars nach Hause schickte, mit denen er Wohlstand brachte und seine Kinder auf die höhere Schule schickte.

Meine Heimatstadt Ramallah liegt zwar ca. fünfzehn Kilometer nördlich von Jerusalem, sah sich jedoch nie als dessen Vorstadt. Wie Bethlehem war Ramallah eine Stadt mit eigenen Familien und Traditionen. Es hieß, es wäre für Leute aus Ramallah leichter, nach Amerika zu gehen als nach Jerusalem. Über fünfunddreißigtausend Menschen aus Ramallah bildeten in den Vereinigten Staaten kleine Gemeinschaften, die in fernen Erinnerungen an die alte Heimat lebten und treu ihre Traditionen pflegten. Die sieben Großfamilien waren nach Westen gezogen und nahmen die Kultur und die Stammessitten mit sich, dennoch blickten sie ständig gen Osten auf »zu Hause«; dies war der einigende Grundsatz ihrer Identität aus Vergangenheit und Zukunft. Zweitausend blieben in Ramallah, in einer Stadt, die bald nicht mehr die ihrige war und mit immer mehr

Flüchtlingen und Bewohnern aus den Nachbarorten überschwemmt wurde.

Als Einwohnerin von Ramallah und als Jerusalemerin erbte ich Vermächtnis und Not beider Städte, und als Palästinenserin empfand ich Auge und Gewicht der Geschichte als persönlichen Angriff. Das gesamte palästinensische Volk forderte gewöhnlich einen hohen Tribut von denen, die es wagten, sich in den Lauf seines Schicksals einzumischen, und besonders von denen, die sich anmaßten, im Namen des Volkes zu führen oder zu sprechen.

Ich fühlte eine Art mütterlichen Schutztrieb für die ganze Delegation. Insbesondere für die Unschuldigen, die als unfreiwillige Akteure eines besonders komplizierten und erbarmungslosen Schicksals in medias res geworfen worden waren. Faisal, der politischste von uns allen, war auch der verwundbarste unter uns. Als offenkundige und glaubwürdige Führungspersönlichkeit war er sowohl dem Volk als auch der Führung verpflichtet, und er wurde oft von einer Seite für die Entscheidungen und Handlungen der anderen Seite zur Verantwortung gezogen. Er hatte den Gordischen Knoten von Jerusalem zu seiner persönlichen Herausforderung und Verantwortung gemacht. Am 24. Mai lud Christopher Faisal zu Beratungen vor der zehnten Runde nach Washington ein. Wir schickten Christopher ein Acht-Punkte-Memorandum mit zehn spezifischen Fragen. Es war uns klar, daß wir wieder eine politische Konfrontation riskierten. Von der Antwort auf diese Fragen würde abhängen, ob das Gespräch stattfinden würde. »Wir schicken Ihnen eine Einladung, und Sie schicken uns einen Test zurück«, war die empörte Antwort der Amerikaner. »Wir wollen über die Inhalte, die Richtlinien und Ziele sprechen, Sie interessieren sich für die technischen Fragen des Prozesses«, lautete unsere Erwiderung. Sie konterten: »Sie wollen ein Haus vom Dach abwärts bauen, wir wollen mit den Räumen und Wänden beginnen.« Wir antworteten: »Wir müssen den Standort untersuchen, die Pläne vorbereiten und die Fundamente prüfen. Wir sind immer noch nicht sicher, ob wir die richtigen Pläne haben und ob die Fundamente die vorgeschlagene Konstruktion tragen können.« Sie haben unseren »Test« nie schriftlich beantwortet und wichen dieser Frage bei den Sitzungen aus.

Die zehnte Runde begann am 15. Juni 1993 und dauerte bis zum 1. Juli. Obwohl er immer noch an dem Bumerang der Gemeinsamen Erklärung nagte, war unser »vollwertiger Partner« fest entschlossen, ein Überbrückungspapier vorzulegen, und die Gespräche mit den Amerikanern nahmen uns völlig in Beschlag. Die israelische Delegation hatte Zeit, sie legte die Füße hoch und wartete auf das Ende der amerikanisch-palästinensischen Verhandlungen. Wir krempelten die Ärmel hoch und beschlossen, unser Bestes zu geben.

Wir versuchten mit allen möglichen Mitteln, die amerikanische Position zu beeinflussen und unsere Gesprächspartner davon zu überzeugen, daß unsere »roten Linien« (Grundsätze des nationalen Konsens, bei denen wir keine Kompromisse machen konnten) nicht überschritten werden durften und in jeden Entwurf aufgenommen werden mußten. Wir setzten hartnäckig unsere gesamte Überredungskunst in Verbindung mit rechtlichen Argumenten ein, wobei wir das Wesentliche bis zum Erbrechen wiederholten. Jerusalem und das Land waren der Kernpunkt, Gebietshoheit und Siedlungen waren Wegweiser im Text. Wir sahen das Ende des Prozesses immer noch als ein Wiederauferstehen des palästinensischen Staates mit der Rückkehr der im Exil lebenden Landsleute und dem Verschwinden des Übels der Besetzung. Um dies zu erreichen, bestanden wir auf der Inkraftsetzung der UN-Resolution 242. Unsere Bemühungen erwiesen sich als fruchtlos.

*

Trotz zahlreicher Gespräche mit dem Team sowie verschiedener Zusammenkünfte mit Christopher und trotz unserer Warnungen, daß jeder amerikanische Entwurf eigenes Leben und Rechtmäßigkeit erlangen und eine Referenz für den Prozeß werden würde, vernichteten die neuen amerikanischen »vorläufigen, unverbindlichen Gedanken und Ideen« für eine Grundsatzerklärung jegliche noch verbleibenden Hoffnungen auf eine Unparteilichkeit der Amerikaner. Haidar und ich nahmen das Dokument in Empfang. Als wir zurückkehrten, erlebte die ganze Delegation eine kollektive Enttäuschung. Die PLO erklärte das Papier selbst als Diskussionsgrundlage für ungeeignet, obwohl wir den Amerikanern versprochen hatten, wir würden »es nicht in den Papierkorb werfen«. Faisal und Nabil Schaath reisten nach London, und die Briten machten sich an einen Neuentwurf des Dokuments. Ich blieb in Washington. Abu Ammar bat uns, in dem Treffen mit den Amerikanern keine Optionen zu erörtern. Faisal kam zu der Sitzung mit Christopher zurück, und wir versuchten, einen Teil des Schadens wieder zu beheben. Leider vergeblich.

Nach dem Treffen befragte mich Dennis Ross über die Gerüchte von Geheimverhandlungen.

»Welche?« fragte ich. »Manche sind Köder, andere sind echte Gespräche, aber ich kann Ihnen nicht sagen, welche davon was sind.« Und ich fügte hinzu: »Sie wurden als erste gebeten, Geheimverhandlungen möglich zu machen. Ich habe Ed und Sie persönlich wiederholt im Namen des Vorsitzenden gebeten, als Gastgeber oder Teilnehmer ernsthafter und geheimer trilateraler Gespräche zu fungieren, aber Sie haben dies abgelehnt. Ohne die PLO kann gar nichts geschehen. Wir wissen das, und Sie wissen das, aber Sie sind zu sehr von dem Tabu der PLO besessen, um irgend etwas zu tun. Ich habe bereits zu Dan und Aaron gesagt: ›Wenn die amerikanischen Positionen so starr bleiben und Sie weiterhin ein Hindernis für den Frieden bilden, dann wird es eine natürliche Folge sein, daß wir uns direkt und ohne Sie an die Israelis wenden.‹«

In den intensiven Arbeitssitzungen mit Dan und Aaron gelangten wir zu der Überzeugung, daß es sinnlos war, von den Amerikanern einen korrigierenden Einfluß auf Israel zu erwarten, ganz zu schweigen von fairen Formulierungen im Sinne des Völkerrechts oder sogar von einer offenen amerikanischen Politik. Nach ihren Worten war allein schon die Erwähnung von Jerusalem in der Grundsatzerklärung tabu, genau wie die »unaussprechliche« PLO. Unseren Vorschlag zur Sicherheit bezeichneten sie als »weltfremd«, demzufolge Einheiten der PLA (Palästinensische Befreiungsarmee) für den Erhalt der inneren Sicherheit und der öffentlichen Ordnung eingesetzt würden, sobald die Gebiete zurückgegeben seien. Nachdem wir die Amerikaner wieder von der Decke abgekratzt hatten, meinten sie: »Kommen Sie mit einem Vorschlag von dieser Welt wieder. Wenn Sie glauben, daß die Israelis auch nur einen Augenblick lang solch einen ungeheuren Plan in Erwägung ziehen, dann irren Sie sich gewaltig.«

»Aber das haben sie«, erwiderte ich. »Ich habe die Protokolle aus den israelisch-palästinensischen Gesprächen zu Sicherheitsfragen, in denen israelische Experten ausdrücklich solchen Abmachungen zustimmen. Sie wissen, daß es pragmatische Forderungen gibt, die notwendige Konzessionen mit sich bringen; Sie planen, antizipieren und bauen illusorische Verteidigungen auf, die nicht unbedingt den israelischen Interessen und schon gar nicht dem Frieden dienen.«

Das schmeckte ihnen gar nicht: »Wenn es Geheimverhandlungen gibt, über die wir nichts wissen, dann dürfen Sie mit deren Inhalt nicht diese Gespräche beeinflussen.« Unterdessen gingen die Gespräche in Oslo ruhig und fernab vom Blick der Öffentlichkeit weiter. Bei den Gesprächen in Washington machten wir auf ausdrücklichen Wunsch von Abu Ammar den ersten offiziellen, wenn auch schüchternen Verweis auf die Option »Gaza zuerst«, obwohl wir noch keinen kohärenten und arbeitstauglichen Vorschlag formuliert hatten. Es ging um einen stufenweisen Abbau der Besetzung. Abu Ammar hoffte, daß der vollständige Rückzug aus Gaza die palästinensische Souveränität bringen würde, während er weiterhin Verhandlungen über die übrigen besetzten Gebiete führte.

»Wir haben durch die Medien davon erfahren«, erwiderten die Amerikaner. »Aber wenn Sie konkrete Vorschläge haben, würden wir diese gerne schriftlich sehen.« Ich hatte von Anfang an ernstliche Vorbehalte gegen die Option »Gaza zuerst« und war nicht sicher, ob Abu Ammar sie tatsächlich verfolgte oder sie als Umweg oder taktisches Ablenkungsmanöver benutzte.

Mit dem amerikanischen Entwurf der Grundsatzerklärung unter dem Arm und nicht gerade geringen Befürchtungen im Herzen reisten wir nach Tunis. Die PLO-Führung hatte einen indignierten Ton angeschlagen. Die Option »Gaza zuerst« stand in vorläufiger Form auf der Tagesordnung, Abu Ammar hatte dem Jericho als Ausdruck der Gebietshoheit, als Grenze zu Jordanien und als Verbindung zu Jerusalem und dem Rest der Westbank hinzugefügt. Es wurden keinerlei taugliche Vorschläge unterbreitet oder erörtert. Doch in einem Treffen in kleinem Kreise, bei dem Abu Ammar, Faisal, Nabil Schaath, Saeb, Akram und ich zugegen waren, formulierten wir zwei Absätze zur Gebietshoheit (mit den Themen Jerusalem und Siedlungspolitik) sowie zur Verbindung zwischen der Übergangsphase und dem dauerhaften Zustand. Wir vereinbarten, daß diese Entwürfe nur für den internen Gebrauch bestimmt seien und nicht vorgestellt oder herumgereicht werden sollten. Wir wollten nämlich versuchen, eine verbale Zusage von den USA und Israel zu erwirken. Wir kehrten nach Jerusalem zurück, um die anstehenden Treffen mit Dennis Ross und dem Team sowie den danach folgenden Besuch von Christopher vorzubereiten.

Dennis Ross und sein Team kamen am 9. Juli an, Christopher wurde drei Tage später erwartet. Wir hatten eine sechsköpfige Delegation und ein Acht-Punkte-Programm, das uns Tunis faxte und in dem Fragen wie die Grundsatzerklärung, die Definition der US-Positionen zu den Kernfragen (Richtlinien, Westbank und Gaza-Streifen als besetzte Gebiete und Jerusalem) sowie die Wirtschaftsblockade angesprochen waren.

Wir hielten uns treu an unseren Arbeitsplan und widerstanden allen Versuchen, uns zu Textvergleichen und Änderungen verpflichten zu lassen. Selbst als wir informiert wurden, daß Nabil mit ägyptischer Vermittlung Dennis in Kairo den Entwurf zu Jerusalem und der Gebietshoheit vorgelegt hatte, weigerten wir uns, über eine mündliche »Beschreibung unserer Position« hinauszugehen. Aus Kairo meldete sich Nabil äußerst schockiert und verärgert über unsere Weigerung, Dennis unseren Artikelentwurf zu geben, da dieser ihn bereits hätte. »Wir hatten andere Anweisungen«, erwiderten wir. »Man hatte uns nämlich ausdrücklich und schriftlich befohlen, dies nicht zu tun.«

Nach der Sitzung hielten wir mit Abu Ammar Rücksprache, und die Position blieb unverändert: Wir hatten keinen Auftrag, den amerikanischen Entwurf zu erörtern oder uns mit schriftlichen Gegenvorschlägen zu befassen. Als Übung für uns bereiteten wir eine Zusammenstellung der Variationen unserer eigenen Grundsatzerklärung vor und nannten sie »Zusammengesetzte Grundsatzerklärung«. Als Nabil Schaath aus Kairo anrief, faxte ich ihm eine Abschrift. Er rief später zurück und schickte eine vorläufige und unvollständige Version unter dem Titel »Die palästinensische Antwort auf den amerikanischen Entwurf«. Dieses Dokument war zusammen mit Amr Moussa und Osama al-Baz für Mubarak ausgearbeitet worden, der es Christopher vorlegen sollte. Ich besprach dies erneut mit Tunis und wurde wieder angewiesen, keine Dokumente vorzulegen.

Statt dessen sollte ich eine Antwort auf den amerikanisch-israelischen Vorschlag zu einer »Gewährung von Befugnissen« vorbereiten. Dabei ging es um die Übertragung von Verwaltungsaufgaben wie Gesundheitswesen, Bildung, Wohlfahrtswesen und Besteuerung ohne eine Gewährung der Souveränität, wodurch die Palästinenser zu bloßen Funktionären der israelischen Regierung werden würden. Ich verfaßte eine lange, kritische Abhandlung, in der ich belegte, warum eine frühe Befugniserteilung der Übergangsphase und dem dauerhaften Zustand abträglich wäre, und wie sie eine Festigung des israelischen funktionalen Ansatzes darstellte, der versuchte, die Menschen von ihrem Land zu trennen. Außerdem erläuterte ich schriftlich unsere Auffassung zu einem amerikanischen »Begleitschreiben«, das unserer Meinung nach kontraproduktiv wäre, sofern es nicht für die US-Position in den Verhandlungen bindend sei. Wir sahen in ihm nämlich ein mögliches Instrument für die USA, das alle strittigen Fragen in der Grundsatzerklärung ausklammern und sie in ein wirkungsloses Begleitschreiben abdrängen konnte, welches zum Zeitpunkt seiner Einlösung abgestritten werden könnte – wie dies ja mit dem amerikanischen Zusicherungsschreiben geschehen war. Zu diesem Zeitpunkt waren mehrere Kollegen und ich einzeln gebeten worden, umfassende Vorschläge dazu auszuarbeiten, was nun unter der Option »Gaza – Jericho zuerst« zu verstehen war. Ich begann meinen Vorschlag widerstrebend. Und je mehr ich darüber nachdachte, desto besorgter wurde ich darüber, daß solch ein Ansatz nicht in unserem besten Interesse wäre. Es gab da nicht nur technische und verfahrensmäßige Schwierigkeiten und eine heikle Umsetzung, sondern diese Frage enthielt auch selbstzerstörerische Mechanismen für die Zukunft, die jeden wirklichen Frieden und die Stabilität untergraben könnten.

Ich führte meinen Auftrag aus, aber ich fügte ihm meine eigenen Befürchtungen hinzu. Ich warnte vor der Zerstückelung des Landes und der Amtsgewalt, vor dem möglichen Apartheid-System, das sich daraus ergeben könnte, und vor einer Aufsplitterung der Übergangsphase in Unterphasen. Ich warnte auch davor, Israel zu gestatten, sich der Gebiete zu entledigen, die es als schwierig zu kontrollieren ansah, während es weiterhin über Gebiete bestimmte, in denen die Besiedelung stark voranging und starke ideologische Strömungen vorherrschten. Ich schickte mein Papier an Abu Ammar und erwartete, daß dieses Thema bei unserem bevorstehenden Besuch in Tunis zur Sprache kommen würde.

Faisal ging nach Kairo und sah dort einen der Entwürfe der »Palästinensischen Antwort«. Doch er sagte uns, daß ein solches Dokument ohne Abu Ammars Unterschrift nicht vorgelegt werden könnte. Unsere Anweisungen hatten sich nicht geändert. Wir setzten unsere Vorbereitungen für das Treffen mit Christopher am 3. August fort.

Am Abend vor dem Gespräch erhielten wir einen offiziellen Entwurf der palästinensischen Antwort, der mit dem Kairoer Entwurf identisch war, nun jedoch auf der ersten Seite Abu Ammars Unterschrift und die Anweisung trug, ihn Christopher während der Sitzung vorzulegen. Wir beriefen unverzüglich eine Versammlung des Führungskomitees und der Delegation ein, die sich mit Christopher treffen sollte. Dann unterzogen wir das Dokument einer sorgfältigen Prüfung.

Die Teilnehmer betrachteten das Dokument ausnahmslos als unzulänglich und empfahlen, es nicht in dieser Form vorzulegen. Wir begannen mit der Ausarbeitung der notwendigen Änderungen und riefen Abu Ammar an, um ihn zu einem Aufschub der Vorlage zu bewegen. Er insistierte jedoch und meinte, wir hätten unsere Anweisungen erhalten und sollten sie befolgen.

»Aber Christopher kommt in zwei Tagen zurück. Mit den entsprechenden Korrekturen können wir ihm die Antwort dann geben«, beharrten wir. »Es gibt keine zwei Führungen«, lautete seine Antwort.

Wir baten um eine Absage oder Verschiebung des Treffens, aber er weigerte sich. »Wir können Sie nicht als denjenigen in die Geschichte eingehen lassen, der dieses Papier unterzeichnet hat, insbesondere mit dieser Formulierung zu Jerusalem. Wir können es noch einmal überarbeiten und Christopher dann in zwei Tagen überreichen.«

»Ich habe bereits Mubarak mein Wort gegeben, und ich werde es nicht zurücknehmen«, sagte er abschließend.

»Dann müssen Sie unseren Rücktritt akzeptieren«, beharrten wir.

»Überreicht das Dokument, und später reden wir dann weiter.« Abu Ammar hatte sich entschieden.

Am 3. August gingen wir zu dem Treffen mit Christopher, weigerten uns jedoch, ihm das Dokument zu geben. Für uns war nicht nur dieser plötzliche Strategie- und Richtungswechsel unerklärlich, sondern wir konnten auch diese mangelnde Sorge über das Wesentliche nicht verstehen. Der Umschwung von einer häufig unverständlichen Weigerung, sich mit irgendwelchen amerikanischen Entwürfen zu befassen, zu einem ebenfalls unverständlichen Mangel an Bedenken war für unser System zu plötzlich, um akzeptiert zu werden. Die palästinensische Antwort deckte sich unserer Meinung nach nicht mit unseren bisherigen Strategien und Positionen und war eine zu bedenkliche Abweichung von den Verpflichtungen, die wir eingegangen waren.

Keiner von uns argwöhnte zu dieser Zeit auch nur im entferntesten, daß ein Entwurf für eine Grundsatzerklärung in Oslo ausgearbeitet worden war. Auch die Amerikaner nicht.

*

Christopher fragte uns nach dem Entwurf unserer Antwort. Die Ägypter hatten versprochen, daß er in Jerusalem vorgelegt würde. Wir sagten, daß es zwar einen Entwurf gäbe, dieser jedoch noch nicht zur Vorlage fertig sei. »Ihre Antwort stellt mich vor ein Rätsel«, erwiderte Christopher. »Ihr Vorsitzender Arafat hat die Antwort mit Präsident Mubarak vereinbart; er hatte die Antworten auf die Grundsatzerklärung genehmigt, aber Sie geben sie uns nicht. Würden wir mit Ihrem Vorsitzenden sprechen, dann hätten wir die Formulierungen schon erhalten.«

Diese Eröffnung nutzten wir unverzüglich, um die Argumente ins Feld zu führen, warum er mit unserem Vorsitzenden anstatt mit uns sprechen sollte. »Er sieht den Wald, wir sehen ihn vor lauter Bäumen nicht mehr«, äußerte Faisal.

Saeb fügte hinzu: »Er ist unser Präsident, und seine Zusage wird respektiert werden. Wir werden seinen Anweisungen folgen, aber es gibt noch einige technische Probleme, die zuerst gelöst werden müssen.«

Christopher zog seine Brauen noch höher. »Ich bin über diese Taktik überrascht – er hat der Grundsatzerklärung zugestimmt, und Sie sind nicht bereit, sie uns zu geben... Sie bezeichnen ihn als Ihren Präsidenten, und wir müssen das respektieren. Ich wundere mich nur, daß Sie dann nicht als seine Vertreter handeln und uns das Dokument geben, das er genehmigt hat.«

Erneut erwiderten wir: »Dann sollten Sie mit ihm und nicht mit uns sprechen. Wir werden seine Anweisungen ausführen und Ihnen das Dokument übergeben, sobald wir einige Fragen geklärt haben.« Dann warfen wir die Option »Gaza – Jericho zuerst« auf.

»Das beinhaltet eine interessante Möglichkeit, wenn wir die

Zusammenhänge besser kennen«, sagte Dennis. Er und Christopher baten um eine umfassendere Darlegung.

Die Stunden zwischen den Sitzungen verbrachten wir mit Änderungen, Entwürfen, Faxen, Erörtern und Erklären, bis wir einen korrigierten Entwurf mit Erläuterungen hatten, die die vorgeschlagenen Änderungen begründeten. Direkt vor dem Gespräch erhielten wir einen autorisierten Entwurf, der zwar einige, aber nicht alle unsere Änderungen enthielt. Wir hatten auf Anweisung auch das Thema Gaza – Jericho hinzugefügt. Faisal, Saeb und ich versuchten erneut, Abu Ammar davon zu überzeugen, das Dokument nicht zu unterbreiten oder zumindest seine Unterbreitung so lange zu verschieben, bis alle Fragen gelöst wären. Aber er lehnte dies ab. Wir baten ihn um die Erlaubnis, dem Treffen fernbleiben zu dürfen, aber er bestand auf unserer Teilnahme. Wir schlugen vor, daß Faisal allein das Dokument vorlegen sollte, aber auch diesen Vorschlag wies er zurück. »Wenn wir zu dem Gespräch gehen und das Dokument unterbreiten, dann sollten Sie dies als Rücktrittserklärung betrachten«, sagten wir zu ihm.

»Ihr gebt ihm jetzt das Dokument, dann kommt ihr nach Tunis, und wir sprechen darüber.« Es sollte das kürzeste und trübsinnigste Zusammentreffen aller bisherigen Sitzungen werden. Wir übergaben Christopher den autorisierten Entwurf, tauschten ein paar bedauernde Bemerkungen über den Preis dieses Dokuments aus und verabschiedeten uns.

Diejenigen von uns, die mit Christopher zusammengetroffen waren, versammelten sich und entwarfen unsere Rücktrittsschreiben.

Am nächsten Tag trafen wir uns mit der ganzen Delegation und setzten sie über unsere Absicht in Kenntnis. Manche stimmten uns zu, andere rieten uns abzuwarten. Abu Ammar bestellte uns für den 8. August zu sich. Dies war mein achtzehnter Hochzeitstag. Ich versuchte, die Reise mit der Begründung zu verschieben, daß wir unsere Familienanlässe ernst nehmen und daß ich gerne am 8. bei Emile und meinen Töchtern zu Hause wäre, aber vergebens. Wir verlegten das Fest vor und stimmten über meinen Rücktritt ab, wie wir immer über jede für die Familie wichtige Entscheidung abstimmten. Amal und Zeina wollten ihre Mutter zurückhaben. Emile drängte darauf, die Sache zum Abschluß zu bringen. »Wenn du nicht für den Rest deines Lebens in der Politik bleiben willst, wirst du ohnehin früher oder später gehen müssen. Du hast dein Bestes gegeben, und du hast mehr als deine Pflicht getan. Wir sind alle stolz auf dich. Wenn du dich entschließen solltest, wieder an die Universität zurückzugehen, dann bin ich sicher, daß du auch da alles geben wirst. Es ist deine Entscheidung, und ich werde dich auf jeden Fall unterstützen. Auch die Mädchen werden deine Entscheidung verstehen und befürworten.«

Amal war da schon deutlicher: »Es ist schon schwer genug, ein Teenager zu sein. Mit dir zu telefonieren, ersetzt kein offenes Gespräch. Ich hätte gerne das Gefühl, daß meine Mutter zu Hause ist und ich jederzeit mit meinen Gedanken und Problemen zu ihr kommen kann, wenn ich sie brauche.«

Auch Zeina wollte eine greifbarere Präsenz: »Ich will mich an dich schmiegen können. Ich möchte fühlen, daß du hier bei mir bist. Selbst wenn du zu Hause bist, sehen wir dich kaum. Das Haus wird mit den ständig klingelnden Telefonen, den Leuten, die ein- und ausgehen und mit all euren pausenlosen politischen Versammlungen völlig auf den Kopf gestellt. Und wir können nie etwas zusammen planen, weil wir nie wissen, wann du plötzlich wieder weggehst.«

Amal pflichtete ihr bei: »Wir haben aufgehört, als Familie etwas gemeinsam zu unternehmen, denn du kannst nicht mehr an öffentliche Orte gehen, weil du zu bekannt bist und es oft gefährlich ist.«

Die ganze Spannung und die ständige Bedrohung kamen nun zum Vorschein. Verstandesmäßig begriffen Amal und Zeina die historischen Zwänge und das Pflichtbewußtsein, die sich in ihr Leben gedrängt hatten, aber gefühlsmäßig waren sie immer noch Kinder, die ihr Vorrecht auf ihre Mutter und auf den Anschein eines normalen Lebens geltend machen wollten, in dem nicht Abwesenheit und Furcht die ständigen Unterströmungen in einem instabilen und gefährlichen Dasein waren. Brachte ich unseren inneren Kreis der Harmonie in Gefahr, oder war ich Teil der Energie, die den Schutzschild für unsere innere Ruhe bildete? Diese Frage wurde immer wichtiger und verlangte nach einer baldigen Lösung. Ein Teil der Antwort lag in meinem bevorstehenden Rücktritt.

Am nächsten Tag reisten Faisal, Saeb und ich über Amman nach Tunis. Wir waren entschlossen, offen zu sprechen und eine faire Anhörung zu erreichen. Wir alle spürten, daß eine Ära zu Ende ging. Der Prozeß, den wir ins Leben gerufen hatten, hielt uns fest, und nun mußten wir entscheiden, ob wir kurz vor dem Erreichen unserer unmittelbaren Ziele deren erste Opfer sein würden oder ihre leicht angeschlagenen Überlebenden. Keiner von uns hatte das Gefühl, daß er dazu ausersehen war, zu den Gewinnern zu gehören. Aber konnten wir den Kurs dieses Übergangs immer noch beeinflussen? Wir glaubten und hofften es. Wenn die PLO das Ruder übernahm, würden wir überflüssig sein. Doch um *amanah* willen hatten wir die Pflicht, für einen klaren Vorwärtskurs zu sorgen. Doch es blieb die Frage: Würde uns dies gestattet sein, oder würde uns die unerbittliche Politmaschine im Zuge ihrer Pflichterfüllung zermalmen? Wir mußten den Versuch wagen.

Zuerst trafen wir mit Abu Ammar allein zusammen. Er versuchte, unseren Rücktritt auf die leichte Schulter zu nehmen, und drängte uns, ihn zurückzuziehen, aber wir weigerten uns.

»Es gibt da strukturelle, verfahrenstechnische, taktische und strategische Probleme, die jetzt besprochen werden müssen, wenn das palästinensische Auftreten bei den Verhandlungen optimale Ergebnisse erzielen und der Sache, die wir vertreten, gerecht werden soll. Legen wir die Karten auf den Tisch – wir müssen offen reden. Wir können so nicht weitermachen mit widersprüchlichen Anweisungen, mehrfachen Kanälen, ohne eine kohärente Strategie, mit inkonsequenter politischer Beschlußfassung, einer völligen Mißachtung unserer Strukturen und ohne Verantwortlichkeit und Offenheit in unserer internen Arbeit.«

Er nahm dies alles ruhig zur Kenntnis und schien die ganze Zeit still in sich hineinzulächeln. »Die Dinge werden sich entwickeln, ihr werdet sehen«, erwiderte er geheimnisvoll: »Aber ich will nicht, daß mir irgendeiner vorwirft, ich gäbe Jerusalem auf, oder daß jemand versucht, meine nationale Integrität und mein Engagement in Frage zu stellen. Euer Rücktritt wurde als Protest gegen die PLO gewertet und so verstanden, als ob ihr mehr um die Rechte der Palästinenser besorgt wäret und sie mehr schützen wolltet als wir.«

Wir erklärten, daß wir eine solche Interpretation weder beabsichtigt noch gegeben hatten, und daß unser Beweggrund das dringende Bedürfnis war, die Dinge richtigzustellen. »Wir haben uns geweigert, Ihre Anweisungen zu befolgen, und wir sind nun moralisch und politisch verpflichtet, unseren Rücktritt einzureichen, insbesondere weil wir immer diejenigen sind, die kompetentes und verantwortliches Handeln sowie die Achtung unserer eigenen Strukturen und Institutionen fordern.«

Etwas besänftigt versuchte er, die Krise herunterzuspielen. »Ich kenne und respektiere eure Gründe, und da ich den zweiten Entwurf genehmigt habe, sehe ich dies nicht als Meuterei an. Vergessen wir das. Wenn ihr euren Rücktritt nicht zurücknehmen wollt, dann nehme ich ihn nicht an, und damit hat es sich.«

»Wir bestehen auf einer Anhörung im großen Kreis. Dieser letzte Zwischenfall mit dem Entwurf der Grundsatzerklärung ist kein Einzelfall. Er ist symptomatisch für ernste und wiederholt aufgetretene Probleme und Mängel in unserer Arbeit. Wir müssen uns ernsthaft damit befassen.«

»In Ordnung. Wir werden Versammlungen einberufen, um eure Klagen zu erörtern. Aber ich weiß, wie ich selbst euren Rücktritt zu meinem Vorteil wende.« Und wieder schienen dieses versteckte Lächeln und die Gelassenheit eine unausgesprochene Botschaft zu verbergen und zu vermitteln.

»Wir sind sicher, daß Sie das können. Lassen Sie es uns dafür nutzen, diese dringenden Probleme zu lösen, um eine Struktur und ein Arbeitsprogramm aufzustellen, mit denen die wichtigen Fragen vor den Verhandlungen geklärt werden können. Gleichzeitig sind wir der Meinung, daß Sie mit der Delegation ins reine kommen sollten. Dieselben Fragen, die wir früher gestellt haben, sind noch offen: Wollen Sie wirklich den Erfolg der Verhandlungen? Sind die Washingtoner Verhandlungen ein Aushängeschild? Schinden wir Zeit für die PLO, oder wollen Sie ein Scheitern der Gespräche? Haben Sie derzeit erfolgreiche Geheimverhandlungen laufen?« All diese Fragen stellten wir, erhielten aber keine Antwort.

Beim ersten Treffen mit der Führung legten wir eine Beurteilung der Themen vor.

»Es ist unsere Pflicht, euch offen und ehrlich ohne Beschönigung zu sagen, wie die Dinge liegen«, erklärte ich. »Ihr müßt uns zuhören und unsere Darlegung ernst nehmen. Wir sind nicht hier, um uns nur zu beklagen oder eine Liste von Beschwerden vorzulegen. Wir werden Lösungen und einen vorläufigen Arbeitsplan vorschlagen, denn wir wollen konstruktive Arbeit leisten.«

Da ich nun Ton und Methode für die nachfolgende Diskussion festgelegt hatte, begann ich von Anfang an: »Nie zuvor hatte eine Regierung in der Geschichte der Verhandlungen eine Delegation gebildet und ihr all die Elemente des Mißerfolgs mitgegeben, wie ihr es getan habt. Ihr habt uns die schon an sich schwierige Aufgabe gestellt, mit einem gut geschützten Widersacher und der Völkergemeinschaft zu verhandeln, und dann habt ihr begonnen, uns in den Rücken zu fallen, indem ihr unsere Integrität und unsere Fähigkeiten in Zweifel gezogen habt. Wir sind keine alternative Führung, und wir wollten auch nie eine sein. Hätten wir euch verraten wollen, dann hätten wir dies schon vor langer Zeit tun können. Wir hatten die Aufgabe, die PLO zu retten und sie in die Verhandlungen sowie die internationale politische Arena zurückzubringen, und dies haben wir immer wieder gesagt. Wir haben eure Anweisungen getreulich ausgeführt, selbst wenn sie uns unberechenbar und unzuverlässig aussehen ließen. Wir haben uns an die grundsätzlichen Lehren des palästinensischen Rechts gehalten und haben versucht, den Schmerz und die Hoffnungen unseres Volkes wahrheitsgetreu darzulegen.

Doch die ganze Zeit über habt Ihr versucht, gegen uns zu arbeiten. Und wenn Ihr uns Anweisungen gebt, die unserer Meinung nach unseren Rechten und unserem Auftrag zuwiderlaufen, dann stellen wir sie in Frage. Wir sind keine Regimentssoldaten, die Befehle blind befolgen. Ihr habt uns genau deshalb ausgewählt, weil wir Verstand und Kompetenz haben, und nicht aufgrund unseres unkritischen Gehorsams. Nutzt unsere Fähigkeiten, aber macht uns nicht zu Werkzeugen politischer Manipulation.«

In nachfolgenden Sitzungen, vor allem mit dem Exekutiv-Komitee, legten wir unsere Lösungsvorschläge und unseren Arbeitsplan vor und drängten die Mitglieder, uns grundsätzlich zu sagen, was sie tatsächlich von diesen Gesprächen erwarteten. Sie stimmten unserem Plan zu und verkündeten den ersten Schritt in der neuen »Reformphase«. Es sollte zu einer Zusammenlegung des inländischen Führungskomitees mit dem ausländischen Leitkomitee kommen, ferner sollten in jeder Region lokale politische »Anlaufstellen« mit Personen gebildet werden, die auf politischer, repräsentativer und intellektueller Ebene und als Aktivisten handeln sollten. Man versprach uns klare Gesprächskanäle und konsequente Mitteilungen sowie die Beachtung besonderer Aufgabenbeschreibungen und eine integrierte Struktur. Sie wiesen unseren Rücktritt in aller Form zurück und bestätigten, daß sie sich zu einer Beziehung auf der Grundlage gegenseitiger Achtung, Professionalität und Offenheit verpflichten wollten. Von allen Mitgliedern des Exekutiv-Komitees wußten damals nur Abu Mazen und Abu Ammar von den Osloer Geheimverhandlungen oder von der Tatsache, daß bereits ein Vertragsentwurf ausgearbeitet worden war. Als Antwort auf unsere Fragen nach der Verhandlungsstrategie legte Abu Mazen die wichtigsten Punkte der Grundsatzerklärung dar, wobei er jedoch keinerlei Hinweis auf die laufenden Geheimgespräche gab. Keiner der Anwesenden war über die Darlegung begeistert oder sah darin die offizielle palästinensische Politik. Als ich auch darauf drängte, Antworten von anderen zu bekommen, wandte sich Abu Mazen an mich und sagte lapidar: »Ich habe es dir gesagt. Es ist so.« Ich nahm dies nicht für bare Münze, vielleicht, weil ich es nicht glauben wollte.

Abu Ammar war weiterhin fröhlich und gleichzeitig geheimnisvoll. Beim Lunch sagte ich scherzhaft zu ihm: »Sie haben ein schelmisches Zwinkern in Ihren Augen. Haben Sie noch einen Trumpf im Ärmel?«

Er lächelte und sagte: »Ja, habe ich. Ich kenne meinen Weg.«

Ich reagierte sofort: »Dann sollten Sie es uns vielleicht mitteilen. Aber sagen Sie mir zuerst: Meinen Sie diese Sache mit Gaza – Jericho wirklich ernst? Ich habe für Sie den Vorschlag geschrieben, den Sie angefordert hatten, aber haben Sie sich die Vorbehalte und Nachteile angesehen?«

Er wandte sich mir zu und sagte vertraulich: »Ich lese alles, aber ich werde dir sagen, wie ich die Dinge sehe. Als erste Maßnahme der Entflechtung werde ich einen vollständigen Rückzug aus Gaza und Jericho erreichen, und dort werde ich Landeshoheit ausüben. Ich will Jericho, weil ich dadurch nach Jerusalem komme und Gaza mit der Westbank verbinden werde. Der palästinensische Staat wird in Gaza – Jericho beginnen, und von dort aus werde ich mit den Israelis verhandeln, um die Besetzung in den übrigen palästinensischen Gebieten gleichberechtigt mit den anderen arabischen Regierungen zu beenden. Ich werde eine frühe Machtübertragung im Rest der Westbank akzeptieren, während ich über den Rückzug der Israelis verhandele. Vertrau mir, bald werden wir unsere eigene Landesvorwahl, eigene Briefmarken und Fernsehstationen haben. Dies wird der Anfang des Staates Palästina sein.«

Das allgemeine Gespräch verwandelte sich dann in eine Diskussion über die Symbole der Eigenstaatlichkeit, und jemand flüsterte mir zu: »Wenn er über Landesvorwahl und Fernsehstationen spricht, kannst du sicher sein, daß er bereits daran arbeitet. Du wirst sehen, er wird sie bekommen.« Ich war sicher, daß er irgendein As im Ärmel hatte.

Damit kehrten wir nach Hause zurück und arbeiteten an Dokumenten und Strategien für die elfte Runde, die für die Zeit vom 31. August bis zum 14. September 1993 geplant war. Von allen Runden erforderte diese die größte Vorarbeit zu Fragen wie der Grundsatzerklärung, Jerusalem, der Gaza-Jericho-Option und der Sicherheit. Aufgrund finanzieller Zwänge war unsere Delegation noch mehr zusammengeschrumpft. An dieser Runde sollten Haidar, Saeb, Nabil Kassis, Zakariyya al-Agha, Mamdouh al-Aker, Suad al-Amery und ich aus dem »Inland« sowie Kamil Mansour und Ahmad al-Khalidi (ein akademischer Berater) aus dem »Ausland« teilnehmen. Haidar weilte in Europa, und Saeb war anläßlich des arabischen Abstimmungstreffens in Beirut, doch der Rest der »Inländertruppe« sollte am 26. August nach Tunis reisen. Am 24. rief Akram mich an und erzählte mir in rätselhaften Worten von Entwicklungen und Entwürfen, die ich kennen sollte. »Die Geheimverhandlungen haben etwas gebracht«, riet ich.

Seine Antwort war zurückhaltend. »Das wirst du sehen, wenn du herkommst. Bereite dich aber auf einige bedeutsame Entwicklungen vor.«

Als ich in Tunis ankam, war ich auf ein göttliches Wunder gefaßt. Faisal war bei Akram, und wir bekamen beide eine vorläufige Kurzübersicht. Abu Ala und Hassan Asfour hatten nach den Anweisungen von Abu Mazen in Oslo mit Uri Savir und Joel Singer eine Grundsatzerklärung ausgearbeitet und unterzeichnet. Dies war mit Hilfe des norwegischen Außenministers Johan Holst und der Vermittlung der Außenministeriumsbeamten Terje und Mona Larsen möglich geworden.

»Das ist dein Werk«, sagte Akram zu mir. »Es war der Kanal, den du mit Ya'ir Hirschfeld und Ron Pundik auf der einen und Abu Ala auf der anderen Seite in die Wege geleitet hast.« Ich war nicht über die Tatsache überrascht, daß es Geheimverhandlungen oder ein Abkommen gab, sondern darüber, daß gerade dieser Kanal Erfolg gehabt hatte. Dann erkannte ich, daß es eben gerade an der unauffälligen und verschwiegenen Art dieses Kontaktes gelegen hatte, daß er unbemerkt geblieben war und Erfolg hatte, während andere Kanäle auf höherer Ebene gescheitert waren. Nabil Schaaths offensichtlichere und sehr durchlässigen Kontakte waren mit Unterstützung von Abu Mazen Köder gewesen. Abu Mazen verriet auch, daß er es abgelehnt hatte, irgendwelche vorgeschlagenen Hintergrundgespräche weiterzuverfolgen, nachdem die Verhandlungen in Oslo Wirkungen zeitigten, weil er das Gefühl hatte, daß die israelische Seite und insbesondere Rabin die PLO und vor allem Abu Mazen auf Ernsthaftigkeit und Diskretion prüften. Peres hatte Uri Savir entsandt, aber als Rabin Joel Singer ins Rennen schickte, wurden die Vorschläge ernst. »Ich wollte weder unsere Arbeit gefährden noch zahlreiche Kanäle schaffen, noch Verwirrung stiften. Oslo war *die* Möglichkeit, und wir haben alles daran gesetzt. Deshalb vermied ich ein Zusammentreffen mit Shulamit Aloni und all den anderen, die mit Rabins Segen zu mir kamen. Als ich sicher war, daß ernsthafte Gespräche im Gang waren, informierte ich Abu Ammar, und er war über jeden Schritt unterrichtet.« Abu Mazen wußte genau, was er tat.

Am nächsten Morgen gingen Faisal und ich zu seinem Büro und lasen eine Abschrift des unterzeichneten Abkommens. Ich war zunächst schockiert. »Es liegt auf der Hand, daß die Unterzeichner dieses Abkommens nicht unter der Besatzung gelebt haben. Ihr habt die Siedlungsfrage und Jerusalem aufgeschoben, ohne überhaupt Garantien dafür zu haben, daß Israel nicht fortfährt, Fakten vor Ort zu schaffen, die das Endergebnis unterlaufen und beeinträchtigen können. Und was ist mit den Menschenrechten? Zu Hause gibt es eine Wählerschaft, ein Volk in Gefangenschaft, dessen Rechte geschützt werden müssen und dessen Leid gelindert werden muß. Was ist mit allen unseren roten Linien? Gebietshoheit und territoriale Unversehrtheit werden im wesentlichen verneint und die Machtübertragung ist rein funktional.« Faisal und ich hatten starke Bedenken wegen der Lücken, Zweideutigkeiten, fehlenden Details und des völligen Fehlens von Umsetzungsmechanismen.

»All dies wird ausgehandelt werden«, sagte Abu Mazen. »Wir haben strategische, politische Gewinne erzielt, vor allem die Tatsache, daß dies ein Abkommen mit der PLO und nicht nur mit einer palästinensischen Delegation ist, und es stellt eine Anerkennung der Palästinenser als Volk mit politischen Rechten dar. Wir haben die Genehmigung für die Rückkehr der zwangsausgesiedelten Personen und die Verpflichtung, daß die Flüchtlingsfrage und der dauerhafte Zustand Jerusalems erörtert werden. Wir werden über Grenzen sprechen, und das bedeutet Eigenstaatlichkeit. Hättet ihr mehr erreichen können?«

Ich nahm die Herausforderung an: »Es geht nicht darum, wer das Abkommen aushandelt, sondern darum, was darin steht. Meinem Ego bereitet es keine Probleme, außen vor oder im dunkeln gelassen oder gar benutzt zu werden. Meine Sorge gilt dem Inhalt. Ich bin der Meinung, daß dieses Abkommen viele möglicherweise explosive Punkte enthält und sich zu unserem Nachteil auswachsen könnte. Ihr hättet zumindest etwas über Jerusalem, die Siedlungen und die Menschenrechte vereinbaren sollen. Strategische Fragen sind gut, aber wir kennen die Israelis, und wir wissen, daß sie ihre Macht als Besatzer voll und ganz ausnutzen werden, und wenn ihr dann auf den dauerhaften Zustand zu sprechen kommt, werden die Israelis bereits unabänderliche Realitäten vor Ort geschaffen haben.«

Er erwiderte ruhig: »Ihr könnt über Siedlungen und Menschenrechte verhandeln. Sprecht in Washington direkt mit den Israelis und fordert die Einstellung der Besiedlung, die Freilassung von Häftlingen, die Aufhebung der Belagerung Jerusalems und die Rückkehr der Deportierten.«

Ich war verblüfft. »Nachdem ihr unterzeichnet habt? Welche Befugnis haben wir? Soll ich zu den Israelis als Bittstellerin sprechen?«

»Das ist dein Fehler«, sagte er. »Ich hatte dich gebeten, Geheimgespräche in Jerusalem zu beginnen, und du hast es abgelehnt. Jetzt haben wir eine Grundsatzerklärung, und wir müssen dies weiterverfolgen.«

»Du weißt ganz genau, warum wir das nicht tun konnten. Ohne Abu Ammars Zustimmung wäre dies politischer Selbstmord gewesen. Heute sage ich, daß du vielleicht recht hattest. Wir hätten es tun sollen. Nun ist es zu spät; wir müssen sehen, was wir daraus machen können, und was ihr für uns erreicht habt. Es ist so schon schwierig genug.«

Als Nabil Schaath eintraf, rief er die Delegation zusammen und eröffnete die Sitzung mit einer enthusiastischen Prognose für die kommende Verhandlungsrunde. Plötzlich erkannten wir, daß er immer noch nichts von dem Osloer Abkommen wußte. Sobald er und die anderen Mitglieder der Delegation es gelesen hatten, begann eine hitzige Debatte. Nabil sah nur die positiven Aspekte und begann mit einer feurigen Verteidigung und Befürwortung der Grundsatzerklärung. Die anderen waren viel vorsichtiger und wiesen auf die Abweichungen von den Eckpfeilern unserer Verhandlungspolitik und auf die Fallstricke in dem Abkommen hin. Ich trug meine Bedenken und Vorbehalte vor, wie ich sie mit Abu Mazen erörtert hatte, woraufhin Nabil mir Pessimismus und Zynismus vorwarf. Ich erwiderte, daß es falsch und irreführend sei, zu versuchen, ein derart mangelhaftes Abkommen zu beschönigen und es so auszuschmücken, daß dadurch übertriebene Erwartungen geweckt würden. Es war ganz sicher nicht die Antwort auf unsere Gebete, und es war auch kein hieb- und stichfestes oder umfassendes Abkommen, das sich leicht umsetzen ließ. Ich wandte mich an Abu Mazen und fragte: »Können wir es verändern? Gibt es darin irgendwelche Punkte, die für Änderungen noch offen sind?« »Nein«, antwortete er offen. »In diesem Fall«, fügte ich hinzu »müssen wir sehen, was wir daraus machen können. Mit all seinen Unzulänglichkeiten und Nachteilen ist es alles, was wir haben. Die nächste Verhandlungsrunde wird wahrscheinlich die schwierigste und schmerzlichste werden. Wir brauchen dazu unsere besten Fachleute und fähigsten Köpfe. Wir müssen aufpassen, daß die Grundsatzerklärung für uns nicht ein Schuß wird, der nach hinten losgeht.«

Damit reisten wir für die letzte Runde der Post-hoc-Verhandlungen nach Washington. Der in Madrid begonnene Prozeß war an seinem Ende angelangt. War dies auch das Ende unserer Mission? Würden wir, die Akteure des Wandels, zu Werkzeugen des Schicksals oder Opfern der Umstände werden? Saeb und Haidar waren aufgebracht, als sie die Neuigkeiten erfuhren, doch während sich Saeb wie üblich rasch wieder fing, empfand Haidar tiefe Kränkung und persönlichen Kummer. Nichts konnte ihn dazu bewegen, bis zur Unterzeichnung zu bleiben; es war zu einem unüberwindlichen Bruch gekommen. Was mich anging, so sah ich das Ende eines Abschnittes kommen, aber ich war fest entschlossen, ihn mit einem lauten Knall und nicht mit einem Wimmern abzuschließen. Einmal hatte ich einer kleinen Gruppe von Freunden gesagt: »Die eigentliche Prüfung besteht darin zu wissen, wann und wie man sich elegant zurückzieht.« Die Gelegenheit für den eleganten Rückzug kam näher, aber ich hatte immer noch eine Mission zu Ende zu bringen: Washington mußte ein Erfolg werden, und die PLO mußte die internationale Bühne in einem Glorienschein betreten, der der Größe und dem Schmerz des Volkes und der Sache, die die PLO vertrat, angemessen war. Dies versprach, ein Augenblick der historischen Rechtfertigung zu werden, und nun war es an uns, unsere Führung in einem Triumphzug und nicht als zur Schau gestellte Gefangene in diesen Augenblick eingehen zu lassen. Die Zeit war gekommen, daß die Waisen der Zeit zu Erben ihrer Geschichte wurden. Dies schuldete ich dem palästinensischen Volk, das ich in meiner Seele und in meinem Herzen als unschätzbares *amanah* trug.

Es war nicht die Zeit für Gegenbeschuldigungen, Befürchtungen oder Gewissensprüfung und Schuldzuweisungen. Wir mußten Palästina auf der Landkarte eintragen. Dazu mußten wir die PLO einführen, sie als Organ und Symbol einer Nation annehmen und dann würdevoll abtreten. Die Voraussetzungen dafür waren geschaffen. Ein Schauspiel auf dem Rasen des Weißen Hauses wurde peinlich genau choreographiert, und wir mußten unsere Darsteller in den Vordergrund der Bühne bringen, und zogen uns selbst in die Seitenkulissen zurück.

Ich war mitten im Tumult – von endlosen Verhandlungen mit dem State Department und dem Team zu ständigen Presseinterviews und Terminen, zu schwierigen Gesprächen mit arabisch-amerikanischen Organisationen und der palästinensischen Gemeinde, zu komplizierter Diplomatie mit Akteuren der amerikanischen Politik, zu Balanceakten mit Basisorganisationen, zu verwaltungstechnischen Absprachen mit dem begrenzten Stab an Freiwilligen, zum Lösen von Querelen über Sicherheitsvorkehrungen. Per Telefon versuchte ich auch eine Abstimmung mit Tunis, das seinen eigenen inneren Balanceakt vollführen mußte. Ich hatte keine Zeit für eine Pause und eine Bestandsaufnahme.

Beim ersten Treffen mit einem ziemlich einfältigen Dan Kurtzer und Aaron Miller sagte Dan: »Wir haben eine Woche ausgesetzt, und Sie haben die Grundsatzerklärung vorgelegt. Sollten wir vielleicht einen Monat aussetzen, damit Sie die Frage des dauerhaften Zustands klären können?« In dieser boshaften Frage lag ein Körnchen Wahrheit. Beide wollten wissen, wohin wir in Zukunft steuern und wie wir vorgehen würden. »Dazu wird noch Zeit sein«, meinte ich. »Aber jetzt müssen wir uns dringenden Aufgaben widmen. Wir müssen in der Grundsatzerklärung alle Verweise auf die ›Palästinensische Delegation‹ in ›PLO‹ ändern.«

Zwei unserer Unterhändler hatten versucht, die Änderungen auszuarbeiten, aber die Amerikaner hatten sich dem entschieden und dickköpfig widersetzt. Aber damit war das Thema nicht erledigt. »Wer wird zur Unterzeichnung kommen?« fragten sie. »Abu Mazen oder Arafat?« Zu diesem Zeitpunkt war diese Frage noch nicht geklärt.

»Ich werde es Sie bald wissen lassen«, versprach ich.

»Bitte denken Sie daran: keine Gewehre, keine Umarmungen, keine Küsse auf dem Rasen des Weißen Hauses. Könnten wir vielleicht über Uniformen reden?«

Das war zuviel. »Daran dürfen Sie nicht einmal denken«, warnte ich sie.

Abu Ammar nahm meine Frage, ob er nach Washington käme, als eindringliche Bitte. »Ihr seht«, hörte ich ihn zum Exekutiv-Komitee sagen, während ich noch am Telefon war, »meine Delegation will, daß ich nach Washington gehe. Nicht wahr, Hanan?« Meine berechenbare Antwort lautete: »Natürlich. Sie sollten zur Unterzeichnung hier sein.« Er fuhr fort: »Aber unterzeichnen muß Abu Mazen. Es ist nur gerecht, daß Peres und Abu Mazen für die beiden Parteien unterzeichnen. Schließlich sind sie beide Urheber dieses Abkommens. Rabin und ich werden bei der Unterzeichnung unsere jeweiligen Regierungen repräsentieren.«

Ich wußte, was ich zu tun hatte, und rief Dennis an. »Sie müssen Rabin zum Kommen bewegen. Der Vorsitzende kommt.«

So begann die Inszenierung eines internationalen Spektakels: Die surrealistische Besetzung bestand aus hohen Politikern aus der ganzen Welt, das Drehbuch war ein mangelhaftes, im geheimen ausgearbeitetes Abkommen. Als mein alter Freund Peter Jennings von ABC News mich herumhetzen und alles auf einmal tun sah, hatte er das Gefühl, wie er mir später sagte, daß ich die Rolle einer Managerin spielte, während die Männer herumsaßen und die Rolle der politischen Big Bosse mimten. »Völlig falsch«, sagte ich. »Die Arbeit war so enorm und kompliziert, daß nur eine Frau sie bewältigen konnte.«

Herausgeputzt und in aufgeregter Erwartung des bevorstehenden Ereignisses, gingen wir zum Flughafen, um Abu Ammar und seine Gefolgschaft bei ihrem ersten Besuch in Washington zu empfangen. Als wir uns auf dem Rollfeld zum Empfang aufreihten, stellten wir eine merkwürdige Absonderung fest. Alle offiziellen PLO-Vertreter und Angestellten hatten sich in einer Reihe vor uns aufgebaut. Nabil Schaath und Akram Haniyyeh als PLO-Vertreter im Führungskomitee waren die beiden einzigen, die im Empfangskomitee am Fuße der Treppe standen. Die Delegation blickte auf die Angestellten der palästinensischen Geschäftsstelle vor uns, und wir begannen alle, über Zeichen, Symptome und Prioritäten zu witzeln. »Das sind Vorzeichen«, meinten einige. »Gott ist dem gnädig, der seinen Platz kennt«, war das Motto des Tages. Nasser al-Qidwa, der PLO-Vertreter bei der UNO, war über diese Aufteilung wütend und stellte sich zu uns. Wir drängten ihn, wieder an seinen Platz zurückzugehen und »wegen Verseuchungsgefahr« Distanz zu wahren. Diese wenigen Schritte, die uns bei der Landung des Flugzeugs auf dem Rollfeld trennten, schienen wie ein gähnender Abgrund. Wir kehrten zu unseren Wagen am Ende der Wagenkolonne zurück und wußten, daß nichts mehr so sein würde wie früher.

*

Schließlich war der große Tag gekommen: Montag, der 13. September 1993. Das Haustelefon klingelte mit schriller und hartnäckiger Dringlichkeit. Es war 5.00 Uhr, und ich war gerade erst zu Bett gegangen. Meine damalige Assistentin Suhair jonglierte immer noch mit zwei anderen Telefonen und sprach abwechselnd Arabisch und Englisch in die beiden Hörer. Sie versuchte verzweifelt, höflich und bestimmt zu bleiben. Auch sie hatte die letzten drei Nächte in Washington nicht geschlafen. Wir blickten uns an, lächelten und erkannten stumm, daß unsere ersehnte Ruhepause auch an diesem Morgen nicht stattfinden würde. Meine Lippen formten ein stummes ‚Das muß Abu Ammar sein', und sie nickte bestätigend. Wir waren beide an Krisen, Befehle und unmögliche Tageszeiten gewöhnt. Ich nahm den Hörer ab.

»Du mußt sofort herkommen! Wir müssen mit den Amerikanern reden«, sagte der Vorsitzende. »Wenn der Text nicht wie vereinbart geändert wird, wird es heute keine Unterzeichnung geben.«

Ich sprang unter die Dusche, zog mich in Rekordzeit an und beschloß, für alle Fälle mein offizielles Kostüm anzuziehen. Suhair blieb mit der undankbaren Aufgabe zurück, den Morgennachrichten zu erklären, warum sie sich mit einem Ersatz zufriedengeben müßten. Meine Schuhe in der einen, meine Papiere und meine Handtasche in der anderen Hand stürmte ich durch den langen Korridor im neunten Stock des ANA Westin Hotels. Dutzende von amerikanischen und palästinensischen Sicherheitsbeamten blickten resigniert und versuchten, mir freie Bahn zu schaffen, der barfüßigen palästinensischen Sprecherin, die man oft zu jeder Tages- und Nachtzeit wie gestört zwischen den Suiten hin- und herrasen sehen konnte, wobei sie wahllos Dokumente verteilte und unterwegs hastig Bemerkungen mit allen möglichen Leuten austauschte. Dies war auch der Arbeitsstil des Großteils der palästinensischen Delegation. Nur Akram bildete hier eine Ausnahme, er hatte sich den Titel des »koscheren Aufsehers« erworben, indem er ruhig in seiner Suite saß und Dokumente, Delegierte und Würdenträger gleichermaßen ihren Weg zu ihm finden ließ. Ein amerikanischer Sicherheitsbeamter öffnete hastig und geübt die Tür zu Abu Ammars Suite, gerade rechtzeitig, um einen heftigeren Zusammenstoß zu vermeiden, und ich rauschte ohne Umstände hinein.

Abu Ammar war sichtlich verärgert. »Ich habe die ganze Nacht kein Auge zugetan!« rief er aus und vergaß dabei, daß viele von uns mit ihm wachgeblieben waren, um die Krise abzuwenden.

»Ich werde nicht unterzeichnen, wenn der Text nicht geändert wird! Die Israelis hatten den Änderungen zugestimmt, und jetzt halten sie ihr Wort nicht. Das macht die ganze Sache wertlos.« Er wandte sich an seine Assistenten und gab knappe Anweisungen.

»Ruf Abu Ala an. Ruf Abu Mazen an. Finde heraus, ob Ahmad schon aus Rabins Hotel zurück ist, und bring ihn her.«

»Haben Sie irgendwelche Neuigkeiten nach Rabins Ankunft erhalten?« fragte ich und befürchtete das Schlimmste.

»Peres behauptet, daß es keine solche Vereinbarung gibt, und Rabin pflichtet ihm jetzt bei. Ruf bitte die Amerikaner an und sag ihnen, daß der ganze Handel geplatzt ist, wenn sie nicht die Israelis dazu bringen können, den Text zu ändern.«

»Ich habe bereits mit Aaron, Dan und Dennis gesprochen. Ich werde versuchen, Ed noch einmal zu erreichen, und wenn das nichts bringt, werden wir uns an Christopher wenden müssen.«

»Das muß Clinton vorgelegt werden! Sag ihnen, daß das Exekutiv-Komitee dem Abkommen nur unter der Bedingung zugestimmt hatte, daß der Begriff ›palästinensisches Team/palästinensische Delegation (aus der gemeinsamen jordanisch-palästinensischen Delegation)‹ in den Wortlaut ›Organisation für die Befreiung Palästinas‹ im ganzen Text der Grundsatzerklärung ersetzt wird. Sie sprechen jetzt mit der PLO, und die gegenseitige Anerkennung muß sich in der Erklärung widerspiegeln. Es besteht jetzt Gleichstellung: die israelische Regierung und die PLO.«

Während er noch sprach, nahm ich den Hörer ab und wählte die Nummer von Dennis Ross. Die Antwort war hier dieselbe. Seit Tagen hatten wir versucht, die PLO in den Text aufnehmen zu lassen, und das »Friedensteam« des State Department war unerbittlich geblieben und weigerte sich, irgendwelche Änderungen des »offiziellen Textes« zu erwägen, den die Israelis ihm gegeben hatten. »Es ist bereits zu spät«, wiederholten sie. »Rein schon von der Logistik her können wir kein offizielles Dokument ändern.« Ich versuchte, Dennis davon zu überzeugen, daß die Lage bedrohlich war und daß der Vorsitzende es wirklich ernst meinte. Er sagte: »Nur wenn die Israelis einverstanden sind.« Ich versuchte verzweifelt, nicht die Geduld zu verlieren. Wieder einmal wandten sich die Amerikaner an die Israelis, um ihr Stichwort zu erhalten. Wieder einmal bewies das, daß es einfacher war, mit den Israelis direkt zu reden, als zu versuchen, die Amerikaner dazu zu bringen, zu vermitteln oder das Verhalten der Israelis zu beeinflussen.

Als ich die Nummer der Zentrale im State Department wählte, hörte ich, wie Abu Ammar den Piloten des marokkanischen Flugzeugs, das ihm König Hassan zur Verfügung gestellt hatte, die Anweisung erteilte, sich sofort zur Andrews Air Force Base zu begeben und sich auf einen möglichen Start an diesem Morgen vorzubereiten. Selbst wenn es sich als Bluff erweisen sollte, klang es sehr ernst.

»Hier ist Hanan Ashrawi. Ich muß dringend Botschafter Djerejian sprechen. Ja, es ist ein Notfall.«

Es dauerte nur eine kurzen Moment bis er sich meldete: »Hier ist Ed, was gibt es, Hanan?«

»Ed, Sie müssen dies sehr ernst nehmen. Rufen Sie Rabin an und überzeugen Sie ihn. Wenn der Text nicht so verändert wird, daß er die neuen Realitäten reflektiert, dann wird die gesamte Zustimmung des Exekutiv-Komitees zurückgezogen. Der Vorsitzende trägt sich mit dem Gedanken, heute morgen abzureisen.«

»Haben Sie mit den Israelis gesprochen?«

»Ja, haben wir. Arafats Gesandter Ahmad Tibi ist die ganze Nacht zwischen dem ANA Hotel und dem Mayflower Hotel hin- und hergependelt. Nun, da Rabin angekommen ist, kann er sofort die Entscheidung treffen. Ahmad ist noch dort.«

»Es ist gut, daß Sie mit den Israelis direkt gesprochen haben. Lassen Sie nicht locker, und wir werden sehen, was wir tun können.«

Inzwischen waren Abu Ala, Hassan Asfour und Abu Mazen (Schlüsselfiguren in den geheimen Osloer Gesprächen, die uns zu dieser Unterzeichnungsphase geführt hatten) hereingekommen und telefonierten mit ihren israelischen Gesprächspartnern. Diese waren ebenfalls der Ansicht, daß die Änderungen wie vereinbart vorgenommen werden müßten. Uri Savir und Yossi Beilin versuchten, ihre Seite davon zu überzeugen. Peres zeigte sich zugänglich. Wie üblich warteten alle auf das letzte Wort von Rabin.

»Hanan, du und Faisal sowie die Delegation und die Mitglieder des Exekutiv-Komitees, ihr werdet hier warten, bis die Frage geklärt ist. Laßt die Verwaltungsbeamten und die Mitarbeiter zum Weißen Haus gehen und ihre Plätze einnehmen. Ich brauche euch hier für den Fall, daß wir schnell wegmüssen.«

Abu Ammars Wohnzimmer füllte sich rasch mit den dunklen Schwaden unzähliger Zigaretten. Normalerweise war Arafat sehr gesundheitsbewußt und duldete dies nicht, aber jetzt bemerkte er es nicht einmal. Hayel al-Fahoum vom Politischen Department der PLO kam herein. Er sollte bei der Unterzeichnungszeremonie als Rechtsberater fungieren. Er wurde angewiesen, sich zu setzen und zu warten.

»Es wird spät, wir sollten schon auf dem Weg sein«, sagte Hayel.

»Erst wenn wir die Antwort bekommen, die wir brauchen«, erwiderte Abu Ammar. Yasser Abd Rabbo und Nabil Schaath bemühten sich ebenfalls um einen Ausweg. Vier oder fünf Gespräche liefen gleichzeitig, manche per Telefon, andere direkt. Faisal saß ruhig da und nahm alles mit seinem gewohnten Gleichmut in sich auf. Auch er war der Ansicht, daß keiner gehen sollte, bevor wir nicht unsere Antwort hätten. Abu Ammar drängte alle, Ruhe zu bewahren. »Verliert nicht die Nerven. Es wird gelingen.« Plötzlich – und wie häufiger, wenn ich unter starkem Druck stehe – war ich völlig losgelöst.

Der sanft sprechende und nach außen hin ruhig wirkende Abu Ala rieb sich die Augen und zog wiederholt heftig an seiner Zigarette. Er war die Hauptfigur im Drama von den Osloer Geheimverhandlungen. Vor fast einem Jahr hatte ich ihn mit Ya'ir Hirschfeld zusammengebracht, einem israelischen Professor der Universität Haifa und einem engen Vertrauten von Yossi Beilin. Dies hatte eine ganze Kette von Ereignissen ausgelöst, die uns an diesen Punkt gebracht hatten. Als ich durch denselben Schleier der Losgelöstheit auf Faisal blickte, erinnerte ich mich an eine andere Serie von Ereignissen, die vielleicht der eigentliche Beginn des ganzen Prozesses gewesen sind. Begann es mit diesem schicksalhaften Treffen in Jerusalem mit dem damaligen amerikanischen Generalkonsul Philip Wilcox, als dieser uns über den bevorstehenden Besuch von Außenminister Baker in der Region und dessen Absicht unterrichtete, die Möglichkeiten für den Start eines Friedensprozesses im Nahen Osten auszuloten? Oder begann es vor fast sechs Jahren mit der *Intifada* und der Einrichtung des damals illegalen Politischen Komitees, das sich vor den Augen der israelischen Militärbehörden in meinem Wohnzimmer versammelte? Vielleicht geht der eigentliche Anfang auch auf 1967 zurück, als Faisal nach dem Juni-Krieg das erste Trainingslager für neue Fatah-Mitglieder einrichtete, junge Männer und Frauen, denen ich im Libanon beitreten sollte, was ich aber nicht tat. Begann es historisch gesehen mit einer unserer vielen Katastrophen – dem ersten Zionisten-Kongreß, der Balfour-Deklaration, dem Schrecken des Holocaust in Europa, dem UN-Plan von 1947 über die Teilung Palästinas, dem Krieg von 1948 und der Tragödie von Exil und Zwangsausweisung, dem Krieg vom 5. Juni 1967 und seinem furchtbaren Erbe der Besetzung und Unterdrückung? Vielleicht begann es für mich am 8. Oktober 1946 auf der Entbindungsstation des Anglikanischen Krankenhauses in Nablus, Palästina, als ich geboren wurde – als fünfte Tochter von Dr. Daud Mikhail und seiner Frau Wadi'a. Wie fatalistisch darf man sein? Ist unser arabisches Sprichwort wahr, das besagt: Was auf der Stirn geschrieben ist, muß das Auge sehen?

Es war damals zwecklos, vielleicht sogar irrelevant, sich in solchen Spekulationen zu ergehen. Der Mann, der in der Vorstellungswelt der Palästinenser überlebensgroß war, der oft als Symbol und Schicksal des palästinensischen nationalen Kampfes und der palästinensischen Identität beschrieben wurde, saß da in einer Hotelsuite in Washington und war wahrscheinlich bereit, ein weiteres Kaninchen aus dem Hut zu zaubern. Seit ich ihn zum ersten Mal 1969 in Amman als junge Studentin getroffen hatte, war so vieles geschehen. Nun erkannte ich den Menschen, der unter Druck stand, der erneut gefordert war, eine weitere Entscheidung zu treffen, die unausweichlich den Verlauf der Geschichte und mein Leben beeinflussen würde. Hatte dazu irgend jemand das Recht? Sollte ich einfach gehen?

Plötzlich war der ganze Raum in Aufruhr. Rabin hatte den Änderungen zugestimmt, und wir mußten uns beeilen. Es war bereits nach 10 Uhr. Wir stapelten uns in den wartenden Autos, ließen alle Etikette beiseite und wurden in halsbrecherischem Tempo, mit heulenden Sirenen an der gaffenden Menge vorbei zum Weißen Haus gefahren. Als wir buchstäblich aus den Autos torkelten, stießen andere Zuspätkommende aus der Delegation zu Akram, Faisal und mir. Aber irgend jemand hatte vergessen, den Sicherheitsbeamten am Tor eine vollständige Liste unserer Namen für die Durchlaßerlaubnis zu geben, und wir durften nicht eintreten. Sie dachten, daß wir vielleicht am falschen Tor waren. Es war keine Zeit mehr. Die Ironie war perfekt, und ich lachte fast laut auf. Nachdem wir das Unmögliche möglich gemacht hatten, damit dies geschehen konnte, würden wir vielleicht aufgrund eines bürokratischen Durcheinanders das ganze Ereignis versäumen. Mein Gesicht war das einzige, das die Wächter erkannten, und ich erhielt Einlaß. »Was ist mit dem Rest der Delegation?« fragte ich.

»Ohne Erlaubnis können die anderen nicht durch.«

»Was ist, wenn ich für sie bürge?«

»Das ist höchst vorschriftswidrig.«

Ich war fast sicher, daß die Beamten nachgeben würden. Als ich weiter vorne Ted Koppel erblickte, wandte ich einen vertrauten, wenn auch nicht ganz sauberen Trick an.

»Wir müssen alle gemeinsam durch. Was glauben Sie, wie es vor der Welt aussieht, wenn die palästinensische Delegation durch Sie daran gehindert wird, an der Unterzeichnungszeremonie teilzunehmen?«

»Ich mache Ihnen einen Vorschlag. Warum stellen Sie sich nicht hier neben mich und geben mir die Namen aller Personen aus Ihrer Delegation, wie sie nacheinander eintreten, und ich lege eine vollständige Liste an.«

»Dazu haben wir keine Zeit. Es ist 10.35 Uhr, und die Zeremonie soll um 11.00 Uhr beginnen. Warum gebe ich nicht einfach die Namen nacheinander an, wie die Leute hereinkommen, und Sie brauchen dann keine Liste zu führen. Glauben Sie mir einfach.« Er fühlte unsere Verzweiflung oder vielleicht auch die Dringlichkeit der Lage und stimmte zu. Wir gingen schnell hinein. Ich kam als letzte und hoffte, daß der Beamte nicht gefeuert würde. Wir rannten den Weg zum Südrasen entlang und holten Ted Koppel ein, der mir ein Mikrophon vor das Gesicht hielt und mich fragte, was ich über die Vereinbarung dachte. »Es ist ein Minenfeld«, japste ich und setzte meinen atemlosen Sprint bergauf fort. Es war damals ein Minenfeld und ist es auch heute noch.

Als wir zu dem für Gäste abgesperrten Bereich rannten, sorgten wir für Aufsehen. Die ganze Delegation erhob sich und rückte ihre Stühle beiseite, um uns Platz zu machen. Zunächst setzten sich manche von uns schüchtern zu zweit auf einen Platz. Saeb bot mir seinen Stuhl an, und Akram schob ihn in die erste Reihe. Ich musterte die Gesichter auf dem Rasen und versuchte, Hayel zu finden. Als ich seinen Blick einfing, machte ich ihm ein Zeichen, und er lief zu uns herüber.

»Bitte überprüfe den Text der offiziellen Dokumente, um sicher zu sein, daß die Änderungen vorgenommen worden sind.«

»Als ich sie etwa vor drei Minuten zum letzten Mal gesehen habe, waren da noch keine Änderungen.«

»Hast du sie über die Vereinbarung informiert?«

»Natürlich, aber es wurde nichts geändert. Komm und sieh selbst.«

Ich duckte mich unter den Absperrseilen durch und rannte über den Rasen des Weißen Hauses direkt auf den amerikanischen Rechtsberater zu. Er sagte, er wisse nichts von irgendwelchen Änderungen. Ich bat ihn, den israelischen Rechtsberater zu rufen. Auch dieser zeigte sich völlig unwissend. Ich war außer mir.

»Wissen Sie, daß es ohne diese Änderungen keine Unterzeichnung gibt?«

Nun wurde ihnen der Ernst der Lage klar. »Warum lassen Sie nicht Abu Mazen die fehlerhaften Zeilen herausstreichen und die Korrekturen eintragen, bevor er unterzeichnet?« fragte der amerikanische Rechtsberater.

»Er kann das nur tun, wenn er als erster unterzeichnet und die Korrekturen unterschreibt; dann unterzeichnet Peres und wird dieselben Korrekturen unterschreiben. Sonst wäre es nicht rechtskräftig.«

»Das können wir nicht tun. Es gibt keinerlei Möglichkeit, die Reihenfolge der Unterzeichnung zu ändern.«

»Dann gehen Sie zu Ihren Regierungschefs und sagen Sie ihnen, daß heute nicht unterzeichnet wird, solange die Dokumente nicht korrigiert sind.«

»Welche Änderungen müssen vorgenommen werden?«

»Haben Sie noch eine Abschrift der Grundsatzerklärung?«

Er gab mir eine, und ich nahm seinen Kugelschreiber und strich alle Verweise auf die »Palästinensische Delegation« oder »das palästinensische Team« oder die »gemeinsame jordanisch-palästinensische Delegation« durch und schrieb »die Organisation für die Befreiung Palästinas« oder »die PLO«. Er nahm den geänderten Entwurf und rannte ins Weiße Haus zurück. Hayel und ich vereinbarten, daß ich an meinen Platz zurückgehen würde, während er wartete, um sicher zu sein, daß die Dokumente für die Unterzeichnung tatsächlich korrigiert wurden. Wenn alles in Ordnung war, würde er mir bestätigend zunicken. Wenn nicht, müßten wir zurückgehen und Abu Ammar sowie Abu Mazen informieren. Wir beide wußten, daß es dann nicht zu einer Unterzeichnung kommen würde.

10.59 Uhr und immer noch kein Zeichen von Hayel. Meine Augen brannten, und der gepflegte Rasen fing unter meinem Blick langsam an zu tanzen wie ein riesiges T-Shirt, das zum Trocknen aufgehängt war. Mein einziger Trost war der Gedanke, daß das Friedensteam des State Department in diesem Moment in einer noch größeren Klemme steckte: Die Palästinenser hatten es wieder getan! Ich zog eine Kopie des offiziellen Programms hervor, dessen Einzelheiten bis zur letzten Minute ausgearbeitet worden waren. Soweit zur Planung und so weiter. Zum zweiten Mal innerhalb einer Minute ertappte ich mich, wie ich in mich hineinlächelte. Meine neuen Schuhe drückten unerträglich. Nach all diesen Jahren erwische ich mich immer noch, wie ich mich nach der vertrauten Bequemlichkeit meiner ausgetretenen Laufschuhe sehne und mir der Zwang eleganter Absätze verhaßt ist. Ich fragte mich, ob ich die Schuhe ausziehen könnte. Sofort erschien das Bild einer barfüßigen Hanan in der ersten Reihe auf dem Rasen des Weißen Hauses vor meinen Augen, und sie begannen zu tränen. Ich konnte nicht ein drittes Mal in mich hineinlächeln, und so begnügte ich mich mit einem Tadel an mich, als ich meine Augen mit einem Kleenex abtupfte. Alles, was mir jetzt noch fehlte, war ein verlaufenes Augen-Make up. Würde es in den Schlagzeilen heißen: »Barfuß und in Tränen aufgelöst auf dem Rasen?« Dies war nicht der Augenblick für Leichtfertigkeit, ermahnte ich mich stumm. Die Grundsatzerklärung, die an diesem Tag unterzeichnet werden würde oder nicht, war der Schlüssel für die Zukunft vieler palästinensischer und israelischer Generationen und der Region. An diesem Morgen sollte nämlich ein wichtiger Stein des Puzzlespiels der ganzen Welt gelegt werden, vorausgesetzt, es wurde das richtige Signal gegeben. Unser ganzes Leben lang hatten wir mit Spannungen und mit Umschwüngen in letzter Minute gelebt – was bedeutete da schon ein Augenblick mehr? Die Palästinenser haben zuvor schon viele Pläne über den Haufen geworfen.

Zwei Minuten nach elf, und meine Augen begannen erneut zu brennen. Ich schwankte zwischen einer Zigarette und der Gebetskette. Ich wagte weder das eine noch das andere aus der Tasche zu ziehen.

Immer noch außer Atem saß ich auf der Kante meines Klappstuhls und starrte durch das Sonnenlicht, um einen Blick auf Hayel zu erhaschen. Es schien, als sei Hayel vom Schicksal ausersehen worden, diese Schlüsselrolle genau an diesem Tag zu spielen und dann abzutreten, um die Bühne den prominenteren Darstellern zu überlassen. Zu meiner Rechten rang Faisal ebenfalls nach Atem, da sich sein Asthma bemerkbar gemacht hatte. Zu meiner Linken schnatterte Chelsea Clinton aufgeregt mit einer Gruppe von jungen Mädchen, die alle leuchtend grüne T-Shirts mit der Aufschrift »Saat des Friedens« trugen, die stolz auf ihren wogenden Brüsten prangten. Hinter mir drängelte sich der Rest unserer palästinensischen Delegation – sowohl der offizielle (aus dem »Ausland«) als auch der inoffizielle Teil (aus dem »Inland«) – um eine gute Position, da ihre Sitze von der grünen Brigade eingenommen worden waren. Soweit zur akribischen Planung des State Department und des Weißen Hauses. Es war nicht das erste Mal, daß sich Palästinenser abgedrängt fühlten, dachte ich, irgendwie traurig lächelnd. Existenzangst läßt wenig Raum für Selbstmitleid. Außerdem hatte ich diese Angewohnheit schon vor langer Zeit abgelegt, obwohl ich mir immer noch hie und da den Luxus moralischer Entrüstung, ja sogar des Ärgers gönne.

Der grüne Rasen und zahllose Gesichter waren wieder im Mittelpunkt, aber das Podium mit seinem geschichtsträchtigen Tisch, der bei Camp David zu Ehren gekommen war, blieb bedenklich unbesetzt. Da war kein Lebenszeichen am Eingang des Weißen Hauses, aus dem in Kürze eine beeindruckende Prozession auftauchen würde oder nicht. Ich stellte mir vor, daß sie im Grünen Zimmer sein mußten: Präsident Clinton, Vizepräsident Gore, Außenminister Christopher, Außenminister Kosyrew, der Vorsitzende Arafat, Abu Mazen, Ministerpräsident Rabin, Außenminister Peres und ihre Frauen – mit Ausnahme der Palästinenserinnen natürlich. Vielleicht war es für die Ehefrauen besser, nicht an einem Ereignis teilzunehmen, an dem sie nicht mitgewirkt hatten; Abwesenheit kann weniger erniedrigend sein als ein Dabeisein als Anhängsel. Das erinnerte an die eigentliche Frage: Wie viele dieser Weltpolitiker, der Hauptdarsteller in diesem Schauspiel, hatten eigentlich irgend etwas mit seiner tatsächlichen Realisierung zu tun? Die Aufführung war spektakulär, aber die meisten der eigentlichen Darsteller warteten anonym in den Seitenkulissen. Der grelle Sonnenschein schmerzte fast. Ich schirmte meine Augen ab und sehnte mich nach einem kühlen, schattigen Platz. Plötzlich sah ich eine Hand heftig winken, als sich eine Gestalt näherte: Hayel. Er sah mich an, lächelte und nickte dann. Ich lehnte mich zurück und lächelte – und dieses Mal offen.

Die Zeremonie begann um 11.07 Uhr. Das Spektakel auf dem Rasen des Weißen Hauses war ein Riesenerfolg. Was mich anging, so wußte ich, daß der schwierige Teil gerade erst begonnen hatte. Dieses ganze Ereignis war ein Signal, ein Übergang. Das Streichen der »Delegation« und das Überschreiben mit »PLO« hatte eine neue Phase eingeleitet. Ob Arafat und Rabin bei dieser Zeremonie im Weißen Haus mehr bekommen hatten als ihre grünen T-Shirts, mußte sich noch zeigen. Dies galt auch für den Weg von Tunis nach Washington. Es fand ein Übergang ungeheurer Dimension statt, und ich würde einige Stationen auf dem Weg auswählen müssen.

Mit der Änderung des Textes auf dem Rasen des Weißen Hauses hatten wir den Kreis geschlossen. Doch die eigentliche Lösung des Knotens mußte noch kommen, denn nun mußten wir uns mit dem Inhalt befassen. Der berühmte Händedruck zwischen einem widerstrebenden Rabin und einem gespannten Arafat war für uns mehr eine Herausforderung denn eine Versöhnung, eher ein Anfang als ein Ende. Beide führenden Politiker würden von nun an direkt von ihrem Volk für verantwortlich und zuständig erklärt werden. Ihre Zukunft würde von Erfolg oder Scheitern der ungeheuren Aufgaben abhängen, die sie mit diesem bedeutungsvollen Händedruck auf sich genommen hatten. Frieden mit unserem Erzfeind war nur möglich, wenn wir uns als fähig erweisen würden, unter uns selbst und mit uns selbst Frieden zu schließen. Das vor uns liegende Minenfeld erstreckte sich nicht nur jenseits der Grenze, sondern auch auf unseren eigenen Boden, und da hindurch führte der schwierigere Kurs, den wir zu steuern hatten. Könnten wir die Sprache unserer Zukunft so gestalten, daß wir eine innere Harmonie formen und zum Ausdruck bringen konnten, oder würden wir zur Rhetorik des Streits und der Selbsttäuschung zurückkehren? Jahrelang hatte ich Faisal gedrängt, nicht das Personalpronomen der ersten Person Singular in seinen politischen Äußerungen zu verwenden, nicht »ich« zu sagen, da wir eine kollektive Aufgabe hatten. Jahrelang hatte ich versucht, unsere Wirklichkeit von einem Adjektiv in ein Substantiv umzuwandeln – von palästinensisch zu Palästina. Ich hatte mich bemüht, in den weltweiten Sprachgebrauch den Begriff »Volk« einzuführen, was ein Zeichen der Anerkennung unseres Menschseins zusammen mit unserem Land Palästina als zeitgenössische Realität anstelle einer geographischen Abstraktion sein sollte. Hatten wir es erreicht, indem wir unseren historischen Namen ›Palästina‹ in ›PLO‹ änderten, und hatten wir die Zerstückelung unseres Landes zusammen mit der Aufgliederung unseres Konzeptes von einem Leben als Volk akzeptiert? Wenn die PLO in ihrer vollständigen Anerkennung die Prüfung der Ganzheit bestehen könnte, dann könnte sie uns in die Zukunft führen. Wenn sie all die verschiedenen Fäden aus der Geschichte ihres gepeinigten Volkes vereinen könnte, dann würde sie in der Lage sein, ein Bild von unserem Schicksal zu weben. Sie hatte sich direkt an die Kreuzung zwischen Anerkennung von außen und Aufwertung von innen gesetzt, genau an den Punkt, wo unsere Vergangenheit und unsere Zukunft entweder zusammenlaufen und sich vermischen würden, um unsere kollektive Erinnerung für die Zukunft zu formen, oder wo sie zusammenstoßen und in Schmerz und Zorn auseinandergerissen würden.

15

Arafats Rede bei der Unterzeichnung war ein trauriges Signal an die Palästinenser in der ganzen Welt. Sie berührte weniger unsere Herzen und Gedanken als Akt der Gnade und der Heilung, sondern sie prallte eher wie unpersönliche Schallwellen ab, die das vage Bild eines nicht identifizierbaren Objekts zeichneten. Wir konnten uns darin nicht wiedererkennen. Die Welt würde uns durch dieses Bild nicht kennenlernen. In Madrid hatten wir versucht, unsere Einzigartigkeit und unsere Einheit mit der großen Weite der Nationen und der Geschichte aufzuzeigen; in Washington verwendete Abu Ammar die Sprache des Ausschließens, um uns davon abzusetzen.

Obwohl einige Palästinenser diese Rede als Vorbote für die drohende Herabsetzung unserer Sprache und unserer Vision verstanden, versuchte ich, sie als einen vorübergehenden Rückfall zu entschuldigen. »Die Wahl seiner Worte war eine bewußte Entscheidung«, sagte mir jemand. »Die implizite Botschaft lautet, daß eure Sprache Vergangenheit ist. Die nächste Phase gehört nicht den Dichtern und Intellektuellen. Es wird die Ära der hartgesottenen Politiker sein, eine Ära, in der Parolen die Waffen in einem Kampf um Macht sind. Eigennutz führt zu Klischees und nicht zu humanistischen Visionen.« Aber ich wußte, daß niemand die Dichter und Visionäre aus unserer Mitte verbannen konnte, jene, die weiterhin das Gewissen einer Nation mit Ehrfurcht vor der Hoffnung sein würden. Edward Said beschrieb die Unterzeichnung als Triumph der »Krämer«. Mahmoud Darwish sagte angstvoll zu mir: »Man hat sich unserer Sprache bemächtigt.« Akram meinte, es sei Zeit für mich, zur Literatur zurückzukehren. »Was immer du von jetzt ab tun würdest, würde dich nur herabsetzen, wenn du es in ihren Worten tust. Du hast deine eigenen Normen gesetzt, und deine Integrität steht auf dem Spiel.«

Ich wußte, daß nun die Zeit für den würdigen Abgang gekommen war, aber ich hatte noch einige Aufgaben zu erfüllen, und ich beschloß, sie gut zu Ende zu bringen.

Wir mußten nach Tunis reisen, um die Ratifizierung des Abkommens durch den Zentralrat (die repräsentative Körperschaft zwischen dem Palästinensischen Nationalrat und dem Exekutiv-Komitee der PLO) vorzubereiten und an den Planungen für die nächste Phase teilzunehmen. Ich flog mit Abu Ammar in seinem Flugzeug nach New York, wo wir im UNO-Hauptquartier ein Gespräch mit Generalsekretär Boutros Boutros-Ghali führten. Danach flogen wir nach Tunis. In der Luft schnitt Abu Ammar das Thema der politischen Posten an. Ich sagte ihm: »Um dies in Angriff zu nehmen, müssen eine umfassende Struktur und ein Arbeitsplan eingerichtet und dann die geeigneten Leute für die Erfüllung dieser Aufgaben gefunden werden. Es geht nicht darum, Posten für einzelne zu finden. Ich persönlich strebe nicht nach einem Amt, und ich habe mich dieser Sache nicht wegen Macht oder Vorteilen gewidmet. Ich verlange nichts, und Sie brauchen sich um mich keine Sorgen zu machen.«

Als wir in Tunis landeten, wartete jeder erdenkliche Botschafter und Diplomat darauf, Abu Ammar bei seiner Rückkehr von seinem Feldzug als Friedensstifter willkommen zu heißen. Wir hielten mit dem Exekutiv-Komitee eine Sitzung ab, dann gingen wir nach Hause, um uns auf die Versammlung des Zentralrates und die kommende Herausforderung der Planung vorzubereiten. Abu Ammar begann die erste Runde seiner diplomatischen Weltreise damit, daß er das Lob von führenden Politikern einheimste, die noch vor einigen Monaten allein bei der bloßen Erwähnung der PLO zurückgeschreckt waren. Bevor er abreiste, bat er mich, den Posten der palästinensischen Vertretung in Washington in Erwägung zu ziehen. Er sagte: »Ich muß das Ansehen des Büros und die Qualität der Arbeit verbessern.«

»Ich will keinen offiziellen Posten«, erwiderte ich. »Doch wenn Sie wirklich eine neue Phase einleiten wollen, bin ich bereit, mir die Situation in Washington anzusehen und einen umfassenden Vorschlag mit logischer Grundlage, Struktur, Prioritäten, Zielen, einem stufenweisen Arbeitsplan und einem vollständigen Haushalt vorzubereiten. Auf diese Weise wird die Arbeit wirkungsvoll und effizient geleistet werden, egal, wer diesen Posten bekommt.« Er war einverstanden.

Auf unserem Heimweg reisten Saeb und ich nach Amman. Abu Ammar hatte mich gebeten, mit Abul-Lutof (Faruq al-Kaddoumi) und König Hussein zu sprechen. Beide waren von dem Osloer Abkommen überrascht worden und hatten ernste Bedenken dagegen angemeldet. Kaddoumi, der Chef des Politischen Departments der PLO, hatte eine Teilnahme an der Unterzeichnung in Washington abgelehnt und war besorgt darüber, daß sich dieses Dokument auf die arabische Abstimmung und insbesondere hinsichtlich Syriens Opposition entzweiend auswirken könnte. König Hussein, der unser engster Partner und Schutzherr durch die gemeinsame jordanisch-palästinensische Delegation war, zeigte sich empört darüber, daß man ihn nicht informiert hatte, und er war ernsthaft besorgt über die Konsequenzen des Abkommens für Jordanien. Saeb und ich unterhielten uns die ganze Nacht mit Abul-Lutof und taten unser Möglichstes, um auf seine Vorbehalte zu antworten. Bis zum Mittagessen am nächsten Tag hatten wir eine Übereinstimmung über Stärken und Schwächen des Abkommens und über seine unvermeidliche Aufrechterhaltung erzielt. Abul-Lutof verwendete den Ausdruck »Zwangskurs«, den er zur Beschreibung des Prozesses geprägt hatte, doch er versicherte uns, daß wir alle zusammenarbeiten würden, um die anstehenden Herausforderungen zu bewältigen.

Am nächsten Tag besuchte ich mit Tayyeb Abdel-Rahim Jordaniens König Hussein, und wir führten ein offenes, inoffizielles Gespräch. König Hussein war ernstlich über das Schicksal Jerusalems besorgt. »Jerusalem, das bedeutet nicht nur die heiligen Stätten«, sagte ich. »Es ist eine lebendige, pulsierende Stadt mit nationalen, politischen und historischen Rechten der Palästinenser, mit Institutionen, Menschen, Heimstätten und Land, die geschützt werden müssen.«

Ich fürchtete, daß die Verschiebung der Wahrnehmung hin zum himmlischen Jerusalem unsere irdische Stadt allmählich zerstören könnte. Indem wir Gott die Herrschaft über die heiligen Aspekte Jerusalems gewährten, könnten wir Israels derzeitige und illegale Ausübung der Souveränität im weltlichen Bereich billigen. Aber ich war überzeugt, daß die Besorgnisse des Königs aus tiefstem Herzen kamen und aufrichtig waren. Es ging darum, welche Richtung wir einschlagen würden. Seine ursprünglichen Befürchtungen nach dem Bekanntwerden des Osloer Abkommens waren bereits geringer geworden, und ich teilte König Hussein mit, daß Abu Ammar die Absicht habe, ihn in wenigen Tagen zu besuchen und eine neue Phase der gemeinsamen Arbeit zu beginnen.

Sobald ich nach Hause kam, wurde ich mit einer Flut von allen möglichen Bitten und Fragen konfrontiert. Einige bezogen sich auf die Konferenz der Geberländer, die unter der Schirmherrschaft der Amerikaner mit Europa, Kanada, Japan, Saudi-Arabien und anderen in Washington stattfinden und der ein Abstimmungstreffen der Weltbank vorausgehen sollte. Andere Fragen betrafen europäische und asiatische Länder, die die Bedingungen für eine künftige Zusammenarbeit festlegen wollten. Wieder andere befaßten sich immer noch mit den Auswirkungen des Abkommens auf die inländische und regionale politische Landkarte, einschließlich der Notwendigkeit, einen palästinensisch-israelischen Verbindungsausschuß einzurichten.

Abu Ammar war in China, Abu Mazen in Marokko, Abul-Lutof pendelte zwischen Amman und Damaskus hin und her, und Abu Ala war in Brüssel, während Faisal und Akram in Paris weilten. Irgendwie gelang es uns, durch ein internationales palästinensisches Netz und zahlreiche Ferngespräche Entscheidungen zu treffen und voranzukommen. Doch es war weiterhin dringend erforderlich, ein kohärentes System einzurichten, das all die Aufgaben und Unternehmungen der PLO in Übereinstimmung mit dem Abkommen bewältigen konnte.

Eine Gruppe von uns, die die Herausforderung ernst genommen hatte, ging nach Tunis und stellte Pläne zur Arbeitsteilung sowie Strukturen für die Zukunft auf. Zunächst bildeten wir Verhandlungskomitees, wie dies von der Grundsatzerklärung gefordert wurde, und wir beschrieben die für jede Gruppe erforderlichen Qualifikationen und Sachkenntnisse je nach Verhandlungsthema. Wir schlugen ein Führungs-/Leitkomitee vor, das die Gespräche überwachen, die Strategien entwerfen und die Politik koordinieren sollte. Dann gründeten wir interne Komitees, die sich mit den Vorbereitungen auf die Verhandlungen über den dauerhaften Status und mit einigen der anderen zurückgestellten Fragen befassen sollten. Schließlich arbeiteten wir an den Strukturen der politischen Behörde, ihres Programms, ihrer Abteilungen und ihrer Arbeitsprogramme. Jedesmal, wenn wir versuchten, unsere Vorschläge und Pläne der Führung vorzulegen, drehte sich das Gespräch sofort um die Namen in der geplanten politischen Behörde. Abu Ammar wollte eine provisorische Regierung einsetzen, doch weder die Amerikaner noch die Israelis wollten dies trotz unserer wiederholten Versuche, sie zu überzeugen, akzeptieren. Schließlich verkündete Abu Ammar, daß er die PNA gemäß der Resolution des Palästinensischen Nationalrates aus dem Jahr 1974 einrichten würde. Diese Resolution hatte die Einrichtung einer PNA auf jedem Quadratzentimeter Palästinas gefordert, der von Israel befreit würde oder aus dem Israel sich zurückziehen würde. Alle waren sich darin einig, daß diese Behörde aus Mitgliedern des Exekutiv-Komitees und Palästinensern aus dem Inland bestehen und innerhalb der Strukturen der PLO arbeiten sollte. Wir brauchten vier Nächte, um unsere schriftlichen Vorschläge genehmigt zu bekommen. Am 30. September unterzeichnete Abu Ammar das erste Dekret nach der Unterzeichnung in Washington als Teil der Vorbereitungen für die kommende Phase. Es war eine Verpflichtung zur Einrichtung einer nationalen Kommission für Menschenrechte, die von der PLO unabhängig wäre und auch freien Zugang zu den Büros der PLO hätte. Weiterhin würde sie einen Schutz gegen Menschenrechtsverletzungen bilden und wäre eine Garantie dafür, daß die Exekutive des zukünftigen politischen Systems diese Rechte und Freiheiten in einem demokratischen System achten würde. Ich hatte Pläne für dieses Dekret.

Ich fuhr wieder nach Hause, um mich damit zu befassen. Zwei Nächte später erhielt ich einen weiteren Anruf noch vor der Morgendämmerung, der meine dringende Abreise verlangte. Diesmal war es Faisal aus Kairo. »Ich hoffe, es ist wichtig«, warnte ich ihn.

»Du wirst heute in Kairo für das Zusammentreffen zwischen Abu Ammar und Rabin gebraucht«, sagte er.

»Das schaffen wir auf keinen Fall«, protestierte ich. »Wann werden wir jemals lernen, wenigstens einen Tag im voraus zu planen?«

Aber natürlich hatte er meine Reisepläne bereits bis ins letzte ausgearbeitet: »Wenn du Ramallah um 6.00 Uhr verläßt, dann wartet am Orient-Haus in Jerusalem ein Wagen auf dich. Von dort aus fährst du zum Gaza-Streifen und überquerst um 8.00 Uhr den Grenzpunkt Rafah nach Ägypten. Dann wird dich ein Wagen nach Al-'Arish bringen, von wo aus Abu Ammars Flugzeug dich nach Kairo fliegen wird. Am Flugplatz wartet ein Wagen und bringt dich rechtzeitig für die Zusammenkunft um 10.00 Uhr zum Präsidentenpalast. Wir werden alle am Abend auf demselben Weg zurückkehren.«

Ich packte meine Papiere und machte mich mit meinen Mitreisenden Nabil Kassis und Ziyad Abu Zayyad auf den Weg zu einer weiteren hektischen Last-Minute-Mission.

Abu Ammar und Rabin – keine zwei Männer konnten gegensätzlicher sein. Rabin war eine Studie in mürrischer Ernsthaftigkeit mit der nüchternen Haltung und dem Auftreten eines Schulpräfekten auf Inspektionsreise. Seine rötliche Gesichtsfarbe strafte berechnende Augen Lügen, die eine scharfe Intelligenz und fertige Strategien vermuten ließen. In dem Augenblick, als ich eine Zigarette anzündete, zündete er auch eine an – dies schien das Eis zu brechen. Doch sobald er seinen Vortrag begann, gewannen Strenge und der Militärbefehlshaber die Oberhand. Abu Ammar auf der anderen Seite war der Inbegriff der arabischen gesellschaftlichen Etikette und der Herzlichkeit. Wenn seine Augen in Gastfreundschaft lächelten, maßen sie gleichzeitig seinen Gegner wie für eine sofortige Sparring-Runde. Er wehrte Rabins direkte verbale Schwinger mit Ausweichtaktiken ab und versuchte, mit seinen eigenen Worten Punkte zu machen. Dennoch hatten beide eines gemeinsam: Sie beharrten darauf, daß sie die zentralen Entscheidungsträger und die zentralen (wenn nicht allwissenden) Quellen der Macht seien. Es wurden vier Verhandlungskomitees eingerichtet: der Verbindungsausschuß auf Ministerialebene, der sich in Kairo zusammensetzen sollte, das Komitee für Gaza – Jericho, das in der ägyptischen Stadt Taba tagen sollte, das Komitee für Übergangsvereinbarungen für die Gespräche in Washington und das Wirtschaftskomitee, das in Paris arbeiten sollte. Faisal sollte mit einem israelischen Gesprächspartner die Vereinbarungen zu Jerusalem weiterverfolgen. Rabin lehnte es ab, Maßnahmen zu den Menschenrechten in Verbindung mit Häftlingen und Deportierten zu erwägen, er versprach lediglich, keine palästinensischen Häftlinge in israelische Gefängnisse zu verlegen. Alle anderen Themen, so meinte er, seien »Gesten«, die er erst dann machen würde, wenn sich die Verhandlungen gut anließen. Als Kairo zum meistfrequentierten Tagungsort für die palästinensisch-israelischen Gespräche wurde, hatten die beiden Seiten bereits ein einzigartiges Verhandlungsmuster geschaffen: Unterzeichne zuerst, rede später.

Nach einem köstlichen späten Lunch auf Einladung von Osama al-Baz in einem Restaurant am Nil nahmen wir den gleichen umständlichen Weg zurück und waren um Mitternacht zu Hause. Da begann ich, ungewöhnliche Aktivitäten in meinem Haus zu bemerken, es gab geheimnisvolle Anrufe und eine verschwörerische Stimmung. Jedesmal, wenn ich auf die westliche Veranda hinaustreten wollte, wurde ich sofort unter fadenscheinigen Vorwänden zurückgescheucht. Mikael Dahl, der schwedische Konsul in Jerusalem und ein enger Freund von Emile und mir, schien Teil dieser Verschwörung zu sein. Am Abend des 8. Oktober, meines 47. Geburtstags, wurde ich über die Veranda in ein irdisches Paradies geleitet. An die vierzig meiner besten Freunde hatten sich in einem Garten mit herrlichen Farben und über poröse Steine fließendem Wasser versammelt. Emile hatte dieses Geschenk für mich erschaffen, es sollte unsere Zuflucht und unser versteckter Hafen sein, in dem Gemeinheit und Schmerz nicht zugelassen waren. Sorgfältig plazierte und versteckte Lichter erzeugten ein subtiles Wechselspiel zwischen fließender Helligkeit und tiefer Dunkelheit. Wir sangen und staunten über die Erneuerung einer lang zurückgehaltenen Freude; wir waren überrascht über unsere Fähigkeit, etwas Wunderbares wiederauferstehen zu lassen. Wir tauschten Erinnerungen aus und ergötzten uns an ihrem gemeinsamen Schatz. Wir genossen jeden Bissen von *shish kebab* und *maza*, als ob dies eine heilige Kommunion sei. Selbst unsere Scherze bekamen die Macht von Parabeln und die Vorstellungskraft von Fabeln. Die Blumen schienen uns mit behutsamer Zärtlichkeit zu berühren, als ob sie sich unserer emotionalen Verwundbarkeit und der Neigung unseres Geistes zur Empfindlichkeit bewußt seien. Dieser Augenblick hüllte uns ein und umhegte uns, wie wir ihn pflegten und von ihm gepflegt wurden. Emile und unsere Töchter und Freunde hatten dieses Wunder an meinem Geburtstag als dauerhaftes Geschenk liebender Menschen bewirkt, die in der Kunst des Angenehmen bewandert waren. Dies war die

Welt der Dichter und Propheten, eine Welt mit zerbrechlichen Visionen und Erinnerungen. Die andere Welt schien sich in Neid zu unterwerfen und zu verschlingen. Ruhig und endgültig wußte ich, wo ich hingehörte.

*

Die Zusammenkunft des Zentralrates zwei Tage darauf in Tunis war ein kompliziertes Geflecht aus politischem Manövrieren, fest vorgegebenen Reden und Debatten. Abu Ammar erwartete weder Einstimmigkeit noch eine überwältigende Mehrheit - ein Stimmenergebnis zwischen 60 und 70 Prozent wären in Ordnung. Die Grundsatzerklärung wurde mit einer Mehrheit von 63 Prozent ratifiziert. Daneben stimmte der Rat auch der Einrichtung der Behörde zu, der Präsident Arafat vorstehen sollte. Wir dachten, daß dies allgemein grünes Licht für die Durchführung unserer Pläne sei. Statt dessen mußten wir entdecken, daß sogar dort, praktisch vor unseren Augen, das politische Schachern bereits begonnen hatte, und zwar auf der Grundlage eines Systems von Quoten und zurückzuzahlenden Schulden. Es schlich sich eine Begünstigung von Splittergruppen ein, und persönliche Präferenzen begannen die Listen zu bestimmen, die im engeren Kreis herumgereicht wurden.

Als mir Yasser Abd Rabbo und Abu Mazen die Vorschläge in den Listen zeigten, war ich entsetzt. Unsere Liste hatte lediglich Beschreibungen von Qualifikationen für jede Verhandlungsgruppe enthalten, wie zum Beispiel »Rechtsberater«, »Kartograph«, »Hydrologe«, »Geologe« und »Sicherheitsexperte«. Dann hatten wir Listen aller Fachleute aus jedem Bereich zusammengestellt. Die nun zur Diskussion stehenden Namen standen in keinerlei Zusammenhang mit den Bereichen und Listen, die wir vorgelegt hatten, sie schienen vielmehr politisch motiviert zu sein, um entweder eine Vertretung der Splittergruppen zu erreichen oder um frühere Gefälligkeiten zu belohnen.

»Die Mitgliedschaft in einem Verhandlungskomitee ist keine politische Führungsstellung und sollte nicht aufgrund politischer Erwägungen erfolgen. Wir brauchen unsere besten Fachleute, Technokraten und Rechtsgelehrten für diese nächste Verhandlungsrunde, sonst wird die Grundsatzerklärung ein Schuß nach hinten sein«, warnte ich.

Die Gruppe aus den besetzten Gebieten war meiner Meinung, aber wir wurden zunehmend durch die Diskrepanz zwischen verbalen Zusagen und tatsächlichem Handeln entmutigt. Nabil Schaath wurde mit der Aufgabe der Gespräche Gaza - Jericho betraut, die am 13. beginnen sollten, am 12. suchte er immer noch fieberhaft nach Unterhändlern. Wenige Stunden vor dem Abflug wurden die letzten Mitglieder der Delegation hastig über die sie erwartenden Aufgaben informiert, und noch als sie ins Flugzeug stiegen, suchten sie nach Kopien des Abkommens. Abu Mazen stand dem Verbindungsausschuß vor und reiste nach Ägypten, während Abu Ala die Wirtschaftsgespräche in Paris leiten sollte. Ich fuhr nach Hause.

Im November reiste ich nach Washington, um die Gespräche mit dem State Department über den Status der palästinensischen Vertretung in den Vereinigten Staaten fortzuführen. Weiterhin sollte ich mich mit Plänen für die Einrichtung einer aufgewerteten und verbesserten palästinensischen Vertretung befassen und Abu Ammar bei der National Association of Arab-American's Convention (Nationale Vereinigung für die arabisch-amerikanische Übereinkunft) vertreten, während ich zwischendurch einige Gespräche an Universitäten führen sollte. Es war kein Geheimnis, daß die offizielle palästinensische Vertretung in den Vereinigten Staaten eine völlige Katastrophe war – sie war zwar die Konkretisierung einer geläufigen palästinensischen Aussage, daß unsere Sache höchst gerecht und dringend sei, doch sie hatte dies auf unfähigste und unglaubwürdigste Weise vertreten. Ich stellte mit Hilfe einiger enger Freunde einen Vorschlag für ein palästinensisches Büro zusammen, das sich mit den Aufgaben der offiziellen politischen Vertretung, Kongressen, Medienpolitik, Basis- und Öffentlichkeitsarbeit, Projekte der wirtschaftlichen Zusammenarbeit und der Verbreitung von Informationen befassen würde. Dieser Vorschlag enthielt klare Zielsetzungen und einen stufenweisen Arbeitsplan sowie umfassende organisatorische Aspekte und einen Haushaltsentwurf. Dann reiste ich nach Belgien, wo ich Abu Ammar auf seinem offiziellen Besuch in Brüssel und bei der Europäischen Union begleitete. Er und Abul-Lutof waren von dem Projekt begeistert und unterstützten es theoretisch von ganzem Herzen, aber sie hatten weder die Mittel noch den Willen, es in Angriff zu nehmen.

Ich war eher daran interessiert, das Dekret über die Menschenrechte in eine Institution umzusetzen. Dieses Mal war ich an einem Akt der Überzeugung und des Engagements beteiligt – einem Wegweiser in unsere Zukunft. Jahrelang hatten wir darum gekämpft, eine Nation in ihre Zukunft zu führen und sie in Frieden zu heilen. Aber wann immer wir die Fäden zu dieser Zukunft in den Händen hielten, stellten wir fest, daß sie gleichzeitig nach außen in die Völkergemeinschaft und nach innen führten. Wo auch immer wir uns hinwandten, wir mußten unseren Blick nach Hause richten. Während Abu Ammar und die PLO die ganze Welt bereisten und den Geschmack der internationalen Anerkennung und der offiziellen Gastfreundschaft kosteten, herrschten zu Hause Rastlosigkeit und Besorgnis. Mit dieser Umarmung durch die Welt verlor die

PLO, unsere revolutionäre Führung im Exil, ihre Immunität gegen Kritik aus dem eigenen Haus und büßte Verantwortlichkeit ein. Der Übergang von dem Glanz einer nationalen Befreiungsbewegung zu den nüchternen Aufgaben des Aufbaus und der Regierung eines Staates hatte begonnen. Wenn Symbole gegenständlich und greifbar werden, werden sie zu Dingen des alltäglichen Lebens. Wenn Heiligenbilder ihre mystische Aura verlieren, hängen sie wie schlecht gemalte Portraits an der Wand und sind um so grotesker, als es ihnen aufgrund ihrer Zweidimensionalität an Tiefe fehlt.

Menschenrechte und Verantwortlichkeit waren die Schlüsselthemen, mit denen wir versuchten, den Abbau der Besetzung zu beginnen und dem palästinensischen Volk den Schutz zu bieten, den es brauchte und verdiente. Nun, da eine palästinensische Regierung im Entstehen begriffen war, würden diese Fragen zum Prüfstein für ihre Integrität und unsere Beständigkeit sowie für unsere moralische Struktur werden. Da wir auf der Empfängerseite einer komplexen und systematischen Politik des Mißbrauchs und der Unterdrückung gestanden hatten, war es nun an uns zu beweisen, daß das Opfer nicht zum Unterdrücker werden würde und daß dieselben strengen Normen, die wir auf die Israelis angewandt hatten, auf unser eigenes System und unsere Regierung angewandt würden. Außerdem müßten sich die Praktiken einer nationalen Befreiungsbewegung und ihre Ausübung einer »revolutionären Gerechtigkeit« im Exil einem drastischen Wandel unterziehen und zu einem System der Regierung und Regierungsform werden, das fest in den Grundsätzen und Rechten eines Volkes auf seinem eigenen Boden eingebettet ist. Dies war ein neuer Gesellschaftsvertrag. Ein solcher Übergang schien die schwierigste und schmerzlichste Reise zu werden. Die Verschmelzung von einer Führung, die Unwürdigkeit und Entfremdung im Exil erlitten hatte, mit einem Volk, das unter dem Trauma der Besetzung litt, bildete die härteste Herausforderung für das Wohl unserer Nation und war eine Prüfung für unsere Beständigkeit. In meinen öffentlichen Reden wies ich oft auf unsere dringendsten Aufgaben hin: Rehabilitation, Wiederaufbau und Versöhnung; sie alle erforderten eine gründliche Überprüfung des politischen Programms.

Zu diesem Zeitpunkt wurden verschiedene Stimmen laut, die mit zunehmender Dringlichkeit nach demokratischer Reform und nach Schutzeinrichtungen riefen, um den pluralistischen Charakter unserer Gesellschaft und ihrer Institutionen zu schützen.

In der letzten Novemberwoche 1993 begleitete ich Abu Ammar auf seiner offiziellen Reise durch Skandinavien. Auf unserer ersten Station in Oslo legte ich ihm einen Vorschlag für die Einrichtung der Unabhängigen Palästinensischen Kommission für Menschenrechte vor, den ich einige Tage zuvor mit der Anwältin Raja Shehadeh ausgearbeitet hatte. Diese Kommission sollte eigene Grundprinzipien, Ziele, Strukturen, Statuten und einen eigenen Haushalt haben. Abu Ammar stimmte sofort zu und unterschrieb den Vorschlag, ich nahm ihn und eilte damit davon. Die skandinavischen Länder mit ihrer Tradition des Ombudsmanns erkannten sofort die Absicht hinter dem Projekt und gewährten Unterstützung. Schweden war der Schrittmacher und stellte Mittel sowie Sachkenntnis zur Verfügung, danach kamen Dänemark und Norwegen. Abu Ammar pflichtete dem Plan öffentlich bei, während er durch die Welt gondelte, und ich wußte, daß mein Engagement für die Zukunft bereits begonnen hatte und auf unbekannte Gewässer zusteuerte, während sich am Horizont Wolken auftürmten und eine stürmische Überfahrt versprachen.

Am Ende der Reise sagte ich zu Abu Ammar, daß wir eine Ära abgeschlossen hätten und nun eine neue beginnen müßte. »Wir müssen diese Seite umblättern, ein Kapitel abschließen und ein neues beginnen. Ich werde nicht Teil irgendeiner politischen Organisation sein, und ich werde auch keinen offiziellen Posten annehmen. Von nun ab werde ich einer anderen Vision folgen. Ich hatte die öffentliche politische Arena betreten, um dem Volk und der Sache zu dienen, und in den letzten Jahren habe ich dafür alles gegeben. Nun ist es an der Zeit weiterzugehen, da jede Phase ihre eigenen Werkzeuge und Träger, ihre eigene Sprache und Menschen braucht.« Er verstand, oder zumindest dachte ich so.

Mit klaren Vorsätzen und doch ruhiger Bedachtsamkeit begann ich mit Beratungen, um die Mitglieder des Gremiums der Beauftragten auszuwählen. Es gab eine beeindruckende Liste von Palästinensern, deren Kompetenz und Integrität verdient und anerkannt waren. Das vorbereitende Komitee umfaßte führende Rechtsexperten und Menschenrechtsaktivisten wie Raja Shehadeh, Raji Surani, Muna Rishmawi, Mamdouh al-Aker und Fateh Azzam. Als erstes widmeten wir uns einer systematischen Überprüfung der potentiellen Beauftragten und einer Analyse der juristischen Formulierungen, um Legitimität und Anerkennung der Kommission sicherzustellen.

Im Dezember kündigte ich öffentlich an, daß ich das Gebiet der offiziellen politischen Arbeit verlassen würde, um meine Kraft der Arbeit mit den Bürgerrechtsinstitutionen, insbesondere im Bereich der Menschenrechte und der Systeme der Verantwortlichkeit, zu widmen. Seit der Unterzeichnung in Washington, so verkündete ich, bestand die palästinensische Delegation in ihrer uns bekannten Form nicht mehr, und ich war nicht länger die offizielle Sprecherin. Die Reaktionen reichten von Entsetzen bis Erleichterung, aber diejenigen, die mir am nächsten standen, hatten gewußt, daß dieser Schritt unausweichlich kommen mußte: »Es ist eine Frage des Gewissens und der Überzeugung und auch ein Gelöbnis für die Zukunft des Aufbaus der Nation«, erklärte ich. Viele interpretierten dies als eine Entzweiung mit Arafat, andere sahen darin einen politischen Schachzug. Manche nannten den Schritt selbstmörderisch, andere bezeichneten ihn als naiven Idealismus. Eine rechtzeitige Flucht, sagten manche; ein Kollisionskurs, schrien andere. Die palästinensischen Nicht-Regierungsorganisationen für Menschenrechte sandten Alarmsignale aus: ein politischer Trick, um die Nicht-Regierungsorganisationen zu umgehen/zu sabotieren/zu zentralisieren/ zu kontrollieren. Wir hielten unseren Blick fest auf das Ziel gerichtet und steuerten einen geraden Kurs auf das beispiellose Vorhaben zu: Einrichtung der ersten rechtmäßig gebildeten Kontrollbehörde in der arabischen Welt.

*

Zum Jahreswechsel 1993/1994 traten die palästinensisch-israelischen Verhandlungen in einen gleitenden Zeitrahmen ein, und die Gespräche schienen an Umfang und Inhalt zu verlieren. Allmählich kamen Prioritäten, Diktion und Ansätze Israels an die Oberfläche und gewannen Vorrang vor unserer begrifflichen und semantischen Offenheit. Das Inhaltliche wich technischen Fragen und Verfahren; Aufsplitterung trat an die Stelle der ganzheitlichen, umfassenden Perspektive; die Asymmetrie der Macht wurde vollkommen in den Prozeß eingegliedert. Israel fuhr nicht nur damit fort, einseitig Fakten zu schaffen, um das Ergebnis insbesondere der zurückgestellten Fragen wie Jerusalem und die Siedlungspolitik zu gefährden, sondern es stellte die PLO auch in einem endlosen Test des guten Benehmens auf die Probe. Viele Palästinenser, darunter auch prominente Intellektuelle und führende Persönlichkeiten aus der Politik, begannen, öffentlich vor dem schlüpfrigen Abhang des Friedensstiftens in einer Atmosphäre von Zwang und Druck zu warnen.

Wir feierten Neujahr im Kreise der Familie. Ich beschloß, dieses Buch zu schreiben. Ein Hobby-Wahrsager las zufällig in meinem Kaffeesatz und sah viele Zeichen – Vorboten für Veränderung und Schicksal. Nabil Schaath rief an und bat einige von uns, nach Ägypten zu gehen und beim Entwurf der Texte für die Gespräche in Taba mitzuwirken. Es war zu spät; er fand keine Mitarbeiter. Je enger der Themenkreis der Gespräche wurde, desto mehr breiteten sich Bedenken aus. Die menschliche Dimension wurde unter einer Flut technischer Details begraben, und der offizielle palästinensische Wortlaut klang hohl. Die Unterzeichnung des ersten Kairoer Übereinkommens am 9. Februar 1994 ließ überall in den besetzten

Gebieten und in den Gemeinden der Palästinenser im Exil Alarmglocken läuten und führte zu einer noch größeren politischen Aufsplitterung, insbesondere hinsichtlich der Frage der Abgabe der Kontrolle über die Grenzübergänge nach Israel. Am 25. Februar kam es dann während des Ramadan in Hebron zum Massaker in der Ibrahim-Moschee durch den jüdischen Siedler Baruch Goldstein. Dieses Gemetzel jagte Druckwellen durch das ganze Land. Und um den Schrecken noch schlimmer zu machen: Als die Trauernden in Schmerz und Wut auf die Straße gingen, tötete die israelische Armee Menschen, als Goldstein bei seinem Massaker Betende erschossen hatte.

In dieser Zeit teilte Leah Tsemel unseren Schmerz. In ihrer gesamten Laufbahn hatte sie Palästinenser verteidigt und war demzufolge von israelischen Extremisten bedroht und sogar mundtot gemacht worden. Sie wollte ihr Beileid bekunden und palästinensische Anwälte begleiten, die die Familien der Opfer von Hebron aufsuchen wollten. Aber die Anwälte verweigerten Leah dies, und sie war zutiefst verletzt. Sie brachten alle möglichen Entschuldigungen vor, auch, daß sie um ihre Sicherheit besorgt seien. Darauf erwiderte sie: »Wie kommt es, daß sich keiner Sorgen machte, als ich während der *Intifada* mitten in die Demonstrationen ging und Palästinenser verteidigte?« Dann sagten sie ihr, es wäre, weil sie eine Frau und Hebron ein sehr konservativer Ort sei. Sie antwortete: »Ich bin immer dorthin gegangen. Die Leute dort kennen mich. Warum sagt ihr nicht offen und ehrlich, daß es deshalb ist, weil ich Jüdin bin?« Nach langem Protest ließ man sie schließlich mitgehen. Aber der Widerstand gegen ihre Bitte war kein gutes Zeichen.

Als weitere Bestrafung verhängte man militärische Belagerung und eine totale Ausgangssperre über uns. Einmal mehr wurde das Opfer bestraft. Doch dies schwächte unsere Entschlossenheit nicht – es machte uns nur noch entschiedener. Wir waren der festen Überzeugung, daß jegliches Abkommen mit der Entwirrung der Besiedlungsfrage beginnen müßte, und daß wir unverzüglich Maßnahmen brauchten, um den täglichen Reibereien und Provokationen durch die Siedler ein Ende zu setzen.

Abu Ammar stand sichtlich unter ungeheurem Druck. Israel und die Vereinigten Staaten wollten die Gespräche unter völliger Mißachtung der vorherrschenden Stimmung und unserer aufgebrachten Öffentlichkeit unverzüglich wiederaufnehmen. Die Palästinenser forderten ein »Eingreifen« und korrigierende Maßnahmen. Zunächst müßten die Siedler entwaffnet werden, und diejenigen, die sich mitten in bevölkerten Gebieten wie zum Beispiel Hebron niedergelassen hatten, müßten wegziehen. Zweitens müßte für einen internationalen Schutz des palästinensischen Volkes gesorgt werden.

Drittens müßten die Frage der Siedlungspolitik und die Sicherheit der Palästinenser ganz oben auf die Tagesordnung der Verhandlungen gesetzt werden. Rabin bildete einen Untersuchungsausschuß und erklärte die extremistischen Bewegungen ›Kach‹ und ›Kahane lebt‹ für illegal. Doch was wir brauchten, war ein ernsthafter und sofortiger Umgang mit der eigentlichen Ursache der Instabilität und des Konflikts – nämlich der Siedlungsfrage und den Aktivitäten der Siedler. Rabin weigerte sich unter dem Vorwand, daß die Siedlungsfrage gemäß der Grundsatzerklärung eine aufgeschobene Frage sei, die in den Gesprächen über den dauerhaften Zustand behandelt würde. »Das gibt Israel nicht freie Hand, Fakten zu schaffen und Realitäten aufzuzwingen, die das endgültige Ergebnis beeinträchtigen«, protestierten wir. »In sämtlichen Gesprächen in Taba wurde die Siedlungspolitik aus ausschließlich israelischer Sicht bis zum Widersinn erörtert – wie man palästinensisches Land für Siedlungen aufteilen könnte, wie die israelische Armee in Gaza und Jericho zum Schutz der Siedler erhalten werden könnte, wie die Straßen überwacht werden könnten und welche Straßen zugunsten der Siedler kontrolliert werden sollten... – eigentlich geht es darum, wie man Eigentum und Leben der Palästinenser vor der Gewalt, dem ungesetzlichen Verhalten der Siedler und vor dem Vordringen der Besiedlungen schützt. Jetzt, wo unsere schlimmsten Alpträume wahr geworden sind, stehen die Siedlungen angeblich nicht auf der Tagesordnung!« Wir waren empört.

Abu Ammar befand sich in einem Dilemma. Er verlor die Unterstützung da, wo sie am wichtigsten war – in seinem eigenen Volk. Gleichzeitig mußte er Israel und den Vereinigten Staaten gegenüber Wort halten, um zu beweisen, daß er ein Mann des Friedens war und zu seinem Wort stand. »Sie haben der Welt immer gesagt, Sie können uns sagen, was Sie wollen, Sie haben die Unterstützung Ihres Volkes«, sagte ich Abu Ammar am Telefon. »Was nützt es einem Oberhaupt, wenn es die ganze Welt erobert und die Glaubwürdigkeit in seinem eigenen Volk verliert? Ihre eigene Wählerschaft ist Ihre Quelle der Legitimität und Stärke.«

Er hatte im Fernsehen gesehen, wie die Leute aus Hebron seine Plakate abrissen, und er hatte sie seine Führung in Frage stellen hören. Er war ehrlich niedergeschlagen. Aber der Friedensprozeß forderte einen hohen Preis von ihm. Das taten auch Israel und die Geberländer einschließlich der Vereinigten Staaten, die jetzt den Preis für ihre Anerkennung einforderten und ihn zu Zugeständnissen in der Frage der Rechte drängten. »Unser Wille ist nicht gebrochen«, sagte ich ihm. »Sie können auf das Volk zählen, sogar noch größeres Leid zu ertragen, wenn seine Rechte geschützt werden. Halten Sie durch, und das Volk wird Sie unterstützen.« Doch er schlug den traditionellen Weg ein und forderte eine Sitzung sowie eine Resolution des UN-Sicherheitsrates.

Die Menschen sahen hierin einen durchsichtigen Vorwand für eine Rückkehr zu den Gesprächen, trotz Israels Unnachgiebigkeit und seiner Weigerung, die erforderlichen Maßnahmen zu ergreifen, um den Friedensprozeß wieder ins Gleis zu bringen. Paradoxerweise konnte das, was Abu Ammar brauchte, um die Gespräche ohne Ansehensverlust seiner Wählerschaft wiederaufzunehmen, nur von Rabin kommen. War Rabin daran interessiert, Arafats Glaubwürdigkeit zu retten und somit dessen Fähigkeit, die Gespräche fortzusetzen und Frieden zu bringen? Oder würde er versuchen, Arafat genug zu schwächen, damit dieser jeden Frieden – auch einen von Israel diktierten – annahm, bevor es zu spät war? Rabin wußte, wie er da zuschlagen mußte, wo es am meisten schmerzte – mit der palästinensischen Bevölkerung als Geisel, deren Gefühle durch das Handeln der Israelis manipuliert wurden. Paradoxerweise waren die Schritte, die Rabin als seine Bedürfnisse ansah, um die israelische Öffentlichkeit, insbesondere den rechten Flügel der Hard-liner, zufriedenzustellen, auch genau die Maßnahmen und Erklärungen, die Arafat schwächen würden: zum Beispiel der Schutz der israelischen »Sicherheit«, selbst zu dem Preis, daß die Bürgerrechte des palästinensischen Volkes verletzt wurden. Was Abu Ammar zur Beschwichtigung seiner Öffentlichkeit brauchte, waren die Erklärungen und Positionen, die der Völkergemeinschaft nicht gefallen und die israelische Öffentlichkeit empören würden. Nach zwei Wochen des Feilschens und der politischen Erpressung, die hauptsächlich von Christopher und seinem Team ausging, verkündete der UN-Sicherheitsrat seine Resolution 904.

»Das letzte, was wir brauchen, ist eine weitere Resolution, die die Handlungen der Israelis beklagt und anprangert und dann zusammen mit den anderen Resolutionen in den Archiven der UNO verstaubt. Ohne eine praktische Umsetzung wird sie nur den Anschein von Handeln schaffen und somit das Gewissen der Schuldigen und der Ohnmächtigen erleichtern.« Wir nahmen kein Blatt vor den Mund, denn wir waren schon einmal an diesem Punkt gewesen. Diesmal jedoch enthielt die UN-Resolution 904 bedenklichere Konsequenzen: nämlich, daß der rechtliche Status von Jerusalem strittig und somit bis zu den Gesprächen über den dauerhaften Zustand verschoben war, trotz der Tatsache, daß Jerusalem rechtlich weiterhin ungeachtet des Aufschubs der Verhandlungen über sein Schicksal Teil der besetzten Gebiete war. Die Vereinigten Staaten benutzten diese Resolution, um Israels Haltung zu Jerusalem zu beschwichtigen. Sie wurde auch dazu verwendet, zu behaupten, die besetzten Gebiete seien strittiges Land, über dessen Souveränität in den

Gesprächen über den dauerhaften Status entschieden werden würde; somit verzerrten die USA ihre eigene Politik zu Jerusalem und den besetzten Gebieten, verstießen gegen das Völkerrecht und alle früheren einschlägigen Resolutionen des Sicherheitsrates, einschließlich der Resolutionen 242 und 338, und machten die Grundsatzerklärung zum obersten rechtlichen Referenzwerk, das allen internationalen gesetzlichen Bestimmungen übergeordnet war.

»Internationale Präsenz« wurde der Grundsatzerklärung direkt entnommen und als ein weiteres Beschwichtigungsmittel eingesetzt, um den Eindruck von Schutz zu erwecken, ohne daß es hier eine tatsächliche Präventions- oder Interventionsmacht gab. Vertreter dieser Internationalen Präsenz wurden aus anderen Ländern nach Hebron geschickt, aber auch sie unterstanden den Einschränkungen des israelischen Militärs, und deshalb war ihre schützende Präsenz wertlos. Doch der symbolische Wert war beträchtlich, denn zum ersten Mal hatte Israel implizit zugegeben, daß Hebron besetztes Gebiet war. Wir, die wir siebenundzwanzig Jahre lang in der Westbank, in Jerusalem und in Gaza unter der israelischen Besatzung gelebt hatten, reagierten mit verständlichem Zynismus auf dieses Wunder. Und beim ersten Ausbruch von Gewalt der Siedler in Hebron im Mai wurde der TIPH (Temporary International Presence in Hebron – Temporäre internationale Präsenz in Hebron) verwehrt, das »militärische Sperrgebiet« zu betreten, und über sie wurde ebenso wie über die Palästinenser eine Ausgangssperre verhängt. Wir waren darüber nicht überrascht. Mit einem kollektiven metaphorischen Achselzucken und einigen wenigen weisen »Ich habe es euch ja gesagt« widmeten wir uns weiterhin mit einer Mischung aus Fatalismus und Zynismus unserer Arbeit.

Wir verloren Überzeugung und Leidenschaft. Sogar Massaker waren in diesem Friedensprozeß möglich, der keinen richtigen Frieden bewirken oder sich selbst als kontinuierlicher Prozeß behaupten konnte. Sogar unsere »Würde« – ein so schwerverdienter menschlicher Wert – war durch Engstirnigkeit zu einem sinnentleerten Verhandlungsgegenstand gemacht worden. Der Grundsatz der Beherrschung und der Kontrolle war zugestanden worden, und wir hatten unsere »Würde« wie ein beschmutztes Taschentuch erhalten, mit dem wir unsere öffentliche Schande und Demütigung fortwischen konnten. Der israelische Soldat, der unseren Eingang an der Brücke kontrollieren sollte, würde hinter einer Spiegelglasscheibe »unsichtbar« sein. Unsere führenden Politiker würden mit dem »VIP-Status« die Brücke überqueren, und die palästinensische Flagge wäre nun auch auf dem Dach des Hauses anstatt nur drinnen erlaubt. Ich erinnerte mich an die Tage, an denen Menschen starben, weil sie die Flagge hißten, sie trugen und für sie Gehalt und Anerkennung errangen. Wir verbargen die Flagge in unserem Herzen und trugen sie als Zeichen des Stolzes und des Trotzes. Damals hatte es Mut erfordert, die Würde der verbotenen Flagge zu proklamieren. Nun konnten wir sie mit Erlaubnis Israels hochhalten und tragen als eine Art Trost dafür, daß wir die Kontrolle über unser Land und über unser Schicksal preisgegeben hatten. Wir hatten immer in der Überzeugung gelebt, daß die Palästinenser VIPs waren, und zwar aufgrund unseres menschlichen Engagements und unseres Willens, aufgrund unserer angeborenen Würde als Volk mit Mut und mit einem Schicksal im Einklang mit unserer Geschichte und unserer Vision. Wir brauchten keine Papiere von den Israelis, um unseren Status anzuerkennen.

Die erste Zusammenkunft der Beauftragten der Unabhängigen Palästinensischen Kommission für Menschenrechte (bald darauf für Bürgerrechte) fand in Jerusalem zur Zeit des Massakers in Hebron und seiner Folgen statt – vielleicht als eine weitere höchste Ironie der Geschichte oder vielleicht als besonders humorlose Vergeltung dafür, daß wir es gewagt hatten, uns in ihren unabänderlichen Lauf einzumischen.

Alle Mitglieder waren der Ansicht, daß die Kommission die Aufgabe, die rechtliche Grundlage und das Mandat haben sollte, die politische Exekutive zur Verantwortung zu ziehen, selbst in Form einer vorübergehenden Befugnis, bis der Rat der Legislative gewählt würde. Ich protestierte gegen den nachteiligen Verlauf der Gespräche. In Amman äußerte ich mich Ende April nach einer besonders fruchtbaren und ermutigenden Zusammenkunft des Gremiums der Beauftragten öffentlich über den Verlust von Vision und Entschlußkraft, der die palästinensische Seite in den Verhandlungen zu charakterisieren schien. Mitteilungen des Nachrichtendienstes erreichten Tunis noch am selben Tag, und langsam drang Abu Ammars Ärger zu mir durch. Ich ging nach Hause und spürte eine Schwere in der Luft, eine fast greifbare Furcht in der intellektuellen und politischen Elite sowie düstere, ja fast steinerne Apathie in der Öffentlichkeit. Schlimmer als Schmerz und schlimmer als Wut machte uns dieser Verlust von Mut unbeweglich, wir waren wie in Trance durch eine tiefe Hypnose. Was war aus dem Funkeln, dem Glitzern, dem schelmischen Zwinkern in den dunklen Augen von Kindern geworden, die mit Trotz genährt worden waren, und aus den Frauen, deren unergründliche Augen gewöhnlich vor Entschlußkraft und einem Plan für das Leben glühten? In derselben Woche erhielt Faisal einen Entwurf des Gaza-Jericho-Abkommens, das in Kairo mit den »guten Diensten« von den Amerikanern, den Norwegern und den Ägyptern ausgehandelt wurde. Christopher war in der Gegend und brauchte unbedingt einen Erfolg in seiner

Außenpolitik sowie ein weiteres internationales Spektakel, um sein Ansehen zu Hause zu stärken. Darüber hinaus feierte der ägyptische Präsident Mubarak am 4. Mai Geburtstag. Im Volk kursierte der Witz, daß unsere Führung teure Geburtstagsgeschenke machte – die Osloer Vereinbarung für den israelischen Außenminister Peres und das Gaza-Jericho-Abkommen für den ägyptischen Präsidenten Mubarak. Beim Festsetzen irgendwelcher Termine lautete die allgemeine Warnung: »Paßt auf die Geburtstage auf! Man kann nie wissen, was sie als nächstes verschenken!«

Wir trafen uns in Faisals Haus in Ein Sinia nördlich von Ramallah. Saeb Erakat, Nabil Kassis, Nathmi al-Ju'beh, Ziyad Abu Zayyad, Ali Safarini (ein Rechtsberater), Faisal und ich hatten zum ersten Mal seit Washington die Gelegenheit, aktuelle Verhandlungsunterlagen zu prüfen. Als wir die Einzelheiten des Vertragsentwurfs durchackerten, waren wir entsetzt. Einmal mehr hatten wir das Gefühl, daß es für uns an der Zeit war einzugreifen, obwohl uns völlig klar war, daß sich unserer Kontrolle entziehende Kräfte Führung und Inhalt der Gespräche bestimmt hatten und auf eine hastige Unterzeichnung drängten. Wir beschlossen, die Dokumente zu prüfen, schriftlich Analysen und Vorschläge vorzubereiten und uns dann am nächsten Tag in meinem Haus wiederzutreffen, um unsere Antworten zu vergleichen und sie an Tunis weiterzuleiten. Am nächsten Tag kamen noch weitere Kollegen hinzu, und wir waren uns einig darin, von einer Unterzeichnung des Vertragsentwurfes abzuraten.

Wieder einmal, so argumentierten wir, hatte es die palästinensische Seite versäumt, Garantien zu erwirken, die Israel von einseitigen Schritten und Maßnahmen abhalten könnten, welche das Schicksal der auf die Gespräche über den dauerhaften Zustand verschobenen Punkte, insbesondere Jerusalem und die Siedlungen, nachteilig beeinflussen würden. Wir zeigten auch auf, daß Israel Befugnisse bei rechtlichen und territorialen Fragen zurückbehielt und sich ebenfalls das Veto-Recht und die Kontrolle über alle Maßnahmen der Inkraftsetzung vorbehalten hatte. Wir unterstrichen, daß das Abkommen in seiner derzeitigen Form der Vierten Genfer Konvention und den Resolutionen 242 und 338 des UN-Sicherheitsrates widersprach und eine neue nachteilige Rechtsgrundlage bildete, an der alle zukünftigen Schritte gemessen würden. Letztendlich sah der Vertrag keinen tatsächlichen Rückzug Israels aus Gaza und Jericho oder eine allmähliche Beendigung der Besetzung vor, sondern hatte vielmehr Israels Kontrolle über Land und Leben der Palästinenser mit palästinensischer Zustimmung und Mitarbeit »umstrukturiert«. Die Umsetzung des Abkommens war schwerfällig, äußerst kompliziert und plump und entsprach in keiner Weise den besonderen Bedürfnissen der Palästinenser. Das Abkommen schuf unzählige Bereiche der Zweideutigkeit und der Streitigkeit und könnte somit jederzeit ins Auge gehen oder für uns Nachteile bringen.

Die nächsten beiden Tage verbrachten wir in ständigem Alarmzustand. Wir versuchten, die PLO davon zu überzeugen, den Vertrag nicht zu unterzeichnen, und bemühten uns zu Hause um Schadensbegrenzung. Für Montag, den 4. Mai, war ein Treffen mit Christopher angesetzt, aber ich zögerte, ob ich daran teilnehmen sollte. Unsere Gespräche mit dem State Department waren nichtssagend und formalistisch, da die Amerikaner direkt mit Abu Ammar und der Führung in Tunis alle inhaltlichen Fragen besprachen, die dringend waren oder eine Entscheidung erforderten. Ich hielt es nicht für notwendig, den Schein ernsthafter Gespräche aufrechtzuerhalten, wo ich doch genau wußte, daß sie Scheingespräche geworden waren. Ich verspürte auch keinen Wunsch, an Fototerminen oder bedeutungslosen Pressekonferenzen teilzunehmen. Obwohl der Rest der Delegation meine Vorbehalte teilte, bestanden die anderen darauf, daß wir teilnehmen und unsere Haltung direkt und mit kompromißloser Offenheit kundtun sollten.

Wir gingen mit einer klaren Tagesordnung in die Sitzung: Israels fortgesetzte Verletzungen der Menschenrechte, die Abriegelung von Jerusalem und die andauernden Siedlungsaktivitäten, die Notwendigkeit, eine bedingungslose Freilassung palästinensischer Häftlinge zu erwirken, sowie unsere Interpretation des Vertragsentwurfs und unsere diesbezüglichen Vorbehalte.

Christopher war vorgewarnt und begann mit einem platten Vortrag etwa in dem Stil, daß die Palästinenser zum ersten Mal »einen eigenen Platz« haben würden. Dies war die einzige Notiz, die ich mir in dem gesamten Treffen machte. Wir gingen die Tagesordnung mit einem deutlichen Gefühl des Déjà-vu und des Rituals durch. Christopher hörte mechanisch zu, und wir taten unser Bestes, um überzeugend zu sein. Obwohl ich beschlossen hatte, mich nicht zu äußern, hatte ich gegen Ende das Gefühl, daß ich ein letztes Mal versuchen müßte, die Dinge richtigzustellen. »Es geht nicht darum, daß wir, wie Sie gesagt haben, einen eigenen Platz finden. Wir hatten immer einen eigenen Platz, nämlich Palästina. Das Problem war immer, daß andere versucht haben, ihn uns wegzunehmen. Jetzt wollen wir ihn oder das, was davon übrig ist, einfach nur behalten.« Dann machte ich einen letzten Versuch, mit einer eindringlichen persönlichen Stellungnahme zu ihm durchzudringen: »Faisal und ich fühlen mehr als irgend jemand sonst eine historische Verantwortung für diesen Prozeß. Wir beide haben viel Gewissensprüfung und Selbstbefragung geleistet. Wir begannen mit einer Vision von

Frieden und einem Traum von Freiheit, und wir haben uns beim Verfolgen dieses Ziels Gefahren ausgesetzt. Aber nicht deshalb haben wir unser Leben riskiert und die Sicherheit sowie die Zukunft unserer Kinder gefährdet. Wir suchten Gerechtigkeit für unser Volk und einen dauerhaften Frieden für die Region. Wie können wir solch einen Vertrag, solch eine Herabsetzung, derartige Einschränkungen und Zwänge rechtfertigen? Können Sie das?« Er antwortete mit einem monotonen »Es ist ein erster Schritt« und vermied sorgfältig meinen Blick. Faisal trug die Bitte vor, die Unterzeichnung auf Mittwoch zu verschieben, und Christopher versteinerte. Der Prozeß, den wir mit auf den Weg gebracht hatten, hatte seinen Kurs geändert und würde aller Wahrscheinlichkeit nach uns als seine ersten Opfer fordern. Von unserem Standpunkt aus, von dieser Seite des Friedens, erschien die Zukunft bedrohlich und schmerzlich und alles andere als friedlich. Wir konnten keinen Seelenfrieden finden.

Abu Ammar und Rabin sollten am darauffolgenden Tag, Dienstag, dem 3. Mai, einen Tag vor der offiziellen Unterzeichnung in Kairo zusammentreffen. Wir blieben hartnäckig. In einem Versuch, in allerletzter Minute zu retten, was noch zu retten war, um den Palästinensern künftiges Leid zu ersparen, schickten wir Abu Ammar einen von Faisal unterzeichneten Brief. Darin baten wir ihn, nicht zu unterzeichnen, bis er nicht von Rabin verschiedene Zusagen zu den Punkten erhalten hätte, die wir früher genauestens angegeben hatten, und wir zeigten ein paar geeignete Maßnahmen auf. Unser Brief blieb unbeantwortet. Abu Ammar hatte uns eine Mitteilung geschickt, in der er uns bat, bei der Unterzeichnung am Mittwoch, dem 4. Mai, in Kairo anwesend zu sein. Die anderen Mitglieder der ursprünglichen Delegation und ich verspürten weder den Wunsch noch den Willen dazu.

Der 4. Mai war auch der zweite Termin, den wir für eine Pressekonferenz ausgewählt hatten, um die Bildung der Kommission für Bürgerrechte zu verkünden. Der erste Termin war Ende Februar aufgrund des Massakers in Hebron nicht eingehalten worden. Wieder einmal sagte ich ab und blieb zu Hause. Am Dienstagabend saßen Emile, Amal, Zeina und ich draußen im Garten und blickten in die Sterne. Ich nahm mir von meinem nächtlichen Schreibritual frei, die Mädchen hatten ihre Klavier- und Klarinettenstunden ausfallen lassen. Emile spielte in einer von ihm erschaffenen Blumenwelt für uns den Führer, und wir hörten, wie das rinnende Wasser leise in sich hineinlachte. Zeina war immer noch stolz darauf, daß ihr Bild einige Tage zuvor in der Zeitung gewesen war. Es zeigte uns zusammen auf einer Demonstration für Jerusalem. Sie hatte mich schließlich überredet, sie mitzunehmen; sie war zu ihrem Recht als

Protestierende gekommen. Amal schrieb an einem Gedicht für die Schülerzeitung und bereitete sich auf Prüfungen vor. In weniger als zwei Monaten würden sie dreizehn und siebzehn Jahre alt werden. Sie hatten einen schwierigen Weg seit jenem Moment vor sieben Jahren zurückgelegt, als sie im Alter von sechs bzw. sieben Jahren den Ausbruch der *Intifada* miterlebt hatten. Emiles Augen umarmten herzlich die Frauen in seinem Leben, er spielte Gitarre und sang das Lied (von der libanesischen Sängerin Feirouz), das ich mir zu unserer Hochzeit gewünscht hatte:

In meinem ersten Land
Hießen sie mich wieder willkommen
Und sagten, wie sehr sie mich vermißt hatten.
In meinem ersten Land
Wurde ich wieder ein kleines Mädchen
Ich rannte durch die Straßen
Und bewunderte die Größe des Himmels.
In meinem ersten Land
Schwebten Tauben über meinem Kopf,
Sie schützten mich vor der Sonne
Und wurden mein Sonnenschirm.

Ich habe zwei Heimatländer, deren Liebe mich weinen ließ -
Mein erstes Heimatland sorgte für mich und ernährte mich
Und Deine Augen, mein Geliebter,
Deine Augen, mein Geliebter, sind meine zweite Heimat.

Der morgige Tag würde einen anderen Weg und eine schwierige Überfahrt für uns alle ankündigen. In jener Nacht hatten wir uns die Zeit genommen, um unseren Frieden zu genießen, bevor der Friede ausbrach.

*

Wenige Tage später zeigte mir Amal das Gedicht, an dem sie gearbeitet hatte, ein Gedicht von solch glühender Aufrichtigkeit, wie es nur Menschen in ihrem Alter schreiben können. Es handelte von einem palästinensischen Fremdenführer in Jerusalem. Ich nahm es als Bekenntnis und als Trost. Und ich nahm auch die Anklage und den Vorwurf an:

Der Fremdenführer
Amal Ashrawi

Wen könnte er führen ohne einen Fremdenführer?
Er geleitete früher die Touristen
durch die gepflasterten Straßen.
Er pflegte jeden Stein zu liebkosen,
wie Freunde, die sich täglich treffen.
Jedes Fenster ein persönliches Versprechen,
Jede geschnitzte Tür eine Bitte,
Jeder Olivenbaum ein Gelübde des Glaubens,
Eine Geschichte ewiger Wahrheit.
Sie zeichneten seinen Plan von der Stadt neu
Und änderten seine Route –
Wen könnte er führen ohne einen Fremdenführer?
Er fühlt den Weg, sein Gang ist sicher,
Trotz der neuen Karte harren die Steine aus.
Obwohl nichts anderes mehr bleibt als Ruinen,
Leben nicht lenkbare Erinnerungen an die Vergangenheit
Zwischen den Tagen der Gegenwart
Von Haus zu Haus und von Baum zu Baum fort.

16

Die Sonne auf dem Ölberg spähte durch vorüberziehende Wolken. Eine kühle Brise ließ uns frösteln, und wir saßen auf einem Flickenteppich aus Licht und Schatten. Hinter uns leuchtete der Felsendom je nach dem Spiel zwischen Sonne und Wolken golden oder gedämpft. Ich versicherte unserem Fernsehmoderator Maher, daß es nicht regnen würde. Wir nippten an starkem Kaffee und versuchten, die unscharfen Bilder zu erkennen, die der kleine Bildschirm auf dem Steinplattenboden direkt vor uns zeigte. Der arabische Kommentator war klar zu verstehen, aber das Bild war der hellen Jerusalemer Sonne nicht gewachsen. Ich war zu spät zum Interview gekommen, da ich am israelischen Kontrollposten gestoppt worden war, der ein Teil der Blockade Jerusalems war. Als ich meinen Platz einnahm, hallten in mir noch immer die höhnischen Bemerkungen der jungen Männer nach, die aus ihren Autos aussteigen und auf dem Bürgersteig warten mußten, weil sie daran gehindert wurden, nach Jerusalem zu fahren. »Ist das der Frieden, den ihr heute unterzeichnen werdet? Sagt dem Alten Mann, er soll nicht unterzeichnen. Hier wird der Frieden gemacht, nicht in Kairo. Laßt ihn kommen und hier mit uns Schlange stehen!« Verärgert und betrübt setzte ich meinen Weg durch Jerusalem fort – sowohl die Stadt als auch ich waren vom Frieden verwundet worden.

Wir waren eine merkwürdige und doch vertraute Gruppe – Faisal, Haidar und ich neben dem Vertreter der Islamischen Bewegung, Scheich Jamil Hamami – , wie wir auf dem Ölberg vor dem Hintergrund der Jerusalemer Altstadt standen und ein verschwommenes Bild von einer Unterzeichnung in Kairo verfolgten, die unsere Zukunft bestimmen würde. Wir wurden von einer Station des arabischen Senders MBC interviewt. Da wir von Akteuren zu Zuschauern geworden waren, hatten wir in diesem Moment beschlossen, unsere Distanz und unsere Würde zu wahren. Als man uns fragte, warum wir nicht nach Kairo gegangen seien, sagten Faisal und ich beide: »Weil unser Platz hier in Jerusalem ist.«

War dies eine internationale Geburtstagsfeier oder ein Leichenschmaus? War dies eines der Osloer Minenfelder oder das unvermeidliche Ergebnis der großen Suche nach dem Frieden, auf die wir uns mit soviel Zuversicht und Hoffnung eingelassen hatten?

»Du und ich«, so sagte ich zu Faisal in einem Teil des Interviews, der nicht gesendet wurde, »wir werden aufgefordert werden, der Geschichte Rechenschaft abzulegen.«

Er nickte betrübt. »Wir haben unsere Mission getreulich erfüllt. Vielleicht war das unser Fehler.«

Um uns und auf allen Hügeln von Jerusalem erstrahlten wilde Blumen in dieser letzten leuchtenden Farbenexplosion der Jahreszeit.

Abu Ammar zögerte. Die Welt hielt den Atem an. Dieses Mal wurde das Drama in letzter Minute auf der Bühne inszeniert. Die Unterzeichnung fand statt. Ein deutlich erregter Abu Ammar wühlte in Unterlagen und Landkarten, kritzelte seine Zusätze auf die Papiere und setzte dann seine Unterschrift darunter. Es war überall ein völlig normaler Vorgang, nur nicht in diesem gefolterten Teil der Welt. Uns blieb das tägliche und nüchterne Geschäft des Friedens, wie es von anderen für uns geplant worden war.

Auf Mahers Frage, was als nächstes komme, sagte ich: »Der Vertrag ist nun eine Tatsache. Wir können ihn weder ändern noch für nichtig erklären. Niemand hat ein Interesse daran, ihn zu sabotieren. Die drängende Frage lautet nun, wie man diesen Vertrag mit all seinen Unzulänglichkeiten und Hindernissen zu einem lebensfähigen Ausgangspunkt für den vor uns liegenden Aufbauprozeß macht. Die Herausforderung liegt in seiner bewußten Umwandlung von einer einschränkenden Belagerung in einen befreienden und sich ausdehnenden Prozeß des Wiederaufbaus.« Diese Herausforderung und ihre ungeheure Größe waren überwältigend, und ihr Gewicht lastete schwer auf mir. Palästinenser liefen immer noch benommen umher und versuchten, sich zurechtzufinden.

»Sind Sie nicht zufrieden mit dem Vertrag?« fragte mich ein israelischer Reporter, als ich den Ölberg verließ. »Nennen Sie mir einen Palästinenser, der es ist«, erwiderte ich. Freude hatte in unserem Leben damals keinen Platz. Wir hatten keine Angst mehr vor der Hoffnung; wir wußten zuviel, um auch nur zu wagen zu hoffen.

Die ersten Schritte der Umsetzung wurden verzögert und kamen dann nur sporadisch voran. Alle Augen blickten auf Gaza und Jericho, blickten auf die Grenzpunkte und suchten die ersten Anzeichen für die versprochene palästinensische Polizei. Eine Journalistin von der *New York Times* sagte mir, daß sie niemals erlebt hätte, daß sich ein Volk mit solch einer Hoffnungslosigkeit und bösen Vorahnungen der Unabhängigkeit genähert hätte. Ich verglich die Feiern zur Demokratie in Südafrika mit unserem Schicksal: »Ich finde es traurig, daß wir, während Mandela über das Ende der Apartheid triumphiert und das Erbe seines Volkes einfordert, durch diesen Vertrag Apartheid in Palästina legalisieren und mit Kummer und Widerwillen in eine eingeschränkte Phase des Aufbaus der Nation eintreten. Die Tatsache, daß unser erstes Zeichen der Unabhängigkeit die Ankunft der Polizeikräfte ist, entbehrt nicht der Ironie.« Mandela hatte uns gebeten, sein Volk nicht zu vergessen, wenn wir einmal unseren Staat hätten. Nun war es an uns, unseren gütigen und geehrten Freund zu bitten, uns in seinem Triumph nicht zu vergessen.

Die verwirrten Menschen waren immer noch geschockt. Alle traditionellen Splittergruppen hatten ihre historische Prüfung nicht bestanden. Nun mußten sie ihre Programme und Strukturen im Lichte des Abkommens überdenken. Die Opposition, die versuchte, das Abkommen zu sabotieren und zunichte zu machen, mußte nun mit der Tatsache fertigwerden, daß sie keine Alternative bieten konnte, und daß eine Realität direkt vor ihren Augen gestaltet wurde, in der ihre Parolen nicht länger bestehen oder angewandt werden konnten. Diejenigen, die am Rande bleiben und ihre Zeit abwarten wollten, wußten ebenfalls, daß die Geschichte sie im Stich lassen könnte, und daß ein totaler Zusammenbruch auch sie vernichten würde. Ein Scheitern der PLO würde die islamische Opposition und nicht die linksgerichtete Opposition als stärkste Alternative in den Vordergrund rücken. Die Intellektuellen waren in Seelenqualen gefangen, und immer häufiger wurden Rufe nach einem neuen nationalen Konsens laut.

Das einzige Ziel, das ein Mittel zur nationalen Rettung anzubieten schien, war Demokratie, und jeder hielt um seines Lebens willen daran fest. Hauptströmung und Opposition gleichermaßen klammerten sich an die Wahlen wie an ein nationales Sicherheitsnetz.

Eine Folge des Abkommens war, daß es den irreführenden Eindruck erweckt hatte, der Friede stünde vor der Tür, und so konnte die ganze Welt ihre Hände von der Palästinafrage reinwaschen und ihre Aufmerksamkeit anderen Dingen zuwenden. Zusammen mit unserer Stimme hatten wir unsere moralische Grenze verloren. Diejenigen unter uns, die ein Foul reklamierten, klangen gehässig und kleinlich angesichts der Größe des historischen Augenblicks der Versöhnung, wie er zumindest von den Medien verpackt und dargestellt wurde. Und wer waren wir, daß wir das Bild mit der Realität verdunkeln durften?

Die Frauen witterten die Gefahr zuerst. Ihre feine Sensibilität für drohende Umwälzungen ließ sie das Grollen und die ersten leichten Erschütterungen eines nationalen Erdbebens fühlen. Als politische Handel geschlossen und die Institutionen der politischen Macht eingerichtet wurden, begannen wir, an einer schleichenden Entrechtung zu leiden. Es war keine einzige Frau im Vorsitz des PECDAR (Palästinensischer Wirtschaftsrat für Entwicklung und Wiederaufbau), und als es um die Besetzung von Verwaltungsposten ging, bewarb sich dafür keine einzige Frau. Wir forderten ein landesweites Programm der Bestätigung und der bewußten Einstellungspolitik. Das in Tunis eingerichtete Komitee für Rechtskontrolle hatte kein einziges weibliches Mitglied, und der erste Entwurf des Grundgesetzes spiegelte in deutlich diskriminierenden Worten diese eklatante Tatsache wider. Rechtsexpertinnen und Frauenkomitees begannen mit ihrer eigenen Kontrolle, und ein Koordinationsausschuß nahm eine Erklärung der Rechte der Frauen als Charta für die Festlegung der rechtlichen und wirksamen Definition der Rechte der Frauen in Angriff. Wir starteten eine Kampagne, um Frauen Einfluß zu verleihen und ihre Beteiligung an allen politischen, wirtschaftlichen und gesellschaftlichen Bereichen auf der Grundlage der Gleichberechtigung sicherzustellen. »Wir werden nicht in die Küche zurückgehen!«

Als die Frage der Beteiligung an der Nationalen Behörde aufkam, war das Dilemma der Frauen (und auch meines) sehr real. Auf der einen Seite standen sie dem Abkommen kritisch gegenüber und waren sich der Folgen seiner Umsetzung bewußt; auf der anderen Seite traten sie für Beteiligung und Gleichberechtigung ein. Einerseits wußten sie um die einflußreiche Rolle, die Frauen in Machtpositionen spielen konnten, andererseits unterstützten sie die Idee von Bürgerrechtsinstitutionen als Wächter über Demokratie sowie über unsere Grundrechte und -freiheiten. Die Frauen wußten sehr gut, daß sie die ersten sein könnten, die der politischen Zweckdienlichkeit geopfert werden, und fühlten folglich die Notwendigkeit und Dringlichkeit, ihr ureigenstes Territorium unverzüglich zu beanspruchen. Während wir darauf drängten, daß Frauen der Behörde angehören sollten, stand ich unter dem wachsenden Druck, nicht nur zu reden, sondern auch zu handeln.

Als Faisal mich aus Tunis anrief und mich im Namen von Abu Ammar und dem Exekutiv-Komitee bat, meine Ernennung in die Nationale Behörde anzunehmen, sagte ich ihm, daß ich meinen Entschluß bereits gefaßt hätte und mich für die Unabhängige Palästinensische Kommission für Bürgerrechte engagieren würde. Ich versprach Faisal, ihm bei seinen Bemühungen behilflich zu sein, glaubwürdige Kandidaten mit nationalen Verdiensten und Fähigkeiten zu finden, um eine starke und kompetente Behörde zu bilden. Er nahm dies als eine positive Einstellung, die er Abu Ammar als solche weitergab. Am selben Abend übermittelte Abu Ammar Rabin offiziell eine Liste, auf der vierzehn Namen, darunter meiner, von möglichen Kandidaten standen. Durch diese Liste sollte der Einlaß der palästinensischen Polizeikräfte erleichtert werden, die auf der Brücke aufgehalten worden waren. Nabil Schaath verkündete die Namen und versicherte, daß alle Personen befragt worden waren und einzeln angenommen hatten. An diesem Abend nahm ich in Jerusalem an der Eröffnungsstunde eines Seminars an der Universität Birzeit teil. Faisal rief mich dort an, um mir die Neuigkeiten mitzuteilen, und ich war betroffen über die Nennung meines Namens, da ich das Angebot doch abgelehnt hatte.

Danach folgten Gespräche und Beratungen mit den potentiellen Kandidaten für die Nationale Behörde, mit Repräsentanten der verschiedenen politischen Splittergruppen und mit interessierten nationalen Persönlichkeiten. Bei unserer ersten Sitzung vereinbarten wir, daß der Schwerpunkt eher auf einem vereinbarten Programm und einem Arbeitsplan als auf Namen liegen sollte, und wir bereiteten Entwürfe und Vorschläge vor, die wir dem Exekutiv-Komitee unterbreiten wollten. Ich versprach Faisal, ihm bei der Überzeugungsarbeit einzelner Personen zu helfen, die die geforderten Qualifikationen hatten - Kompetenz, Integrität, nationales Engagement und öffentliche Unterstützung sowie den Willen, eine solche Verantwortung zu übernehmen. Obgleich ich die Idee der Bildung einer PNA auf der Grundlage solcher Kriterien voll und ganz unterstützte, war ich der Meinung, daß die größte Herausforderung in einem ganzheitlichen und umfassenden Prozeß des Aufbaus der Nation und des Wiederaufbaus bestand, der mehr als eine Polizeimacht und eine politische Behörde verlangte. Wir mußten das Wesen des Staates einschließlich seiner bürgerrechtlichen Institutionen, das Wesen der demokratischen Mitbestimmung und der Verantwortlichkeitsformen sowie die Systeme und Strukturen bilden, die diese Arbeit lenken und das Gewicht der Eigenstaatlichkeit tragen könnten. Die Unabhängigkeit der richterlichen Gewalt mußte gewährleistet und freie und gerechte allgemeine Wahlen für einen eigenständigen Legislativrat mußten abgehalten werden. Mentalität, Einstellungen und Arbeitsweisen der Vergangenheit waren nicht länger gültig. Unsere Führung könnte nichts Schlimmeres tun, als genau diese einer neuen Realität aufzupfropfen, deren Menschlichkeit dies ablehnen würde. Ich war überzeugt, daß es unsere Aufgabe sei, diesen Übergang zu erleichtern und sicherzustellen, daß die Prinzipien, denen wir uns verschrieben und die wir so lange verteidigt hatten, als operative Normen und Systeme für unsere Zukunft in die Tat umgesetzt wurden. Meine Haltung zur Annahme eines Postens in der PNA blieb unverändert.

Abu Ammar ließ als Antwort kein Nein gelten. Er war bereits unglücklich über Presseberichte (sowie über bösartigere persönliche Berichte), die meine Kritik am Gaza-Jericho-Abkommen in allen

Einzelheiten schilderten. Die Briefe, die ich ihm im Namen der Unabhängigen Palästinensischen Kommission für Bürgerrechte verschickt hatte, hatten einige Leute nervös gemacht, die wußten, daß wir unsere Arbeit ernst nahmen.

Als Abu Ammar mich ein zweites Mal rufen ließ, war ich der Ansicht, daß ich zu ihm fahren müßte, um ein paar Dinge klarzustellen. Faisal und ich reisten am Mittwoch, dem 25. Mai, ab und kamen rechtzeitig zu einem späten Lunch mit Abu Ammar in Tunis an. Munib al-Masri, ein wohlhabender palästinensischer Nationalist und guter Freund, hatte sich bereits bereit erklärt, der PNA anzugehören, und er war äußerst hartnäckig beim Versuch der Anwerbung von Leuten wie mir und Mahmoud Darwish für die Behörde gewesen.

Der Lunch verlief in herzlicher Atmosphäre. Nein, versicherte Abu Ammar, er hege keinen Groll wegen meiner angeblichen Meuterei, er respektiere vielmehr meine Aufrichtigkeit und Direktheit. Ich meinte zu ihm: »Selbst als ich Sprecherin war, haben Sie nie eingegriffen oder versucht, mir zu sagen, was ich zu sagen hätte. Wir sehen Sie als jemanden, der Meinungs- und Ausdrucksfreiheit schützt.«

Er bekräftigte dies. »Du bist mehr als eine Schwester für mich, und ich werde immer dein Recht auf freie Meinungsäußerung verteidigen.«

»Dann verstehen Sie, warum ich über die Unzulänglichkeiten dieses Vertrages gesprochen habe und immer noch sprechen muß. Er ist für uns sicherlich nicht vorteilhaft, aber wir müssen versuchen, trotzdem Erfolg zu haben. Der Aufbau einer Nation geht über die Zwänge dieser Vereinbarung hinaus, und deshalb ist meine Arbeit mit der Kommission als Teil des umfassenden und ganzheitlichen Prozesses des Aufbaus von Institutionen wichtig, der die Grundlagen für die Eigenstaatlichkeit schaffen kann. Eine Nation ist mehr als Sicherheit und politische Befugnis.«

Seine Antwort folgte unverzüglich: »Ich war der erste, der die Arbeit eurer Kommission unterstützt hat, und ich habe dies öffentlich auf meinen offiziellen Reisen erklärt. Ich verstehe deine Motive und Ziele, aber ich brauche dich immer noch für die Behörde.«

Dies war auch das Thema in vielen nachfolgenden Gesprächen. Sie waren intensiv und fordernd, aber wir erreichten eine »offiziell genehmigte« Stellungnahme, die die Bestimmungen, Grundsätze und den Arbeitsplan für die Behörde enthielt, welche später vom Exekutiv-Komitee der PLO bestätigt wurden. Der eigentliche Test blieb die Umsetzung in die Praxis, und die ersten Anzeichen waren nicht sehr ermutigend, vor allem, weil Abu Ammar an einigen Leuten festhielt, die für viele der PNA-Mitglieder aus Gründen der politischen Glaubwürdigkeit, persönlichen Integrität oder der fachlichen Kompetenz inakzeptabel gewesen waren. Meine Teilnahme an diesen Treffen und darüber hinaus einige anonyme Hinweise von offiziellen PLO-Vertretern gaben den Medien widersprüchliche Signale. Während ich fortwährend meine Haltung wiederholte und eine Zugehörigkeit zu der Behörde ablehnte, grassierten Presseberichte, denen zufolge ich angenommen haben sollte. Emile und die Mädchen fürchteten, daß ich unter diesem Druck nachgeben könnte. Munib al-Masri suchte immer noch nach einer gelungenen Kombination, die der Behörde Glaubwürdigkeit und Effizienz verleihen würde, und in diesem Zusammenhang teilte er Abu Ammar mit, daß ich ihm meine endgültige Antwort bei der nächsten Zusammenkunft der PNA geben würde. Doch als wir zur Sache kamen, informierte ich Abu Ammar und alle Mitglieder, daß ich der Behörde nicht angehören würde.

Faisal hatte einer Mitgliedschaft zugestimmt, allerdings unter der Bedingung, daß dies seinen Status und seine Arbeit in Jerusalem nicht beeinträchtigen würde. Als es später zu einer Entweder-Oder-Situation kam, zog er Jerusalem der Behörde vor, und in einer darauffolgenden Sitzung der Vertreter palästinensischer Institutionen in Jerusalem erteilten wir ihm den Auftrag, die Sache der Stadt in unser aller Namen zu vertreten. Saeb Erakat, der zunächst heftig protestiert und gesagt hatte, er würde aus Prinzip nicht dazugehören wollen, kam von einem Gespräch mit Abu Ammar zurück und hatte seine Zustimmung erteilt. Akram, den Abu Ammar als Sekretär der Behörde anwerben wollte, verweigerte sogar die bloße Erwägung dieses Amtes. Zu diesem Zeitpunkt blieb die Opposition außen vor. Abu Ammars Kabinettsbildung würde sicherlich lange dauern.

Als Faisal und ich nach Jerusalem zurückflogen, konnte ich nicht umhin, mich zu fragen, ob dies eine großartige Geste oder eine große Flucht war. Als Kind war ich einmal genau deshalb von zu Hause weggelaufen, um etwas klarzustellen. Ich gewann, aber in meinem Sieg befiel mich Nachdenklichkeit und das Gefühl unwiederbringlichen Verlusts. Mit der festgefügten Meinung einer Zehnjährigen zu Ungerechtigkeit und Schikane hatte ich mich gegen die »Grausamkeit« meiner Mutter aufgelehnt, die mich Klavier üben ließ, statt mir zu erlauben, mit meinen Freunden Fahrrad zu fahren. Nachdem ich ihr einen leidenschaftlichen Brief geschrieben hatte, fuhr ich auf meinem Fahrrad davon und radelte den ganzen Weg nach Jerusalem zu dem Krankenhaus, wo mein Vater die letzten Tage seiner Gefängnisstrafe verbrachte. (Meine Schwester Huda behauptet immer noch, daß ich damals wohl Mark Twain gelesen haben muß.) Nachdem mein Vater die Krankenschwester hinausgeschickt hatte, um mir meinen Lieblings-Comic zu kaufen (und wahrscheinlich meine Mutter anzurufen), hörte er geduldig meiner empörten Klage über mein tragisches Schicksal zu und versprach, alles zu tun, was in seiner Macht stünde. So entging ich der Folter der Klavierstunden und des Übens und fuhr in der Sonne Fahrrad, während meine Schwester Nadia Pianistin wurde und später meine Töchter unterrichtete. Wenn ich heute Amal zuhöre, wie sie mit Talent und Hingabe Klavier spielt, fühle ich in meinem Stolz und meiner Freude immer noch das Kribbeln wie einen elektrischen Impuls, der durch meine Finger jagt, aber keine Musik hervorbringt.

Ich konnte nicht feststellen, daß irgendeine Harmonie von dem Abkommen oder der Bildung der Nationalen Behörde ausging, und das Ergebnis schien kreischende Mißklänge zu verheißen. Ich hatte das Versprechen gegeben, dem Volk und der Sache mit *amanah* zu dienen, und um dies zu tun – so war ich überzeugt – war mein Platz außerhalb der politischen Arena. Es war eine schwere Entscheidung, und ich wußte, daß es aller Wahrscheinlichkeit nach eine einsame und schmerzliche Aufgabe sein würde. Aber sie mußte getan werden, und ich war entschlossen weiterzumachen.

Das dritte Treffen des Gremiums der Beauftragten der Unabhängigen Palästinensischen Kommission für Bürgerrechte wurde für die dritte Juniwoche auf Einladung der schwedischen Außenministerin, meiner guten Freundin Margareta af Ugglas, in Stockholm anberaumt. Wir untersuchten die Ombudsmann-Institutionen der nordischen Länder und trafen mit ihren verschiedenen Vertretern sowie mit internationalen Beauftragten für Menschenrechte zusammen. Nach einem kurzen Zwischenaufenthalt in London, wo ich einen Vortrag halten sollte, reiste ich nach Südafrika weiter. Dies war mein erster Besuch in diesem Land. Nach den Wahlen war diese Reise nun möglich geworden. Früher hatte ich mich mit Mandela und Mitgliedern des Afrikanischen Nationalkongresses gewöhnlich außerhalb von Palästina und Südafrika getroffen, und ich war über unser erstes Treffen »zu Hause« sehr aufgeregt. Die Zauberformel »ein Mensch, eine Stimme« hatte die Apartheid in die Knie gezwungen, und Südafrika triumphierte mit Mandela an der Spitze, der Erbe und Ruhm seines Volkes einforderte. Ich sehnte mich danach, ihn wiederzusehen, wie sich ein Kind nach seinen Eltern sehnt, wie der Erschöpfte nach Erholung und der Entrechtete nach Ermächtigung trachtet.

Der Zauber erfaßte mich, und als wir uns umarmten, ließ ich meine Hand auf seiner Schulter liegen.

»Helfen Sie uns, zurückzufordern, was uns gehört. Führen Sie auch uns heim«, flehte ich. Und er spürte meinen Schmerz.

»Wie kann ich helfen?« fragte er.

»Lehren Sie uns das Geheimnis Ihrer Gelassenheit, Ihrer Würde und Ihrer Kraft, so daß auch wir am Glanz des Augenblicks teilhaben können«, erwiderte ich. »Wir sind übel entwürdigt worden, aber auch wir können Anspruch auf Sie erheben, denn Sie gehören nicht nur einer Rasse oder einer Nation an. Die ganze Welt hat aus Ihrer Größe und Ihrem Beispiel Trost und Inspiration erhalten, und wir brauchen Sie besonders.«

»Ich weiß, was ihr fühlt. Ihr mußtet einen ungerechten Vertrag unterzeichnen und habt einen beschwerlichen Weg vor euch.«

»Wir haben versucht, die Unterzeichnung aufzuschieben, zumindest bis wir bestimmte Änderungen zu Gesetzgebung und Gebietshoheit sowie Garantien für Jerusalem und die Siedlungen erhalten haben, während wir weiter an der Frage der Häftlinge und Deportierten arbeiten. Wir hatten keinen Erfolg«, gab ich bekümmert zu.

»Auch wir haben unsere Vorbehalte zum Ausdruck gebracht. Aber nun müssen wir nach vorne schauen, und ich würde gerne helfen. Ich hege eine persönliche Zuneigung für Yassir Arafat und empfinde tiefe Solidarität mit und Verantwortung für die palästinensische Sache. Ihr habt uns als erste zur Seite gestanden und unseren Kampf unterstützt. Das werden wir nie vergessen. Ich werde der erste sein, der Yassir auf palästinensischem Boden besucht.«

»Das gesamte palästinensische Volk wird genau wie Abu Ammar darüber glücklich sein. In der ganzen Welt schauen Menschen auf Sie, weil sie Hoffnung und Mut, Anleitung und Führung brauchen. Ich weiß, daß diese Bürde schwer zu tragen ist, aber Sie haben eine neue Ära in der Weltpolitik sowie in der Darlegung der demokratischen Mitbestimmung und der wahren Befähigung signalisiert. Niemand kann wie Sie Führung und Vision vermitteln, und es gibt niemanden mit Ihrem Format und Ihrer Menschlichkeit. Ihr Triumph ist auch der unsere, aber wir müssen uns noch Ihre Geduld und Ihre Weisheit zu eigen machen.«

Als er mich umarmte und tröstete, fühlte ich, wie sich in meinem Herzen Ruhe ausbreitete und wie eine lindernde Salbe auf einer offenen Wunde wirkte. Mandelas Demut und Gelassenheit sowie seine Güte schufen in der ganzen Welt Größe und Glanz. Ich fragte mich, ob er sich seiner Macht oder der starken Faszination und Loyalität vollkommen bewußt war, die er in der Vorstellungskraft der ganzen Welt weckte. Er hatte den Schleier ergriffen und beiseite geschoben, der unsere Vision verhüllt hatte, um die Chance, die ganz reale Möglichkeit einer anderen Zukunft zu enthüllen. Seine schwarzen Augen und seine großen Hände enthielten die Wärme und die Macht einer wahren Demut, die über Jahrhunderte der Entbehrung hinweg in den geistigen Schatzkammern einer lang verleugneten Rasse gelagert worden waren. Ich sehnte mich nach einer ähnlichen Bestätigung, nach der wundersamen Heilung meines eigenen Volkes. Nachdem ich den größten Teil meines Lebens in Gefangenschaft unter der Besatzung gelebt hatte und nachdem ich einen Großteil meiner derzeitigen Reisen durch die Welt als Pilgerin für den Frieden unternommen hatte, fühlte ich hier in Südafrika die ersten Andeutungen einer überwältigenden Heimkehr.

Heftige Stürme wüteten über Kapstadt, das auch als Kap der Stürme oder Kap der Guten Hoffnung bekannt ist. Ich habe beides erlebt. Es gibt ein Gefäß mit zwei unterschiedlichen Gaben an der Spitze Afrikas, wo sich zwei Ozeane treffen und zusammenprallen und wo frühere Reisende fürchteten, vom Rand der Welt zu stürzen. Ich genoß den tobenden Sturm, das Schauspiel der hohen Wellen, die mit der aufgestauten Wut von Jahrhunderten gegen die zerklüfteten Felsen peitschten. Ermutigt durch Mandelas Gelassenheit ging ich hinaus in den Sturm, ich wurde durch seine Kraft gestärkt, doppelt gedemütigt von Mensch und Natur. Dies, so fühlte ich, war das Wesen der Harmonie, das Zentrum des Friedens.

Als das Grau dem Silber wich, schien ein seltsamer Schein aus der Tiefe des aufgewühlten Ozeans aufzusteigen und einen unheimlichen Glanz über das lange Zeit gebeutelte Land zu verbreiten. Der südafrikanische Schriftsteller André Brink, seine Frau und ich aßen inmitten des Sturms ruhig zu Abend. Er schenkte mir eine signierte Ausgabe seines jüngsten Buches *On the Contrary* und wies auf ein Zitat über die Ermahnung zur Versöhnung hin, das er unserer Madrider Rede entlehnt hatte. »Ich habe Ihre Sprache verwendet, lange bevor ich Sie getroffen habe«, gab er freundlich zu. »Wir haben, lange bevor wir uns getroffen haben, viel mehr als Worte miteinander geteilt«, erwiderte ich. Und wir erkannten einander im silbernen Glanz des Sturms und im warmen Kerzenlicht unseres gemeinsamen Mahles.

Das Erkennen schien auch viele andere zu ergreifen, die Teil des menschlichen Wandteppichs Südafrikas waren. Mit dem früheren Präsidenten und heutigen Vize-Präsidenten de Klerk, der die Größe und die Unausweichlichkeit des Augenblicks erkannt hatte, teilte ich Kaffee und Offenbarungen. Mit Frene Ginwala, der Sprecherin der Nationalversammlung und einer Frau mit Vorstellungskraft, teilte ich Erinnerungen an die Vergangenheit, Visionen von der Zukunft und das unzertrennbare Band zwischen Frauen. Mit Führern der Inkatha und der Freedom Front teilte ich die Bedeutung der Beteiligung und der demokratischen Mitbestimmung als Harmonie in Vielfalt. Mit den Ministern Asmal, Pahad und anderen teilte ich Erinnerungen an Exil und die Herausforderung der Zukunft. Mit Beauftragten für Menschenrechte und Rechtsfragen teilte ich den

Schmerz ihrer Vergangenheit und unserer Gegenwart sowie die Ehrfurcht vor der Herrschaft gerechter Gesetze. Mit Jessie Duarte und anderen Frauen des ANC teilte ich das Fehlen von Furcht und Einschüchterung sowie das Wissen um einen Kampf, der noch gewonnen werden mußte. Mit dem Vorsitzenden der jüdischen Gemeinde teilte ich Offenheit und die gemeinsame Definition des Mutes, der für die Schaffung des Friedens notwendig war. Mit dem Vorsitzenden der muslimischen Gemeinde teilte ich den Realismus relativer Gerechtigkeit und die Notwendigkeit der Versöhnung. Mit allen teilte ich den unermeßlichen Reichtum des menschlichen Willens zum Triumph und die Gewißheit einer bevorstehenden Ruhe. Aber in Soweto sah ich all die palästinensischen Flüchtlingslager in einem Meer der Not vereint, sie sehnten sich nach einer menschlichen und historischen Erlösung, und ich wurde an die noch schwierigeren und schmerzlicheren Prüfungen erinnert, die uns erst bevorstanden.

Als Emile und Akram anriefen, um mir zu sagen, daß Abu Ammar seine Rückkehr in das Land Palästina – zumindest wie es derzeit innerhalb der Grenzen von Gaza-Jericho definiert war – beabsichtigte, wußte ich, daß ich bei seiner Heimkehr anwesend sein mußte. Nach zwei schlaflosen Nächten und einem heldenhaften Versuch meiner Gastgeber, mich rechtzeitig zurückzubringen, nahm ich einen Flug nach Kairo und kam gerade eine halbe Stunde vor Abu Ammars Flugzeug an. In der sengenden Hitze der ägyptischen Sonne stand ich auf dem Rollfeld am Rande des roten Teppichs. Neben mir warteten der ägyptische Ministerpräsident, Kabinettsmitglieder und palästinensische Beamte, darunter auch Nabil Schaath. Ich sah Abu Ammar zuerst durch das Fenster, und als er die Treppen herunterstieg, lächelte er. Er umarmte mich herzlich, dann sah er mir direkt in die Augen und sagte wie verwundert: »Du bist gekommen!«

»Ja«, erwiderte ich ruhig. »Ich bin gekommen.«

Er war auf dem Weg zu einem Land, das ihm mehr als ein Vierteljahrhundert verweigert worden war. Er ließ fast drei Millionen Menschen im Exil zurück und kehrte heim zu den zwei Millionen Palästinensern, die fast drei Jahrzehnte lang unter einer brutalen israelischen Besatzung dahingesiecht waren. Seine Heimkehr war ambivalent, beladen mit Ungewißheit, eingeschränkt durch einen mangelhaften Vertrag und herabgesetzt durch das Diktat des Machtungleichgewichts und der Selbsterhaltung. Wir hatten um diese Anerkennung und diese Rückkehr gekämpft – aber war dies die wirkliche Rückkehr und Legitimierung, die wir so glühend angestrebt hatten? Die PLO war Ausdruck und Verkörperung unserer nationalen Identität und Einheit. Hatten wir sie geteilt und zerstückelt zurückgebracht, um Teile des Volkes oder Fragmente des

Landes zu regieren? Oder hatte Israel sie zurückgebracht, nur um sie unter seinen wachsamen Augen in einem begrenzten Gebiet zu kontrollieren und seiner Erlaubnis zu unterstellen? Wie waren unsere Träume verkümmert und unsere Visionen verschwommen? Zu welchem Preis hatten wir diese Heimkehr erkauft? War Jericho der Sodom-Apfel, der den müden Wanderer in Versuchung brachte, und Gaza der blendende Schein für unvorsichtige Kämpfer? Oder hatten wir tatsächlich den ersten Schritt auf einer langen Reise zum Frieden unternommen, an deren Ende wahre Erlösung auf den Pilger wartet, dessen Seele von Sehnsucht und Schmerz versengt wurde?

Ich ging nach Kairo, um Abu Ammar zu treffen, und ich flog in seinem Flugzeug nach El Arish, überquerte die Grenze bei Rafah und betrat den Gaza-Streifen. Ich hielt Ausschau nach den Spiegelglasscheiben, über die die palästinensische und israelische Delegation stundenlang verhandelt hatten, aber ich erblickte nur sichtbare israelische Soldaten mit tödlichen Waffen in der einen und in hebräischer Sprache geschriebenen Genehmigungen in der anderen Hand. Sie bemühten sich, höflich zu sein, damit wir nicht weiterhin fälschlich annahmen, wir lebten unter der Besatzung. In Gaza jedoch empfing uns ein menschliches Feuerwerk: Tausende von Palästinensern mit Fahnen in ihren Händen, Gesängen auf den Lippen, schüchterner Hoffnung im Herzen und in den Augen eine Mischung aus Fragen und Tränen. Abu Ammar hielt mich an seiner Seite und fragte mich, ob ich meine Meinung geändert hätte. »Nein«, erwiderte ich. »Ich weiß, wo meine Prioritäten liegen.« Die Hitze, die Feuchtigkeit und der Sand quälten uns unbarmherzig ungeachtet der Brise, die sanft vom Mittelmeer her wehte und flüsternd verlockende Erleichterung versprach.

Zwei Tage später fuhren wir durch brennende Straßensperren, die von israelischen Siedlern zu Abu Ammars Empfang wieder einmal errichtet worden waren, diesmal in Jericho. Als wir zum tiefsten Punkt der Erde hinabstiegen und unsere Ohren mit dem zunehmenden Druck klingelten, ertappte ich mich, wie ich unbewußt die sich vor mir entfaltende Jordan-Senke nach einer längst vergessenen Salzsäule absuchte, und ich zwang mich bewußt, nicht zurückzublicken.

Das Schauspiel der Heimkehr wurde noch einmal aufgeführt. Abu Ammars ägyptischer Helikopter landete in Jericho am »Rastplatz«, einem vorübergehenden Haltepunkt für Reisende, die normalerweise auf ihrem Weg in die Westbank die Brücke von Jordanien her kommend überqueren. Hubschrauber des israelischen und amerikanischen Fernsehens flogen über uns hinweg, als er die Wache abnahm, die Würdenträger grüßte und zum Podium schritt.

Die erwarteten Massen kamen nicht; sie waren entweder von den Straßensperren der israelischen Armee oder von der Gewalt der Siedler abgeschreckt worden. Die übrigen Bewohner der Westbank, die immer noch unter israelischer Besatzung lebten, legten nicht viel Begeisterung für diesen Anlaß an den Tag. Aber diejenigen, die kamen, zeigten die Entrückung und die Benommenheit des Verlorenseins, das typisch ist für eine Menge, die plötzlich aus langer Gefangenschaft befreit wird. Ich war gebeten worden, auf der Bühne in der ersten Reihe zu sitzen, aber ich fand einen Platz an der Seite, wo ich von den Rednern und den Sicherheitskräften nicht gesehen werden konnte. Dort ließ ich mich nieder, um dieses jüngste Schauspiel zu beobachten.

Jericho war immer die grüne Oase des Jordantals und die warme Zuflucht der vom Winter durchgefrorenen Palästinenser von den umliegenden Höhen gewesen. Trotz der über unseren Köpfen schwebenden Helikopter, der vor uns aufragenden Türme der Fernsehkameras und der ungestüm vorwärtsdrängenden Menge lüftete ich in Gedanken den schimmernden Schleier aus Hitze und sah mich selbst als Kind in unserem Winterhaus in Jericho, wie ich an der Hand meines Vaters von ihm durch den Garten geführt wurde. Die Bäume, die mein Vater gepflanzt hatte, wuchsen, wie auch ich wuchs; sie waren ständig auf der Suche nach Sonne und umgeben von Wärme und sorgfältiger Pflege. Orangen, Zitronen, Grapefruits und Pomelos spähten verlockend aus ihren leuchtend grünen Winternestern, während im Sommer erschlaffte Dattelrispen in äußerster Entsagung von den Palmen herabhingen. Mein Vater und ich untersuchten jeden Baum sorgfältig. Ihn erfüllte der Stolz des Bauern auf die Antwort der Natur und die Darbietung ihrer Pracht, während ich dem Wunder und der Vorfreude auf ein Fest von zu kostenden Aromen erlag. Das waren der Frieden und die Sicherheit, die ich für den Rest meines Lebens suchen würde. Ich wurde älter, und mein Vater starb. Ich kehrte nie in unseren Garten nach Jericho zurück.

Als wir zum Saal gingen, um den Mitgliedern der Palästinensischen Nationalbehörde den Amtseid abzunehmen, fragte mich Abu Ammar ein letztes Mal: »Und du?«

Und wieder antwortete ich: »Ich kann nicht.«

Denn schon erhielten die Büros der Kommission für Bürgerrechte in Jerusalem eine Flut von Klagen und Beschwerden. Die Prüfung, die uns allen bevorstand, war die schwierigste von allen, denn wir hatten den Kreis geschlossen und begannen nun unsere Suche im Innern. Würde Abu Ammar und würden wir die letzte Prüfung des *amanah* mit unserem Volk bestehen? Mit seinen militärischen und politischen Behörden leitete Abu Ammar eine neue Phase im

Streben nach Eigenstaatlichkeit, ausgehend von den Grenzen von Gaza-Jericho, ein. Andere Palästinenser, darunter auch ich, hatten die Suche nach nationaler Souveränität und Demokratie mittels der Institutionen der Bürgerrechte begonnen. Eine palästinensische Genesis hatte ausgehend vom Chaos und der Qual einer fast zeitlosen Vergangenheit eingesetzt.

Auch meine eigene Erzählung geht weiter. Oft, wenn ich den Schmerz der selbst zugefügten Wunden unerträglich finde, wie zum Beispiel bei der Inspizierung der Vernehmungszellen, wo Palästinenser Gewalt gegen andere Palästinenser anwandten, oder wenn ich Fälle dunkler, im verborgenen abgeschlossener Abmachungen untersuche, erinnere ich mich an die Worte eines alten englischen Gedichtes mit dem Titel »Deor«. Wenn der Dichter eine Reihe von vergangenen Katastrophen aufzählt, die sich entweder in der Umgebung ereigneten oder ihn persönlich betrafen, wiederholt er am Ende jeder Strophe eine Trostformel für das gegenwärtige Unglück: »Dies alles ging vorüber, so wird auch dieses vorübergehen.« Unsere Liste der Katastrophen aus einer fast zeitlosen Vergangenheit ist lang, aber sie sind vorübergegangen. So mag auch diese vorübergehen.

Meine Sicherheit für die kommende Zeit sind Amal und Zeina, Emile und unser Garten. Von dort aus fahre ich jeden Tag nach Jerusalem, wo ich den Schmerz eines Volkes auf mich nehme, das sich immer noch in einem Zustand des Auftauchens befindet, das sich immer noch nach *amanah* und Frieden sehnt – Frieden sowohl von der Welt draußen als auch von seiner Wirklichkeit im Innern. Somit erzählen wir einmal mehr eine alte Geschichte, jedoch mit einem neuen Anfang. Einmal mehr nehmen wir eine Konfrontation mit der Geschichte auf uns, wir sind bußfertig und ungezähmt, doch wir sind gerüstet mit dem Wissen um unser eigenes Leid, und wir besitzen die volle Kraft einer Freude, die sich erst noch einstellen wird.

Danksagung

Zu viele Personen waren für mich Teil dieser Geschichte und dieses Berichts, um hier alle namentlich erwähnt zu werden. Genau wie ich wissen sie, wer sie sind. Ich bin jeder und jedem einzelnen von ihnen zutiefst dankbar.

Die Prinzipien der Auswahl und der Reihenfolge sowie die Ich-Form der Erzählung und die persönliche Sichtweise haben dem Umfang dieses Berichts ihre eigenen Beschränkungen auferlegt. Dieses Buch beansprucht in keiner Weise, die gesamte Geschichte – das überwältigende Epos des palästinensischen Volkes – zu erzählen. Es ist notgedrungen die Erzählung einer Beteiligten, die weder Heldin noch Bösewicht ist. Sie hat sich vielmehr ernsthaft der Wahrheit verpflichtet, doch sie verfügt nicht über Allwissenheit. All denen, die bei der Gestaltung dieser Realität eine wichtige Rolle gespielt haben, jedoch in diesem persönlichen Bericht nicht erwähnt sind, möchte ich meinen Dank aussprechen und sie um Verzeihung bitten.

Mein Freund und Mentor Edward Said hat oft beklagt, daß es keine palästinensische Erzählung gibt, die in menschlichen Worten unsere Seite der Wahrheit beschreibt. Ihm verdanke ich ursprünglich die Idee, mich an eine solche Schilderung zu wagen. Mein Freund, der Dichter Mahmoud Darwish, hat stets die Integrität der palästinensischen Ausdrucksweise gefordert. Dies möge ein bescheidener Versuch sein, seinem Wunsch nachzukommen. Der Schriftsteller, Politiker und Freund Akram Haniyyeh hat als erster die neue Sprache und die neue Realität hinter und jenseits von Worten erkannt. Vielleicht beginnt dieser Bericht, seine Wahrheit und meine Dankesschuld zu vermitteln. Der Jerusalemer, Politiker und Freund Faisal Husseini hat Risiken auf sich genommen und sein Wort gehalten, wo andere dem Eigennutz und der Angst erlagen. Zu einem gewissen Teil ist dies seine Erzählung. Allen genannten und ungenannten Mitgliedern des Komitees für Politik, Diplomatie und Information danke ich dafür, daß wir gemeinsam den Mut hatten, uns einzusetzen und zu äußern. Sie drängten mich, unser kaum bekanntes Kapitel in der umfassenderen Geschichte zu bewahren; in der kollektiven Erinnerung einer Nation geht nichts verloren.

Der unermüdliche Anwalt und scharfsichtige Kritiker Robert W. Barnett begann als mein Agent und wurde mein guter Freund. Alice Mayhew war mehr als eine Redakteurin; sie nahm Wesen und Stil wahr und half mit jener seltenen und gelungenen Kombination aus Sensibilität und Geschick. Eric Steel ertrug meinen wahnwitzigen Zeitplan mit Geduld und Beharrlichkeit. Die Künstlerin und Freundin Barbara Feinmann erfaßte den Aufbau und das Wesentliche. Linda Michaels vertrat mich mit Begeisterung und Energie im Ausland. Victoria Meyers verwandelte Publicity in zwischenmenschliche Beziehungen. Alle waren auf persönlicher und beruflicher Ebene unersetzlich. Ich stehe in ihrer Schuld und danke ihnen aufrichtig für ihre Freundschaft.

Alle meine Assistentinnen haben verschiedentlich in dem von dieser Arbeit abgedeckten Zeitraum tapfer versucht, etwas Ordnung und Vernunft in mein Leben und meine Arbeit zu bringen. Sie sind für mich wie Schwestern: Nuha Awadallah-Musleh, Suhair Taha, Farida Salfiti, Nadia Rahman, Rula Kort, Rula Dajani und viele andere freiwillige Helferinnen in den hektischen Tagen und Nächten der Verhandlungen. Wir bleiben weiterhin aufrichtig in menschlicher Wärme und Verständnis verbunden. Zu diesem Kreis gehören auch zwei Männer, und ich bin stolz darauf, sie Brüder und Beschützer nennen zu dürfen: Bashar Masri und Hamdallah Alul. Es war mir auch ein besonderes Vergnügen, mit Penny Johnson zu arbeiten und sie zur Freundin zu gewinnen. Ob in der Rechtshilfe, auf dem Gebiet der Menschenrechte, in den Verhandlungen oder beim Entwerfen von Dokumenten – Penny war stets eine Quelle von Ermutigung, Freundlichkeit, Herzlichkeit, Fürsorge und unverdrossener guter Laune.

Vor allem bin ich auf immer in der Schuld derer, die mir am nächsten stehen, die mein persönlicher und menschlicher »Stützpunkt« waren: meinem Ehemann Emile und unseren Töchtern Amal und Zeina. Wenn alles gesagt und getan ist, bleibt uns das, was wir aneinander haben. Ihre bedingungslose Liebe und ihr Vertrauen, ihre Treue und ihr Mut sowie ihre Stärke und ihre Unterstützung haben unsere Zusammengehörigkeit und meine Entschlossenheit gestärkt. Sie »verliehen« mich an den Friedensprozeß und beanspruchten keine Gegenleistung. Ihnen schulde ich alles, und dieser Bericht ist ein Andenken und ein Versprechen auf eine bessere Zukunft. Sie haben mir Frieden geschenkt, und ich werde mich stets bemühen, ihnen dies zu vergelten. Meine Liebe zu ihnen bleibt grenzenlos.

Register

Die Deutsche Bibliothek – CIP-Einheitsaufnahme
Ashrawi, Hanan:
Ich bin in Palästina geboren / Hanan Ashrawi.
1. Auflage, Berlin: Siedler, 1995
Einheitssacht.: This Side of Peace ‹dt.›
ISBN 3-88680-573-5

Die Originalausgabe dieses Buches erschien
1995 unter dem Titel »This Side of Peace«
bei Simon & Schuster, New York

Der Siedler Verlag ist ein Unternehmen
der Verlagsgruppe Bertelsmann.

Schutzumschlag: Venus & Klein, Berlin unter
Verwendung einer Photographie der Deutschen Presseagentur
Register: Günther Drommer
Satz: Bongé + Partner, Berlin
Druck und Buchbinder: Wiener Verlag, Himberg
Printed in Austria 1995
ISBN 3-88680-573-5
Erste Auflage